Bank 商业银行业务精析系列
SHANGYE YINHANG YEWU JINGXI XILIE

金融创新
法律风险防范 精析

Precautions Against
the Legal Risks in Financial Innovation

潘修平　等著

中国金融出版社

责任编辑：张哲强
责任校对：刘　明
责任印制：丁淮宾

图书在版编目（CIP）数据

金融创新法律风险防范精析(Jinrong Chuangxin Falü Fengxian Fangfan Jingxi)/潘修平等著.—北京：中国金融出版社，2015.4
（商业银行业务精析系列）
ISBN 978 – 7 – 5049 – 7818 – 9

Ⅰ.①金… Ⅱ.①潘… Ⅲ.①金融法—研究—中国 Ⅳ.①D922.280.4

中国版本图书馆 CIP 数据核字（2015）第 026151 号

出版
发行 **中国金融出版社**

社址　北京市丰台区益泽路 2 号
市场开发部　（010）63266347，63805472，63439533（传真）
网 上 书 店　http://www.chinafph.com
　　　　　　（010）63286832，63365686（传真）
读者服务部　（010）66070833，62568380
邮编　100071
经销　新华书店
印刷　北京市松源印刷有限公司
装订　平阳装订厂
尺寸　185 毫米 × 260 毫米
印张　19.25
字数　442 千
版次　2015 年 4 月第 1 版
印次　2015 年 4 月第 1 次印刷
定价　59.00 元
ISBN 978 – 7 – 5049 – 7818 – 9/F.7378
如出现印装错误本社负责调换　联系电话（010）63263947

本 书 作 者

潘修平　刘力铱　单　越　赵乐静
杨雪婷　赵维军　李　博

序

从 20 世纪 70 年代开始，在西方国家掀起的以自由化为特征的金融改革浪潮，带来了金融产品创新的空前发展和金融投机交易的迅速膨胀，在促进金融迅速繁荣的同时，也积聚着泡沫与风险。作为风险积聚的结果，美国爆发了 2007 年的次贷危机，进而演变为 2008 年国际金融危机。人们在反思这场金融危机的时候，普遍把金融产品创新当成了罪魁祸首，一时间金融产品创新为千夫所指。由于我国银行业以传统的存贷款业务为主，创新业务占比较低，这场国际金融危机对我国银行业的冲击不大。因此，我国的理论界和银行业界在评价这场金融危机时曾普遍认为，为了避免金融危机的发生，我国银行业应该限制金融创新。

国际金融危机过后，国际社会制订了《巴塞尔协议Ⅲ》，中国银监会也制订了《中国银行业实施新监管标准指导意见》和《商业银行资本管理办法（试行）》，对银行的资本和贷款规模加以约束。中国人民银行于 2013 年 7 月 20 日决定放开贷款利率下限，实行单边的贷款利率市场化。这些措施限制了银行的贷款规模，挤压了利息差，使得传统的存贷款业务很难增长，甚至有的银行出现了负增长。在此背景下，金融创新业务再度发展起来，以致超过了金融危机之前的规模。于是，金融创新的风险问题也再度引起人们的关注。

创新是一个民族进步的灵魂，是一个国家兴旺发达的不竭动力。习近平主席 2014 年 11 月 9 日在 APEC 工商领导人峰会开幕式上说："我们全面深化改革，就要为创新拓宽道路。如果说创新是中国发展的新引擎，那么改革就是必不可少的点火器，要采取更加有效的措施把创新引擎全速发动起来。"金融创新是中国商业银行日益融入世界经济金融体系的客观要求，也是推进中国商业银行改革和提高整体竞争力的重要力量。金融危机确实与金融创新有关联性，但不能说金融创新必然导致金融危机。不能否定金融创新对银行业发展的重要作用，更不能因为发生过金融危机而因噎废食地放弃金融创新。金融业就是要在风险管理中创造财富。全球金融危机给我们的启示不是要放弃金融创新，而是要在依法规范和科学管理的基础上控制和化解创新的风险，实现可持续创新。

在我国现实的国际和国内发展环境下，创新活力是我国金融安全最根本的保障。而要保持金融业的创新活力，就需要有稳定有效的金融秩序。这个金融秩序的基石，就是金融法治。长期以来，我国立法机关和监管部门为了避免金融危机，不懈地健全和完善我国的金融法制，为金融创新提供了可靠的法律制度保障。与此同时，我国银行界在不断开拓财富创造的市场空间中，充分发挥聪明才智，在禁例如林的法制环境中努力地寻找金融创新的制度空间。市场在受到法律制约的同时，也在推动法律的改革和完善。在市场创新与法律规范相互碰撞和磨合的过程中，可以形成良性的互动关系。实践证明，法治的进步和市场的发展是相向而行的。研究金融创新的法律问题，不仅要研究金融法的实施，也要研究金融法的完善。但是，法律实施是法律完善的前提和基础。目前我国银行业的当务之急，是确保现行金融法规的有效实施。为此，当前法学工作者需要做的理论工作之一，就是针对银行创新业务中的法律风险，认真解读法律法规，总结典型案例，使依法创新、合规创新成为我国银行业的共识和实践。

潘修平律师兼具理论和实务的经验，近年来他一直从事金融创新理论的研究，同时作为律师参与了多家银行的金融创新业务，积累了丰富的实践经验。此书从银行从业者的角度，在熟悉相关立法及监管措施的前提下，对各种创新业务的模式进行了分析，对相关的法律法规和案例进行了收集整理，分析了金融创新业务的法律风险，提出了防范措施，对指导、规范我国银行业界的金融创新业务将会有很大的帮助。本书可以成为银行、证券、保险、信托、资产管理、融资租赁、基金行业的管理者和法律工作者的业务指南，也可以成为高等学校法学或金融学专业的教学用书。同时，本书也可以作为法学界和金融学界研究金融创新与法律风险问题的参考资料。

是为序。

中国银行法学研究会会长、教授　王卫国
2015 年 1 月

前　　言

　　金融创新是我国银行业未来的发展方向。2008 年国际金融危机后，我国银行业的创新热情高涨，创新产品日新月异，创新业务量呈爆发式增长。然而，随着创新业务的增长，法律风险也在不断地积聚，如果不进行规制，有可能引发金融危机。2008 年的国际金融危机就是由过度创新所导致的，前事不忘，后事之师，在我国当前的金融环境下，非常有必要对金融创新的法律风险进行研究，并采取必要的防范措施。

　　一、本书的视野

　　本书作者站在银行从业者的角度，从银行业的视野出发，在遵从现有的法律、法规、规章、规范性文件、司法解释、国际条约的前提下，对银行金融创新的法律风险进行研究。

　　对金融创新的立法、修法问题，本书并未涉及。

　　二、本书的目的

　　1. 使读者能够简单、快速地了解金融创新业务的概况、模式和交易结构。近年来，我国银行金融创新业务发展非常迅速，新产品层出不穷，即使是银行业的从业人员，也很难搞清创新产品的来龙去脉。加之创新业务的交易结构复杂，给人一种眼花缭乱的感觉。本书用简洁的语言、清晰的交易结构图进行讲述，使读者能够快速了解创新业务的概况、基本的业务模式和交易结构，让业内外人士都能看得懂。

　　2. 对现有的与银行金融创新相关的法律、法规、规章、规范性文件、司法解释、国际条约进行梳理和解读，掌握最新的立法动态。我国当前规范银行金融创新业务主要是靠监管部门制订的部门规章和规范性文件，这些部门规章和规范性文件很难系统地查找到，而且绝大部分部门规章和规范性文件属于应急补漏性质的，后面的文件不断地在修改前面的文件。不同监管部门发出的文件也存在一定的冲突。本书对现有的与银行金融创新业务相关的法律、法规、规章、规范性文件、司法解释、国际条约进行收集、整理、分析，使读者能够系统地了解这些法律、法规和相关规定，方便银行从业者工作。

　　3. 对金融创新业务的典型案例进行收集、分析，使读者可以快速了解创新业务的实务操作。对每一种创新业务，我们收集了两个以上的典型案例，全书共有三十多个案例。案例分为两类：一类是银行的现实操作业务，重点介绍业务模式；另一类是法院判决的案例，重点是对案例进行分析。

　　4. 本书可作为金融机构从业人员的业务指南。关于银行金融创新业务的大多数问题都可以在本书中找到答案，因此本书可以作为银行从业人员的业务指南。此外，由于银行创新业务还涉及证券、保险、信托、资产管理、融资租赁、基金业，所以本书也可供这些金融机构的管理者和法律工作者参考。

5. 本书可以作为高等学校法学或金融学专业的教学用书。本书分专题对银行创新业务进行研究，可以作为高等学校法学或金融学专业硕士研究生的教学用书或参考用书。

三、本书的内容

本书采取总分法对银行创新业务进行论述。

第一章是总论，介绍了银行金融创新业务的概念、发展过程、发展动因、分类、现状以及存在的问题。

第二章至第十六章属于分论，分别论述了保理、理财、银信、银证、银保、银基、银租、资产证券化、产业链金融、同业代付、海外直贷、银行独立保函、国内信用证、银行承兑汇票、资产管理计划等金融创新业务。

每一章由五节组成，具体内容如下：

第一节是概述，包括概念、产生的过程、发展状况、目的与意义等。

第二节是交易结构，包括：分类、交易流程等。

第三节是法律、法规，包括法律、法规的主要内容、评析、对银行业务的影响等。

第四节是案例，既有交易结构类的案例，也有法院的判例。

第五节是法律风险防范，包括法律风险分析、法律风险防范措施等。

四、写作团队

本书的内容较多，工作量巨大。为此我们组成了专门的写作团队，参与本书写作、调研或收集资料的人员有：

1. 北京市海拓律师事务所李艮喜、孙国华、武威、刘力铱、单越律师。

2. 北京邮电大学法学专业硕士研究生赵乐静、杨雪婷、赵维军、燕林祺、周鹏、钱颜。

3. 中央财经大学金融工程专业本科生李博。

五、实地调研

本书中的内容实务性很强，了解银行的业务现状、掌握第一手材料对本书的写作是至关重要的。为此，在2013年5月至2014年5月期间，写作团队先后完成了以下调研工作：

1. 到国家开发银行调研保理和国内信用证业务。

2. 到中国建设银行调研国内信用证和保函业务。

3. 到中国工商银行调研理财产品。

4. 到中国民生银行调研产业链金融业务。

5. 到中诚信托投资有限公司调研银信结合业务。

6. 到中投证券调研银证结合业务。

7. 到中保集团调研银保结合业务。

8. 到中国银行天津空港保税区支行调研海外直贷业务。

六、问题与不足

写作团队经过一年半的努力，将这本书呈现在读者面前。虽然我们已经尽了最大的努力，但仍感力不从心。我认为本书存在以下问题与不足之处：

　　1. 金融专业性仍显不足。本书中的内容涉及金融学和法学两个学科，而写作团队基本上都是法学专业背景，对金融领域并不专业，尽管我们一直在努力学习，但仍感金融专业的知识不足，书中的内容受到我们现有专业知识的局限。

　　2. 内容还不够全面。银行金融创新的内容太多，除我们选取的这些金融创新业务外，仍有许多金融创新业务需要研究。单就每一个金融创新业务而言，研究的内容也很广泛。面对这样一个庞大的课题，很多方面还需要深入研究。

　　3. 创新业务变化太快。本书的初稿于 2014 年 5 月完成。初稿完成后，中国银监会又颁布了几个新的规范性文件，我们对书稿进行了修改补充。本书出版后，监管部门可能又会出台新的规范性文件，本书中的部分内容仍需跟上新的形势和要求作出修改补充。

　　总之，我们撰写这本书是想为我国金融业开展金融创新业务提供一些帮助，书中如果存在错误或有不足之处，恳请各界朋友批评指正。

潘修平

2015 年 1 月于北京

目　　录

第一章 银行金融创新总论

第一节 金融创新概述

一、金融创新的概念

金融创新泛指金融体系和金融市场上出现的一系列新的事物，整个金融业的发展史就是一部不断创新的历史。金融业的每一次重大发展，都离不开金融创新。信用货币的出现、商业银行的诞生、支票制度的推广等都是历史上最重要的金融创新。[①]

中国银监会于2006年12月5日发布的《商业银行金融创新业务指引》对金融创新的定义为："金融创新是指商业银行为适应经济发展的要求，通过引入新技术、采用新方法、开辟新市场、构建新组织，在战略决策、制度安排、机构设置、人员准备、管理模式、业务流程和金融产品等方面开展的各项新活动，最终体现为银行风险管理能力的不断提高，以及为客户提供的服务产品和服务方式的创造与更新。金融创新是商业银行以客户为中心，以市场为导向，不断提高自主创新能力和风险管理能力，有效提升核心竞争力，更好地满足金融消费者和投资者日益增长的需求，实现可持续发展战略的重要组成部分。"

银行的金融创新包括金融制度创新、金融机构创新、金融监管创新、金融产品创新，其中产品创新是银行金融创新的重中之重。《商业银行金融创新指引》虽然涵盖了银行的上述各种创新，但其核心是金融产品创新，尤其是创新的基本原则、运行机制、客户利益保护等内容，几乎完全是针对银行的金融产品创新而制定的。一家金融机构只有不断地向市场提供适销对路的新产品或新的服务项目，才会保持旺盛的生命力与竞争力，求得长盛不衰的发展。在产品创新中，各类金融机构一方面对原有金融工具进行改造，以推出新型的金融产品；另一方面，在新的金融结构和条件下再创造出全新特征的新产品，其种类繁多，不胜枚举。[②]

一般来讲，银行创新业务指的就是产品创新。

二、金融创新的发展过程

金融创新，无论是在观念、制度还是在工具或产品上，都首先发生在西方主要发达

---

① 何铁林，张涛. 商业银行创新业务. 中国金融出版社，2011 – 10.
② 何铁林，张涛. 商业银行创新业务. 中国金融出版社，2011 – 10.

国家,特别是美国、英国和欧洲联盟。现代市场经济体制建立后,西方金融系统也经历了一系列重大变化。这些变化的直接因素就是持续而广泛的金融制度变革、金融工具创新和金融市场中兴。20世纪60~70年代以来,美国乃至全球掀起了一轮金融创新的高潮,货币市场新兴工具、金融衍生品、证券化产品、新型债券与股票大量涌现,并一度受到市场欢迎,广为市场称道。西方国家掀起了以"自由化"为特征的金融改革浪潮,监管当局秉持"金融市场的自我监管比政府监管更为有效"的理念,商业银行被重新允许从事投资银行业务,金融产品创新空间发展,金融投机交易迅速膨胀,促进了金融业的极大繁荣,同时也积聚了金融业的泡沫与风险。

20世纪90年代后,以《金融服务现代化法案》为标志,美国商业银行的业务转型进入了高速发展阶段。该法令的颁布实施标志着金融业走向了混业经营时代,银行控股公司可以从事更加广泛的非银行业务,如保险承销、投资银行业务等,取消了原来禁止银行控股公司拥有证券公司和互助基金公司的规定。大量涉及投资银行和资本市场的产品和服务走向市场,个人理财和资产管理业务成为商业银行新的收入来源。大银行为实现经营范围的延伸、经营模式的转变和降低交易成本,针对金融全球化趋势进行了大规模的业务整合和并购活动。通过中间业务转型,美国商业银行的业务重心从传统的表内业务向中间业务倾斜,中间业务收入的年均增长速度达9%以上,扭转了其在传统业务领域的困境。[①]

随着金融创新的发展,金融脱离了实体经济日趋无限鼓胀,金融风险不断累积。2007年3月,美国次贷危机爆发,至2008年已升级为一场历史罕见、冲击力极强、波及范围很广的国际金融危机,危机前处于巅峰的金融创新产品旋即被指为危机祸首之一。无论是理论界还是实业界,都对金融创新进行了反思。这些指责与反思主要集中在两个方面:一是金融创新的本质和目的。溯本求源,金融创新的初衷是提高资金配置效率,分散投资者的风险,但是危机前的大量衍生产品的设计极其复杂,存在误导性销售,已经严重偏离了为客户转移风险的正轨,而是一味追求金融机构自身的巨额盈利,金融投资者的利益没有得到根本保护。二是金融创新的风险和监管缺失。近几十年来,金融创新倚仗宽松的监管和低(零)交易成本得以迅速发展,很多场外衍生品交易和"影子银行体系"基本没有受到监管。即使传统的银行业,将贷款资产打包出售后,也不再承担信用风险,资本金需求和风险控制受到了严重削弱。[②]

我国的银行业以传统的存贷款业务为主业,创新业务占的比重较低,这场金融危机对我国银行业的冲击不大。但近年来,银行的贷款规模受到限制,利息差逐渐缩小,传统的存贷款业务很难增长,甚至有的银行出现了负增长。在此背景下,金融创新业务再度发展起来,甚至已经远远超过了金融危机之前的发展规模,金融创新的风险性也再度引起人们的关注。

---

① 徐珺. 国有商业银行创新业务转型问题研究 [J]. 现代经济信息:金融天地,2011 (15).

② 姚良. 商业银行金融产品创新的风险传染与免疫研究. 中国金融出版社,2011.

三、金融创新与金融监管的关系

首先，金融监管刺激金融创新产生。

金融监管既是金融创新的制约，也是金融创新的诱发因素。由于金融监管增加了金融机构的经营成本，降低了金融机构的赢利能力，导致金融机构不得不"发掘"金融监管的"漏洞"。当金融法规的约束大到回避它们便可以增加经营利润时，金融机构便有了"发掘漏洞"和金融创新的动力。所以，从一定程度上来讲，金融监管对金融创新具有一定的诱发作用。当然，金融创新的产生对金融业的发展有着重大意义，它冲破了传统管制的限制，促进了金融市场的一体化和市场竞争，加强了金融资产之间的替代性，促进了企业通过金融市场融资，从而推动了经济的发展。

其次，金融创新促使金融监管不断变革。

金融创新的出现在一定程度上对金融监管体系提出了新的挑战。一方面，由于传统的货币政策的制定以及执行需要对资产的流量进行一个准确的测量，但测试工具的不准确往往导致货币政策难以发挥作用；另一方面，金融创新在一定程度上也增加了金融监管的难度，加剧了金融活动的不确定性，增大了金融风险。但我们必须看到，正是由于金融创新的出现，金融监管也在不断寻求更为有效的体制和运行方式，从而推动了金融监管体系的不断变革。

事实上，金融创新与金融监管是一对对立统一的矛盾体。只有正确处理金融创新与金融监管的关系，掌握好金融创新与金融监管的平衡点，在监管中创新，在创新中监管，才能实现"监管——创新——再监管——再创新"的良性循环发展的路子。①

第二节　银行开展金融创新的动因

一、银行受到资本监管的约束

（一）银行资本约束的重要性

资本约束，又称资本监管，是指监管当局规定银行必须持有的最低资本。对于经济全球化越来越显著的今天，资本监管具有着无可替换的重要性。

资本监管是审慎银行监管的核心，银行持有的资本是维持银行稳定经营的重要保障。资本监管大大提高了银行体系的稳定性，并且积极维护了银行业的公平竞争。资本监管规定了商业银行的最低资本要求，以此来增强商业银行规避风险的能力，这就使得商业银行在经营过程中尽可能地减少甚至避免各种不确定性而造成的损失，从而保护银行客户，降低银行倒闭破产的几率，使得银行系统能长期维持稳定健康而持续发展。资本监管是促使商业银行可持续发展的有效监管手段，监管部门采取一系列措施，如颁布法律、制定制度和规则等，以此来进行监督与检查，保证银行体系甚至整个金融体系的安全和稳定，维护客户的切身利益。

---

① 隋平. 审慎处理金融创新与金融监管的关系［N］. 光明日报，2013 - 06 - 11.

除此之外，银行的流动性导致银行自身面临挤提的风险，即银行的资产流动性一般都小于负债流动性。在这种情况下，如果存款人纷纷先后取款，则即使没有出现关于银行资产不利的消息，也可能会出现对银行的挤提，这样，即使是健康的银行，也会被迫倒闭。而且，对银行进行监测有很高的成本，并且很难获得所需的信息。因为银行债务持有人一般是那些无法掌握监测银行信息的普通存款人，而且由于存款人只持有很少的存款，他们认为个人对银行起不到太大的影响，因此他们也没有动力去行使监测银行的职能。正是由于存款人无力对银行进行监管，为了保持金融业的稳定，国家和政府就必须对银行进行监管，资本监管就是一项重要的监管措施。

（二）资本约束的国际标准——《巴塞尔协议》

1.《巴塞尔协议》的制订过程。《巴塞尔协议》是国际清算银行（BIS）的巴塞尔银行业条例和监督委员会的常设委员会———"巴塞尔委员会"于1988年7月在瑞士的巴塞尔通过的"关于统一国际银行的资本计算和资本标准的协议"的简称。该协议第一次建立了一套完整的、国际通用的、以加权方式衡量表内与表外风险的资本充足率标准，有效地扼制了与债务危机有关的国际风险。

巴塞尔委员会最新通过的协议是《巴塞尔协议Ⅲ》。《巴塞尔协议Ⅲ》受到了2008年全球金融危机的直接催生，该协议的草案于2010年提出，并在短短一年时间内就获得了最终通过，并于此后的2011年11月在韩国首尔举行的G20峰会上获得正式批准实施。《巴塞尔协议Ⅲ》几经波折，终于2013年1月6日发布其最新规定。

2.《巴塞尔协议Ⅲ》的主要内容。《巴塞尔协议Ⅲ》规定，全球各商业银行为应对潜在亏损划拨的资本总额仍将至少占风险加权资产的8%；不过，各银行应增设"资本防护缓冲资金"，总额不得低于银行风险资产的2.5%，因此原比例从8%提升至10.5%。

在各类资产中，一级资本充足率下限将从现行的4%上调至6%，由普通股构成的核心一级资本占银行风险资产的下限将从现行的2%提高至4.5%，加上2.5%具同等质量的资本防护缓冲资金，银行所持有的普通股比例将至少达7%。

为减轻资本新规对全球各银行和金融市场所造成的压力，《巴塞尔协议Ⅲ》规定，新规将在2016年1月至2019年1月分阶段执行。其中，各银行须在2013年1月至2015年1月执行新的一级资本规定；而资本防护缓冲资金规定则须在2016年1月至2019年1月执行。

根据协议要求，商业银行必须上调资本金比率，以加强抵御金融风险的能力。

（三）资本约束的国内标准

中国银监会于2006年12月28日即制订了《商业银行资本充足率管理办法》，对银行的资本规模进行了相应规定。为了执行《巴塞尔协议Ⅲ》的新规定，中国银监会于2011年4月27日发布了《中国银行业实施新监管标准指导意见》，于2012年6月7日发布了《商业银行资本管理办法（试行）》。以上三个规章、规范性文件，构成了我国国内的银行资本监管的标准。

我国关于银行资本约束的主要内容有：

1.资本充足率。资本充足率是指资本总额与加权风险资产总额的比例。资本充足率反映商业银行在存款人和债权人的资产遭到损失之后，该银行能以自有资本承担损失的程度。规定该项指标的目的在于抑制风险资产的过度膨胀，保护存款人和其他债权人的利益、保证银行等金融机构正常运营和发展。

《商业银行资本管理办法（试行）》参照《巴塞尔协议Ⅲ》的规定，将资本监管要求分为四个层次：

第一层次为最低资本要求，核心一级资本充足率为5%，一级资本充足率为6%，资本充足率为8%。

第二层次为储备资本要求和逆周期资本要求，储备资本要求为2.5%，逆周期资本要求为0~2.5%。

第三层次为系统重要性银行附加资本要求，为1%。

第四层次为第二支柱资本要求。

《商业银行资本管理办法（试行）》实施后，正常时期系统重要性银行和非系统重要性银行的资本充足率要求分别为11.5%和10.5%。多层次的资本监管要求既体现了国际标准的新要求，又与我国商业银行现行的资本充足率监管要求基本保持一致。

2. 杠杆率。杠杆率即一个公司资产负债表上的资本/资产的比率。杠杆率是一个衡量公司负债风险的指标，从侧面反应出公司的还款能力。

杠杆率是《巴塞尔协议Ⅲ》新引入的指标，是《巴塞尔协议Ⅲ》的重大修订之一。在我国2011年新出台的一系列银行监管的文件中，杠杆率指标被完全采用，并且计算方式与《巴塞尔协议Ⅲ》的要求完全一致。不同的是，巴塞尔协议中杠杆率的监管标准为不低于3%，而我国杠杆率的监管标准为不低于4%，相比《巴塞尔协议Ⅲ》，我国的标准更为严格。

3. 按照审慎性原则重新设计各类资产的风险权重。主要包括将操作风险纳入风险资产计量范畴，取消对境外和国内公共企业的优惠风险权重，上调对国内银行债权的风险权重，下调对小微企业贷款、个人贷款的风险权重等，降低了相关领域的信贷成本，引导商业银行加强对小微企业和个人消费信贷的支持。

4. 增加了资本的扣除项目。主要体现在：提高了次级债券等资本工具的损失吸收能力；增加了资本扣除项目，资本扣除方法更加缜密，允许商业银行将超额贷款损失准备计入银行资本，并对国内银行已发行的不合格资本工具给予10年过渡期。

（四）新的资本监管规则对我国银行业的影响

《商业银行资本管理办法》全面引入了巴塞尔协议Ⅲ确立的资本质量标准和资本监管最新要求，对商业银行的资本管理能力提出了更高的要求，商业银行的各项业务发展和经营管理都将面临更加严峻的考验。

1. 传统经营模式将会改变。伴随《商业银行资本管理办法》的实施，强资本约束的时代来临，以往我国商业银行以资本消耗和规模扩张为特征的传统经营模式不得不面临改变，将逐渐调整及发展轻资本业务或零资本业务，如投行业务、资产托管业务、私人银行业务等。

2. 信贷结构面临调整。《商业银行资本管理办法》在强化商业银行资本约束机制的同时也下调了小微企业、个人贷款的风险权重，商业银行将积极调整优化贷款结构，以尽快提高资本充足率水平。

3. 影响资本补充机制。《商业银行资本管理办法》对资本补充机制提出了更高的要求，鼓励商业银行减少分红和派息，提高利润留存转增资本比例，以增强内部资本补充能力。

4. 同业业务发展将受到挑战。《商业银行资本管理办法》对同业业务的风险权重进行了上调，会直接导致银行风险资产出现大幅度增长，在一定程度上限制了未来同业业务拓展空间。

二、银行受到信贷规模的约束

（一）监管部门对银行信贷规模的监管措施

信贷规模又称"贷款规模"，是中央银行为实现一定时期货币政策目标而事先确定的控制银行贷款的指标。它包含两层含义：一是指一定时点上的贷款总余额，也就是总存量；二是指一定时期内的贷款增量。

信贷规模是一个国家调控经济的主要方法，又是实施货币政策的重要手段之一。由于各国的国情、政治、经济体制不同，选择的目标和手段也有差别，即使在同一个国家，不同时期、不同场合也不完全相同。许多国家的中央银行在过去相当长时间内，都规定过商业银行贷款的限额。欧洲一些国家也曾普遍把控制贷款规模作为货币政策工具。许多发展中国家更是如此。当代西方国家进行宏观调控主要是控制货币供应量。

从1984年开始，中国人民银行明确将信贷规模作为货币政策的目标。在编制和组织实施的国家银行信贷计划中，首先确定信贷总规模，并通过各家专业银行总行逐级下达。在一般情况下，除固定资产贷款规模实行指令性控制外，贷款总规模实行指导性计划控制指标。银行多吸收存款可以多发放贷款，少吸收存款则应少发放贷款。1985年、1988—1991年对信贷总规模重新恢复指令性计划。从1989年起，中国人民银行把贷款规模改称为贷款最高控制限额，实行了"限额管理，以存定贷"办法。贷款最高控制限额为贷款的总"笼子"，各专业银行和其他金融机构，在核批的贷款限额内，主要依靠自己组织吸收存款来实现贷款最高限额。对贷款最高限额实行"全年亮底、按季监控、按月考核、适时调节"。

中国人民银行总行核批的季度贷款最高限额为监控指标，分别由各专业银行总行和中国人民银行各省、自治区、直辖市、计划单列城市分行按系统和地区监控。各专业银行总、分行在执行过程中可根据情况变化调整季度贷款最高限额。专业银行分行如有超过核批的季度贷款最高限额，报专业银行总行批准；专业银行总行如要超过季度贷款最高限额，则报中国人民银行总行批准。

实行"限额管理"、"按季监控"的办法，既有利于从总量上控制住贷款的增长，又有利于进一步打破信贷资金管理的"大锅饭"，解决中央银行包专业银行信贷资金的问题，促进专业银行面向社会筹措资金。把比较僵硬的信贷规模控制手段，变成有灵活性和选择性的政策工具，使中国人民银行能够对信贷的变化发展进行跟踪调控和反馈调节。

（二）信贷规模约束的主要指标

1. 贷存比限制。所谓贷存比（loan-to-deposit ratio），顾名思义就是指商业银行贷款总额除以存款总额的比值，即银行贷款总额/存款总额。从银行盈利的角度讲，贷存比越高越好，因为存款是要付息的，即所谓的资金成本，如果一家银行的存款很多，贷款很少，就意味着它成本高，而收入少，银行的盈利能力就较差。

从银行抵抗风险的角度讲，贷存比例不宜过高，因为银行还要应付广大客户日常现金支取和日常结算，这就需要银行留有一定的库存现金存款准备金（就是银行在央行或商业银行的存款），如贷存比过高，这部分资金就会不足，会导致银行的支付危机，如支付危机扩散，有可能导致金融危机，对地区或国家经济的危害极大。

如银行因支付危机而倒闭，也会损害存款人的利益。所以银行贷存比例不是越高越好。根据《商业银行法》第三十九条的规定，贷款余额与存款余额的比例不得超过75%。

2. 存款准备金率。存款准备金，也称为法定存款准备金或存储准备金（deposit reserve），存款准备金率是指金融机构为保证客户提取存款和资金清算需要而准备的在中央银行的存款。中央银行要求的存款准备金占其存款总额的比例就是存款准备金率。

中央银行通过调整存款准备金率，可以影响金融机构的信贷扩张能力，从而间接调控货币供应量。存款准备金，是限制金融机构信贷扩张和保证客户提取存款和资金清算需要而准备的资金。法定存款准备金率，是金融机构按规定向中央银行缴纳的存款准备金占其存款总额的比率。这一部分是一个风险准备金，是不能够用于发放贷款的。这个比例越高，执行的紧缩政策力度就越大。

中国人民银行会根据我国的经济运行情况及金融市场状况，不定期地调整存款准备金率。2012年5月18日，大型金融机构的存款准备金率是20.00%，中小金融机构的存款准备金率为16.50%。

3. 存、贷款利率。存、贷款利率对银行的信贷规模有重要影响：存款利率升高，有利于银行吸收存款，从而也就增大了银行的贷款规模；而贷款利率升高，会使银行的贷款规模收缩。

关于贷款利率，中国人民银行于2013年7月20日决定放开贷款利率下限，但对贷款利率的上限仍未放开，所以现在是实行了单边的贷款利率市场化。

关于存款利率市场化的呼声很高，现在法定的存款利率严重低估了资金的市场价值，存款人和商业银行都希望能够按市场价格自由定价。目前，国务院正组织调研，相信存款利率也很快就能实现市场化。

存贷款利率市场化对银行的信贷规模有重大影响。如果能够实现存款利率市场化，银行提高存款利率后，资金就会从股市、信托、保险等领域进入银行，增加存款，存款增加后相应的贷款规模就能扩大。现在银行实行法定存款利率，但其他金融机构可以自由议价，所以银行与其他金融机构是不平等的竞争。一旦实现了利率市场化，银行就会凭借良好的信誉，在竞争中处于有利地位。

4. 流动比率。根据《商业银行法》第三十九条的规定，商业银行流动性资产余额与流动性负债余额的比例不得低于25%。此项规定是为了保证商业银行有充足的流动资产，应对可能出现的流动性危机。

（三）信贷规模约束对商业银行的影响

1. 法定准备金率直接决定了银行可以用于放贷的资金数量，法定准备金率越高，银行可用于贷款的资金越少。法定存款准备金制度虽然提高了银行抵御风险的能力，但抑制了银行规模的扩张，减少了收益。银行现在普遍反映规模受限，优质客户很多，但受规模所限，无法发放贷款。

2. 存贷款利率对银行的规模约束来源于同行业之间的竞争。国家近两年内不断放宽存贷款利率的浮动区间，并于2013年7月20日放开了贷款利率的下限，利率市场化的进程正在稳步推进。利率市场化带来的后果就是银行的存款会大幅增加，对银行规模会有所放大。

3. 规模约束对银行的客户也产生了较大的影响，由于贷款规模有限，银行肯定会优先贷给优质客户，国有企业、上市公司、政府融资平台更容易得到贷款。相反，中、小、微企业出现了融资难、融资成本高的现象。

三、金融创新是银行在"分业经营、分业监管"的金融管理体制下的必然选择

我国金融业目前实行的是分业经营、分业监管的模式。分业经营即银行业、证券业、保险业各自经营与自身职能相对应的金融业务。分业监管是指由中国银监会、中国证监会、中国保监会分别对银行业、信托业、证券业、保险业实行监管。我国于1989年提出银行业与证券业、保险业分业经营、分业监管的原则，1995年《商业银行法》的出台，标志着金融分业经营体制正式确立。2003年4月28日，银监会的挂牌成立标志着我国由此确立了一行三会的金融监管新格局。

我国确立金融业分业经营的目的是为了隔离风险，避免不同市场之间的风险传导。对处于经济转型时期的中国金融业而言，实行分业经营、分业监管的模式是与当时的社会经济发展水平以及金融机构、金融市场和金融制度发展程度相适应的。但是随着我国金融体制改革的深化和国际经济环境的不断变化，特别是加入世界贸易组织以后，分业经营、分业监管模式面临着严峻的挑战。

金融创新使金融业分业经营体制面临新课题。随着新的金融工具和金融创新不断涌现，灵活的投融资渠道增多，投资基金、投资银行和其他非银行金融机构在金融体系和金融市场上开始占主导地位，商业银行业务在整个金融市场的份额不断下降，在竞争中渐趋被动。商业银行的传统融资媒介作用由于直接融资的发展受到了削弱。近年以来，在证券、银行、保险、信托等业务领域，以金融业务交叉的金融创新活动十分活跃。金融产品的日趋复杂化和多元化，使得原来相对较为清晰的业务领域的划分变得模糊起来，这自然会在多个领域形成业务交叉。

传统的分业经营体制可以说是以机构为本位的，金融功能被配置到不同的行业或机构来执行。在这种体制下，某一类别的金融机构专门提供某类金融产品或服务，比如，银行机构提供信贷、风险管理和支付清算等功能。但随着金融市场竞争的不断发展，单业经营的金融机构逐渐失去了竞争优势。在分业经营体制暂时不能改变的情况下，银行

只能通过金融创新的方式，绕过监管的红线，向证券、保险、信托、租赁、基金等领域渗透，由此产生了多种多样的结合性的创新产品。金融市场上的通道业务就是典型的例子，银行利用证券、保险、信托、基金等通道，将理财资金投资于银行资产以外的投资中，从而间接实现了混业经营。

四、银行间的激烈竞争迫使银行不断创新

随着我国金融全面对外开放，银行业的竞争日趋激烈。一方面，越来越多的外资银行正在加速进入中国金融市场，分享中国经济高速成长带来的金融发展机遇。外资银行先进的经营理念和多元化的产品为中资银行的服务创新带来了新的思路和方向，同时外资银行大规模进入中国市场也大大加剧了银行业市场的竞争程度，国内商业银行必须积极应对外资银行带来的挑战，积极寻求提升服务品质的新途径，切实留住高端价值客户。另一方面，国内商业银行经过多年改革开放，同业竞争格局已经发生了重大变化，主要大型商业银行均实现了股改上市，竞争力大幅提升。中小商业银行之间兼并重组加剧，国内银行业金融机构呈规模化发展趋势。同业市场结构和竞争格局的变化为银行业产品和服务创新创造了条件，也将带动新一轮的产品和服务创新热潮。

应对日益复杂的金融市场风险。随着我国经济金融日益接轨国际，金融市场风险更加复杂和多变，对商业银行的产品和服务创新提出新的要求。特别是，随着我国利率、汇率市场化改革逐步完善，商业银行为规避利率风险、汇率风险，必须在资产业务、负债业务和表外业务方面进行大量的产品创新。比如，针对国内越来越多的国际化企业，商业银行必须充分利用以远期利率协议、利率期权、外汇期权为代表的衍生金融工具，为客户提供新型金融服务和一揽子服务解决方案，切实为客户降低风险，提高客户资金的安全性。因此，金融市场风险的凸现要求商业银行必须加强产品和服务创新的专业性、针对性，切实为客户提供便捷、安全、高效的金融服务。[①]

第三节　银行金融创新的分类

一、资产业务创新

资产类业务的创新主要表现为对贷款标的的细分、对贷款流程的优化、对融资渠道的拓宽、对融资品种的研发等等。近年来，随着我国居民收入水平的提高和消费观念的转变，个人消费信贷迅速发展。其中，个人住房贷款是个人消费贷款的主要组成部分，具体包括个人二手房贷款、个人住房加按揭贷款、个人住房转按揭贷款、个人商品房组合贷款、双币种个人按揭贷款等贷款产品。除个人住房贷款外，汽车消费信贷也获得较大发展，成为仅次于前者的银行个人信贷产品。此外，商业银行还提供很多个人其他消费信贷产品，如个人质押贷款、个人耐用消费品贷款、个人综合授信、家居装修贷款和

---

① 北京联合信息网中国信贷风险信息库．提升商业银行竞争力和创造力需要服务创新．http：//finance. sina. com. cn/chanjing/b/20080104/18064368430. shtml. 2008－01－04.

教育助学贷款等贷款品种。针对公司法人，我国商业银行推出的新产品也日益增多并得到迅速推广和广泛应用，如福费廷、出口退税账户托管贷款、供应链融资、上市一路通等。

此外，商业银行把一些较成熟的业务移植或复制到其他领域，通过赋予传统业务新内涵进行创新，如将一般属于国际业务的信用证和保理广泛应用于国内融资，从个人账户投资和个人住房贷款衍生发展推出公司账户透支、法人商业用房贷款等业务。

资产类创新的另一个重要方式是对银行存量资产的创新。银行将现有的存量贷款出表，或者证券化，充分盘活现有资产，从而获得了新的资金来源。

二、负债业务创新

银行的负债业务是形成银行资金来源的业务，银行资金来源主要包括存款、同业拆借、银行发行债券等。

银行通过负债业务创新不断扩大资金来源，保障业务发展和营业利润的持续增长。为了满足居民个人存款便利和资金增值的需求，商业银行大力开发储蓄存款账户的服务功能，加强储蓄存款产品的创新。银行证券公司合作，实现居民储蓄账户与证券资金账户的相互转账，方便了居民进行股票投资。跨行通存通兑方便了客户资金的往来，"定期一本通"实现了各种到期存款的自动转存。

三、中间业务创新

商业银行中间业务是指不构成商业银行表内资产、表内负债，形成银行非利息收入的业务。它包括两大类：金融服务类业务和表外业务。金融服务类业务是指商业银行以代理人的身份为客户办理的各种业务，目的是为了获取手续费收入。主要包括支付结算类业务、银行卡业务、代理类中间业务、基金托管类业务和咨询顾问类业务。表外业务是指那些未列入资产负债表，但同表内资产业务和负债业务关系密切，并在一定条件下会转为表内资产业务和负债业务的经营活动。主要包括担保或类似的或有负债、承诺类业务和金融衍生业务三大类。

在开展中间业务时，商业银行是作为中间人的身份参与金融服务，不占用或很少占用银行资本，因此相对于资产负债业务而言，中间业务风险小，收益相对稳定。近年来，商业银行中间业务创新主要表现为理财产品、投资银行、企业年金、担保承诺、承销证券以及资产托管等方面的创新活动。

四、本书所研究的银行金融创新

通过以上分析可以看出，银行创新业务包括资产业务、负债业务、中间业务三大方面。当前我国银行业界对金融创新表现出极大的热情，银行从业人员充分发挥了他们的聪明才智，有效地规避了现有的法律、法规，利用各种有利条件，创造出了千变万化的创新产品，而且与时俱进，日新月异。

面对如此多的金融创新，本书不可能逐一进行研究。根据银行创新业务的发展现状，本书选择性地研究了以下金融创新：理财产品、保理、银信结合、银证结合、银证信结合、银基结合、银保结合、银租结合、国内信用证、银行承兑汇票、银行保函、同业代付、信贷资产证券化、产业供应链融资、国际直贷、资产管理计划。

本书将对上述金融创新的交易结构、案例、法律法规、法律风险防范等方面进行逐一研究。

第四节　银行创新业务的风险性

2008 年全球金融危机爆发后，抵押贷款支持证券、担保债务凭证和信用违约互换等创新工具被推到了风口浪尖，因其在危机爆发、传播过程中扮演的不光彩角色成为了千夫所指的对象。从 20 世纪 80 年代开始到现在，金融创新与金融风险加剧一直是国际金融市场最为鲜明的发展特征。90 年代以来，全球几乎每一场金融风暴都与金融创新有关。在众所周知的巴林银行风波前后，国际上曾发生过多起因金融创新工具交易失败造成巨额损失的事件。1994 年，美国奥兰治县政府由于从事金融创新工具交易失败，损失 20 多亿美元，不得不宣布破产。

银行创新业务的风险性主要体现在以下几个方面：

一、金融创新具有杠杆性，"以小博大"存在先天的风险

金融创新产品会以较少的资金成本取得较多的投资，以提高投资收益。一般是以原生工具的价格为基础，交易时不必缴清相关资产的全部价值，只要缴存一定比例的押金或保证金，便可得到相关资产的管理权，到一定时期对已交易的金融创新工具进行反方向交易，而进行差价结算。这种"以小博大"的交易方式可能给交易者带来高收入，也可能带来巨额损失。

二、金融创新具有虚拟性，金融创新的规模大大超过实体经济规模

具有虚拟特征的金融创新工具的价格变化脱离了实物运动过程，它一旦形成，就必然会导致一部分货币资本停留在这种能够生息的有价证券之上，以获得风险利润的管理权。金融创新工具的虚拟性所产生的后果是，金融创新市场的规模大大超过实体经济规模，甚至远远地脱离实体经济。透过如此之高的虚拟性，我们可以想象金融创新工具所带来的高风险。

三、银行面临被动清偿风险

金融创新使金融机构所经营的业务范围扩大，许多新兴的表外业务不断出现。表外业务使银行减轻了资本需求量的压力，但却增加了它们的负债。稍一疏忽便会使金融机构从中介人变为债务人，金融机构因此处于非常尴尬的地位。如果正赶上市场资金紧缺，银行还会面临流动性风险，使它们的信誉度遭到破坏，导致银行经营更加困难。

由于直接投资的兴起和"脱媒"危机的发生，廉价资金来源减少，银行的资金成本上升。竞争又引起银行的利息收入下降，服务成本支出增加，银行的边际利润率下降，使得资本积累放慢，这些无不对银行的清偿力构成威胁，一旦银行没有足够的清偿

力应付客户提款，则银行就面临着生存危机。

四、金融创新可能导致金融业的系统性风险

2008 年发生的这场国际金融危机就是一个典型的例子。这场危机由美国次贷危机引发，至 2008 年已升级为一场历史罕见、冲击力极强、波及范围很广的国际金融危机。金融创新产品成为这场危机的祸首之一，一时间金融创新遭受千夫所指。

金融机构之间具有很强的关联性，一旦一个创新产品出现问题，首先是该机构出现危机，很快就会向其他金融机构蔓延，然后跨出国界向国际上蔓延，形成全球性的金融危机，出现金融业的系统性风险。

第五节　我国银行金融创新的现状

近年来，金融创新已成为我国经济金融发展不可或缺的环节，尤其是银行商业化改革后，随着经营自主权的增强与追逐盈利目标的强化，自身主观能动性进一步发挥，适应经济金融发展与客户需求变化，在借鉴国外有益经验的基础上，摸索出一系列创新之举，极大地丰富了业务模式，有效满足了客户日益高端化、个性化的需求。

一、近期我国银行金融创新的变化

近期，我国银行的表外业务发展迅速。2013 年末，银行表外理财余额已超过 10 万亿元，结构性存款也超过 3 万亿元，信托公司表外信托贷款余额也有 2 万多亿元。与存款相关的创新包括创设结构性存款的表内理财业务，具有较高收益率的表外理财存款与大额协议存款，2013 年末开始试点发行的同业存单业务，以及因互联网金融发展而出现以"余额宝"为典型代表的新型货币基金等。贷款方面的创新是近年金融创新关注的焦点，这方面包括最初的银信合作产品中的表外信托贷款类理财产品，之后出现了银行信贷类理财产品，再到同业代付与买入返售式的信托受益权等。

信贷类理财产品主要是由银行和信托公司共同合作开展的银信合作信贷类理财产品。银行将其信贷资产，通过信托公司的信托业务通道，经一系列流程打包后作为信托理财产品标的，再借助银行销售渠道向客户发售。由此，银行可将自有信贷资产转出，增加贷款投放空间；信托公司将此类信托理财产品记为表外资产，按当时监管要求及会计准则，无需资本金要求，业务发展不会受到规模限制，又可与银行分享相应利润。2009 年下半年后监管部门加强了信托公司表外业务监管要求，并出台了信托公司净资本管理办法，对各类表外信托业务规定了风险权重系数与资本计提要求。因信托公司普遍资本金不高，受此影响，信贷类银信理财业务明显萎缩。

银行对于理财与信贷业务的结合未彻底放弃。经一段时期摸索后，银行通过运用内部 SPV 机制，大力发展表外银行信贷类理财产品。SPV 即特殊目的机构（special purpose vehicle），是专门为实现资产证券化而设立的机构，其以自身名义发行理财产品融资，再将所募资金用于向资产原始权益人（实际上为设立 SPV 的母银行）购买信贷等资产。理财产品中以往由信托公司扮演的角色实际上由 SPV 替代。由于 SPV 发行的理

财产品期限较短，而其对应购买的资产期限较长，导致期限不匹配问题出现。此种情况下，银行的应对做法是：由 SPV 向母行同业拆入资金，先行偿还投资者到期资金，再滚动发行新理财产品筹集资金替换母行拆出的资金。实质上，其中仍有明显的银行腾挪贷款情形。监管部门先是明确要求信贷类理财产品期限应与其购买的信贷资产剩余期限一致，此后又叫停了理财产品投向信贷类资产。由此，银行信贷类理财产品亦受严格限制。

金融创新与金融监管的博弈未因此停息，此后，同业代付业务开始蓬勃兴起。其主要操作为：商业银行在信用证、保理等业务（主要为境内）的支付环节，委托其他商业银行（代付行）代其向相关客户付款，代付行将该笔付款记为同业拆出，而委托行仅将其在表外做一登记。同业代付款项实际上是委托行向其客户提供的贸易融资，代付行不与融资企业发生债权债务关系，管理责任和信用风险均由委托行承担。如果将代付行与委托行合并考虑，仍是委托行向客户提供了信贷资金，只是通过引入第三方即代付行，借助于信用证、保理等业务，并利用会计记账在此方面规定的欠缺，实现了贷款业务在表内外的灵活腾挪。2012 年下半年开始，同业代付的监管要求逐步规范，明确规定了此类业务的会计记账方法，其须记入委托行贷款项下，以真实反映金融机构与客户之间事实上存在的借贷关系。2014 年 5 月发布实施的《关于规范金融机构同业业务的通知》更是规定了同业代付原则上仅适用于银行业金融机构办理跨境贸易结算，境内信用证、保理等不规范的同业代付业务由此受限。

买入返售信托受益权则是 2012 年以来逐步兴起的另一类创新产品。其大体流程为：金融机构（买入行）在从非金融企业（卖出方）等买入信托受益权（多为信贷等非标准化债权资产）时，再找第三方银行和卖出方一起签订三方协议，买入行将资金划转至卖出方，第三方银行承诺在远期将信托受益权购入，买入行将该信托受益权记为以第三方银行为交易对手的买入返售资产，第三方银行仅在表外登记远期购买承诺，将其作为表外业务。由此，无论是买入行还是第三方银行，原为贷款的业务最终未体现于任何一家银行账表上。《关于规范金融机构同业业务的通知》明确要求买入返售（卖出回购）相关款项在买入返售（卖出回购）金融资产会计科目核算，抑制了其出表操作。

当然，各类金融创新业务之间并非绝对的消亡后再出现的关系，相互间在存续上会有一定交叉关系，这与不同金融机构在创新策略选择、自身精通的业务模式不同及监管要求有一个逐步强化过程等因素有关。[①]

二、目前我国银行创新业务的现状

根据银联信发布的《商业银行中间业务研究月报》统计，2014 年 1～6 月，16 家上市银行实现中间业务收入合计为 3534.72 亿元，增加 490.26 亿元，同比增长 16.10%。

---

① 邱潮斌. 我国金融创新的历史考察与现实总结 [J]. 海南金融，2014（08）.

（一）规模：四大国有银行的中间业务收入占 16 家上市银行的 66.03%

2014 年 1～6 月，工行、农行、中行、建行四大国有银行共实现中间业务收入 2333.87 亿元，占 16 家上市银行中间业务收入总额的比例为 66.03%，与 2013 年同期相比，占比下降 4.92%。

由此可以看出，四大国有银行在中间业务收入总额中占绝对优势。这一方面表明，大型商业银行中间业务获利能力强；另一方面表明，商业银行中间业务收入总额多少与该银行规模大小之间存在密切关系，原因在于，中间业务的开发拓展与营业网点分布、客户资源挖掘和客户认知度提高等因素之间存在紧密联系，而四大国有银行在以上方面具有得天独厚的优势，其中间业务收入水平高是必然所在。

16 家上市银行中，中间业务收入规模最大的是工行 732.28 亿元，其次是建行 601.80 亿元。股份制银行中，中间业务收入规模最大的是招商银行 237.02 亿元，其次是民生银行 184.38 亿元。

（二）增幅：国有行增幅低，股份行增幅高

2014 年 1～6 月，股份制银行中间业务收入增幅普遍高于国有银行。其中，增幅最高的是平安银行，增长 77.58%，其次是招商银行 67.34%，增幅最小的是农业银行 0.53%。

银联信认为，国有商业银行增速低于股份制商业银行，表明股份制商业银行中间业务的发展相对较快，追赶国有银行的势头较为迅猛。股份制商业银行中间业务收入增速维持在较高水平，得益于股份制商业银行对中间业务的日益重视和对新型中间业务的不断创新。

（三）中间业务分项收入呈现分化格局

综合分析各银行半年报可以发现，不同银行特别是股份制银行的业务重点已开始分化，差异化、多元化发展格局开始显现。

比如，浦发银行投行业务收入是其手续费及佣金净收入的主要来源之一。今年以来，浦发银行将投行业务列为五大重点领域之一进行推进。上半年该行债务融资工具承销额 1316 亿元，同比增长 78.83%；银团贷款余额 1280 亿元，位居股份制银行前列，同比增长 17.83%。

招商银行中间业务收入仍保持高速增长，收入占比提升至 36.8%，位居前列，主要是受益于托管及其他受托业务佣金、银行卡手续费、代理服务手续费增加。

在托管业务方面，除招商银行外，中信银行、华夏银行等也表现出了较强的增长态势。其中，中信银行资产托管规模达 3.35 万亿元，较上年末增长 64%，实现托管费收入 7.83 亿元，同比增长 92.4%。中信银行目前已与腾讯、阿里、百度三大互联网电商巨头开展合作，并发起银行是货币基金，同时大力发展公募基金托管业务。

平安银行的银行卡业务收入依旧是增长亮点，这说明与平安集团的交叉销售促进了银行卡特别是信用卡业务的较快发展。数据显示，该行信用卡总交易金额达 2873 亿元，其中网上交易金额继续保持快速增长趋势，同比增长 155%。

第六节　我国银行创新业务存在的总体性问题

一、自主研发能力较差，产品同质化严重

从目前创新产品的诞生流程来看，我国商业银行创新业务的需求多数并非源自于客户的金融消费需要，而是为了推出产品而推出产品，导致创新产品的市场生命力不强，有的产品甚至在研发完成后因不具备市场竞争力，还没投产就夭折了，难以为商业银行带来创新效益。我国商业银行大多不愿意主动挖掘客户需求，而是更愿意效仿同业已经推出的具有良好效益的产品。各银行间对创新产品的定位差异不大，使得目前可见的各商业银行的产品种类、功能趋同，产品同质化严重，导致客户不是根据产品特性而是依据个人喜好来选择产品，使得商业银行的利润率降低。另外，银行创新产品功能指向集中，不利于资源的合理配置，导致银行部分产品闲置，对于有的投资类的产品而言，不仅不会带来预期收益，甚至对本金的安全性造成威胁。

从实际来看，我国商业银行已推出的资产类、负债类业务创新，本身特色不足，基本属于将西方技术与我国国情相结合的嫁接产物，所以不具有被再次发展使用的突破性意义。

二、资产负债业务创新还处于初级阶段

目前我国商业银行的个人资产业务还处于发展的初级阶段，在经济发达的国家和地区，金融机构消费贷款占全部贷款的比例平均为 30% ~ 50% ；如花旗银行贷款利润的 70% 源于个人贷款，香港大部分商业银行的个人贷款已经占到其信贷总额的一半，其中恒生银行的住房贷款比重已达到贷款总额的 60% 。而我国目前消费信贷占全部贷款的比例平均只有 10.76% 左右。

此外，虽然我国商业银行改进了存款账户的服务功能，但与外资银行相比，我国商业银行的存款类产品品种相对单一，基本局限在传统的存款业务上。反观外资银行，这方面的产品品种就比较丰富，如香港汇丰银行推出的保本投资存款使对客户的回报与恒生指数挂钩，道亨银行开办的"增值保障"定期存款让存款息率紧贴市场利率走势。

三、产品体系不完善，结构不合理，中间业务明显落后

出于交易安全性及资金使用灵活性的因素，以及银行监管部门对资产负债业务的政策性管制，商业银行资产、负债业务创新品种只能在有限的范围内进行丰富和发展。而资产负债业务之外的各类表外业务均可被划归为中间业务，决定了中间业务范围的广泛性。从上市商业银行年报披露信息来看，目前我国商业银行的中间业务品种主要包含支付清算与结算、银行卡、资产托管、理财业务、代理收付与委托、担保与承诺以及顾问与咨询等。而就算是指标值最高的建设银行与美国银行业平均水平相比也有近一倍的劣势。可见我国银行业的中间业务收入对营业收入的贡献，远远落后于

盈利能力较高的美国银行业中间业务收入对营业收入的贡献。美国联邦存款保险公司（FDIC）近年的数据显示。美国银行业贷款收入相对于中间业务收入的重要性发生了重大的变化，由于银行不断开拓手续费业务收入，目前手续费收入增长速度远远快于贷款利息收入和投资收入，美国银行业已经将中间业务收入作为未来利润的重要增长点、未来扩张的关键。

四、创新业务缺乏整体规划

我国商业银行金融创新产品的设计一般具有较强的功利性，立足点多数是为了解决当前的市场经营瓶颈，较少关注产品的可持续性发展，缺乏整体规划性。而在国外的主流银行，产品研发从创意、分析、开发、验证、投放到评估等环节，是一个清晰的闭环流程，每个阶段都有明确的工作目标、工作方法、关键指标和结束标志。我国商业银行创新部门提出产品创新需求时，对于产品涉及的相关部门间的制约与协调往往因整体规划不足而预估不到位，使得创新在初始阶段即因为信息不对称而导致产品后续的研发过程、验收测试过程受影响，严重的可能导致创新产品无法正常投产使用。例如，电子银行渠道提出的信贷业务创新，是以信贷业务的先行存在为前提的，如果在创新之初未考虑到两个部门间的信息共享和资源协调，那么就极易造成该业务在信贷部门由于政策所限不能投产，使得电子银行渠道提出的该业务创新归于失败。①

五、缺乏高素质的专业人才

商业银行创新业务是集人才、技术、机构网络、信息、资金和信誉于一体的知识密集型业务，创新业务的开拓和发展需要一大批知识面广、业务能力强、实践经验丰富，勇于开拓、懂技术、会管理的复合型人才，尤其需要具备金融、法律、财会、税收等专业知识的中高级人才，如理财顾问，要求对银行、保险、证券、房地产、外汇、国内外经济形势都能比较全面的掌握，这些具有理论知识和操作技能的专业人才在我国金融界非常稀缺，从一定意义上讲这已成为商业银行拓展创新业务的"瓶颈"。

参考文献

［1］卢鸿．巴塞尔协议Ⅲ对中国银行业的影响［N］．金融时报，2011-01-24．

［2］郭鑫．适应新资本监管要求转变银行发展方式——解读《商业银行资本管理办法（试行）》［J］．对外贸易，2013（07）．

［3］刘艳．商业银行创新业务研究［J］．华北金融，2013（08）．

［4］何铁林，张涛．商业银行创新业务．中国金融出版社，2011-10．

［5］徐珺．国有商业银行创新业务转型问题研究［J］．现代经济信息：金融天地，2011（15）．

［6］隋平．审慎处理金融创新与金融监管的关系［N］．光明日报，2013-

① 刘艳．商业银行创新业务研究［J］．华北金融，2013（08）．

06 – 11.

　　［7］邱潮斌．我国金融创新的历史考察与现实总结［J］．海南金融，2014（08）．

　　［8］姚良．商业银行金融产品创新的风险传染与免疫研究．中国金融出版社，2011.

　　［9］侯太领．银行监管规避剖析．中国金融出版社，2012.

　　［10］郭雳．中国银行业创新与发展的法律思考．北京大学出版社，2006.

第二章 银行保理业务法律风险防范

在日益形成的买方市场中，赊销方式逐渐流行，对卖方而言，日益积攒的应收账款渐渐成为企业的负担，企业不仅担心该项债权不能及时全额收回，同时应收账款也沉淀着企业大量资金，使企业缺少流动资金，从而严重阻碍生产经营活动的顺利进行。应收账款作为一项普通的金钱债权，是可以快速有效变现的，这对于盘活企业资产具有重大意义，而保理业务就是在此基础上应运而生并逐步发展起来的。

第一节 保理概述

一、保理的概念及操作流程

（一）保理的概念

保理，是指卖方与保理商间存在一种契约关系，根据该契约，卖方将其现在的或将来的基于其与买方订立的货物销售或服务合同所产生的应收账款转让给保理商，保理商为卖方提供至少以下两项服务：贸易融资、销售分户账管理、应收账款催收、信用风险控制与坏账担保。保理业务是一项以债权人转让其应收账款为前提，集融资、应收账款催收、管理及坏账担保于一体的综合性金融服务。保理是建立在赊销交易方式下，通过对企业应收账款的评估，以对企业融资为重点，同时又提供多种专业化服务，形成综合服务体系。

（二）保理的操作流程

一般而言，保理业务的具体流程如下：

1. 买卖双方有合作意向，并共同找到保理商，保理商收到卖方提出的保理申请，并为买方核准信用额度。

2. 卖方在核准的信用额度内向买方发货并开出发票，向保理商申请应收账款转让，并将发票副本交给保理商，保理商在受让该应收账款后与卖方一起向买方通知，然后就按照合同约定比例向卖方发放融资款。

3. 在发票到期日，买方向保理商指定的账户付款，保理商在扣除相应费用后将余款付给卖方。

二、保理业务的优势及发展前景

（一）保理业务对企业的作用

首先，可以利用应收账款快速融资，尽快组织资金进行新一轮生产，比较适合赊销的贸易形式，在买方市场中增强了产品的竞争力，有力吸引新客户，借用银行信用增加双方的交易信心。

其次，企业可以将应收账款有效剥离出报表，转移信用风险，降低应收账款金额，优化企业的财务指标。

再次，保理商专业管理销售分户账并催收账款，更高效更安全地保障债权的顺利实现，节省企业人力、物力，使企业专注于生产研发环节。

最后，保理商承担担保付款的责任，降低交易风险，免除企业后顾之忧。

（二）保理业务对银行的作用

对银行而言，通过保理业务，银行丰富了中间业务种类，增加了中间业务收入，同时通过融资获得利息收入，改善了银行的收入结构。在面对银行固有客户时，可以提供更为全面个性化的组合服务，巩固现有客户与银行之间的合作关系；而面对新客户，可以通过更贴合客户实际需要的保理业务，吸引新客户，为新客户与银行间的进一步深入合作奠定基础。

（三）保理业务的发展前景

保理业务所具有的融资与销售额相匹配的特点，使得审批条件较宽松、适用范围更广泛，更具有灵活性和匹配性，通过专业化处理效率更高也更安全。近几年，保理业务发展的强劲势头更加明显，据业内人士估计，全国企业的应收账款规模在 20 万亿元以上，仅以国内工业行业为例，截至 2012 年 12 月，全国规模以上（主营业务收入 2000 万及以上）工业企业应收账款总额 95693.4 亿元，较去年同期增长了 16.43%。[①] 企业应收账款总量持续上升，回收风险加大，对保理服务的需求必然快速上升，保理行业面临巨大发展机遇。根据《中国商业保理行业研究报告 2013》的分析，2013 年国内商业保理业务总量 200 亿元人民币以上，与 2012 年相比增长超过一倍。[②]

三、保理的分类及法律性质

保理业务以保理商是否具有追索权分为有追索权的保理和无追索权的保理，这也是最主要的分类方式。

（一）无追索权的保理及其法律性质

无追索权的保理是指保理商受让供应商应收账款债权后，即放弃对供应商追索的权利，由保理商独立承担买方拒绝付款或无力付款的风险，也称为买断型保理。但是对于因产品质量、服务水平、交货期等引起贸易纠纷所造成的呆账和坏账，保理商不负担保赔偿之责，并保留追索权。让与人担保债权的真实性，无追索权只针对买家拒绝付款或无力付款的情况，通常是为了满足供应商上市的需要，美化财务报表。无追索权保理的

---

① 中国商业保理行业研究报告—2013. 参见网址：http://wenku.baidu.com/link? url = p4cHWRpll6KbNHhklnWOzD5C－T6BSRvERa3iXNzvNFLFbl06uYbXM05TRuSihVKhD81X＿ QXV7Une6jl05Vi7OQp9e－4ZOGcOsdwYm＿HFtCq.

② 中国商业保理行业研究报告—2013. 参见网址：http://wenku.baidu.com/link? url = p4cHWRpll6KbNHhklnWOzD5C－T6BSRvERa3iXNzvNFLFbl06uYbXM05TRuSihVKhD81X＿ QXV7Une6jl05Vi7OQp9e－4ZOGcOsdwYm＿HFtCq.

最大保障是真正的交易背景，交易的自偿性和资金的封闭运行能保证保理融资的安全，以买方对应收账款的付款作为还款来源，也就需要保理商重点审查买方的还款能力和财务状况。无追索权的保理在法律性质上为债权的转让，应严格按照我国《合同法》第七十九条、第八十条关于债权让与的规定，由供应商和保理商共同向买方发出通知。

（二）有追索权的保理及其法律性质

有追索权的保理是指保理商受让供应商应收账款债权后，如果买方拒绝付款或无力支付，保理商有权向供应商追索已经提供的融资，要求其回购应收账款，也可以称为回购型保理。保理商出于谨慎性原则考虑，为了减少日后可能发生的损失，通常情况下会为客户提供有追索权的保理。有追索权保理从法律定性来看，就是附带了回购条件的债权转让行为。

针对有学者提出"有追索权的保理的法律性质就不应界定为应收账款转让，而应为应收账款担保"的观点[①]，笔者并不完全认同。

首先，只说明供应商以应收账款作为担保财产，适用债权担保理论，并不具有强有力的说服力。担保的具体形式是什么？该学者并没有给出明确的答案。应收账款作为一种普通债权，可以依据《物权法》第223条的规定设立权利质押，企业需要正常偿还贷款，应收账款只是作为质押物提供担保，类似于动产质押，银行并不能直接收取应收账款产生的现金流，只有企业无力偿还债务时银行对应收账款中的现金流享有优先受偿的权利，在偿还银行债务后如有剩余，需返回企业，权利质押是企业与银行之间的协议。但在有追索权保理的业务模式下并不能成立应收账款质押，首先保理商直接收取应收账款中的现金流作为其对供应商融资的对价，这种权利是在业务模式中规定的，并不是优先受偿权所赋予的。

其次，应收账款债务人直接向保理商承担还款义务，其法律基础是债权的转让，保理商作为新债权人介入到买卖双方的基础法律关系中，是一个涉及三方当事人的法律关系，否则是无法解释应收账款债务人直接向保理商清偿以消灭债务的行为的。

再次，有追索权的保理，也许在会计观点中风险并没有完全转移出供应商，供应商仍然需要负担债务人无力偿还的风险，但是在法律关系中，办理保理业务本身就是一次债权的转让行为，而供应商回购债权是在满足回购条件时发生的附生效条件的债权的转让行为，是第二次债权转让行为，将整个业务流程分解来看，其债权转让的性质是很清晰的。

最后，应收账款质押作为一种融资方式是受到《物权法》调整的，应收账款转让是一种债权转让行为，是受到《民法通则》、《合同法》等债权法调整的，不能混同。

（三）关于保理法律性质的结论

无追索权的保理业务是债权转让的法律性质是十分明显的，而对于有追索权的保理属债权转让也是可以得出的，进而可以将保理业务总体定性为债权转让的法律行为，这对于分析保理业务各方权利义务都是有益处的，保理商可以以债权转让为核心，明确自身定位，开展多种专业化服务，供应商可以及时转移交易风险，保障债权的安全实现，

---

① 罗欢平. 论保理的法律性质——兼论应收账款担保融资的现实需求. 学海，2009（4）。

债务人明确向新债权人清偿以消灭自身债务。

第二节 新型保理业务

保理业务并不是一项新的银行业务，但是近些年来，随着保理业务的发展，出现了一些新型的保理业务，保理业务出现了升级版，现将新型的保理业务介绍如下。

一、双保理的新模式①

双保理业务是保理商针对一些承接核心企业零部件供应产业链的供应商和物流公司提供的综合融资方案，是保理商切入核心企业上游产业链，扩大保理业务范围的典型代表。

供应商与保理商签订无追索权保理协议，供应商将其对物流企业的应收账款转让给保理商，同时保理商与物流企业签署有（无）追索权保理协议，将其对核心企业的应收账款转让给保理商。最终，供应商和物流企业都将应收账款转让给保理商，由保理商以此为物流企业提供融资额度，为供应商提供融资。到期时，保理商向核心企业收款，将差额部分扣除手续费后付至物流企业。这种新业务模式实际上是两次保理协议的叠加，主要适用于承接特大型垄断企业的供应链外包业务的纯粹第三方物流企业和一些特殊目的关联公司，此处的物流公司就是特殊的经销商，如原料供应商和大型集团客户合资设立的专门从事大型集团客户原料采购供应商，主要存在于石油、发电、船运等行业。保理商主要依靠的是核心企业的还款能力和企业信用，而非上游供应商和物流公司的信用，风险较小，同时还可以借助该项业务绑定核心企业，进一步扩大保理商和核心企业间的合作。双保理模式如图 2-1 所示。

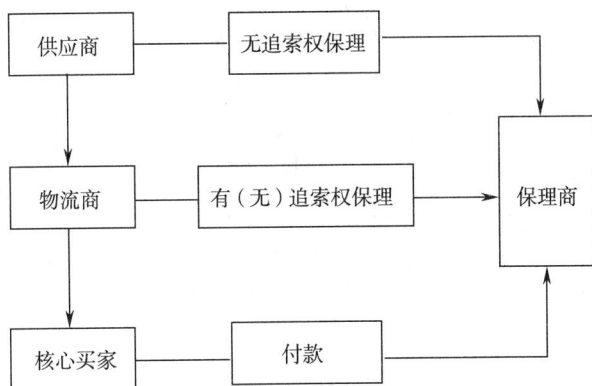

图 2-1 双保理模式

---

① 银行应收账款融资产品培训. 第 1 版. 中国金融出版社，2011 - 3，17 - 19.

二、反向保理[①]

反向保理，又称"以买家为中心的保理"。NAFIN 是墨西哥一家国有开发银行，反向保理运行程序如下：NAFIN 的电子保理平台为每个大型买家提供专属网页，而小规模供应商则通过链接方式集合到各自有业务往来的买家网页上，供应商提交了货物和发票，买家即可在他们自己的 NAFIN 网页上张贴"可转让票据"，其金额与将被保理的金额相等，保理商选择应收账款并报价，供应商访问买家的网页，查看所有愿意为这笔应收账款提供保理服务的保理商以及他们的利率报价，选中一家条件最优惠的保理商，保理商将应收账款扣除利息之后的金额划转到供应商的账户上，发票到期时，买家直接向保理商付款即完成整个保理业务流程。

这种反向保理业务有多重优势：

其一，以核心买家企业为业务切入点，将保理业务的风险转移为信用较高大买家的违约风险，而不再是中心企业的经营风险，这样既保障了保理商的及时收款，又促进了对中小企业提供融资服务。

其二，适用电子交易平台和互联网技术，将保理业务与现代科技紧密结合，压缩成本的同时也提高了效率。

其三，该电子交易平台中集合了多家保理商，对培育竞争机制、优化保理业务都有好处。

反向保理的交易结构如图 2－2 所示。

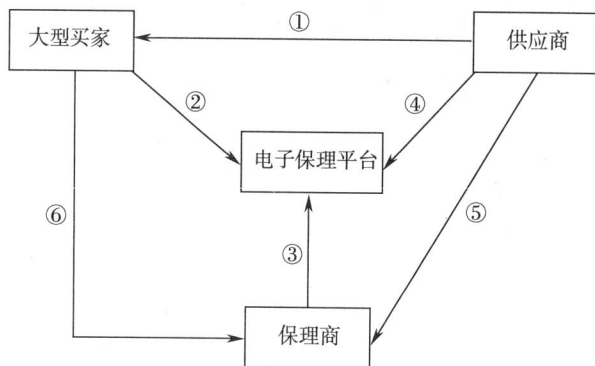

图 2－2 反向保理交易结构

反向保理的交易流程如下：

（1）供应商提交了货物和发票。

（2）买家即可在他们自己的网页上张贴"可转让票据"，其金额与将被保理的金额相等。

（3）保理商选择应收账款并报价。

---

① 冯莹. 保理在我国的发展及风险防范研究. 浙江大学硕士学位论文.

（4）供应商访问买家的网页，查看所有愿意为这笔应收账款提供保理服务的保理商以及他们的利率报价，选中一家条件最优惠的保理商，点击保理商的名字。

（5）保理商将应收账款扣除利息之后的金额划转到供应商的账户上。

（6）发票到期时，买家直接向保理商付款。

三、银团保理[①]

银行在叙做保理业务时，面对大额债权转让，可能产生资金和风险的高度集中，由单一银行承接业务就有可能不能完全满足借款人的需求。此时，银行可以考虑引入同业资金，一方面可以消化短时大额资金占用产生的流动性短缺，另一面也可以有效分散风险，利用银团保理的严密机制设计，还可以综合多家银行的评估观点，进一步保障资金安全。

银团保理是指由两家或两家以上银行基于相同条件，依据同一保理合同，按约定时间和比例，通过代理行向借款人提供保理业务，按一定比例共同受让应收账款。

（一）银团保理的发起

银团保理由牵头行发起。牵头行应当与借款人约定采用银团保理的方式叙做保理业务，同时就银团保理的初步条件与借款人达成一致，并签订银团保理委任书，然后正式开展银团保理的邀请工作。牵头行可以邀请其他银行作为潜在参加行，在商业保理日益发展的大环境下，也可以考虑邀请商业保理公司参加。

牵头行应当按照正常叙做保理业务的流程，进行尽职调查，为借款人和买方核准信用额度，并在此基础上与借款人沟通，商谈具体保理条款等，并据此编制银团保理信息备忘录。备忘录中应包括一些潜在参加银行在进行决策时必须得知的情况，包括：银团保理的基本条件、借款人的财务状况、项目概况及市场分析、项目财务现金流量分析等，该备忘录应保证真实，应由借款人签署"对信息备忘录所载内容的真实性、完整性负责"的声明。

牵头行随后向潜在参加行发出邀请函，并附上上述备忘录和保密承诺函，要求在牵头行有效委任期间，其他未获委任的银行不得与借款人就同一项目进行委任或开展融资谈判。

收到银团保理邀请函的银行在阅读上述备忘录后，应秉承"信息共享、独立审贷、自主决策、风险自担"的原则，自行决定是否参加银团保理。若备忘录信息不足以满足审批要求，可以要求牵头行补充或自行调查。

银团保理合同由银团成员和借款人共同协商签订，主要约定银团整体与借款人之间的权利义务关系。

（二）银团决策机构

银团成员之间的权利义务关系在《银团内部协议》中约定，主要包括银团代理行、成员间内部分工、保理额度的分配与转让、决策规则、银团成员的退出等。

银团会议是银团决策机构，主要职能是讨论、协商银团保理日常管理中的重大事

---

① 参考《银团贷款指引》。

项。银团会议使得银团成员作为一个整体处理与借款人的法律问题，而不能任由各个成员各自为政。从法律上分析银团会议的法律地位类似一家有限公司内部的股东会，是完全建立在当事各方所认可的基础上，银团会议本身不是一个常设的机构，也不是具有法人资格的组织。但其经过合法召集后就有权决定银团保理中的重大事项，且该决议对银团的所有成员行均具有法律上的约束力。[①]银团会议中成员行的表决权份额应以保理份额为基准，而不能单纯以成员行数量为基准。

（三）代理行的责任

银团保理的日常管理工作主要由代理行负责。代理行是指银团保理合同签订后，按相关条件确定的金额和进度归集资金向借款人提供资金，并接受银团委托进行银团保理事务管理和协调活动的银行。代理行经银团成员协商确定，一般是是牵头行，也可以是其他银行。代理行作为参加行的代表，应在合作协议中先行约定代理权限。

代理行应在银团保理存续期内跟踪了解项目的进展情况，及时发现银团保理中可能出现的问题，并以书面形式尽快通报银团成员。代理行负责定期召集银团会议，讨论、协商银团贷款管理中的重大事项。

若基于保理合同发生纠纷，银团应作为一个整体参加诉讼，防止成员各自为政，对债务人单独采取措施追偿，产生混乱。追偿所得的款项应在集团内部按比例分配。

同时，银行向大型集团客户办理银团保理，应当注意防范集团客户内部关联交易及关联方之间相互担保的风险。对集团客户内部关联交易频繁、互相担保严重的，应当加强对其资信的审核。

（四）银团保理转让交易

成员行可以作为出让方，将其在银团保理项下的份额转让给其他第三方。出让方应当为转让交易的目的向受让方充分披露信息，不得提供明知为虚假或具有误导性的信息，不得隐瞒转让标的相关负面信息。代理行应当按照银团保理合同的约定及时履行转让交易相关义务；其他银团成员等相关各方应当按照银团保理合同的约定履行相关义务，协助转让交易的顺利进行。

第三节　与银行保理相关的法律、法规、规章、公约

一、《国际保付代理公约》

《国际保付代理公约》（Convention on International Factoring）于 1988 年 5 月 2 日由国际统一私法协会制订于加拿大的渥太华。中国银行于 1992 年在中国率先推出国际保理业务，并于当年加入了国际保理联合会，接受《国际保理公约》。

二、《国际保理通则》

《国际保理通则》（General Principles of International Factoring）由国际保理联合会颁

---

① 郭元君. 国内银团贷款若干法律问题探讨. 金融理论与实践，2009（12）

布，1990 年 6 月为最新版本。

三、《联合国国际贸易中应收款转让公约》

联合国大会于 2001 年 12 月 12 日批准了《联合国国际贸易中应收款转让公约》（United Nations Convention on the Assignment of Receivables in International Trade）。

四、《中国银行业保理业务规范》

中国银行业协会于 2010 年 4 月 7 日制订，对保理业务的定义、特点、分类、银行内部要求、数据统计及信息披露等内容进行了规范。

五、《中国银行业保理业务自律公约》

中国银行业协会于 2009 年 4 月制订，成员单位在做保理业务时应遵守这些自律约定，并接受中国银行业协会的监督管理。

六、中国银监会《商业银行保理业务管理暂行办法》

中国银监会于 2014 年 4 月 10 日发布了《商业银行保理业务管理暂行办法》（以下简称《办法》）（中国银监会令 2014 年第 5 号）。

（一）主要内容

1. 本办法所称保理业务是以债权人转让其应收账款为前提，集应收账款催收、管理、坏账担保及融资于一体的综合性金融服务。债权人将其应收账款转让给商业银行，由商业银行向其提供下列服务中至少一项的，即为保理业务。

以应收账款为质押的贷款，不属于保理业务范围。

2. 商业银行应当按照"权属确定，转让明责"的原则，严格审核并确认债权的真实性，确保应收账款初始权属清晰确定、历次转让凭证完整、权责无争议。

3. 保理业务分类：（1）国内保理和国际保理；（2）有追索权保理和无追索权保理；（3）单保理和双保理。

4. 商业银行受理保理融资业务时，应当严格审核卖方和/或买方的资信、经营及财务状况，分析拟做保理融资的应收账款情况，包括是否出质、转让以及账龄结构等，合理判断买方的付款意愿、付款能力以及卖方的回购能力，审查买卖合同等资料的真实性与合法性。对因提供服务、承接工程或其他非销售商品原因所产生的应收账款，或买卖双方为关联企业的应收账款，应当从严审查交易背景真实性和定价的合理性。

5. 商业银行应当对客户和交易等相关情况进行有效的尽职调查，重点对交易对手、交易商品及贸易习惯等内容进行审核，并通过审核单据原件或银行认可的电子贸易信息等方式，确认相关交易行为真实合理存在，避免客户通过虚开发票或伪造贸易合同、物流、回款等手段恶意骗取融资。

6. 保理业务规模较大、复杂度较高的商业银行，必须设立专门的保理业务部门或团队，配备专业的从业人员，负责产品研发、业务操作、日常管理和风险控制等工作。

7. 商业银行应当直接开展保理业务，不得将应收账款的催收、管理等业务外包给第三方机构。

8. 商业银行应当将保理业务纳入统一授信管理，明确各类保理业务涉及的风险类别，对卖方融资风险、买方付款风险、保理机构风险分别进行专项管理。

9. 商业银行应当建立全行统一的保理业务授权管理体系，由总行自上而下实施授权管理，不得办理未经授权或超授权的保理业务。

10. 当发生买方信用风险，保理银行履行垫付款义务后，应当将垫款计入表内，列为不良贷款进行管理。

（二）《办法》对银行保理业务的影响

1. 严禁对不合格应收账款开展保理业务。银监会对应收账款进行了定义，即"指企业因提供商品、服务或者出租资产而形成的金钱债权及其产生的收益，但不包括因票据或其他有价证券而产生的付款请求权"。保理业务中的应收账款转让，是指与应收账款相关全部权利及权益的让渡。

应收账款真实性审核是保理业务风险防范的第一道关卡，若客户利用伪造、变造发票、旧票新用、一票多用、虚假合同等方式套取银行信用，如果未能认真核查相关合同、发票等交易背景资料，会直接导致第一还款来源的落空。

基于应收账款真实性的重要性，银监会规定，"商业银行不得基于不合法基础交易合同、寄售合同、未来应收账款、权属不清的应收账款、因票据或其他有价证券而产生的付款请求权等开展保理融资业务"。

2. 银行要严格审核基础交易真实性。《办法》中规定，"商业银行受理保理融资业务时，应当严格审核卖方和/或买方的资信、经营及财务状况，分析拟做保理融资的应收账款情况，包括是否出质、转让以及账龄结构等，合理判断买方的付款意愿、付款能力以及卖方的回购能力，审查买卖合同等资料的真实性与合法性。"

特别是对因提供服务、承接工程或其他非销售商品原因所产生的应收账款，或买卖双方为关联企业的应收账款，应当从严审查交易背景真实性和定价的合理性。

银行还应重点对交易对手、交易商品及贸易习惯等内容进行审核，并通过审核单据原件或银行认可的电子贸易信息等方式，确认相关交易行为真实合理存在，避免客户通过虚开发票或伪造贸易合同、物流、回款等手段恶意骗取融资。

3. 将保理业务纳入全行统一风险规划。不仅在具体的业务流程和业务审查中控制风险点，银监会还要求，"商业银行应当科学审慎制定贸易融资业务发展战略，并纳入全行统一战略规划，建立科学有效的贸易融资业务决策程序和激励约束机制，有效防范与控制保理业务风险。"

商业银行应当将保理业务纳入统一授信管理，明确各类保理业务涉及的风险类别，对卖方融资风险、买方付款风险、保理机构风险分别进行专项管理。保理业务规模较大、复杂度较高的商业银行，还必须设立专门的保理业务部门或团队，配备专业的从业人员，负责产品研发、业务操作、日常管理和风险控制等工作。

虽然保理业务存在各种风险，但由于保理业务能够替代一般流动资金贷款，使得该业务成为银行信贷结构调整、增加银行中间业务收入不可或缺的手段，商业银行应在做好风险防范的前提下积极开展保理业务。

第四节　银行保理案例

一、招商银行天津分行与天津华通润商贸发展有限公司等保理合同纠纷案[①]

（一）案情

2005 年 12 月 9 日，原告招商银行天津分行与被告天津华通润公司签订《授信协议》，原告向华通润公司提供 4000 万元人民币授信额度，授信额度的使用为有追索权公开型国内保理授信额度。河北宝硕集团和沧化股份公司向原告出具了《最高额不可撤销担保书》，对被告华通润公司在《授信协议》项下所欠原告的所有债务承担连带保证责任。原告与华通润公司于 2006 年 3 月 10 日至 2006 年 4 月 28 日签订了四份《国内保理业务合同》。按照《国内保理业务合同》的约定，原告向华通润公司支付了 3787 万元的收购款，受让了华通润有限公司对宝硕股份公司所享有的 48348036 元的应收账款债权，宝硕股份公司确认《应收账款债权转让通知书签收回执》。宝硕股份公司没有依其承诺履行付款责任，华通润公司只履行了 3 万元的偿还责任，致使原告应收账款债权 48318036 元未能实现。

被告华通润公司、宝硕股份公司、宝硕集团公司、沧化股份公司均未出庭，亦未提交书面答辩。案件审理过程中，被告宝硕集团公司被宣告破产，被告宝硕股份公司和沧化股份公司破产案立案受理，上述被告财产由其破产管理人接管。

（二）本案争议的焦点

本案争议的焦点在于有追索权的保理是否有效。

（三）法院的意见

天津市高级人民法院在判决书中认为：

首先，原告与被告华通润公司所签订的《授信协议》及《国内保理业务合同》、被告宝硕集团公司和被告沧化股份公司所出具的《最高额不可撤销担保书》、被告宝硕股份公司在《应收账款债权转让通知书签收回执》中的承诺，是各方的真实意思表示，不违反法律、行政法规的相关规定，应认定有效。保理期届满后，宝硕股份公司未依约履行还债义务，理应对尚欠债务本金 48309574 元及相应利息承担偿还责任。

其次，原告与被告华通润公司签订的《国内保理业务合同》系双方当事人遵循意思自治的原则订立，双方当事人应严格依照合同约定享有权利并履行义务。该合同不仅约定了债权转移的内容，而且对华通润公司的偿还责任做出相关的约定。合同约定，原告有权在保理期届满逾期而未足额受偿时直接对华通润公司行使追索权，同时该追索权的行使不影响原告对商务合同买方宝硕股份公司行使追索权，即原告对宝硕股份公司和华通润公司可以同时行使追索权。合同对华通润公司承担义务的条件和责任也做出明确约定，即被告宝硕股份公司未及时足额履行付款责任，被告华通润公司应对原告未按时受偿的应收账款债权承担回购责任。因此，华通润公司应依照合同约定在收购款 3784

---

① http：//www.china-fif.com/cgi-bin/GInfo.dll？DispInfo&w=china-fif&nid=1107.2014-03-05.

万元及逾期利息的范围内对宝硕股份公司的上述到期债务承担回购责任。沧化股份公司、宝硕集团公司对华通润公司的上述债务承担相应的连带保证责任。

（四）本案的启示

银行保理商签订有追索权保理，确定对债权转让人和债务人同时享有追索权，并在协议中详细约定回购责任，对银行顺利实现债权提供了保障。但是银行从事保理业务时，应重点关注作为第一还款人的债务人信用情况及还款能力，而不能仅仅依靠追索原债权人，本例中债务人破产，势必对银行回款产生障碍。

二、中国光大银行苏州分行与苏州冠捷科技有限公司、韦翔塑胶（昆山）有限公司保理合同纠纷案[①]

（一）案情

光大银行与台商韦翔塑胶（昆山）有限公司（以下称乙公司）签订《有追索权国内保理业务协议》，约定：光大银行作为保理商，在乙公司将基础交易合同项下应收账款转让给光大银行的基础上，向乙公司提供贸易融资。对于此项目下的贸易融资本息，光大银行保留向乙公司追索的权利，双方又签订《委托收款及账户质押协定》。之后，乙公司向苏州冠捷科技有限公司（以下称甲公司）签发了《应收账款债权转让通知书》。

光大银行认为：甲公司在知悉应收账款转让之后，并未以"一般采购协议"禁止转让约定而主张撤销权，反而在相应应收账款支付日之前，向光大银行监管的保理账户支付了部分货款，该支付行为构成对"一般采购协议"禁止转让约定的变更。

甲公司认为：根据"一般采购协议"约定，未经甲公司同意，乙公司不得转让本合同项下的权益和义务。乙公司转让债权未取得甲公司的同意，因此是无效转让。

乙公司认为：甲、乙间"一般采购协议"签订于2002年，是双方总的纲领性合同，实际交易中并没有完全按照该份合同来履行，在本案所涉保理业务中，部分付款得到甲公司的同意，说明就乙公司向光大银行转让应收账款债权，甲公司是同意的。

（二）本案的争议焦点

本案的主要争议是在交易双方协议禁止转让债权情况下，应收账款债权转让是否有效，债务人部分还款是否构成对禁止转让协议的变更。

（三）法院的意见

法院认为：甲公司与乙公司签订"一般采购协议"，是甲公司与乙公司之间的纲领性合同，同时本案所涉应收账款是发生在该"一般采购协议"项下的具体业务，因此，该份合同可以约束甲公司和乙公司。"一般采购协议"对于合同协议义务的转让明确约定"未经甲公司同意前，不得转让"，本院认为，"甲公司的同意"，应以明示的方式作出。本案当中，甲公司按乙公司的要求向监管账户支付了部分到期应收账款，仅表明甲公司以其行为同意了该笔应收账款的转让，而对于本案原告光大银行诉讼请求的应收账款，仅有证据表明甲公司知悉了应收账款债权转让的通知，而没有证据表明甲公司作出

---

① http：//www.china-fif.com/cgi-bin/GInfo.dll？DispInfo&w=china-fif&nid=1565.2014-03-05.

同意转让应收账款的意思表示。根据《合同法》第七十九条的规定，当事人约定不得转让的，债权人不能将合同的权利义务转让给第三人。因此，本案当中，乙公司将其对甲公司的应收账款转让给光大银行，违反了《合同法》第七十九条的规定，应当认定为无效。所以光大银行要求甲公司支付应收账款，本院不予支持。

（四）本案的启示

通过本案的判决可以看出，交易双方存在禁止转让债权协议时，银行进行保理业务的风险较大，我国法院并不认可债务人以实际支付行为构成否认原合同中禁止权利转让条款的效力，需要银行在叙做保理业务时严格审查交易双方基础合同。

三、中国光大银行沈阳南湖科技开发区支行与三宝电脑（沈阳）有限公司、沈阳乐金电子有限责任公司保理纠纷案[①]

（一）案情

2004 年 3 月 11 日，原告中国光大银行沈阳南湖科技开发区支行与被告三宝电脑（沈阳）有限公司签订《综合授信协议》，合同约定原告授予被告三宝公司 1200 万美元的信用额度，同日原告与被告乐金公司签订《最高额保证合同》，对原告与被告三宝公司签订的《综合授信协议》提供连带保证责任。2004 年 3 月 12 日，原告在《综合授信协议》所约定的额度内为被告三宝公司办理出口保理服务，2005 年 3 月 2 日被告三宝公司向原告提出业务申请，将三笔应收账款债权转让给原告，申请贸易融资 240 万美元。2005 年 3 月 3 日原告将 240 万美元发放给被告三宝公司。此后，被告三宝公司经营情况严重恶化，已丧失履行债务的能力。原告特诉至沈阳市中级人民法院，请求法院判令被告三宝公司偿还贸易融资款 240 万美元及利息，被告乐金公司承担连带担保责任。

关于原告请求被告乐金公司对上述借款承担连带担保责任问题。被告乐金公司认为原告与被告三宝公司发生的业务已经超出原告与被告三宝公司签订的主合同的保证范围，被告乐金公司不承担保证责任。原告与被告乐金公司签订的担保合同是对原告与被告三宝公司在具体授信额度内从事一般货款和保理业务的担保。首先，原告与被告三宝公司从事的贸易融资与《保理规则》规定的出口保理业务有很大区别。原告虽然辩称这种保理业务是原告银行的一种创新业务品种，但原告所办理的融资业务不是对进口商的应收账款的转让，而是对韩国三宝总公司回款的转让，韩国三宝总公司不是合同中的进口商。其次，一般金融机构在办理出口保理业务中规定，出口商与进口商之间应无任何从属、控股关系，且不是同一集团成员。原告与被告三宝公司办理的贸易融资业务是对韩国三宝总公司回款的转让，韩国三宝总公司是被告三宝公司的母公司，它控制被告三宝公司的经营和回款。再次，出口保理业务一般有进口保理商，出口保理商对进口商和进口保理商有追索权，融资风险较低。原告与被告三宝公司从事的贸易融资业务虽名称叫有追索权的出口保理业务，但没有进口保理商，对进口商也没有追索权，只对韩国三宝总公司有追索权，对担保人来说，融资风险远大于《保理规则》规定的保理业务。此外原告与被告没有签订《有追索权出口保理业务协议》，双方从事的业务也不是根据

[①]　http：//www. china - fif. com/cgi - bin/GInfo. dll？DispInfo&w = china - fif&nid = 1106. 2014 - 03 - 05.

《有追索权出口保理业务协议》，而是依据《出口商业发票贴现协议》。保理与出口商业发票贴现是原告办理的两个不同品种的贸易融资品种，两者有区别。原告与被告三宝公司实际上从事的是一种票据贴现业务，而非出口保理业务。综上，原告与被告三宝公司之间的票据贴现业务不在被告乐金公司担保范围内，被告乐金公司不应承担担保责任。

（二）本案争议的焦点问题

本案争议的焦点问题是保证人乐金公司是否要承担保证责任。

（三）法院的意见

法院认为，原告与被告三宝公司签订的《综合授信协议》、《出口商业发票贴现协议》及原告与被告乐金公司签订的《最高额保证合同》，均为当事人真实意思表示，不违反我国有关法律的规定，合同合法有效。原告为被告三宝公司办理借款240万美元，被告三宝公司应按合同规定支付借款本金及利息。被告三宝公司没有按照合同约定偿还，已构成违约，应承担违约责任，被告三宝公司应偿还剩余的借款本金，并支付逾期利息。

关于原告请求被告乐金公司对上述借款承担连带担保责任问题。本院认为原告与被告三宝公司实际上从事的是一种票据贴现业务，而非出口保理业务。综上，原告与被告三宝公司之间的票据贴现业务不在被告乐金公司担保范围内，被告乐金公司不应承担担保责任，对原告的该项请求本院不予支持。

（四）本案的启示

银行在从事保理业务时，应严格遵循保理业务的相关规则，不能随意创新，明确区分业务界线，不能混淆，在面对关联方交易时，应格外谨慎，不办理基于关联方交易产生的应收账款债权保理业务。同时，在签订相关保证协议时，明确保证范围。

四、星展银行（香港）有限公司与博西华电器（江苏）有限公司保理合同纠纷案①

（一）案情

星展银行诉称：2005年2月2日，星展银行与艺良公司签订了一份保理协议，星展银行向艺良公司提供保理融资，艺良公司从协议签订之日起将其拥有的对博西华公司应收账款债权转让给星展银行，并在星展银行处开立专设账户，由星展银行对账户进行管理和控制，并直接从账户中扣划应收账款。2005年12月20日，星展银行与艺良公司共同签署并向博西华公司发出一份债权转让通知书。为履行保理协议，针对艺良公司与博西华公司之间每笔交易产生的应收账款，艺良公司与星展银行还曾签署单独的转让书，在博西华公司收到的每份发票上均印有星展银行的说明，表明星展银行已取得该笔发票项下的应收账款债权。自2006年4月至2008年10月，博西华公司一直按照上述债权转让通知及每份发票上印有的说明，向星展银行支付相应发票下的到期款项，共支付55笔。自2008年10月起，博西华公司停止向星展银行支付17笔发票项下到期款项共计626020.59美元。

---

① http：//www.china-fif.com/cgi-bin/GInfo.dll？DispInfo&w=china-fif&nid=1647.2014-03-05.

博西华公司一审辩称：

1. 就该三组核心证据，星展银行在开庭时明确表示其提供不出原件。

2. 星展银行以其受让艺良公司债权为由，向博西华公司主张到期货款 626020.59 美元，而艺良公司与星展银行的债权转让，为法律所明令禁止，其转让行为归于无效。博西华公司与艺良公司在 2005 年、2006 年、2007 年每个年度就相关货物采购订立了采购合同、框架合同、标准协议等，其中每一份合同中都清楚地规定："未经买方书面同意，任何应收款项均不得转让"。

3. 由于星展银行在本案项下 626020.59 美元的诉请由开具日期自 2007 年 10 月 3 日起至 2008 年 10 月 13 日的 17 张发票构成，而在星展银行与艺良公司 2005 年 12 月所谓债权转让之时，星展银行诉请的 17 张发票的事实根本未发生，因此，星展银行主张的受让债权不存在。2005 年 2 月艺良公司与星展银行签订《保理协议》，2005 年 12 月 20 日艺良公司与星展银行签订《保理服务/应收账款转让》，2006 年 2 月星展银行发出《保理服务/应收账款转让》。而其时，艺良公司与博西华公司 2006 年及 2007 年度的合同并未订立，也无所谓艺良公司合同权利或债权。因为，在合同未订立的情形下，也就不存在合同之债，星展银行无从受让所谓艺良公司合同之债的债权。星展银行主张的受让债权并不存在。

4. 星展银行与艺良公司签发的《保理服务/应收账款转让》不是一个有效的债权转让通知，不产生债权转让通知的法律效力。该份通知中未提及任何合同及合同权利，也未提及任何转让的债权，不符合法律规定，不构成有效通知。

5. 博西华公司并不知晓星展银行所谓债权转让事实，博西华公司向艺良公司支付货款所对应的银行账户，完全根据艺良公司的指令。在与艺良公司的交易过程中，博西华公司只是向艺良公司在星展银行开设的账户支付货款，从未向星展银行支付过任何款项。

6. 艺良公司尚欠博西华公司超付的 98662.80 美元。星展银行诉请要求博西华公司偿付已到期货款 626020.59 美元，该等货款是艺良公司开具的 17 张发票项下的款项，博西华公司已以货款或预付款的形式超额支付，艺良公司就 17 张发票不存在任何应收账款，也当然不存在其向星展银行转让应收账款之事项。

（二）本案的争议焦点

1. 保理银行是否应当取得应收账款的原件？

2. 买卖合同中约定了债权不得转让，债权人转让债权是否有效？

3. 对未来的债权转让是否有效？

4. 债权人是否履行了通知义务？

（三）江苏省高级人民法院的意见

1. 星展银行未能证明其是合法的债权受让人。星展银行以债权受让人身份向博西华公司主张权利，但其提交的发票、发票权利转让书、收货单、应收账款转让通知等能够证明其拥有权利的证据均无原件。

2. 星展银行未能证明本案所涉债权尚未消灭。博西华公司主张其与艺良公司之间的买卖合同已经履行完毕，其已超额支付全部货款，对艺良公司没有负债，并举出相应发票、付款凭证、预付款汇款申请书为证。

但对于博西华公司关于保理协议签订时其与艺良公司之间的买卖合同尚未签订，所以星展银行受让的债权不存在抗辩理由，因本案所涉保理协议约定的融资安排不仅针对协议签订时已经到期的债权，也面向协议存续期间将会发生的债权，所以保理协议签订时债权尚未发生不能推导出债权事后并未发生。

3. 本案所涉债权并非可转让之债权。艺良公司与博西华公司在买卖合同中明确约定"未经博西华公司书面同意，任何应收账款均不得转让"。对此，星展银行未能举证博西华公司出具过书面同意。

4. 退一步而言，假设本案所涉债权实际存在、可以转让并已实际转让，该债权转让对博西华公司也不发生效力。依据法律规定，债权人转让权利的，应当通知债务人。未经通知，该转让对债务人不发生效力。本案中，艺良公司是博西华公司应付货款的债权人，如其将债权转让给星展银行，应依法履行通知博西华公司之义务。

（四）本案的启示

此案例主要说明：

1. 从银行保理商角度来说，叙做保理业务应取得应收账款相应原件。

2. 应严格审查交易双方的基础合同，确定没有禁止权利转让条款。

3. 应以合法有效手段通知债务人，尽量取得债务人的确认文件，确保应收账款有效存在。

第五节　国内银行保理业务法律风险防范

一、基础法律关系中法律风险防范

（一）主体不适格的风险

从目前实践来看，银行在办理保理业务过程中，对购货方、销货方的主体资格审查比较完善和严格，因主体不适格问题（如不具备法人资格、分公司未经充分授权、交易对手内部审批违反章程等问题）引发法律风险的几率不大。应引起银行关注的是购销双方进行基础购销交易资质不足（如无专卖资质销售烟草）的法律风险。

（二）基础买卖合同不合法造成的应收账款瑕疵

1. 购销双方买卖的商品属于法律禁止买卖的范围。买卖国家禁止流通的商品明显违反了法律、行政法规的强制性规定，该买卖合同应属无效。此种情况下，销货方对购货方不存在应收账款债权，而只能要求返还商品。若银行与销货方根据该买卖合同办理保理业务，即造成了保理合同项下客体不存在，销货方无应收账款（标的物）转让给银行，银行只能追究销货方的违约责任。

2. 购销双方买卖限制流通或特许经营的商品，而购销双方或一方无相应资质。购销双方或一方不具备相应资质买卖法律、行政法规限制流通或特许经营的商品，如法律明确规定未经许可该类商品不得流通，则可造成与上一条类似的法律后果。如法律法规规定某种商品需具备资质或特许经营，但未作不具备资质不得买卖的"强制性规定"，则由此签订的买卖合同依然有效，亦形成购销双方的债权债务关系。但形成的应收账款债权存在瑕疵，银行受让该应收账款债权并不会导致保理合同无效，由于该债权存在瑕疵，销货方或购货方可能受到行政处罚，从而影响银行通过取得货款获得受偿和收益。例如，我国《烟草专卖法》规定销售烟草产品的销货方需具备专卖资格，但未规定无资格销售烟草须撤销买卖合同或买卖合同无效，而是在罚则部分规定此种情形下应当没收违法所得。此种情形下如银行与销货方办理了保理业务，货款由销货方代收，则有被行政机关罚没的风险，给银行带来风险隐患。

3. 法律规定不得转让或购销双方限制转让的债权。我国《合同法》第七十九条规定："债权人可以将合同的权利全部或者部分转让给第三人，但有下列情形之一的除外：（一）根据合同性质不得转让；（二）按照当事人约定不得转让；（三）依照法律规定不得转让。"若银行就前述三种应收账款债权办理保理，必将导致保理合同存在瑕疵，使银行保理业务面临潜在风险；在此过程中若银行存在过错，还可能对外承担损害赔偿责任。

4. 警惕以买卖合同为名的代销合同。在银行目前发生的案例中，我们发现部分保理业务的基础合同虽然名为购销（或供货）合同，但实质为代理销售合同。例如，"买卖合同"中约定"购货方"销售商品达到一定金额才向"销货方"支付货款，同时约定商品灭失风险由销货方承担等。买卖合同的基础法律关系是买卖，因买卖交易中商品所有权发生转移，因此才形成对应的应收账款。而代销合同的基础法律关系为代理，商品的所有权在"销货方"与"购货方"之间并不发生转移，改变的只是占有的状态，因此不产生所谓的"应收账款"，如银行根据此类代销合同给"销货方"办理保理，则该保理业务因没有应收账款债权（即客体）而导致无法继续履行。

（三）银行向购货方主张债权的潜在法律风险

1. 购货方行使法定抗辩权的风险。我国《合同法》第八十二条规定："债务人接到债权转让通知后，债务人对让与人的抗辩，可以向受让人主张。"据此，若购货方基于买卖合同履行可以向销货方主张抗辩，如销货方的商品质量、售后服务、技术支持等义务未能完全履行，则可能影响银行对购货方付款请求权的主张。

2. 特别法赋予购货方拒付货款权利的风险。此情形多见于销货方持政府、军队采购合同办理的保理业务中。在此类合同中，虽然购货方的资信情况优良，且进行采购时亦是以一般民事主体的身份出现，受民事法律的规范和调整，但因其特殊的身份需同时受到特别法（尤其是行政法）的规范。例如《政府采购法》规定，如果依法应当采取公开招标方式而擅自采用其他方式采购的，如合同已经履行，给采购人、供货商造成损失的，由责任人承担赔偿责任。如果银行基于政府、军队采购合同办理的保理业务中存在上述情形，购货方便有可能拒绝支付货款，进而影响银行付款请求权的行使。

（四）基础法律关系中法律风险防范

针对以上分析，银行可考虑采取如下风险防范措施：

第一，办理保理业务时，银行应加强对基础买卖合同的审查，尤其是对购销双方资质、买卖标的物性质以及买卖合同中债权转让限制条款的审查，避免因买卖标的物的法律瑕疵或应收账款本身权利瑕疵给银行带来损失。总体而言，禁止、限制流通的商品或特许经营的商品，在法律和行政法规中规定得比较具体，范围并不广泛，而债权禁止、限制转让条款亦在买卖合同中有明确表述，此类风险的发现与识别相对比较容易。

第二，针对政府、军队采购合同办理的保理业务，虽然从购货方资质、信用等级等角度考量属于比较优质的保理业务资源，但其采购行为受法律、行政法规甚至是政策变动的影响较大，在基础应收账款无法律瑕疵的情况下，仍可能因特别法律的规定形成购货方依法拒付货款的情形，故建议此类保理业务采取回购型，以拓宽银行的求偿渠道。

第三，通读合同，认真分析购销双方的权利义务，准确识别合同性质，避免为"名为买卖，实为代销"的合同办理保理业务。例如，若基础交易合同含有如下表述，则我们可以判断此合同并非完全意义上的买卖合同：（1）商品所有权由销货方直接转移给最终消费者；（2）购货方仅对商品负保管义务，除因购货方故意或过失外，商品损坏或灭失的损失均由销货方承担；（3）商品销售给最终消费者，购货方扣除销售费用后向销货方支付货款；（4）商品在购货方处保存达约定期限未售出，则购货方可无条件退货，未付货款不予支付，已付货款退还购货方。

第四，区别对待，尽力消除购货方法定抗辩权对银行的消极影响。一是对于回购型保理业务，由于现行格式合同文已将此类情形列为银行行使追索权的条件，因此依约向销货方行使追索权是解决此种问题的最佳途径。二是对于买断型保理业务，银行应当审慎审查买卖合同及相关票据，确保交易的真实性。同时可考虑要求购销双方在买卖合同中作出补充约定，将购货方法定抗辩权的行使限于购销双方之间。

除此之外，在公开型保理业务中，银行还可考虑在通知购货方债权转让事宜的书面文件中特别注明"银行仅受让应收账款债权，（基础合同卖方的）相关义务仍由销货方承担"。

二、现行业务模式可能引发的法律风险防范

（一）保理与借贷混同的风险

通过分析银行的保理规定以及相应合同条款，我们认为现阶段保理业务模式最大的潜在风险在于债权转让与借贷的混同。显而易见，债权转让与借贷是两种本质上完全不同的法律关系，其适用的法律，权利义务内容和法律后果有着根本的区别。

而现行保理业务模式以及格式合同仍将保理作为借款处理。例如《国内保理业务管理办法（修订）第十二条第（一）款第2项规定："如融资提前收回或销货方以自有资金提前偿还融资的，贷款行应将多收的利息及时退还销货方。"通过对国内保理和国际保理业务流程进行对比，我们发现无论是国内保理还是更为复杂的国际保理业务，在追索权问题行使上，均秉承着以债权转让为基础的操作模式，即银行取得应收账款，并向购货方主张债权，取得款项后自其中扣除融资本息和有关费用，向销售方返还保理余款；只有购货方在发票到期日（或宽延期）后仍未付清全额货款的情况发生时，销货方才对保理额度内未收回的应收账款进行等额回购。可见，保理的核心是应收账款转让关系，而不是应收账款质押贷款。银行收回该融资的途径是购货方支付的货款，或者发生回购后销货方支付的回购款项（退还融资），而不存在所谓销货方"提前偿还"的问题。因此，如果银行从传统借贷模式出发构建国内保理业务模式，极有可能造成二者混

同，届时银行权益不但不能受到法律保护，甚至可能造成法律适用混乱并引发更大的纠纷。

此外，我们认为严格区分保理与借贷的更深层次意义在于应收账款的处置权限问题。例如，在回购型保理中，若应收账款无法收回或延期支付，银行的求偿手段除要求销货方回购或者向购货方追偿外，实际上还可做第三种选择，即将应收账款债权再次转让给第三方，获得部分甚至全部的清偿。在保理合同或相关法律文件对再次转让无禁止性约定的情况下，此种基于应收账款处置权的再次转让理论上完全可行，且有明确的法律依据（《合同法》第七十九条）和合同依据（银行格式合同）。但是，如果将保理融资视为银行对销货方的借款，与此相对应的销货方让渡给银行的应收账款债权是否具备完整所有权，以及银行能否充分行使所有权中的处分权便值得商榷了。若从此角度考量，银行获得的应收账款实质上应当是对该笔借款的担保或保障手段，独立行使处分权将难以获得法律支持，并存在引发纠纷的潜在风险。

再进一步分析，保理合同尤其是回购型保理合同的定性问题不但影响到银行对应收账款的处置，而且对回购发生后银行对销货方债权的处置亦有关键性影响。经我们调研，发现近年来，司法机关和监管部门对商业银行转让借款合同项下债权的态度一直处于摇摆的状态。例如，2001 年《中国人民银行办公厅关于商业银行借款合同项下债权转让有关问题的批复》（银办函〔2001〕124 号）规定"由贷款而形成的债权及其他权利只能在具有贷款业务资格的金融机构之间转让"，此后出现的一起司法判例亦持同样观点，以"基于合同性质不能转让"，以及"未经金融监管风险防范部门许可，国有商业银行不应将其借款合同项下的债权转让给非金融企业"为由，判决一起借款合同债权转让行为无效；但是 2007 年《中国银监会办公厅关于商业银行转让借款合同项下债权有关问题的复函》（银监办函〔2007〕192 号）则认可借款合同项下债权转让给非商业银行自然人、法人和其他组织的行为。除此之外，我们未发现有司法机关解释、规定对此问题予以确认，且未找到相关司法案例支持。

因此，目前法律法规对商业银行借款合同项下债权的购买者是否要求特许资质尚不明确。如果银行的回购型保理业务中销货方的融资被定性为借款，银行对销货方的债权便有较大的可能被定性为前文所述的借款合同项下债权，则银行将该债权转让给第三方极有可能因前述法律规定的不确定性而面临相应的法律风险；如果从应收账款转让的角度来认定销货方应支付给银行的回购款项所形成的债权，其法律性质就发生了根本性的变化，理论上应属于债权买卖的价款，而不应属于借款合同项下债权。在目前法律法规对此问题无明确禁止性规定的情况下，根据"法不禁止即为许可"的原则，银行转让此类债权时，在买方选择等方面拥有相对较大的自由权。

需要特别说明的是，从目前审判实践来看，司法机关对金融类合同的审查日趋严谨，虽然银行目前的保理合同从形式上看是应收账款债权转让，但是司法机关亦有可能从合同本质出发将其认定为借款合同。

（二）第三方担保模式下应关注的问题

从现有针对小企业办理的回购型保理业务看，银行在签订保理合同的同时，亦要求融资方（销货方）提供第三方（一般为销货方的法定代表人）对其债务的连带责任保证担保。通过基于债权转让的法律分析来看，在回购条件发生前，销货方并非银行的债务人，对银行不负有债务。只有当约定情形出现，银行行使追索权，销货方须履行回购义务后，方对银行负有支付回购款项的债务。因此，在此类业务中，回购发生之前第三方保证担保的主债权并不存在，保证人对银行无保证义务，只有在销货方对银行负有支付回购款义务时，保证人方对此笔回购款承担保证责任。

（三）应收账款收取方式方面应关注的问题

银行目前办理的保理业务中，普遍采取的应收账款收款方式是由销货方在银行开立专用保理账户，用于收取相应的应收账款并进行保理融资本息和保理余款的结算。此业务模式下应重点关注如下问题：

第一，保理账户虽为办理保理业务的专用账户，且合同中约定销货方不得自行从该账户支取款项、不得开通网银，但是从形式上看，该账户内的资金仍为销货方财产，人民法院或其他有权机关可以对其采取查封、扣划等措施。一旦发生此种情况，银行通过司法途径主张自身权益极为困难。

第二，从保理的本质特征来看，银行取得应收账款债权后，购货方支付的货款应属于银行财产，理应进入银行名下账户。如该货款进入销货方开立的"保理账户"，则事实上构成了销货方代理银行收取此部分款项的合同关系，理论上此种模式应仅限于隐蔽保理业务，而银行却将这一模式适用到了公开保理业务上。换言之，无论是银行办理的公开型保理还是隐蔽型保理，货款一旦进入销货方开立的保理账户，购货方即免除了付款责任，应收账款债权消灭。如出现销货方拒绝支付或因其他情况（如被法院冻结）无法支付的情形，银行只能向销货方请求支付款项，不能再向购货方主张，且请求支付的依据已经脱离了保理合同的范围，而是相对独立的代理合同关系。但是，从目前合同文本和操作模式上，银行未对此代理关系进行明确约定和规范，一旦发生纠纷法律依据和合同依据均不够充分。

（四）"转让＋质押"的业务模式可能导致质押无效

在几笔已经形成诉讼的回购型融资保理业务中，客户在向银行转让应收账款的同时，还将应收账款质押给银行。由于融资型保理的本质是债权转让，无论该质押是发生在应收账款转让前后或是同时发生，最终均形成了银行既是质押人，又是质权人的局面。事实上在应收账款转让给银行之时，即已经失去了成为银行质押物的法定条件。所以，即便该笔质押办理了登记等相关法定程序，但在发生纠纷时仍很难获得司法机关对银行质押权的支持和认可。

（五）现行业务模式可能引发的法律风险防范

针对以上分析，银行可考虑采取如下风险防范措施：

第一，以债权转让为基础，修正现行业务模式，尽量剔除其中混同的借贷因素。同时，建议对现行格式合同文本中诸如借款、借款人、融资偿还责任等明显带有传统借贷业务痕迹的表述进行修订，使其符合债权转让的本意。从我们接触的案例和司法实践来看，过多的途径与依据并不一定是维权的保障，反而可能形成阻碍，因为一起诉讼只能有一个案由，司法机关不可能对定性为债权转让纠纷的案件适用借贷法律相关条款。

第二，区分隐蔽型保理和公开型保理的应收账款管理模式，尽量对购货方支付的货款采取直接控制措施。针对隐蔽型保理业务，应考虑研究专门的授权销货方代理银行催收和收款的合同文本，以规范此环节业务操作，并为银行维权提供充足的法律和合同依据；针对公开型保理业务，可考虑要求购货方直接将货款支付到银行账户。

第三，同一笔应收账款不得在办理保理业务的同时将该笔应收账款质押给银行，避免出现银行既是质押人又是质权人的局面。

三、现行格式合同文本中的修改、完善

（一）合同文本表述混淆了保理与借贷法律关系

通过对现行保理合同及相关附件格式文本的研读，集中反映出的问题仍是借贷与保理的混淆。如前论述，融资为银行支付受让应收账款的价金，银行拥有的是对购货方的支付请求权和对销货方的追索权，所谓融资偿还责任无从谈起，此约定虽是维护银行自身权益的保底条款，貌似为日后纠纷解决提供了更多的途径和依据，但实际上却是混淆了保理与借贷的法律特征，无形中给诉讼制造了障碍。

（二）《应收账款回购确认书》限制了银行的求偿途径

银行保理合同格式文本附件《应收账款回购确认书》中有如下表述：下列应收账款债权及相关权利自本确认书签署之日起由保理银行转让销货方。依此约定，确认书签订后，无论销货方是否支付回购款项，应收账款所有权均转移至销货方。届时，银行只能向销货方请求支付回购款项，丧失了向购货方的付款请求权以及对该应收账款的处置权，实际上限制了银行的求偿途径。

（三）现行格式合同文本中的修改、完善

针对以上分析，银行可考虑对现行格式合同文本做如下修改、完善：

第一，在回购型保理业务中，建议对现有保证合同文本进行专门修改，与其追求全面、用模糊的表述尽可能多地涵盖银行权利以避免遗漏风险，不如直接将担保的主债权明确具体化，直接指向发生回购时销货方应付给银行的回购款项，以便于银行向保证人主张权利。例如在保证合同中约定："保证人担保的主债权为依据保理合同 × 条 × 款之约定发生回购，销货方应向银行支付的回购款项"。

第二，根据意思自治原则以及我国《合同法》第一百三十三条，当事人自行约定应收账款债权转移时间是为法律许可的，故在《应收账款回购确认书》中将应收账款转移时间约定为"销货方支付全部回购款项之日"更有利于银行多途径求偿；或者根据我国《合同法》第一百三十四条规定，增加"若销货方未按期足额支付回购款，银行有权收回应收账款债权"的约定，以使银行能更为灵活地采取措施维护自身合法权益。

四、业务操作层面的法律风险防范

从业务操作层面而言，应做好以下几个方面的法律风险防范：

（一）防范欺诈风险

需要强调的一点是，保理业务本身是程序非常繁杂和高风险的业务。银行除非具备专门保理公司对保理业务的把握能力，否则对银行的欺诈（而且这种欺诈甚至是合理

合法的）总是非常容易。例如利用应收账款转让引起的权利冲突与优先权欺诈至少就包括与其他受让人的权利冲突、与抵押/质押权人的权利冲突、与供应商的前手卖方的权利冲突、与其他相关权利人的权利冲突（如运输人、保管人所享有的留置权）等。这些冲突很难在事前调查清楚，事后发生时银行的风险又是绝对的。这些欺诈可以通过对交易合同或与标的权利的一些因素审查控制，但不能完全避免。

（二）综合考虑客户背景，正确选择保理业务类型

交易客户的资金实力、商业信誉等背景情况，不仅是商业银行进行授信管理和受理国内保理业务申请的重要因素，同时也是商业银行为销售商提供何种类型国内保理业务的重要参考。适用不同类型的国内保理业务的关键在于买卖双方之间履约能力的对比。笔者认为，在买卖双方之间，若销售方的资信状况、履约能力相对强于买方，商业银行应当适用有追索权的国内保理业务类型；反之，在买方的资信状况、履约能力相对强于销售商的情形下，商业银行则应当适用无追索权的国内保理业务类型。

（三）强化交易跟踪管理，防范合同履约风险

卖方未按照合同的约定履行义务，导致买方无义务付款。如卖方履行标的不合约或交货时间、方式等等不合约，合同上的风险可以通过合同审查在一定程度上控制（但并非能完全控制），但该种风险导致应收账款主观不成立（前两种风险导致应收账款客观、自始不成立），并因此发生买方合理拒付。仅从法律上看，这构成卖方转让的应收账款权利瑕疵，卖方自得按照保理合同的约定承担瑕疵担保责任。问题在于，银行如何避免风险的发生以及风险发生时可以采取哪些补救措施。从履约风险的防范来看，银行的交易过程参与及控制是很有必要的。从融资环节上看，一般应该选择在货物已经发出并取得相应收货凭证之后再融资，同时在放款之前还需要调查卖方的履约时间、方式等是否严格按照合同约定办理。比较麻烦的是卖方交付的货物质量不合格而导致买方对卖方的抗辩，并进而影响到银行将来债权的主张，从控制角度讲，只能回到上面提到的标的质量标准上进行选择控制。

在卖方正常履约的情况下，买方未按照合同约定付款。如果仅仅是在合理时间内拖欠则问题不大，但在买方发生信用风险的情况下，银行在债权上的保护力就减弱了。所以保理业务对买方的信用审查当然也是很重要的，因为买方和卖方实际上在银行主张权利时居于同样地位。

从以上分析来看，建立双轨制的保理业务审查体制，亦即对合同/交易和企业同时进行审查、评估，对企业的评审又同时包含买卖双方，但根据业务的具体情况，对合同的审查和对企业信用的审查应有所侧重，对买卖双方的审查也该有所偏向。

（四）严格按照《合同法》的规定履行债权转让通知义务

我国目前并不承认新债权人单独进行债权转让通知的效力。保理商仍应坚持与转让人共同做出债权转让的通知，在通知书上及有关发票、合同单据上注明权利已经转让、银行成为新债权人的事实，以保障债权转让对债务人生效，确保债务人向新债权人清偿债务。在通知债务人时，应当取得相应的证明，以证明债权人和保理商确实通知到了债务人，以免将来发生纠纷。

实践中保理商与转让人共同做出的账号变更通知，只是保障了债务人在向债权人清

偿时，其资金往来是处于银行的监控之下的，债务人并不能因此知晓债权已经转让，这并不能构成债权转让的通知，依据我国《合同法》第八十条的规定，仅有账号变更不能构成对债务人生效的权利转让，存在很大的法律风险。

参考文献

［1］工商银行北京分行课题组．国内保理业务法律风险防范研究［J］．北京金融评论，2014（1）：173－181.

［2］郭元君．国内银团贷款若干法律问题探讨［J］．金融理论与实践，2009（12）．

［3］立金银行培训中心．银行应收账款融资产品培训．第1版．中国金融出版社，2011－3.

［4］罗欢平．论保理的法律性质——兼论应收账款担保融资的现实需求［J］．学海，2009（04）．

第三章 银行理财业务法律风险防范

第一节 银行理财业务概述

一、银行理财产品的概念

近年来，我国银行理财产品的发展速度非常快，理财业务已经成为银行的一项主要业务。

银行理财产品（又称理财计划、理财业务），是指商业银行针对特定目标客户群开发设计并销售的资金投资和管理计划。银行接受投资人的委托来管理资金，投资收益和风险由银行与投资人按照约定方式享有或承担。

二、我国银行理财业务发展的现状

在国外，理财业务称为"资产管理"或"财富管理"。它的出现可以追溯到18世纪，但其真正兴起并成为商业银行的一项重要业务则始于20世纪90年代。在我国，理财产品始于20世纪80年代，在90年代得到了快速发展。2002年，以渣打银行等为代表的外资银行陆续在中国市场开展此项业务，我国银行理财产品的雏形开始显现。

2005年以来，我国银行理财产品得到了快速发展，规模年均增长率接近100%。截至2014年5月末，全国400多家银行业金融机构共存续理财产品50918款，理财资金账面余额13.97万亿元。2013年银行理财产品的加权平均收益率为4.13%，给国内居民创造的财产性收入超过4500亿元。[①]

银行通过理财产品募集资金代理客户投资债券、股票以及各类项目等直接融资工具，打通了客户投资直接融资市场的渠道，成为连接直接融资和居民财富的桥梁，对改善我国社会融资结构发挥了不可替代的作用。

我国银行理财产品发展较快的主要原因是市场因素：一方面是居民财富增加，有投资获取较高收入的需求；另一方面是市场资金需求较旺。在利率未完全市场化和投资渠道不畅的大背景下，银行推出了收益相对较高、风险相对较低的理财产品，获得了普通投资者的青睐。

---

① 中国银监会. 关于完善银行理财业务组织管理体系有关事项的通知. http://www.cbrc.gov.cn/chinese/home/docView/057AFF8CA028474FB54CD5B52537C3D9.html. 2014 – 07 – 11.

三、关于理财产品质押问题①

我国当前的法律框架下并不允许商业银行理财产品出质，因此理财产品的投资者在有融资需求时无法以持有的商业银行理财产品作为质押物进行融资。这不仅使商业银行理财产品的财产价值无法充分体现，同时也给商业银行理财产品投资者带来不便。当前与商业银行理财产品性质相类似的股票、基金、国债、保单等常见投资产品依法都可以出质，同样具有财产价值甚至财产价值更加稳定的商业银行理财产品却无法出质就显得不尽合理。因此，在当前的环境下，对商业银行理财产品的质押问题进行研究，有着非常重要的意义。

（一）理财产品质押的概念

所谓商业银行理财产品质押，是指投资者以理财产品为标的而设立质权，以此来对自身债务或他人债务提供担保。当债务人不履行债务时，质权人有对理财产品变价价值优先受偿的权利。

我国《物权法》将质押分为动产质押和权利质押两大类，理财产品质押属于权利质押的一种，与股票、债权、提单等质押属同一类型。

（二）可以质押的理财产品的种类

保本固定收益类理财产品和保本浮动收益类理财产品是最适合质押的，因为这两种产品到期后可以收回本金，不存在一点风险，完全可以担保主债权。

非保本浮动收益类理财产品的价值存在不确定性，质押存在一定的风险。如果质押的话，必须降低质押率，使其所担保的主债权下降。

（三）质押的设定

权利质权的设定是指债务人或第三人以自己的财产权利提供债权担保而成立质权的法律行为。设定质权，质权人和出质人之间必须签订质押合同，对所担保的主债权的金额、期限、用于质押的理财产品种类、质押率等进行约定。质押合同是质权产生的前提，也是将来处理当事人之间纠纷的重要依据。

一般来说，理财产品所担保的债权要早于理财产品到期，因为权利质权的行使一般是以债权已届清偿期而未受清偿为条件。但仅仅这样规定未免太过呆板，且不能适应当今金融发展的要求。于是，学术界包括实务界都出现了不同观点。有的主张贷款和理财产品应同时到期，有的主张贷款晚于理财产品到期也未尝不可。②

笔者认为，无论理财产品和贷款谁先到期，均不影响质押权的实现。在银行贷款先于理财产品到期的情况下，商业银行作为产品持有人的债务人，可通过抵消权的行使满足债权，并将余额退还产品持有人。③ 在理财产品先于银行贷款到期的情况下，可以先不实现质权，银行可以继续冻结出质人的资金，待贷款到期后再行使优先受偿权。

（四）质押的公示方式

我国权利质押的公示方式为交付与登记，即交付权利凭证或向相关的机构进行登

---

① 潘修平，王卫国. 我国商业银行理财产品质押制度研究［J］. 法学杂志，2009（10）.
② 倪凌燕，顾军锋. 个人理财产品融资质押初探. 金融创新，总第69辑.
③ 张宇晟. 银行理财产品质押的法律探析. 海南金融，2008（9）.

记。商业银行理财产品属于财产性权利，但其并不属于证券化的债权。在各商业银行理财产品质押的实际操作中，有些商业银行的做法是"留置客户协议书"，即所谓的交付"权利凭证"，这种方法其实不可取。产品协议书是约定商业银行理财产品双方权利义务的法律文件，并不能代表出质的权利凭证。协议一式两份，按照合同惯例，双方当事人各执一份，这也与质权的权利凭证特定化的要求不符。如果增设权利凭证，则增加了实际操作的难度，在投资者购买理财产品时，银行既要与投资者签订合同，又要向投资者签发一份权利凭证，这在实际工作中是不可行的。在投资者对理财产品还不太了解的情况下，这么做会产生很多混乱。

如果采取在登记机关登记的方式进行公示，也存在一定的障碍。如果增设一个类似的登记机构用于商业银行理财产品质押的登记，在现实操作中，也会增加太多的成本。因此由相关的登记机构办理登记并不适用于商业银行理财产品的质押。

笔者认为，采用网上质押公示的办法是解决质押公示较好的一种方式。当前大部分商业银行选择网上质押系统，将理财产品的质押在商业银行的网上进行公示。这种办法在实务操作中最为便利，并不增加理财产品质押的成本，符合了权利质押的效率价值。再者，交付或是登记，其实质在于"权利占有"的移转，即财产权从出质人的控制之下转入质押权人的控制之下。理财产品持有人享有的权利的行使，都须经过商业银行的协助。作为理财资产管理人，商业银行在质押权利的控制方面，具有天然的优势，其通过冻结客户理财资金和网上系统的质押公示，足以实现"权利占有"的移转。[①] 因此，只要商业银行建立完善的公示系统，便于公众查阅并配套相关的操作程序控制风险，网上公示系统代替"权利凭证"作为商业银行理财产品质押的生效要件就是可取的。

（五）质权的实现

质权在实现时不必经过公开拍卖程序，商业银行可以通过抵销权来收回债权。笔者认为，在实现理财产品质权时，商业银行可以采取自动冻结客户理财资金的办法，而无须采取公开拍卖的程序。《物权法》之所以设立了质押权实现时的公开拍卖制度，就是担心质押物的价值被低估，从而损害出质人、债务人的利益，所以想通过公开程序，用市场机制来发现质押物的实际价值。但银行理财产品到期后的价值是以货币资金的形式体现的，其价值是确定的，货币资金的价值不存在被低估的可能，因此没有必要采取公开拍卖的方式实现其价值。

第二节　银行理财产品的分类

截至 2013 年年底，我国商业银行已推出了 50918 款理财产品，给投资者一种眼花缭乱的感觉。厚厚的产品说明书和晦涩难懂的专业术语，更是让投资者无法区分优劣。对现有产品进行合理的分类，是确定法律关系的基础。

---

① 张宇晟. 银行理财产品质押的法律探析. 海南金融，2008（9）.

一、从投资风险的角度分类①

从投资者投资风险的角度，可将银行理财产品分为以下三大类：

（一）保本固定收益类理财产品

保本固定收益类理财产品，是指商业银行按照约定条件向投资者承诺支付固定收益，银行承担由此产生的投资风险。在这种产品中，投资者没有提前赎回的权利。投资者购买了这类产品，就意味着与商业银行签订了一份到期还本付息的理财合同，并以存款的形式将资金交由银行运营，银行在固定期限里，将募集资金集中并开展投资活动。该类产品通常会取得比同期存款高的投资收益，适合对理财产品不甚了解但希望在本金安全的基础上获取保守收益的投资者。

保本固定收益类理财产品是比较传统的产品类型，商业银行将筹集的资金投资于国债、央行票据、政策性金融债等低风险产品，是风险最低的银行理财产品。

在保本固定收益理财产品中，银行与投资者之间是债权债务关系，融资性质更接近于间接融资。

（二）非保本浮动收益理财产品

非保本浮动收益理财产品，是指商业银行根据约定条件和理财业务的实际投资收益情况向投资者支付收益，并不保证投资者本金安全的理财计划。非保本浮动收益理财产品是商业银行面向投资者推出的"风险与诱惑并存"的理财产品。该类产品在 2007 年取得较高的收益之后，2008 年有了长足的发展，很多投资者放弃了原先的固定收益理财产品，而选择了此类产品。

在非保本浮动收益理财产品中，银行与投资者之间是一种委托关系，融资性质更接近于直接融资。

（三）保本浮动收益理财产品

保本浮动收益理财产品，是指商业银行按照约定条件向投资者保证本金支付，本金以外的投资风险由投资者承担，并依据实际投资收益情况确定投资者实际收益的理财计划。这类产品在保证本金的基础上争取更高的浮动收益，投资者在存款的基础上，向银行出售了期权收益权，因此可以得到普通存款和期权收益的总收益。这种策略可以以小博大，投资者最多也只是输掉投资期利息，以一笔门槛不高的投资，便可以参与诸如商品市场、海外资本市场等平日没有途径进入的领域，有较强的吸引力。

在保本浮动收益理财产品中，银行与投资者之间是一种有担保的委托关系。

二、以理财资金投向的标的进行分类

从理财资金投资的标的物角度来看，可将银行理财产品划分为债券与货币市场类、信贷类、票据资产类、证券投资类、新股申购类、股权投资类、组合投资类、结构性产品以及 QDII 产品。

---

① 潘修平，王卫国．商业银行理财产品若干法律问题探讨［J］．现代法学，2009（07）．

(一) 债券与货币市场类产品

该类产品募集资金主要投资于债券市场以及货币市场投资工具，具体可以包括银行间货币市场存拆放交易、银行间市场国债、金融债、企业债、银行次级债、央行票据、短期融资券、中期票据、债券回购、银行存款等。这类理财产品一般涉及多个债券投资工具，通过综合管理而降低信用风险和流动性风险。

目前，银行普遍采用"资产池"的运作模式对债券与货币市场类产品进行投资管理。"资产池"运作模式是将同系列或者同类型不同时期发行的各款理财产品所募集资金统一到一个资产池中进行投资管理，该资产池投资于符合该系列或者该类型理财产品所规定的各种投资标的。其整体投资收益作为确定各款理财产品收益的依据，也就是说将该资产池内所有资产整体的预期收益率作为各款理财产品收益定价基础，这有别于传统理财产品根据单款理财产品投资期内实际运作收益决定理财产品价格的方式。这种运作模式可以形成大规模和连贯性的资金优势，通过对募集资金灵活的投资管理，提高产品整体的运作效率。

(二) 信贷类产品

以信贷资产或信托贷款为主要投资方向的产品（我们将信贷资产或信托贷款投资比例不低于50%的银行理财产品视为信贷类产品）。其中包括转让存量贷款的"信贷资产"和"信托贷款"两种形式。转让存量贷款是商业银行将原有信贷资产通过协议转让给信托公司，但仍负责对该信贷资产的贷后管理以及收回，这类产品成为"信贷资产类"产品。信贷资产的收益由投资者、理财产品发行银行、信托公司共同分享。"信托贷款"是商业银行将募集资金通过信托公司贷给指定借款人，产品资金通过信托计划新发放一笔贷款。

从实质来看，信贷类产品通常是银行将一个或多个贷款项目交由信托公司打包成为信托贷款计划或者信贷资产转让计划，再由银行发行针对此类计划的理财产品以募集资金，而此后产品投资运行期间对信贷的后续管理工作也由银行来完成。信托公司在此类产品的合作中实质上仅起到一个"平台"作用，其并不参与实际投资运行工作，一系列管理操作均由银行来完成。银行之所以热衷于发行此类产品，是因为这样可以将其资产负债表上的贷款项目腾挪出自身体系，一方面通过销售理财产品获得中间业务收入以增加利润，另一方面将贷款表外化，从而规避资本监管要求，同时在自身体系内预留空间去吸纳更多高收益的信贷资产，充分满足客户特别是关系紧密的大型企业以及政府融资平台的新增融资需求。

银行存量信贷资产转让应遵守整体性原则，即转让的信贷资产应当包括全部未偿还本金及应收利息，禁止将未偿还本金及应收利息按任何比例进行切割。这是与信贷资产证券化最大的区别所在。

(三) 票据资产类产品

商业银行将募集资金投资于商业银行持有的票据资产，募集资金仅限于投资银行承兑汇票和商业承兑汇票。理财收益则来自于票据贴现收益。目前监管法规已禁止理财产品通过信托投资于发行银行自身持有的票据资产，但没有禁止银行通过证券公司投资于票据资产。

（四）证券投资类产品

商业银行募集资金，委托信托公司设立信托计划，并可能聘请私募投资公司、基金管理公司或者证券公司为投资顾问，产品募集资金以二级市场股票、股票基金等为主要投资方向，收益来源于市场买卖差价。

从已发行的证券投资类产品来看，其投资顾问有八成左右比例为私募投资公司，证券公司和基金公司占比均不足10%，另外有极少数产品为保险系资产管理公司或者自然人。可以发现，具有证券市场专业投资能力的证券公司和基金公司在证券投资类产品上的参与度还较低，可能是其主动参与意愿不足造成的；反观私募机构，由于其在扩大销售渠道的过程中与信托公司建立了良好关系，使得其在此类产品中的参与度较高。

（五）新股申购类产品

商业银行募集资金，委托信托公司设立信托计划，参与证券市场的首发新股、增发新股申购等。这样集合投资者的资金进行申购可提升中签率，收益主要来源于一、二级市场的股票差价。

（六）股权投资类理财产品

股权投资类产品主要有两种类型，第一，商业银行募集资金，通过信托平台参与非上市企业股权投资项目；第二，商业银行募集资金，通过信托平台参与购买上市公司股权，主要是非流通股票。目前的股权投资类产品为了保证资金的安全和完善退出机制，在产品中通常设定了股权质押条款以及股权回购条款，股权质押率一般在30%～40%。

（七）组合投资类产品

我们将产品投资对象包含多种低风险类型标的的产品视为组合投资类产品，其具体品种可以包括信贷类投资、信托融资类投资、债券投资、一级市场的申购投资（包括但不限于首发新股、增发新股、可转债、分离交易可转债等）、货币市场工具投资（包括但不限于现金、银行存款、7天以内的现金回购、国债、金融债、银行承兑汇票、大额可转让存单、央票、货币市场基金、债券逆回购等）等。

组合投资类产品的投资运作模式也通常为"资产池"方式，较债券与货币市场类产品增加了信贷资产、信托融资类投资、新股新债申购等更为丰富的投资品种，但其投资风险高于债券与货币市场类，因此，预期收益率一般也较高。

（八）结构性产品

产品的投资收益与所挂钩的衍生金融市场工具或资产的市场表现或特定条件的满足相关联，产品收益可与全球证券、利率、汇率、指数、基金、大宗商品等金融资产表现挂钩。投资于结构性理财产品的初始资金，银行将其中大部分投资于结构性票据或者货币市场工具、国债等较为安全的资产，并通过这类较为安全的资产在产品投资期内累积的利息收益，确保产品于到期日可获100%或部分本金保障（如90%）。初始资金的其余部分，银行将在国际金融市场上通过买入相应期权或者其他金融衍生工具，以获取可能的投资回报。

（九）QDII产品

商业银行开展代客境外理财业务的银行理财产品，主要投资于境外市场的股票、债券、基金、票据等资产。目前来看，QDII产品主要可分为基金类、结构性票据类以及债券类三种。基金类 QDII 主要投资于海外投行或资产管理公司发行并运作的基金，投资对象为海外某一区域或全球范围的股票；结构性票据类 QDII 主要投资于海外投行发行的结构性票据资产，挂钩对象为海外市场的股票、基金、指数、商品等；债券类 QDII 主要投资于海外某一区域或全球各国的企业以及金融机构发行的债券工具。

第三节　银行理财业务相关的法规、规章及规范性文件

《中华人民共和国银行业监督管理法》、《中华人民共和国商业银行法》是制定商业银行个人理财产品相关法规的主要依据。中国银监会根据上述两法的规定，针对不同时期的业务特点，发布了一系列的关于商业银行理财业务的管理办法、通知，归纳起来如下：

一、中国银监会《商业银行个人理财业务管理暂行办法》及《商业银行个人理财业务风险管理指引》

2005 年 11 月 1 日，《商业银行个人理财业务管理暂行办法》开始生效，这是我国规范商业银行个人理财业务的第一部法规。该办法对理财业务进行了分类和定义，强调商业银行开展个人理财业务应建立相应的风险管理体系和内部控制制度，严格实行授权管理制度，并应按照符合客户利益和风险承受能力的原则，审慎尽责地开展个人理财业务。

同日，《商业银行个人理财业务风险管理指引》开始生效，该指引对个人理财顾问服务的风险管理、综合理财服务的风险管理以及个人理财业务产品风险管理三项风险进行了详细的规定，并首次提出了资产托管的概念，要求对可以由第三方托管的客户资产应交由第三方托管。

二、中国银监会办公厅《关于商业银行开展代客境外理财业务有关问题的通知》

2006 年 6 月 21 日，《关于商业银行开展代客境外理财业务有关问题的通知》生效，该通知对商业银行代客境外理财业务的托管机制提出了更明确的要求，将其看作是控制商业银行理财业务风险的重要措施。该通知同时对代客户境外理财允许的投资标的进行说明，即主要投资于风险较低的固定收益类产品，禁止直接投资股票及其结构性产品、商品类衍生产品。

三、中国银监会办公厅《关于商业银行开展个人理财业务风险提示的通知》

2006 年 6 月 23 日，针对个人理财产品诉讼而引发的商业银行声誉风险和法律风险不断加大，以及产品结构过于复杂和投资对象的多元化所带来的市场风险和操作风险的上升，中国银监会颁布《关于商业银行开展个人理财业务风险提示的通知》。通知要求商业银行开展理财业务应坚持审慎经营原则，向投资者充分、清晰和准确地解释相关风险，不得用诱惑性、误导性和承诺性的宣传。

四、中国银监会办公厅《关于调整商业银行代客境外理财业务境外投资范围的通知》

伴随着国内各商业银行代客境外理财业务的不断发展以及广大投资者对海外投资标的逐渐适应。2007年5月10日，银监会对《关于商业银行开展代客境外理财业务有关问题的通知》的相关内容做了调整，发布了《中国银监会办公厅关于调整商业银行代客境外理财业务境外投资范围的通知》。投资标的扩大为境外股票、结构性产品以及用于避险的衍生产品。"了解你的客户"的原则成为了这一时期风险监管的导向。监管机构要求各商业银行在开展理财业务时，"要建立客户适合度评估机制，依据客户的财务状况、投资目的、投资经验、风险偏好、投资预期等资料对客户的风险承受度进行评估，确定客户风险等级，向客户提供与其风险等级适当的产品，避免理财业务人员错误销售和不当销售。"在对收益率以及投资决策的信息披露上，也进一步明确了要求。

五、中国银监会办公厅《关于进一步规范商业银行个人理财业务有关问题的通知》

伴随着全球金融危机的到来，部分商业银行发行的个人理财产品由于诸多原因，出现巨额亏损，甚至被迫清盘，对银行和投资者均造成了较大的负面影响。为此，2008年4月3日，银监会发布《中国银监会办公厅关于进一步规范商业银行个人理财业务有关问题的通知》，对产品设计管理机制不健全、客户评估流于形式、风险揭示不到位、信息披露不充分、理财业务人员误导销售和投诉处理机制不完善等问题进行了更严格、更明确的要求。

六、中国银监会办公厅《关于进一步加强商业银行代客境外理财业务风险管理的通知》

2008年10月23日，为切实防范国际金融市场波动给代客境外理财业务带来的潜在风险，充分保护投资者利益，维护国内理财市场稳定，中国银监会办公厅发布了《关于进一步加强商业银行代客境外理财业务风险管理的通知》，主要规定了以下内容：设计和销售代客境外理财产品必须严格做到成本可算、风险可控、信息充分披露；做好自身摸底清查，严密监测市场风险；密切关注交易对手，防范交易对手风险；加强与客户沟通，妥善处理客户投诉；建立与监管部门高效顺畅的沟通机制。

七、中国银监会办公厅《关于进一步加强信托公司银信合作理财业务风险管理的通知》

2008年12月9日，中国银监会办公厅发布《关于进一步加强信托公司银信合作理财业务风险管理的通知》，主要内容如下：

1. 提高风险意识。要有效防范交易对手风险、法律风险、声誉风险等各类风险。各信托公司应当密切关注交易对手的资产质量、资本充足和流动性等情况，加强尽职调查，严防交易对手风险。各信托公司应当认真检查银信合作业务中信托合同、风险揭示等相关文件可能存在的法律瑕疵，确认信托公司与银行之间的权利、义务和责任是否界定清楚；确认是否按照法律法规规定和信托文件约定，及时、准确、充分、完整地向银行披露信息，揭示风险，做到了尽职管理。

2. 做好风险排查，制定应急预案。各信托公司应当逐笔梳理银信合作理财产品，对现有银信合作理财业务进行摸底和后评价，加强对有关产品的风险分析和后续管理。各信托公司要逐笔研究已出现浮亏和有风险隐患的产品，对产品设计、资金投向、信息披露等环节以及风险状况等方面进行逐一分析，查找问题，吸取教训，防范类似问题再次发生。

3. 建立高效顺畅的沟通机制。各信托公司应当及时、主动与监管部门进行沟通，建立银信合作理财业务重大事项报告制度。

八、中国银监会《关于进一步规范商业银行个人理财业务投资管理有关问题的通知》

2009 年 7 月 6 日，针对部分商业银行理财产品投资标的混乱、风险控制措施不力的倾向，中国银监会发布了《关于进一步规范商业银行个人理财业务投资管理有关问题的通知》，主要内容包括：不得投资于可能造成本金重大损失的高风险金融产品，以及结构过于复杂的金融产品；商业银行应将理财客户划分为有投资经验客户和无投资经验客户，并在理财产品销售文件中标明所适合的客户类别；用于投资固定收益类金融产品，投资标的市场公开评级应在投资级以上；理财资金用于投资单一借款人及其关联企业银行贷款，或者用于向单一借款人及其关联企业发放信托贷款的总额不得超过发售银行资本净额的 10%；不得投资于境内二级市场公开交易的股票或与其相关的证券投资基金；不得投资于未上市企业股权和上市公司非公开发行或交易的股份。权益类理财产品被全面抑制。

九、中国银监会《关于规范信贷资产转让及信贷资产类理财业务有关事项的通知》

2009 年 12 月 23 日，中国银监会发布了《关于规范信贷资产转让及信贷资产类理财业务有关事项的通知》，主要内容如下：

1. 银行业金融机构开展信贷资产转让及信贷资产类理财业务时，应保证信贷资产（含贷款和票据融资）是确定的、可转让的，以合法有效地进行转让或投资。

2. 银行业金融机构在进行信贷资产转让时，应严格遵守资产转让真实性原则。转出方将信用风险、市场风险和流动性风险等完全转移给转入方后，方可将信贷资产移出资产负债表，转入方应同时将信贷资产作为自己的表内资产进行管理；转出方和转入方应做到衔接一致，相关风险承担在任何时点上均不得落空，转入方应按相应权重计算风险资产，计提必要的风险拨备。

3. 禁止资产的非真实转移，在进行信贷资产转让时，转出方自身不得安排任何显性或隐性的回购条件；禁止资产转让双方采取签订回购协议、即期买断加远期回购协议等方式规避监管。

4. 为满足资产真实转让的要求，银行业金融机构应按法律、法规的相关规定和合同的约定，通知借款人，完善贷款转让的相关法律手续；票据融资应具备真实的贸易背景，按照票据的有关规定进行背书转让。

5. 银行业金融机构在进行信贷资产转让时，相应的担保物权应通过法律手续予以明确，防止原有的担保物权落空。

6. 银行业金融机构在签订信贷资产转让协议时，应明确双方权利和义务，转出方应向转入方提供资产转让业务的法律文件和其他相关资料；转出方接受转入方的委托，进行信贷资产的日常贷后管理和权利追索的，应明确双方的委托代理关系和各自的职责，承担相应的法律责任。

7. 银行业金融机构在开展信贷资产转让业务时，应严格按照企业会计准则关于"金融资产转移"的规定及其他相关规定进行信贷资产转移的确认，并做相应的会计核算和账务处理。

8. 银行业金融机构开展信贷资产转让业务，不论是转出还是转入，均应按照有关监管要求，及时准确地向监管机构报送相关数据信息。

9. 信贷资产类理财产品应符合整体性原则，投资的信贷资产应包括全部未偿还本金及应收利息，不得有下列情形：

（1）将未偿还本金与应收利息分开。

（2）按一定比例分割未偿还本金或应收利息。

（3）将未偿还本金及应收利息整体按比例进行分割。

（4）将未偿还本金或应收利息进行期限分割。

10. 单一的、有明确到期日的信贷资产类理财产品的期限应与该信贷资产的剩余期限一致。信贷资产类理财产品通过资产组合管理的方式投资于多项信贷资产，理财产品的期限与信贷资产的剩余期限存在不一致时，应将不少于30%的理财资金投资于高流动性、本金安全程度高的存款、债券等产品。

十、中国银监会《关于规范银信理财合作业务有关事项的通知》

2010年8月5日，中国银监会发布《关于规范银信理财合作业务有关事项的通知》，主要内容如下：

1. 本通知所称银信理财合作业务，是指商业银行将客户理财资金委托给信托公司，由信托公司担任受托人并按照信托文件的约定进行管理、运用和处分的行为。上述客户包括个人客户（包括私人银行客户）和机构客户。

商业银行代为推介信托公司发行的信托产品不在本通知规范范围之内。

2. 信托公司在开展银信理财合作业务过程中，应坚持自主管理原则，严格履行项目选择、尽职调查、投资决策、后续管理等主要职责，不得开展通道类业务。

3. 信托公司开展银信理财合作业务，信托产品期限均不得低于一年。

4. 商业银行和信托公司开展融资类银信理财合作业务，应遵守以下原则：

（1）自本通知发布之日起，对信托公司融资类银信理财合作业务实行余额比例管理，即融资类业务余额占银信理财合作业务余额的比例不得高于30%。上述比例已超标的信托公司应立即停止开展该项业务，直至达到规定比例要求。

（2）信托公司信托产品均不得设计为开放式。上述融资类银信理财合作业务包括但不限于信托贷款、受让信贷或票据资产、附加回购或回购选择权的投资、股票质押融资等类资产证券化业务。

5. 商业银行和信托公司开展投资类银信理财合作业务，其资金原则上不得投资于非上市公司股权。

6. 商业银行和信托公司开展银信理财合作业务，信托资金同时用于融资类和投资类业务的，该信托业务总额应纳入本通知规定的考核比例范围。

十一、中国银监会《关于规范商业银行理财业务投资运作有关问题的通知》

2013 年 3 月 25 日，中国银监会发布《关于规范商业银行理财业务投资运作有关问题的通知》。商业银行理财资金直接或通过非银行金融机构、资产交易平台等间接投资于"非标准化债权资产"业务增长迅速。一些银行在业务开展中存在规避贷款管理、未及时隔离投资风险等问题。为有效防范和控制风险，促进相关业务规范健康发展，现就有关事项通知如下：

1. 非标准化债权资产是指未在银行间市场及证券交易所市场交易的债权性资产，包括但不限于信贷资产、信托贷款、委托债权、承兑汇票、信用证、应收账款、各类受（收）益权、带回购条款的股权性融资等。

2. 商业银行应实现每个理财产品与所投资资产（标的物）的对应，做到每个产品单独管理、建账和核算。

3. 商业银行应向理财产品投资人充分披露投资非标准化债权资产情况。

4. 商业银行应比照自营贷款管理流程，对非标准化债权资产投资进行投前尽职调查、风险审查和投后风险管理。

5. 商业银行应当合理控制理财资金投资非标准化债权资产的总额，理财资金投资非标准化债权资产的余额在任何时点均以理财产品余额的 35% 与商业银行上一年度审计报告披露总资产的 4% 之间孰低者为上限。

6. 商业银行不得为非标准化债权资产或股权性资产融资提供任何直接或间接、显性或隐性的担保或回购承诺。

十二、中国银监会《关于完善银行理财业务组织管理体系有关事项的通知》

2014 年 7 月 10 日，中国银监会发布《关于完善银行理财业务组织管理体系有关事项的通知》（〔2014〕35 号），主要内容如下：

1. 银行业金融机构（以下简称银行）应按照单独核算、风险隔离、行为规范、归口管理等要求开展理财业务事业部制改革，设立专门的理财业务经营部门，负责集中统一经营管理全行理财业务。

2. 单独核算是指理财业务经营部要作为独立的利润主体，建立单独的会计核算、统计分析和风险调整后的绩效考评体系。理财业务经营部同时要对每只银行理财产品分别单独建立明细账，单独核算，并应覆盖表内外的所有理财产品。

3. 风险隔离是指理财业务与信贷等其他业务相分离，建立符合理财业务特点的独立条线风险控制体系；同时实行自营业务与代客业务相分离；银行理财产品与银行代销的第三方机构理财产品相分离；银行理财产品之间相分离；理财业务操作与银行其他业务操作相分离。

4. 归口管理是指银行总行应设立专门的部门负责理财业务的经营活动，建立集中统一管理本行理财业务、制定各项规章制度的机制，具体包括理财产品的研发设计、投资运作、成本核算、风险管理、合规审查、产品发行、销售管理、数据系统、信息报送等。

5. 银行开展理财业务销售活动应按照风险匹配的原则，严格区分一般个人客户、高资产净值客户和私人银行客户，进行理财产品销售的分类管理，提供适应不同类型客户投资需求和风险承受能力的产品，严格风险自担。

对于一般个人客户，银行只能向其提供货币市场和固定收益类等低风险、收益稳健的理财产品；银行在对高资产净值客户和私人银行客户进行充分的风险评估后，可以向其提供各类风险等级的理财产品。

第四节　银行理财业务案例

一、G 银行"G 盈稳健"2009002 号理财产品——信贷类资产理财产品

（一）交易模式

1. G 银行贷款 2 亿元给某市国有资产投资经营公司，形成 2 亿元（本金）的信贷资产。

2. G 银行将 2 亿元（本金）信贷资产转让给信托公司。

3. 信托公司将 2 亿元信贷资产打包，设立信托。

4. G 银行发行"G 盈稳健"2009002 号理财产品，投资期限为 234 天，产品为非保本浮动收益型，预计最高年化收益率为 4.3%。G 银行向某财务有限公司独家发行，2 亿元理财产品由财务公司全部购买。

5. G 银行募集理财资金。

6. G 银行用理财资金投资购买信托公司的信托计划。

7. 信托公司将信贷资产托管给 G 银行管理。

交易结构如图 3－1 所示。

（二）法律关系分析

在这一交易模式中，包含了委托＋信托＋债权转让＋托管四层法律关系：

1. 委托关系。G 银行发行非保本浮动收益的理财产品，财务公司向 G 银行购买理财产品，财务公司与 G 银行之间形成了委托关系，财务公司为委托人，G 银行为受

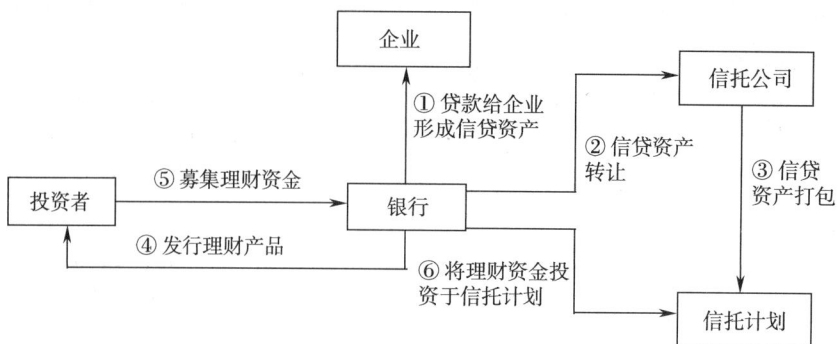

图 3-1　交易结构图

托人。

2. 信托关系。G 银行获得理财资金后，将该理财资金信托给信托公司，形成信托关系，G 银行为信托中的委托人，信托公司为受托人。

3. 债权转让关系。信托公司再用该笔信托资金向 G 银行购买债权，G 银行将某市国有资产投资经营公司的两笔贷款（本金共计 2 亿元）转让给信托公司。G 银行的此笔债权出表，信托公司成为此笔债权的新债权人。

4. 托管关系。债权转让完成后，信托公司再将该债权委托给 G 银行管理，G 银行受信托公司之委托负责贷款的收回，然后将本金及收益转付给信托公司。信托公司是委托人，G 银行是管理人。

（三）G 银行在此交易中具有多重身份，要合理地避让利益冲突

G 银行在此交易中，具有多重身份：理财产品的发行人、信托的委托人、债权的转让人、贷款的管理人和收款人。G 银行同时担任五个角色，极易产生利益冲突，因此 G 银行要合理地避让利益冲突。比如，在贷款发生异常时（借款人提前还款、借款人到期不还款等等），要及时向信托公司和财务公司披露有关信息。又比如，G 银行在管理和实现债权过程中支出的费用，应事先征得信托公司同意，并告知财务公司。

（四）信贷类产品的特点与发展趋势

信贷类产品因为具有发行程序简单，收益率高于货币与债券市场类等低风险产品，再加上能够帮助银行"腾挪"资金、绕过贷存比监管等优势，该类产品的发行量迅速膨胀。

信贷类产品的出现为银行理财资金开拓出了一条新的投资渠道，其最重要的影响在于金融监管层面：这种创新暴露出了监管层在理财业务方面的监管漏洞，这也使得监管层和银行之间开始进行监管和创新之间的博弈，从而进一步产生了更多不同的信贷类产品创新。

当前信贷类理财产品正由单一信贷类产品向组合投资类产品转变，信托公司所投资的资产除了一部分信贷资产外，还包括货币市场工具、股票、票据资产、股权、基金等资产。共同组合构成的产品早在监管层开始对信贷类产品进行严厉监管之前就已经出现了，但是我们注意到许多包含信贷类资产的组合投资类产品是在监管政策出台以后才大规模涌现的，这也反映出了银行对监管政策的规避。

二、庞先生诉某银行长宁支行理财产品纠纷案——投资人败诉案[①]

（一）原告的诉请

2008年1月3日，庞先生与某银行长宁支行签订了一份购买13万元"慧盈9号"理财产品的协议。协议明确，"慧盈9号"为一款与德意志银行商品优化收益指数挂钩的理财产品，当年1月10日起息，次年1月12日到期，95%本金保本。协议同时约定，产品预期收益不代表客户一定获得的保证收益，客户最终收益可能出现-5%的情况。

2009年1月22日，银行向庞先生支付了理财金额95%的本金及到期利息共计12.3万余元。庞先生随即要求银行出具"慧盈9号"理财产品盈亏的证据，银行未予响应，双方由此产生纠纷。庞先生向长宁区法院提起诉讼，认为银行并未进行理财，涉案款项属于存款性质，要求银行返还理财金额5%的本金即6500元，并赔偿利息损失3300余元。

（二）被告的答辩

银行方面辩称，已对相关理财产品的风险在协议中作了明确告知，请求法院驳回原告的诉讼请求。

（三）法院的判决

法院审理查明，2008年1月3日，被告收取原告13万元后存入原告名下账户；同年1月10日，该账户内13万元被划出；2009年1月9日，该账户内划回本金13万元，产生利息18.20元，在扣除利息税并扣除6500元后，显示投资收益为12.3万余元。

法院认为，作为理财方，被告在收取原告13万元资金后，理应向原告证明其履行了协议约定的理财义务，但相关证据表明，被告只是将原告资金从账户中全额划出、划入，不足以证明其履行了理财义务。

在法庭多次解释说明，被告仍未能证明其使用原告资金购买了协议约定的挂钩产品，因此应当承担举证不能的不利后果，向原告返还剩余本金并支付相应利息。

（四）对各方观点的分析

此案反映了投资人、银行、法院在挂钩型理由产品上的不同认识，或者说投资人、法院尚不能完全理解挂钩型理财产品。分歧在于：

1. 投资人的看法。投资人的理解是直观的，协议约定理财资金投资于德意志银行商品，银行就必须按约定投资，如果不投资的话银行就是违约。

2. 法院的观点。法院的看法与投资人基本一致。

3. 银行对挂钩型理财产品的理解。所谓挂钩型理财产品，是指该产品的收益与一些指标相挂钩，在理财期内所挂钩的指标决定产品的收益，有的是正关联（指标越高，收益越高），有的是反关联（指标越高，收益越低）。银行并不是真正去投资这些产品，而是单纯地等待挂钩指标的结果。

---

① 申延宾，章伟聪. 理财一年还亏5%，银行败诉. 新闻晨报［N］，2011-06-25.

（五）本案的判决是一起错误的判决①

挂钩型理财合同是一种射幸合同，投资者买了这一产品之后，只能等待所挂钩的指标发生变化，然后对应所挂钩的指标就可算出是自己的收益，银行和投资人都无法左右这一指标的变化。银行无需用理财资金去投资这一指标，也无需向投资人披露理财资金的用途。挂钩的指标五花八门，比如利率、汇率、股票指数、基金指数、商品期货价格、水资源、黄金、石油、农产品价格甚至天气、降雨量等。比如与降雨量挂钩，银行怎么来投资降雨量？

本案中银行就不可能投资于德意志银行商品优化收益指数，法院非要银行提供投资的证据，根本就不存在这样的证明。这说明法院完全不了解挂钩型理财产品的运作规则。

我们认为，银行只要在当初向庞先生销售该款理财产品时说明了相关情况，庞先生签订了风险提示书，银行就不应承担亏损的责任。因此，本案是一起错案，应予撤销。

第五节 银行理财业务的法律风险防范

一、银行理财资金的投向和交易结构必须符合中国银监会的各项要求

从 2005 年开始，中国银监会陆续出台了十几项关于商业银行理财业务的规范性文件，商业银行在开展理财业务时必须遵守这些规范性文件，中国银监会已经对理财资金的投向和交易结构做出了必要限制：

（一）中国银监会已经叫停银信合作票据信托业务

2010 年 7 月 2 日，中国银监会向所有信托投资公司发出通知，叫停银信合作票据信托业务。所谓银信合作票据业务，是指银行将已贴现的票据转让给信托公司，信托公司以银行票据发行信托产品的业务。银监会之所以要叫停银信合作票据业务，主要是由于担心急剧膨胀的银信合作产品冲击银行资产质量、规避监管。

银信合作票据业务虽然已被叫停，但银证、银基、银保合作的票据业务并不在禁止之列，银行仍然可以和证券公司、基金公司、保险公司合作开展票据业务。

（二）对理财资金的投向做了限制

2009 年 7 月 6 日，中国银监会发布通知，对理财资金的投向做了限制，主要内容包括：不得投资于可能造成本金重大损失的高风险金融产品，以及结构过于复杂的金融产品；商业银行应将理财客户划分为有投资经验客户和无投资经验客户，并在理财产品销售文件中标明所适合的客户类别；用于投资固定收益类金融产品，投资标的市场公开评级应在投资级以上；理财资金用于投资单一借款人及其关联企业银行贷款，或者用于向单一借款人及其关联企业发放信托贷款的总额不得超过发售银行资本净额的 10%；不得投资于境内二级市场公开交易的股票或与其相关的证券投资基金；不得投资于未上

---

① 关于挂钩型理财产品的情况，详见：潘修平，王卫国. 挂钩型理财产品若干法律问题研究. 河南省政法管理干部学院学报，2009（5）.

市企业股权和上市公司非公开发行或交易的股份。权益类理财产品被全面抑制。

（三）对银信理财产品做了限制

2010年8月5日，中国银监会发出通知，对信托公司融资类银信理财合作业务实行余额比例管理，即融资类业务余额占银信理财合作业务余额的比例不得高于30%；信托公司信托产品均不得设计为开放式；商业银行和信托公司开展投资类银信理财合作业务，其资金原则上不得投资于非上市公司股权。

（四）对投资于"非标准化债权资产"的限制

2013年3月25日，中国银监会发出通知，商业银行应当合理控制理财资金投资非标准化债权资产的总额，理财资金投资非标准化债权资产的余额在任何时点均以理财产品余额的35%与商业银行上一年度审计报告披露总资产的4%之间孰低者为上限。商业银行不得为非标准化债权资产或股权性资产融资提供任何直接或间接、显性或隐性的担保或回购承诺。

二、银行要公平、合理地设计理财产品，不要出现误导投资人的产品

（一）理财产品的品种不宜过多

我国商业银行现已推出的理财产品达50918款，已呈泛滥之势。中国银监会应当取缔一部分没有投资价值产品，同时应当确定一批示范产品，向商业银行推广。

（二）个人理财产品的交易结构不要过于复杂

理财产品的设计应当考虑投资者的知识水平，不能推出一些过于复杂的理财产品。个人理财产品应以普通人的认知作为标准来判断，而不是以专业人士的认知为标准进行判断。理财产品的操作方式应当让普通的投资者一看就懂，而且不能产生歧义。

商业银行也不能给理财产品取一些带有误导性的名称，对一些专业术语也应当解释清楚。同时，对于理财产品的命名，应恰当反映其产品属性，避免使用带有诱惑性或承诺性的称谓，避免使用容易引发纠纷的模糊性语言。

（三）交易规则公平，不存在坑害投资者的"暗坑"[①]

比如，2008年下半年开始，境外银行发行的一款名为 Accumulator、外号"富翁杀手"的境外理财产品"血洗"了内地几千名富翁。

投资者购买了 Accumulator 产品，实际上是在和银行对赌，对赌的规则如下：

1. 当所挂股的股票价格上涨时，投资者获胜，但当股价涨幅超过3%～5%时，合约自动终止，因此，银行输的非常有限。

2. 当所挂股的股票价格下跌时，银行获胜，投资者必须按当初的约定价格每天买入股票，而且要双倍数量地买，中间不可取消交易，直至合约到期为止，这样投资者的损失就是无限量的。

股票不可能总涨，也不可能总跌，根据以上的对赌规则，按照大数法则来说，银行总是赢家，因此这种游戏规则明显有利于银行。

---

① 潘修平，王卫国. 累计认购期权（Accumulator）理财产品若干法律问题研究 [J]. 河北法学，2009（12）.

（四）产品的设计要符合人的正常思维，不要出现逆向思维的产品

比如，在挂钩类产品中，既有正向挂钩的，也有反向挂钩的，还有双向挂钩的。对于正向挂钩非常好理解，比如挂钩香港恒生指数，当恒生指数涨时，投资者的收益增加；当恒生指数跌时，投资者收益减少。如果现在改为反向挂钩，当恒生指数涨时，投资者的收益反而减少；当恒生指数跌时，投资者的收益反而增加，这就超出了人的正常思维规则，必然要产生纠纷。

三、银行在销售理财产品中的法律风险防范

（一）客户的细分化

商业银行要对客户的年龄、收入、家庭人数、性别、职业、社会阶层、消费心态、生活方式等因素进行研究，然后判断出以下结论：

1. 可投资的金额。客户可投资的金额，除应考虑客户的收入外，还应考虑客户的家庭支出及其他一些开支，根据这些因素，判断出客户的可投资金额。

2. 客户的风险承受能力。客户的风险承受能力与其年龄、职业、经济实力有关，一般来说，年龄越大，风险承受能力越差，无投资经验的投资者的风险承受能力较差。

对于风险投资能力差的客户，应向其推荐一些固定收益类的理财产品；对于风险承受能力强的客户，可以推荐一些非保本的理财产品。

3. 区分个人客户和机构客户。严格区分一般个人客户、高资产净值客户和私人银行客户，进行理财产品销售的分类管理，提供适应不同类型客户投资需求和风险承受能力的产品，严格风险自担。一般理解，机构投资人都是具有投资经验的投资人，且有较强的抗风险能力。

对机构投资者推出的产品可以按照国际标准进行设计，涉及信托、证券、保险、租赁、基金的产品均可推出，复杂的交易结构也可运用。但应严格限定这类产品的销售渠道，不应向个人投资者销售。

（二）全面的风险提示

业务人员在产品销售过程中，对产品风险提示不够充分，客户无法了解投资风险大小，从而导致对银行理财产品理解不全面。商业银行应加强内部风险提示管理，使业务人员认识到风险提示对理财业务的重要性。此外，改革业绩考评体系，过于重视产品销售数量容易滋生风险提示不充分现象。合理构建业绩考评体系，通过从源头上改革，才能杜绝此类风险的发生。

对一些重点问题、难以理解的问题，要做重点、专门提示。对于外文资料要确信客户能够看得懂，如果看不懂应让客户请专业的翻译人员。在风险提示完成后，应让客户当面签订风险提示告知书。

商业银行为了推销其理财产品，在书面的宣传材料及口头的推销过程中存在大量的误导性陈述。比如，对投资收益的预测，商业银行往往按最佳的条件进行预测，得出的是最好的一种收益结果，但实际上这种最佳条件出现的概率极低。投资者往往相信银行的信誉，认为银行预测的收益结果就是他们应当获得的投资收益。

银行工作人员还存在代客填写风险揭示书的情况，如果投资人没有亲自填写风险揭

示书，就不能了解理财中的投资风险，法院就可能认定银行没有告知投资风险。

（三）理财合同应当简洁、易懂

一家银行的理财合同上百页，其中全是复杂的交易结构和生僻的专业词汇，这样的合同客户是不可能看懂的，也没时间看，拿过来就签字。一旦出现问题，客户会认为这是格式合同，而主张合同无效。

我们认为，个人理财合同最长不要超过三页 A4 纸，机构理财合同最长不要超过十页 A4 纸，且字体要足够大。个人理财合同尽量不要用生僻的专业词汇，如果必须要用，在合同中也要对此词汇有解释。

（四）商业银行要保存完整交易记录

商业银行作为受托人，应当保存理财业务的完整交易记录，并且应当定期地向投资者报告理财财产的管理运用、处分及收支情况。如果商业银行没有这些交易记录，理财财产的亏损就没有了依据，所谓的亏损就成了一个黑洞，那么只能由商业银行承担亏损责任。

现实中的情况是，商业银行很少向投资人通报理财的交易情况，只是在理财产品到期后拿出一份盈亏报告，中间的交易过程投资人一概不知。投资人即使到法院起诉，也拿不到原始的交易记录。更有甚者，个别商业银行根本就没有保存交易记录。所以，在举证责任上，应当采取倒置的方式，法院应当要求商业银行提供交易记录。

但对交易记录的要求，也应根据不同的理财产品有所区分。比如在挂钩型理财产品中，就不可能有交易记录。银行只要定期以书面形式向投资人报告所挂钩指标的数据，并计算出投资人的盈亏就可以了。

四、银行应当依法履行理财产品的信息披露义务

中国银监会在 2011 年发布的《商业银行理财产品销售管理办法》中特别规定了三种必须进行信息披露的情形：一是市场变化对理财收益产生重大影响，商业银行需调整投资范围、投资品种、投资比例的应进行信息披露。二是商业银行根据相关法律和国家政策规定，需要对已约定的收费项目、条件、标准和方式进行调整时，应当按照有关规定进行信息披露后方可调整；客户不接受的，应当允许客户按照销售文件的约定提前赎回理财产品。三是产品结束或终止时的信息披露内容应当包括但不限于实际投资资产种类、投资品种、投资比例、销售费、托管费、投资管理费和客户收益等。理财产品未达到预期收益的，应当详细披露相关信息。

我国的商业银行对理财产品的信息披露从无到有，逐步在完善。从我们调查中了解的情况来看，一些大的银行（如工商银行、建设银行）做的较好，而一些中小银行做的较差。商业银行一般是在其网站上公布定期的产品净值，而投资人对于产品的具体运作、净值变化的说明、近期的风险因素等都没有获知渠道，信息披露明显不足。

商业银行应当保证理财产品信息披露的公开、公平、公正，从而避免可能发生的法律纠纷和潜在的法律风险。

五、银行应当保持理财资产的独立性

（一）商业银行应将理财资产与其固有资产相分离，且应按市场价格进行关联交易

对于商业银行来说，理财资产属于表外业务，不属于银行的固有财产，商业银行必须独立建账、独立管理，商业银行不能将理财财产与其固有的财产相混合，也不能将不同的理财产品相混合。这种独立性贯穿于整个理财过程之中，无论是最初的购买理财产品，还是最后的清算，理财资产必须是独立的。

商业银行作为委托关系中的受托人，以自己的名义占有、使用理财资产的必须在理财合同中约定，理财资产虽然在商业银行名下，但其所有权仍归属于投资人，禁止商业银行以理财资产抵销银行自身的债务。

还有一个关联交易的问题，在信贷类理财中，普遍存在商业银行将理财财产与其固有财产进行交易的情况，或者存在将不同的理财财产之间进行交易的情况。对于这种关联交易，必须在理财合同中进行约定，并且应当按照市场价格进行交易。如果没有这样的约定，或者约定不明，商业银行不得从事这样的关联交易。一旦理财亏损，投资者会认为商业银行通过关联交易转移利润，导致理财亏损。

（二）商业银行必须建立专门的理财经营机构，做好风险隔离

2014 年 7 月 10 日，中国银监会发布《关于完善银行理财业务组织管理体系有关事项的通知》（〔2014〕35 号），规定商业银行的理财业务必须做到机构独立、单独核算、风险隔离、归口管理。

1. 机构独立是应按照单独核算、风险隔离、行为规范、归口管理等要求开展理财业务事业部制改革，设立专门的理财业务经营部门，负责集中统一经营管理全行理财业务。

2. 单独核算是指理财业务经营部要作为独立的利润主体，建立单独的会计核算、统计分析和风险调整后的绩效考评体系。理财业务经营部同时要对每只银行理财产品分别单独建立明细账，单独核算，并应覆盖表内外的所有理财产品。

3. 风险隔离是指理财业务与信贷等其他业务相分离，建立符合理财业务特点的独立条线风险控制体系；同时实行自营业务与代客业务相分离；银行理财产品与银行代销的第三方机构理财产品相分离；银行理财产品之间相分离；理财业务操作与银行其他业务操作相分离。

4. 归口管理是指银行总行应设立专门的部门负责理财业务的经营活动，建立集中统一管理本行理财业务、制定各项规章制度的机制，具体包括：理财产品的研发设计、投资运作、成本核算、风险管理、合规审查、产品发行、销售管理、数据系统、信息报送等。

（三）从长远来看，应采用信托方式来保护理财财产

中国银监会将理财产品的性质界定为委托关系，但个人理财业务是不是真正属于或者完全属于委托代理业务的范畴，一直存在较大的争议。银行理财产品"买卖"双方的法律关系，究竟应该如何定位，直接关系到投资者利益的保护。从表面上看，理财产品的"购买者"将资金委托给商业银行运作，似乎是构成了一个委托代理合同关系，

因而要依据《合同法》的规定来配置双方的权利和义务。但如果仅从合同关系的角度来约束银行，投资者的法律保护是不充分的。如果我们将商业银行理财业务置于信托法律框架内，那投资者保护的诸多问题就迎刃而解了。较之委托合同为委托人所创制的债权，信托关系在一定程度上为其保留了物权，根据我国《信托法》的规定，"受托人必须将信托财产与其固有财产分别管理、分别记账，并将不同委托人的信托财产分别管理、分别记账"，这就从制度上保证了理财资金的独立性，设置了风险隔离机制。不过，要将银行理财产品法律关系定位为信托还有着现实的制度障碍。我国金融业目前实行分业经营和分业监管的模式，只有信托投资公司、证券投资基金管理公司和证券投资基金的托管人拥有合法的营业性信托"牌照"。未经人民银行、银监会批准，任何法人机构一律不得以任何形式从事营业性信托活动。这就使得包括商业银行理财产品在内的各种已经具有信托属性的理财产品在现阶段无法真正地获得信托的法律身份，进而投资者也无法享受到《信托法》对其权利的特殊保护。

六、银行要建立起理财业务备用贷款机制

在信托贷款类理财产品操作实践中，有的银行为了吸引投资者而安排了银行备用贷款机制，即一旦借款人无法还款且担保也无法实现，则银行可通过向借款人发放贷款的途径来解决资金信托项下受益人的权益保障问题。但这种贷款往往附加了条件，有时无法发放，在这种情况下投资者会认为银行以所谓的备用贷款来误导投资者对风险的预测和评估。

七、银行必须建立自主的资产管理计划，摆脱现有的投资通道

商业银行受到分业经营的限制，不能将理财资金投资于银行业务以外的项目。目前商业银行只能利用信托、证券、基金作为通道进行投资，未来必须建立自主的资产管理计划。

（一）现有的银行理财资金主要是通过信托、证券、基金打通投资渠道

比如，商业银行与信托投资公司合作，将理财资金设立信托，由信托投资公司投资于实业、证券、保险、基金等。合作的模式就是通过信托合同，建立信托关系，银行作为委托人，将理财资金信托给信托公司，信托公司作为资金的受托人，按照合同的约定进行投资管理。信托期满，向银行分配信托财产，银行再分配给投资人。银行也可以直接与证券、基金合作，设立银证结合、银基结合产品。

这种路径打通后，理财产品的创新层出不穷，商业银行成功地规避了分业经营的限制，理论上理财资金可以投资于任何领域。借助信托平台，银行理财产品可以跨越货币市场和资本市场，实现跨越式的发展。

但是，银行与信托的结合也存在很多问题。投资人与银行之间是委托关系，银行与信托公司之间是信托关系，这种模式可以概括为"委托＋信托"，但是委托和信托有各自的内在要求，"委托＋信托"未必符合各自的要求。这种模式存在的法律定位不清，管理效率低和风险控制问题成为制约银行理财产品发展的一大瓶颈。

（二）银行必须建立自主的资产管理计划，理财产品将转化为债权类的直接融资

通过以上分析可以看出，现有的银行理财模式也只能是一个过渡阶段，未来银行必须具有自主的资产管理的资质，独立地完成理财业务。

在2013年6月的陆家嘴论坛上，银监会主席尚福林首次提出要将理财业务规范为债权类直接融资业务，探索新的产品、模式。尚福林提出，要充分利用银行业自身的技术、网点和人员优势，将理财业务规范为债权类直接融资业务，不断探索理财业务服务实体经济的新产品、新模式。9月16日，尚福林再次表示，银行理财业务本质是受投资人委托而开展的债权类直接融资业务。可建立专营机制，按照相应标准对资金募集、投放、风险等进行严格管理，主要赚取管理费，严禁利润分成，严禁风险兜底，严禁"脱实向虚"。①

这也被业内人士解释为理财产品将进行直投业务探索，推出资管计划正是该新方向下的新产品和模式。

所谓资管计划，是指每个项目要独立开户、独立编制资产负债表、损益表，投资者在享受高利率的同时，还要承担破产的风险。不过，无论是新的资管计划还是其他创新工具，都要注意四点：符合中国金融特色；严控风险底线；保护金融消费者的利益和提高银行的效益和收益性。

总体来看，这种新模式可以减少中间环节，提高企业融资效率，降低融资成本。

同时也应当看到，如果银行理财资金的投向，除了放贷外，还涉及股权投资、二级市场等内容，那么事实上就构成混业经营。在现有分业经营监管之下，法律法规也要进行调整。比如现有的理财资金中，大量投向的是带有回购内容的股权类项目，按现在的分类，这些是属于股权投资类产品。

当然，银行资管计划推出后，信托、证券、基金的通道业务必然会萎缩或消失。

八、互联网金融对银行理财造成了巨大的冲击，银行应做好充分的应对准备

2013年6月中旬，支付宝正式推出余额宝后，犹如在理财市场上投下一颗重磅炸弹，一经推出就显示出强大的吸金能力。而余额宝引领的互联网理财来势汹汹，更是成为直接分流银行理财市场的搅局者。正是由于余额宝的这一优势，互联网理财的概念一时风行。众多投资人纷纷转投网络理财的"怀抱"。据支付宝公布的数据显示，截至2013年6月30日，短短18天的时间，余额宝用户数就突破251.56万，累计转入资金规模66.01亿元，据悉目前规模已经超过了500亿元，显示出强大的吸金能力。②

事实上，余额宝的兴起，仅仅是互联网理财热潮的肇始。紧随着余额宝的步伐，市场上各种"宝"纷至沓来。东方财富旗下的天天基金网推出了"活期宝"和"定期宝"，数米基金和众禄基金分别推出了数米现金宝和众禄现金宝，同花顺推出了"收益宝"，金融界推出了"盈利宝"……各种互联网现金理财工具的潮涌，预示着银行理财

① 监管频吹变革风 银行理财变身自主资管计划成方向［N］．21世纪经济报道，2013-9-26.
② 网络理财与银行理财大比拼［N］．上海证券报，2013-9-25.

往昔"一股独大"的荣光已不再。

虽然余额宝的本质是一款货币基金，但其有着不同于传统货币基金的创新之处。余额宝实现了货币基金的 T + 0 赎回，赎回资金实时进入支付宝账户中，流动性较传统货币基金更强。余额宝的推出，最先挑动的是银行理财业务的神经，因为余额宝和银行理财产品都对储蓄存款具有较强的替代作用。从投资的特性看来，由于定位不同的客户群体，目前两者并不构成直接的竞争关系，但长期来看，余额宝等网络理财产品对银行理财产品的潜在影响不可小觑。

从收益率来看，作为一种本质上的货币基金，以余额宝为代表的各种"宝"，其收益是根据每日的实时投资收益进行分配。就回报率而言，市场上的各类"宝"，评估其收益水平的还是基金惯用的 7 日年化收益率。而银行理财产品的收益率水平，则是标准的年化收益率概念，如果要做比较的话，则余额宝等产品的 7 日年化收益率的波动性更强，多随着市场环境的改变呈现出波段式的变化。而银行理财产品的收益率水平则相对稳定。

在流动性上，余额宝等网络理财产品的流动性强于大部分银行理财产品。这些产品不仅可以随时赎回，做到了"T + 0"，其流动性与活期存款相差无几。而银行理财产品，除了部分现金管理类品种可以做到"T + 0"之外，大多有一定的投资期限，属于封闭型产品，在运作期间，不可提前赎回，也不能追加投资，因而在流动性上逊于网络理财产品。

银行理财产品一向的定位是稳健，因而其面对的客户也是风险承受能力相对较低的人群。加上银行理财产品大多具有一定的投资期限，流动性相对较弱，故而更加适合那些中长期的投资需求。从收益率水平来看，目前银行理财产品的收益水平虽然不高，但仍相对稳定。占据市场主流品种的平均年化收益率在 4% ~ 5% 之间，因此如果对资金流动性要求不高，则可以考虑投资银行理财产品。而互联网上发售的那些理财产品，由其货币基金的本质决定了其在流动性上更胜一筹，因此对于那些投资股票、贵金属的投资者来说，肯定更为适合。目前来看，投资互联网理财的人群应该是风险偏好相对较高的年轻人。

参考文献

［1］王卫国，李化常. 商业银行中间业务的法律风险及对策研究. 中国政法大学出版社，2012 - 12.

［2］潘修平，王卫国. 商业银行理财产品若干法律问题探讨［J］. 现代法学，2009（07）.

［3］潘修平，王卫国. 我国商业银行理财产品质押制度研究［J］. 法学杂志，2009（10）.

［4］潘修平，王卫国. 累计认购期权（Accumulator）理财产品若干法律问题研究［J］. 河北法学，2009（12）.

［5］潘修平，王卫国. 挂钩型理财产品若干法律问题研究［J］. 河南省政法管理

干部学院学报，2009（05）.

［6］杜金富. 我国银行理财产品市场的现状、问题和对策［J］. 金融监管研究，2013（02）：74－77.

［7］胡云祥. 商业银行理财产品性质与理财行为矛盾分析. 上海金融，2006（09）.

［8］李志强，赖劲宇，熊松. 商业银行个人理财产品风险防范问题浅析［J］. 会计之友，2010（07）：48－49.

［9］张宇晟. 银行理财产品质押的法律探析. 海南金融，2008（9）.

［10］倪凌燕，顾军锋. 个人理财产品融资质押初探. 金融创新，总第69辑.

［11］刘毓. 商业银行理财产品的模式变迁、发展瓶颈与突破之路. 中央财经大学学报，2008（05）：32－37.

［12］黄依凡. 外资银行的理财陷阱有多深［J］. 卓越理财，2009（7）.

［13］财芬棉. 购境外理财产品血本无归"富豪杀手"需政府惩治［N］. 法制日报，2009－07－23.

［14］殷鹏. 挂钩理财品虚高收益揭秘. 中国证券报，2006年8月19日.

［15］唐真龙. 理财专家：挂钩类理财产品不应一棍子打死. 上海证券报，2008－05－06.

［16］涂艳，刘宇锋. 挂钩农产品类银行理财产品资金运作"解密". 上海证券报，2008－6－15.

第四章　银信合作业务法律风险防范

第一节　银信合作业务概述

一、银信合作的概念

银信合作业务，是指银行和信托公司在分业经营的背景下，利用各自的优势资源，在法律许可的范围内，通过相互合作，开展创新业务。广义的银信合作涵盖了银行和信托公司之间合作开展的所有业务。早期的银信合作主要有银行信托贷款、信托资金托管、银行代销信托产品等，新近出现的银信合作业务包括理财产品、信托股权投资、信贷资产信托合作、银行票据合作等。

银信合作产生的背景是我国金融业实行的"分业经营，分业监管"的运行模式。分业经营虽然在一定程度上保证了金融系统的安全与稳定，但也造成金融行业各自划片、运行效率较低的现状。

随着《中华人民共和国信托法》、《信托投资公司管理办法》、《信托投资公司资金信托管理暂行办法》"一法两规"出台，困扰信托业功能定位的问题得以解决，同时也标志着我国金融体系的四大支柱——银行、保险、证券、信托四足鼎立的局面已初步形成。信托投资公司陆续完成重新登记后，作为今后其主要业务的资金信托业务增长势头强劲。其业务开展中的一个突出特点是与银行合作，创新金融品种，推动信息、网络、客户、技术包括功能等资源交换和共享，银信合作已成为信托业务发展和银行业争取高端客户、发展延伸业务的互利平台。

二、银行开展银信合作的动因

我国商业银行的盈利主要来自存贷利差，但一味依靠存贷利差的传统盈利模式，只会路越走越窄，这种经营管理方式效率低，银行变革势在必行，有必要开展银行业务多元化。加之利率市场化进程加快，存贷利差缩小，传统贷款业务带来的利益空间不断变小。2010年，我国受金融危机的影响和国内通货膨胀形势的压力，开始紧缩信贷规模，央行多次上调存款准备金率、上调金融机构人民币存款利率，信贷规模相对减少。近几年银行监管层逐步加大对资本充足率的管理，尤其对上市商业银行更是作为硬性指标来要求。商业银行的存贷比受到资本充足率的影响，银行投资资产利差大幅度收窄。

目前银行破解困境，寻求发展的方向是大力进行金融创新，发展低资金占用和高佣金收入的中间业务，扩大中间业务的收入，实现经营模式的转变。《商业银行法》规定："商业银行在中华人民共和国内不得从事信托投资和证券经营业务，不得向非自有不动产投资或者向非银行金融机构和企业投资。"所以商业银行资金运用受到限制，运用渠道较窄，银行推出的个人理财产品事实上投资范围有限，一般仅限于在银行间同业拆借市场和债券市场中交易的无风险国债、政策性金融债以及央行票据等，而信托投资公司则可以在货币市场、资本市场、实业市场进行跨领域投资。制度的约束导致商业银行的创新需求，商业银行欲解决困境必须发展金融创新业务。为鼓励创新，银监会于2006 年出台了《商业银行金融创新指引》，对商业银行在代客理财、投资范围等具体问题上提出了详细明确的要求，这一指引的出台，为商业银行的金融创新创造了明确宽松的政策环境。

商业银行通过发展银信合作理财产品等中间业务，不仅可以改善利润构成，也可以优化资产负债结构，减少风险资产的占用。银信合作很少占用银行资金，也没有资本充足率的要求。商业银行通过与信托公司合作可以利用信托产品来增加存款来源，拓宽资金运用的对象和运用的渠道，商业银行可以通过银信合作的理财产品增加投资渠道，在投资于货币市场或债券市场的同时，将资金流向基础设施等多个有投资前景的领域，这是对自身理财产品风险和收益的规划和调整。

总之，商业银行通过与信托公司的合作，一方面依靠自身强大的实力可以在合作中处于有利的地位，一方面也可以在合作中促进金融创新、扩大业务范围、提高自身的资产质量，进一步加强自身实力。

三、信托投资公司开展银信合作的动因

我国信托业的实力一直和其作为金融四大支柱的地位不相匹配，而银行业通过改制和上市极大地提升了银行业的财务状况，增强了竞争实力；证券业也在历经多次整顿之后，为今后发展打下了良好的基础；保险业经过几年的快速发展，寡头垄断局面正在逐步被打破。面对严峻的发展形势，我国信托业的整体实力仍然偏弱，如果只依靠自身的发展，不寻求外部强有力的战略合作者，势必很难在今后激烈的竞争中得到发展，开展银信合作对于我国信托公司的发展具有十分重要的战略意义。我国的信托投资公司存在主营业务开展困难，营销能力差，理财业务缺乏竞争优势等劣势。在银信合作中，信托公司可以利用信托制度本身的优势，如信托财产独立管理，最大地保护受益人利益，资金运用手段多样化等，谋求与银行的战略性合作。

信托业在我国金融体系中的功能和定位主要是"受人之托，代人理财"，是为合格投资者进行理财的专业理财机构。根据《信托公司集合资金信托计划管理办法》第五条、第六条的规定，购买信托计划的投资者必须为"合格投资者"，即投资一个信托计划的最低金额不少于100 万元人民币的自然人、法人或其他组织；单个信托计划的自然人人数不得超过50 人。而且，信托投资公司是唯一可以在货币市场、资本市场、实业市场进行跨领域投资的金融机构。信托投资公司可以积极地选择合适的项目进行直接投资，其业务手段具有多样性和灵活性，信托投资公司能运用的金融工具非常多，如直接投资、贷款、租赁、担保等等。而银行不具备这样的制度特权，但银行是唯一可以吸收活期存款的金融机构。两个行业的比较优势具有天然的互补性。银行的资金优势结合信

托投资工具众多、经营范围广泛的优势，银行风险控制、客户资源优势与信托可直接投资、交易方式灵活的优势，发挥银行的品牌声誉和规模优势，弥补信托规模小营销能力弱，实现优势互补，以提高资金利用率，实现共同发展的目的。二者进行合作，互借对方制度上的长处突破了各自发展中的瓶颈，这一金融业务的创新使得银行和信托公司经营和竞争能力得到了提升，亦可为广大投资者提供更好的投资机会和更高的投资收益，从而实现商业银行、信托公司以及投资者的"三赢"。

第二节　银信合作模式

近年来，银行和信托公司各自发挥自身的优势和创造力，开展了多层次的、灵活多变的业务合作，主要的合作模式如下：

一、银信合作的理财产品

随着我国经济的快速发展，居民的收入水平和可支配收入的水平在不断增加，个人理财方面的需求日益旺盛、大众财富的聚集对理财产品的需求不断加大。银行理财业务因为具有低成本、高收益的特点，已经逐渐成为银行新的利润增长点。为了在激烈的市场竞争中扩大业务范围，增加利润，商业银行在与保险公司、证券投资公司开展银保、银证合作业务之时，银信合作也不断的拓展。

自从 2002 年信托业"一法两规"出台以来，银信合作不断发展，层次不断加深，2007 年开始快速升温，银信合作理财产品业务逐渐发展成为我国商业银行理财产品运作的一种主要平台。最初的银信理财合作发挥了商业银行的客户资源优势，弥补了信托公司募集能力不足的缺陷，信托公司在实业领域和资本市场的投资能力也填补了商业银行的空白。然而，随着信贷政策的衍变，银信理财合作也慢慢变了味儿，成为了银行规避信贷监管的手段。

事实上，一段时间以来，围绕银信合作对于银行、信托乃至整体经济和宏观调控政策的影响，媒体的报道和议论已经不少；而监管部门对银信合作业务的引导和规范则更是持续加强。从 2008 年开始，银监会先后部署了三次专项调查，并利用非现场监管信息系统持续检测。2008 年 12 月 22 日，银监会下发了《银行与信托公司业务合作指引》，对银信合作的信息披露、受托人职责、参与各方权利与义务、风险揭示与控制等做出了明确细致的规定，规范了银信合作理财业务的操作，明确了各方的权利义务关系。几乎同时，银监会下发了《关于进一步加强信托公司银信合作理财业务风险管理的通知》，要求信托公司提高风险意识，防范交易对手风险和法律风险，做好风险排查并制定相应的风险化解应急预案；2009 年 12 月，银监会再次发出《中国银监会关于进一步规范银信合作有关事项的通知》，对银信合作存在的问题进行规范，强调信托公司在银信合作中的主导地位，并对银信合作受让信贷资产、权益类投资和政府平台投资提出了明确要求。2011 年 1 月颁布《中国银监会关于进一步规范银信理财合作业务的通知》、2012 年 1 月颁布《商业银行理财产品销售管理办法》，对银行发售理财计划和银信合作理财产品的监督管理进行了进一步明确和细化。此外，为引导信托公司开展主动型信托业务，限制个别公司过度的规模扩张，银监会还修订完成了《信托公司监管评级和分类监管指引》及《信托公司净资本管理办法》。

二、银行信托贷款

投资者购买商业银行发行的人民币集合理财产品，投资者作为委托人与商业银行签订《理财产品协议书》。商业银行作为人民币集合理财产品的发行人，负责设计理财产品，审慎选择理财资金所投资的项目。商业银行作为委托人，委托信托投资公司设立单一资金信托，商业银行为信托的唯一受益人，指定信托公司将理财资金信托贷款给经过商业银行授信评审过的企业或者项目，同时约定信托公司委托商业银行保管信托财产，由信托投资公司自主管理该信托财产。商业银行与信托投资公司通过签订《资金信托合同》和《保管协议》来完成上述过程。信托投资公司对商业银行推荐的目标企业或者目标项目进行合法合规性审查，按照与商业银行的约定，与目标企业或项目签订《信托贷款合同》，对其发放信托贷款，一般来说，目标企业需要提供担保。贷款存续期间，目标企业或者目标项目按照贷款合同约定，及时提供财务报表等基础材料以及需要向债权人报告的重大事项信息披露等，按期还本付息。同时，信托投资公司按照合同约定进行项目后期尽职管理，按期回收贷款本息，对项目进行风险排查和向委托人（商业银行）披露信托财产管理信息。商业银行通过资金结算了解企业经营状况和项目进展情况，按期收回信托投资公司分配的信托收益及本金，并按照理财产品协议的约定向投资者分配投资收益及本金。

对于投资者而言，采取面向社会公开发行理财产品募集信托资金的方式，为投资者提供了相对于银行存款和证券投资以外的一种收益较高而风险较低的金融理财产品。对于商业银行来说，借道信托可以规避国家货币政策变化对信贷规模的政策限制和商业银行流动性的影响，确保银行优质客户和重点项目对资本金的需求，可以获得高于信托贷款的中间业务收入。对于信托公司来说，有效规避了对于信托合格投资者自然人人数限制和投资金额起点的限制，充分利用商业银行在资金来源渠道的优势募集较大规模的信托资金，同时信托公司可以获取风险较低收益较高的受托人报酬。

三、信贷资产证券化

信贷资产证券化是指把欠流动性但有未来现金流的信贷资产经过重组形成资产池，并以此为基础发行证券。银行的信贷资产是具有一定数额价值并具有生息特征的货币资产，具备转化为证券化金融工具的可能性。2005 年信托公司在银行信贷资产证券化方面取得了可喜的进展，国内首个 ABS（asset - backed securities，资产支持证券）项目"国家开发银行 2005 年第一期信贷资产证券化信托"由中诚信托于 2005 年 12 月成功发行，国内首个 MBS（mortgage - backed securities，住宅抵押贷款证券）项目"中国建设银行建元 2005 - 1 个人住房抵押贷款支持证券由中信信托也于同一时间发行，自此，银行信贷资产证券化业务蓬勃发展。

四、银行信托股权投资

投资者购买商业银行发行的人民币集合理财产品，与商业银行签订《理财计划产品协议书》。商业银行作为人民币集合理财产品的发行人，负责设计理财产品，审慎选择理财资金所投资的项目。商业银行作为委托人委托信托投资公司设立股权投资单一资金信托，一般为自益信托，指定信托投资公司将理财资金对经商业银行授信评审过的目标企业或项目增资扩股。同时约定由信托投资公司自主管理该信托财产，并负责项目后期尽职管理等工作。商业银行与信托投资公司签订《资金信托合同》和《保管协议》等来完成上述过程。信托投资公司对商业银行推荐的目标企业或项目进行合法合规性评审，按照委托人在信托合同文本中的约定，参与召开拟增资企业股东会、董事会及监事会，修改拟增资企业公司章程，对目标企业或项目实行增资扩股，依据《公司法》等相关法律规定享有出资人的权利和承担义务，同时确定该信托股权退出方式，由增资企业原有股东或者独立第三方在信托结束时溢价回购信托股权，溢价部分可以分期或者到期一次性偿付。信托投资公司与目标企业原股东等签订《增资扩股协议》和《股权回购协议》等。贷款存续期间，增资企业及原有股东（包括独立第三方）按照公司章程及所签订的合同文本中的规定，及时提供财务报表、项目进度等基础资料以及需要向出资人报告的重大事项信息，及时召开需要全体股东参与决策事项的股东会、董事会及监事会等重要会议，按照合同约定分期或者到期一次性偿付股权溢价部分和股本金等。贷款存续期间，信托投资公司应按照合同约定行使股东权利，进行项目后期尽职管理，按期收回股权投资本息并进行信托收益及本金的分配，对项目进行风险排查和向委托人披露信托财产管理信息。商业银行按期收回由信托投资公司分配的信托收益及本金，并按照理财产品协议的约定向投资者分配投资收益及本金。

但是，中国银监会出台的《关于进一步规范商业银行个人理财业务投资管理有关问题的通知》第十九条规定"理财资金不得投资于未上市股权和上市公司非公开发行或交易的股份。"这就从资金来源上限制了此类银信合作业务的发展。

五、银行信贷资产信托

投资者与商业银行签订《理财产品协议书》，购买商业银行发行的人民币集合理财产品。商业银行作为人民币集合理财产品的发行人，负责设计理财产品，审慎选择理财资金所投资的拟转让的信贷资产项目。同时商业银行作为委托人，委托信托投资公司设立信贷资产债权转让信托，此商业银行为唯一受益人，指定信托投资公司将信托理财资金用于受让另外一家商业银行拟转让的信贷资产，同时约定由信托投资公司自主管理该信托财产，并负责项目后期尽职管理工作等。商业银行与信托投资公司签订《资金信托合同》和《保管协议》来完成上述过程。信托投资公司对商业银行推荐的拟受让信贷资产债权进行合法合规性评审，按照商业银行在合同文本中的约定，受让另一家商业银行转让的信贷资产债权。信托投资公司和另外一家商业银行签订《债权转让合同》。

贷款存续期间，债务企业按照贷款合同约定，及时提供财务报表等基础材料以及需要向债权人报告的重大事项信息披露等，按期还本付息等。信托投资公司按照合同约定对该标的债权进行管理，按期收回贷款本息并进行信托收益及本金的分配，向委托人商业银行披露信托财产管理信息。商业银行按照合同文本约定关注企业资金运营情况及贷款本息偿还情况，按期收回信托投资公司分配的信托收益及本金，按时披露信托财产管理信息等，并按照理财产品协议的约定向投资者分配投资收益和本金。

对于投资者而言，这是一种收益较高、风险较低的银行信贷资产理财产品，特别是信贷资产理财产品的期限非常丰富（一般包括从几天到几年的期限产品），为投资者中短期闲置资金获得较高、较稳定的财产性收入提供一种非常好的渠道。对于转让信贷资产的商业银行来说，可以将银行表内资产出表，有效规避国家货币政策变化对信贷规模总量的政策限制和商业银行流动性的影响。对于信托投资公司而言，同样可以规避对信托合格投资者人数和投资金额的限制，也可以获得风险较低的受托人报酬。

六、银行票据资产信托

票据资产信托业务是指银行与信托公司之间开展的银行承兑汇票的交易，该合作模式与前述信贷资产信托业务基本类似，只是募集的信托计划资金购买的银行资产不是信贷资产，而是票据，且期限更短，一般来说只有几个月。其具体操作流程如下：

投资者与商业银行签订《理财产品协议书》，购买商业银行发行的人民币理财产品。商业银行作为人民币集合理财产品的发行人，负责设计票据资产理财产品，审慎选择理财资金所投资的票据资产项目，票据资产通常是另外一家商业银行按照法定程序开据的由票据持有人持有或者已向其他行业银行贴现且尚未到期的银行承兑汇票。同时商业银行作为委托人，委托信托投资公司设立票据资产信托，指定信托投资公司将信托理财资金用于受让另外一家商业银行验证过真伪归集好的票据资产，商业银行与信托投资公司签订《资金信托合同》及《保管协议》完成上述过程。信托投资公司对另外一家商业银行归集好的票据资产进行合法合规性审查。信托投资公司根据票据资产的面值和约定的贴现率确定贷款规模，信托投资公司和票据持有人签订《贷款合同》和《质押合同》，票据持有人将票据质押给信托投资公司并办理质押背书后，信托投资公司向票据持有人发放贷款。票据资产存续期间，信托投资公司按照合同约定进行项目后期尽职管理，对票据资产项目进行风险排查，向委托人商业银行披露信托财产管理信息，出具《风险排查报告》和《信托财产管理报告》等。票据到期后，另外一家商业银行按照合同约定将信托投资公司质押背书后的票据进行兑付，并将兑付资金划付到信托专户。信托投资公司按照合同约定向商业银行分配本金及收益，商业银行按期收回信托投资公司分配的本金及信托收益，并按照理财产品协议的约定向投资者分配投资收益及本金。

七、资金托管上的合作

根据《信托投资公司管理办法》的规定，"信托公司应当将信托财产与其固有财产分别管理、分别记账，并将不同委托人的信托财产分别管理、分别记账"。以及银监会下发的《关于加强信托投资公司集合资金信托业务项下财产托管和信息披露等有关问题的通知》规定，"信托公司如果办理新的集合资金信托业务，应将集合资金信托计划项下的信托财产交由合格的商业银行进行第三方托管，以保证信托财产的安全。"据此，信托投资公司在办理资金信托业务时，都会委托第三方商业银行托管。此时，托管银行主要履行两大职责：一是安全保管各类信托财产，确保信托财产的管理和财产的持有相分离；二是对信托公司信托财产管理运用、信托财产价值核算和信息披露进行监督与核查。由于信托资金规模可观，信托投资公司将信托资金交给商业银行进行托管可以大幅度增加商业银行的存款。

八、银行代销信托产品

早先很多信托产品是由作为银行下属的信托部门发行的，而现在尽管信托部门早已从银行中分离出来具备了独立的法人地位，信托公司仍然会选择商业银行作为其代销信托产品的金融机构，信托公司对于普通公众来说一般比较陌生，而商业银行网点众多，具有良好的信誉，由银行代销信托产品，公众会比较放心。而且信托公司不能广泛推介信托计划，不能大肆宣传，由银行代销信托计划可以极大地改观这一劣势。但是目前信托兑付频频曝出问题，特别是高收益的信托产品如今成了"定时炸弹"，继中融信托青岛凯悦项目被拍卖之后，中信信托2010年发行的"中信—舒斯贝尔特定资产收益权投资集合信托计划"也被迫进入抵押品的拍卖程序。信托风险的暴露拨动着银行"脆弱的神经"，银行对信托产品的代销逐渐谨慎起来。

第三节　银信合作业务相关的法规、规章及规范性文件

银信合作的主要目的有两个：一是在分业经营的体制下，银行通过信托的通道达到混业经营的目的；二是解决银行的规模约束限制，发展表外业务。而分业经营和规模约束正是监管部门保证金融安全的监管手段，因此在商业银行一次次地突破监管之后，监管部门不断地出台新的监管措施。正所谓，魔高一尺，道高一丈。对银行合作的相关法规、规章及规范性文件进行梳理，基本上包括以下几个方面：

一、银信合作中不得开展单纯的通道业务

我国金融业实行分业经营，银行不能直接投资于除银行资产以外的其他标的资产。现有的银信合作理财业务，银行是将信托作为通道，银行通过设立信托，将理财资金投资于债权、股票、股权中，行业内称之为通道业务。在通道业务中，所有的交易模式都是银行设计好的，信托公司只是按银行的要求签订合同，收取少量的"通道费"。

2010年8月5日，中国银监会在《关于规范银信理财合作业务有关事项的通知》中规定，信托公司在开展银信理财合作业务过程中，应坚持自主管理原则，严格履行项目选择、尽职调查、投资决策、后续管理等主要职责，不得开展通道类业务。

综上，我们认为，在当前金融业实行分业经营的体制下，银行借助于信托这样一个通道，投资于其他资产，应当是允许的。但是，银行和信托公司都应严格地按《信托法》及相关规定承担各自的责任，不能开展单纯的通道业务。

二、禁止签订回购协议

以往的信贷资产银信合作中，大量地出现资产转移加回购的业务模式。

2009 年 12 月 23 日，中国银监会发布的《关于规范信贷资产转让及信贷资产类理财业务有关事项的通知》中规定，禁止资产的非真实转移，在进行信贷资产转让时，转出方自身不得安排任何显性或隐性的回购条件；禁止资产转让双方采取签订回购协议、即期买断加远期回购协议等方式规避监管。

三、银信合作理财产品不得投资于理财产品发行银行自身的信贷资产和票据资产

在理财业务中，商业银行是理财资金的受托人，如果商业银行用自理财资金购买自身的信贷资产和票据资产，实际上变成了受托人与自身在交易，这是违反《合同法》关于委托合同规定的，是《合同法》所禁止的行为。

四、不得从事银信合作的票据业务

2010 年 7 月 2 日，中国银监会向所有信托投资公司发出通知，叫停银信合作票据信托业务。所谓银信合作票据业务，是指银行将已贴现的票据转让给信托公司，信托公司以银行票据发行信托产品的业务。银监会之所以要叫停银信合作票据业务，主要是由于担心急剧膨胀的银信合作产品冲击银行资产质量、规避监管。

在银证合作票据业务被叫停后，银行转而与证券公司合作，利用证券公司的通道，出现了银证合作的票据业务。

五、对融资类银信合作的特别限制

2010 年 8 月 5 日，中国银监会发布的《关于规范银信理财合作业务有关事项的通知》规定，商业银行和信托公司开展融资类银信理财合作业务，应遵守以下原则：

1. 融资类银信理财合作业务包括但不限于信托贷款、受让信贷或票据资产、附加回购或回购选择权的投资、股票质押融资等类资产证券化业务。

2. 对信托公司融资类银信理财合作业务实行余额比例管理，即融资类业务余额占银信理财合作业务余额的比例不得高于 30%。上述比例已超标的信托公司应立即停止开展该项业务，直至达到规定比例要求。

3. 商业银行和信托公司开展银信理财合作业务，信托资金同时用于融资类和投资类业务的，该信托业务总额应纳入此通知规定的考核比例范围。

六、银信合作理财业务中，资金原则上不得投资于非上市公司股权

2010 年 8 月 5 日，中国银监会在《关于规范银信理财合作业务有关事项的通知》中规定，商业银行和信托公司开展投资类银信理财合作业务，其资金原则上不得投资于非上市公司股权。

第四节　银信合作案例

一、信托受益权转让[①]

信托受益权转让是近来出现的一种新的规避贷款规模约束的方法，银行利用信托受益权曲线满足企业融资需求。短短两月余，某股份制银行已通过此方式放贷 300 多亿元，且有日益膨胀之势。另一小型银行地方分行，操作量亦有数十亿元。业内人士估计，2013 年内，此举被规避的信贷规模至少有 1000 多亿元，银行正通过此种方法加速信贷资产的表外化。

（一）信托受益权转让的基本操作模式

第一步：银行负责寻找资金充沛并具有理财投资需求的投资方，由投资方在银行指定的信托公司设立单一资金信托。

第二步：信托公司将信托资金专门用于向银行指定的客户发放信托贷款。

第三步：投资方在规定的期限内将上述资金信托项下的信托受益权转让给银行，银行向投资方支付信托受益权转让价款。

（二）当事方的角色错位

在上述交易模式中，通过交易结构的安排，各方最终均达到了自己的目的，但与交易实质相比，各方在上述交易模式下的角色都存在相应的错位：

1. 投资方：形式上转让、实质上理财。对于投资方而言，表面上是购买了信托公司的单一资金信托产品，但其在该理财产品中的收益却并不来源于信托公司，而是通过转让信托受益权从银行获得信托受益权转让价款。在操作过程中，银行允诺的信托受益权转让价款分为两部分：一部分相当于信托贷款本金（即投资方委托给信托公司的信托资金）；一部分为溢价款（即投资方投资该理财产品的投资收益）。银行允诺的溢价款一般会显著高于银行贷款利率水平或一般短期理财产品的收益水平，对投资方具有相当大的诱惑力。

从实质而言，投资方的融出资金充当过桥资金，缓解了银行不能向其客户直接发放贷款的燃眉之急，所谓的信托受益权转让只不过是法律形式上的安排，真正的目的还是要获得投资理财产品的高收益。而银行关于信托受益权转让价款的支付安排也破解了信托产品不能保证本金的难题，相对于信托公司，银行也具有相对高的信用，这都有助于投资方履行投资的内部审议程序。

2. 信托公司：形式上信托、实质上通道。信托公司是上述模式操作成立的关键，正是通过信托公司设立信托，投资方才能和银行、银行客户联系在一起并实现各自的目的。但在实际操作中，信托公司均由银行指定，信托资金的使用方向等具体的业务操作也基本由银行控制，信托公司在上述业务中的信托费用水平也相对较低，实质上充当了

---

① 周倩．信托受益权转让的新型理财产品简评．http://www.tylaw.com.cn/_d276362945.htm.2014 - 05 - 09.

银行的通道，仅是个帮忙的角色，与《关于进一步规范银信合作有关事项的通知》（银监发〔2009〕111号）提出的"引导信托公司以受人之托、代人理财为本发展自主管理类信托业务，实现内涵式增长"的指导思想背道而驰。

3. 银行：形式上受让信托受益权、实质上贷款。银行是这一系列复杂操作的设计方，通过信托、受益权转让等操作迂回实现了向大客户贷款的目的，确保客户不流失。虽然银行在理财产品模式下仍然最终承担了向客户融资的风险，但在银行内部，信托受益权并不作为贷款对待，满足了监管机构的指标要求。与直接向客户发放贷款相比，除了向投资方、信托公司支付相关借道费用外，银行在该模式中并不会增加额外的负担。

4. 客户：形式上信托贷款、实质上银行贷款。对于银行客户而言，最后其还是获得了融资，虽然该融资名义上是信托公司发放的，但突破信托公司形式的安排，在受益权转让给银行后，其真正的贷款方还是银行。

（三）信托受益权转让交易中相关问题的分析

信托受益权转让虽然解决了银行和客户的融资难题，兼顾了各方的利益，但也并非完美无缺的，在实际操作中仍存在一系列问题及风险，主要如下：

1. 合规性及政策风险。中国银监会颁布的《关于进一步规范银信合作有关事项的通知》（银监发〔2009〕111号）、《关于规范银信理财合作业务有关事项的通知》（银监发〔2010〕72号）、《关于进一步规范银信理财合作业务的通知》（银监发〔2011〕7号）等有关银信合作的规定中，仅将"银信理财合作业务"限定在"商业银行将客户理财资金委托给信托公司，由信托公司担任受托人并按照信托文件的约定进行管理、运用和处分的行为"的范围，由于委托主体为商业银行的单一性，以第三方非金融机构为发起主体的理财产品操作模式（例如本节所述之理财产品，以及第三方将资金委托给信托公司受让银行贷款等）尚无法直接列入上述规定的监管范围内。

虽然理财产品较好地利用了信托的法律形式迂回实现融资目的，但由于其形式上的不透明及潜在的信贷风险，存在被监管部门关注及纳入上述银信理财合作业务监管范围并随时叫停的政策风险。出于上述政策上的不确定性，目前银行对该等业务通常也仅做短期的操作。

2. 结息和提前还贷的操作问题。对投资方而言，鉴于其投资理财产品的出发点是获得固定的投资收益（即信托受益权转让价款的溢价部分），其希望信托贷款结息以及客户提前还贷的情形均不影响信托受益权转让价款的计算。但目前银行使用的理财产品协议文本中通常对受益权转让之前出现上述情况的处理方式语言不详，而银行支付的受益权转让价款中的溢价部分通常也未与利息或本金的变动挂钩。

如果在信托受益权转让之前出现结息，该部分利息是由信托公司作为信托收益直接分配给投资方并由投资方享有，还是相应调整受益权转让价款（若之前溢价部分未考虑此部分因素）的问题，亦会引起客户与银行之间的争议。鉴于理财产品的操作期限较短，信托受益权转让时通常的结息期（例如三个月）尚未届满，此问题目前尚不突出，银行方面也干脆将理财产品受益权转让期限限定在结息期内。

与结息相比，提前还贷的问题更为突出。理财产品项下的客户通常为比较强势的银行大客户，在升息的背景下，提前还贷以降低融资成本也是有可能的。在这种情况下，由于信托贷款收益受到根本上的影响，受益权转让价款势必需要联动调整。但由于客户是否具有这种需求以及提出这种需求的时点并不明确，在实践操作中银行倾向于将此种风险转移给投资方承担，甚至提出在此种情况下终止理财产品并调整受益权转让价款的要求。此种情形下的合同安排实质上是银行和投资方之间关于利益分享的博弈结果。

3. 信托受益权转让效力认定的问题。设立信托和信托受益权转让之间尚存在一定的期间，且受益权转让的时间将影响投资方的收益水平，为避免银行届时不履行受让信托受益权的义务，导致变成真正的信托，投资方通常要求在与信托公司签署信托合同的同时，与银行签署信托受益权转让合同。在这种情况下，由于签署信托受益权转让合同的时间与真正办理受益权转让手续的时点不一致，判断信托受益权转让的生效时间成为影响投资方权益的重要问题。

信托受益权转让的效力最终应以信托合同的约定为准。我国尚无全国性的信托受益权登记机关，在目前条件下，为避免争议，通常在理财产品涉及的信托合同及信托受益权转让合同中明确，信托受益权转让以双方在信托公司办理登记手续时生效，并载明具体的办理程序。

（四）信托受益权转让的进一步创新

以上分析的是一种最基本的信托受益权转让模式，近来又出现了新的变种。交易主体上，有多家银行参与，甚至有证券公司、保险公司参与，出现了银证信、银保信的模式。信托受益权也进行了多次转让，从而进一步规避监管。

（五）结论性意见

信托受益权转让模式实际是为了应对商业银行贷款额度限制而设计出来的特殊产品，相关法律规定及监管政策总有滞后性，在目前没有明确的限制和禁止规定的情况下，该理财产品尚有一定的运作空间，但在具体的业务操作方面还存在一些不成熟或者尚待解决的问题。

二、光大银行太原分行与安信信托纠纷案[①]

（一）案情

2008 年 7 月，在上海市第二中级人民法院审理的中国光大银行太原分行与安信信托 9000 万元诉争一案引发了广泛关注，它在警示我们要加强对该类产品风险防范的同时，也提出了银行和信托公司在该类案件中责任如何界定的难题。

太原光大与安信信托纠纷一案，实际由三起案件组成，三起案件的原告分别为太原市东阁服务有限责任公司、太原市威廉企业策划设计有限公司以及太原市市民张玲娟，而被告则同为安信信托，庭审之初光大甚至未曾露面。

三原告称其参与了安信信托发起的河南新陵公路贷款信托计划，但新陵公路并未获得相关部门批准，为违法项目，受托人安信信托未尽调查职责，造成本金和收益的损失，要求判令安信信托予以赔偿。而作为被告的安信信托则在庭审中称太原光大才是实

---

① 安信信托纠纷案："第三人"光大银行存悬念．http://stock.hexun.com/2008 - 07 - 23/107616529.html. 2014 - 06 - 11.

际的委托人，而该信托计划实际上也为一委托贷款项目，安信信托只负责日常管理工作，仅起到贷款平台作用，不应承担主要责任。

在太原光大浮出水面后，一场由其精心设计的骗局也同时揭开。2004年9月，太原光大以集合签署信托合同的方式，与1923名个人客户签订了河南新陵公路信托理财项目，并募得资金8000万元。2004年12月，太原光大不以自己名义而借东阁服务和威廉企划之名，分别出资4000万元加入信托计划，并各与安信信托签署了《河南新陵公路项目贷款资金信托合同》。当太原光大成功完成上述计划后，就开始挪用资金，最后实际进入新陵公路建设的资金仅有5350万元。

2005年，新陵公路项目资金再度告急，太原光大又将圈募资金的目标投到了本案另一原告张玲娟身上，张玲娟与太原光大签订了一份金额为1000万元的虚假理财协议。2005年10月31日，光大银行太原分行未经张玲娟同意，以张玲娟的名义与安信信托签订《设立信托确认书》和《资金信托合同》。

2006年11月，张玲娟与光大银行太原分行协议到期，光大银行太原分行又与六位客户签订《阳光理财协议书》，总金额1000万元，该1000万元资金未进入光大银行的账户，直接用于兑付张玲娟的到期理财计划本金，并从太原威廉企业策划设计有限公司的账户中支付张玲娟理财收益413000元，张玲娟本可能面临的到期无法获得本金收益的风险也就被转嫁到另六位新客户身上。

（二）本案争议的焦点问题

1. 谁是信托的委托人。

2. 信托资金的所有权问题。

（三）法院的意见

本案中的两原告东阁服务与威廉企划要求安信信托赔偿它们作为委托人的"损失"。依据案情，两者其实是受控于太原光大的两家公司，太原光大是两者的共同实际控制人。它们与安信信托虽然签署了信托合同，但是却并不能因此成为信托关系中的委托人。因为按照现有的法律规定的要求，委托人必须对信托资金享有真正的所有权，而这两家公司投入的资金并非其自有资金，而是来源于太原光大"拨付"的资金，因此它们对资金也就不可能享有所有权，也就不可能成为信托关系中的委托人，因此，这两家公司与该案没有直接利害关系，其不可能成为真正的原告，诉安信信托因没有尽到受托人义务而要求其赔偿的权利也就更不可能得到法院的支持。

法院经审理后认为，光大银行太原分行未经张某某同意以张某某的名义与安信信托签订信托合同，属于无权代理行为，该无权代理行为张某某不予追认，并表示只认可其与光大银行太原分行之间存在委托理财关系，其向安信信托付款可以认为是为了履行与光大银行太原分行之间的委托理财协议，所以光大银行太原分行的代理行为对作为被代理人的张某某不发生法律效力。本案信托合同直接约束光大银行太原分行与安信信托。综上，张某某不享有本案信托合同项下的权利，无权根据合同关系向安信信托主张权利，其诉讼请求应予驳回。安信信托取得1000万元系根据信托合同，所以光大银行太原分行应根据合同关系主张相应的权利，其以不当得利为由要求安信信托返还，不予支持。法院根据《中华人民共和国民法通则》第六十六条第一款、《中华人民共和国合同法》第四十八条第一款的规定，判决：一、张某某的诉讼请求，不予支持；二、光大银行太原分行的诉讼请求，不予支持。

（四）本案的评析

有人提出本案中信托关系的委托人应该是个人客户，信托资金属于个人客户所有，而且是个人客户的权利受到真正的侵犯。这其实是信托法学界饱受争议的话题，委托人的适格问题，信托财产并非属于银行所有，而我国《信托法》规定"信托财产必须是委托人合法所有的财产"，那么作为委托人的银行是否有权将属于个人客户的资金交付信托？从法院判决来看，法院主张信托合同直接约束光大银行太原分行与安信信托，这也就代表法院对银行作为委托人的认可，即法院认为，银行有权将其通过理财协议筹集到的资金交付信托。

这起案例对银行在开展银信合作理财业务方面的警示：

1. 坚决杜绝挪用信托财产、私自签订理财协议的行为，加强内控监督，杜绝"拆东补西"情况的发生，及时进行信息披露。

2. 避免"打擦边球"现象，在信托计划产品说明书等材料中应明确银行及信托公司的权利义务。

3. 及时跟踪、关注信托贷款资金运用及借款人、信托项目的进展情况，及时发现问题。

第五节　银信合作业务的法律风险防范

随着银信合作业务的快速发展，银信合作业务中的法律风险也在不断地聚集。法律风险一部分来自于产品设计上的缺陷，一部分来自于监管上的风险。银行在开展银信合作中应当注意以下法律风险防范：

一、商业银行应全面遵守现有的法律、法规、规章

在分业经营的体制下，银行业和信托业各自由不同的法律规范进行调节，中国银监会又发布了若干涉及银信合作的规定。这些法律、法规、规章都是商业银行开展银信合作时应当遵循的，也是与商业银行合作的信托投资公司所应当遵循的。

通过以下对银信合作相关法律、法规的梳理，我们发现现行的法律、法规已经涉及银信合作的方方面面，而且监管部门还有可能不断地出台新的监管措施。

二、部分资金流入房地产等受宏观政策调控的高风险行业

当前房地产行业整体存在较高风险，房地产交易持续低迷，房地产企业面临着巨大的资金压力。

在禁止向房地产公司发放贷款的严格的政策限制背景之下，房地产公司只得以大幅高于正常贷款利率才有可能融到资金。此类房地产信托计划通常给出很高的预期收益率（平均在15%以上）。实际的贷款利率远高于信托计划的预期收益率，一般在20%以上。在金融市场上高风险总是与高收益相对应。本来，信托计划以及委托贷款都是一种

市场行为，投资者为了追求高回报，就必须承受高风险。但是，商业银行并不存在控制此类贷款风险的正向激励，而信托理财计划的投资者对风险的认知缺陷，并不能真正承担相应的经营风险。一旦贷款出现违约，将产生一系列问题，不利于维护金融稳定。

三、银信合作中的担保存在的风险

银监会于 2007 年 11 月发布了《关于有效防范企业债担保风险的意见》，对银行业金融机构发行债券提供担保以及其他融资类担保行为进行了规范。然而，部分银行通过其他途径为信托贷款提供担保，从而规避监管要求。其主要做法是通过第三方银行或者政策性银行（主要是国家开发银行）进行担保，或者以授信、后续贷款等方式变相担保。发行理财产品的商业银行以及作为运作平台的信托公司都不承担借款企业的违约风险，因此这种信用风险只有提供担保的机构来承担。担保的金融机构在贷款调查和项目调查中参与程度不够，故而提供担保的金融机构本身对贷款项目的风险程度评估不够充分。

四、商业银行通过信贷资产转让行为，优化了资产负债结构，使其未能反映真实风险

商业银行通过信贷资产转让或票据资产转让等行为，将这些资产转移到表外，从而降低了贷款资产规模，改善了资产负债比例关系。但是，按照银信合作协议的一般规则，这些贷款资产仍然由银行负责管理，包括贷款的回收。如果贷款到期不能按期收回本息，则损失由银行承担。银行虽然转移了资产，却不能转移相应的风险。因此，仅看银行的资产负债表，并不能真正反映其真实的全部风险敞口。

五、商业银行应开展自主的资产管理业务，摆脱对信托通道的依赖

根据中国银监会主席尚福林 2013 年 6 月份的讲话精神，商业银行未来的发展趋势应当是自主开展资产管理业务，建立自己的资管计划，理财产品将进行直投业务探索。

所谓资管计划，就是商业银行可以直接进行投资，把理财变成债权性的直接融资，在一定程序上成为混业经营。每个项目要独立开户、独立编制资产负债表、损益表，投资者在享受高利率的同时，还要承担破产的风险。资管计划可以减少中间环节，提高企业融资效率，降低融资成本。

2013 年 10 月 8 日，中信银行在其官方微博中透露，经银监会业务创新监管协作部批准，该行获首批理财资产管理业务试点资格。中信银行将按照银监会资产管理业务试点的要求，尽快完成发行首批"资产管理计划"。同时，中信银行也提到，该资格的获得将进一步推动理财业务资产管理转型和规范发展。随后有媒体称，9 月末金融监管部门已经批准包括中信银行在内的国内 11 家商业银行开展理财资产管理业务试点，还将进行债权直接融资工具的试点，各家银行的试点额度为 5 亿~10 亿元。

银行资产管理业务的试点则意味着过去仅由证券、保险和基金公司从事资产管理业务的壁垒被打破，银行将直接作为资产管理人，代表客户对资产进行投资运作。此举有望使银行摆脱对传统"通道"业务的依赖，减少银行绕道从事资产管理业务的想法。

　　由于受资本约束和贷存比限制，银行往往借道信托公司以腾挪信贷额度，考虑到在这一过程中，一方面，银行通过"银信、银证、银保、银基"等合作渠道为自己指定的客户发放贷款；另一方面，通过销售信托、券商等理财产品获取手续费及佣金收入。尽管从表面来看风险不在银行体系，但出于声誉等方面的考虑，银行还是不得不承担额外的隐性风险。因此，资产管理业务试点的出台，将使得银行承担的这种隐性的额外风险得以阳光化和透明化。

　　银行资产管理计划的推出意味着仅由证券等公司从事资产管理业务的壁垒被打破，银行同证券、基金、保险等企业的竞争会有所加剧，资产管理行业将进一步进入一个全面竞争的时代，尤其是在"固定收益类投资理财业务"等领域的竞争将更加激烈。

参考文献

　　[1] 卢先兵. 千亿信贷隐匿投资科目，信托受益权转让"表外"红火 [N]. 21世纪经济报道，2012 – 03 – 21.

　　[2] 曾梓梁. "银信合作"理财模式的发展与建议 [J]. 中国城市经济，2008 (11).

　　[3] 杨洋. 银行资产管理业务启动试点，促使"影子银行"阳光化透明化 [N]. 金融时报，2013 – 10 – 10.

第五章　银证合作业务法律风险防范

第一节　银证合作业务概述

一、银证合作的概念

所谓银证合作，是指银行与证券公司的业务合作，可以涵盖第三方存管业务、资产证券化业务、债券回购业务、融资业务、票据业务、理财业务及其他创新型业务。

我国的银证合作是在分业经营条件下开展的，具有分业经营的本质特征。表现在以下几个方面：行业分离，银行业和证券业仍然清楚地划分为金融体系的不同行业，有各自的经营范围；分业监管，在我国，银行业和证券业有各自的适用法规和各自的监管机构；竞争与合作并存，作为金融业内的不同独立行业，银行与券商的竞争关系类似于生产互补品的两个厂商，利率的价格和证券的价格总是朝着相反的方向变动。然而，银证合作又是分业经营的发展，是分业经营的新形式，而不是严格意义上的分业经营。它是要找到双方的共同利益之所在，在相互信任、相互协作的基础上，进行强强联手，通过资源共享、业务交叉、产品兼容等合作，实现"双赢"。

二、银证合作的动因

早年的银证合作模式尽管类型较多，但开展的规模并不大，业务合作模式相对简单，主要是三类，包括银行对券商提供融资便利、银证转账业务、法人结算划款与新股发行验资。过去的几年中，银信合作模式是银行主要的跨机构合作方式。信托业务灵活，投资范围较广，监管相对宽松，银行则资源丰富，二者合作可进行优势互补，因此从2005年银信合作出现之后，短短几年时间银信合作的规模迅速增长，一度突破2万亿元。但是这一业务规模膨胀引起了监管层的关注，从2010年开始，监管层加大了对银信合作业务的监管和规范力度，这为此后银证合作的蓬勃发展埋下了伏笔。

另一个刺激银证合作业务的原因是券商监管利好。在证监会向券商发出的涉及资产管理业务管理细则中，资管业务不同级别的集合理财计划投资范围分别获不同程度扩大。券商资管中增加中期票据、保证收益、保本浮动理财计划；限额特定资产管理计划可投资商品期货等证券期货交易所品种、利率远期与利率互换等银行间市场品种及券商专项管理计划、商业银行理财计划、集合资金信托计划等需要金融监管部门批准或备案发行的产品。

可以说多方面原因促成了银证合作的发展，但其根源仍在于契合了银行与券商的需求。对于券商而言，可以借助银行广泛的信息来源、庞大的资金与客户规模、大量的专业人才，突破传统依赖于经纪业务与投行业务的模式，寻求新的业务增长点；对银行而言，借用券商资管通道可规避银行资金的监管限制，扩大中间业务，助力信贷规模调节。

由于各方优势不同，目前的银证模式中券商多处于被动地位，更多地是作为通道，项目的资金与运用由银行主导。

三、银证合作的现状

银证合作在 2011 年底开始突飞猛进，现在已经成为行业趋势，2014 年上半年达到 6 万亿元的新高。进入 2014 年，定向资产管理业务成为券商资管规模崛起的主要力量，规模占比达到 90% 以上。2014 年约有 90 家券商开展定向资产管理业务，发行产品数量超过 5000 只。据业内人士分析，目前证券公司从商业银行等机构客户处获得的受托资金规模占到定向资管业务总规模的 70% ~ 80%。[①]

近来，银信合作之所以迅速发展，一个重要原因是银行和信托合作的银信模式被监管层叫停。所谓银信合作，是银行用自有资金或者理财资金对接信托公司的信托计划，曲线满足融资客户的需求。但受中国银监会 72 号文《关于规范银信理财合作业务有关事项的通知》的影响，传统的信贷类银信合作基本停止。2011 年下半年，银信合作票据类产品也被叫停。当信托业受政策限制与银行合作受阻时，券商瞄准时机迅速上位。

券商的定向理财可以取代信托扮演的通道角色，即银行把自有资金或通过理财产品筹集的资金委托给券商，券商把资金投资银行的票据类、信贷类资产。

银证合作本质上是一项通道业务。券商通道业务，是指券商向银行发行资管产品吸纳银行资金，再用于购买银行票据，帮助银行曲线完成信托贷款，并将相关资产转移到表外。在这个过程中，券商向银行提供通道，收取一定的通道费用。通道业务的主要形态曾经是银信合作，因为银监会的叫停，银行转而与证券公司开展银证合作。理财资金和投资项目都是银行出，券商作为财务顾问，负责提供通道代理发行定向理财产品与银行资金对接。券商既不负责前端销售也不负责后端投向，基本属于坐收通道费。行业费率一般为千分之一至千分之二。虽然费率不高，但只要把规模做大，收入还是很可观，以千分之一算，规模做到 100 亿元，券商就能进账 1000 万元。

对银行而言，这同样是一笔有利可图的买卖。银行和信托合作的产品要转入表内，而银行和券商合作发行的理财产品属于表外理财产品，不用转入表内，银行可以避开银信合作的严厉监管，找到新的盈利增长点。

---

① 2014 年上半年内地券商资管规模达 6 万亿元．广东新闻网，http：//www. simuwang. com/bencandy. php? fid = 141&id = 174791. 2014 - 07 - 22.

第二节 . 银证合作模式

一、基本的银证合作模式

基本的银证合作一般是"互为客户"型的，是指银行与证券公司相互将对方作为服务对象，在符合政策规定的前提下开展各项业务合作，即银行将券商视为普通客户为之提供服务，主要包括证券资金清算、股票质押贷款、同业拆借等。

（一）资金清算

券商在银行开立清算账户，银行在券商处设立专柜，代理股民个人证券保证金的收付业务。这种合作是在银证合作初期产生的，银行以提供代理收付保证金的方式争取券商这个重要的稳定客户，而券商则避免了保证金收付中可能出现的风险，这种方式已经成为银行和券商间最原始、最基本的合作方式。

（二）第三方存管

第三方存管是指证券公司客户证券交易结算资金交由银行存管，由存管银行按照法律、法规的要求，负责客户资金的存取与资金交收，证券交易操作保持不变。该业务遵循"券商管证券，银行管资金"的原则，也就是券商管股票，银行管钱，将投资者的证券账户与证券保证金账户严格进行分离管理。第三方存管模式下，证券公司不再向客户提供交易结算资金存取服务，只负责客户证券交易、股份管理和清算交收等。存管银行负责管理客户交易结算资金管理账户和客户交易结算资金汇总账户，向客户提供交易结算资金存取服务，并为证券公司完成与登记结算公司和场外交收主体之间的法人资金交收提供结算支持。

第三方存管有以下特点：

1. 客户保证金由过去的券商管理，转为现在的由银行管理。

2. 投资者保证金存取须通过第三方存管银行转账进行，证券公司柜台不再受理现金存取和银柜转账。

3. 客户可通过电话银行、网上银行、券商营业部自助委托、电话委托等多种方式办理保证金存取。

（三）证券质押贷款

股票质押贷款是指证券公司以自营的股票、证券投资基金券和上市公司可转换债券作质押，从商业银行获得资金的一种贷款方式。股票质押率由贷款人依据被质押的股票质量及借款人的财务和资信状况与借款人商定，但股票质押率最高不能超过60%。质押率上限的调整由中国人民银行和中国银行业监督管理委员会决定。

依法设立并经中国证券监督管理委员会批准可经营证券自营业务的证券公司可以向银行申请股票质押贷款。证券质押的特点和优势在于：

第一，证券公司可以通过此业务获得稳定的低成本资金来源。

第二，质押物存放于银行特别席位，可通过银行股票质押贷款管理信息系统进行卖出、配股和申购，也可以通过远程委托系统，由借款人自行卖出。

（四）银行同业拆借和债券回购业务

证券机构和银行机构进入全国银行同业拆借与债券回购市场，参与拆入拆出资金，解决短期资金余缺。券商是主要资金拆入方，银行是主要的资金拆出方。1999年8月19日，中国人民银行正式下发《证券公司进入银行间同业市场管理规定》，允许银行与券商进行一对一合作，以拆借等方式划拨资金。2000年7月，人民银行及银监会下发文件，允许符合条件的证券公司和基金管理公司进入银行间同业拆借市场和国债回购市场，开展最长期限为7天的拆借业务和最长期限为1年的债券回购业务。

（五）债券承销

在债券承销方面，证券公司在债券承销领域具有远远超过商业银行的强大销售能力，无论是在各自发债还是开展其他承销业务时，商业银行可以选择与券商合作，以延伸销售网络，增强承销、分销能力。

二、银证合作的创新业务

近年来，银证合作的创新业务快速发展，交易结构也越来越复杂，主要的交易模式有以下几种：

（一）银证合作的集合资产管理计划

银证合作的集合资产管理计划操作流程如图5-1所示。

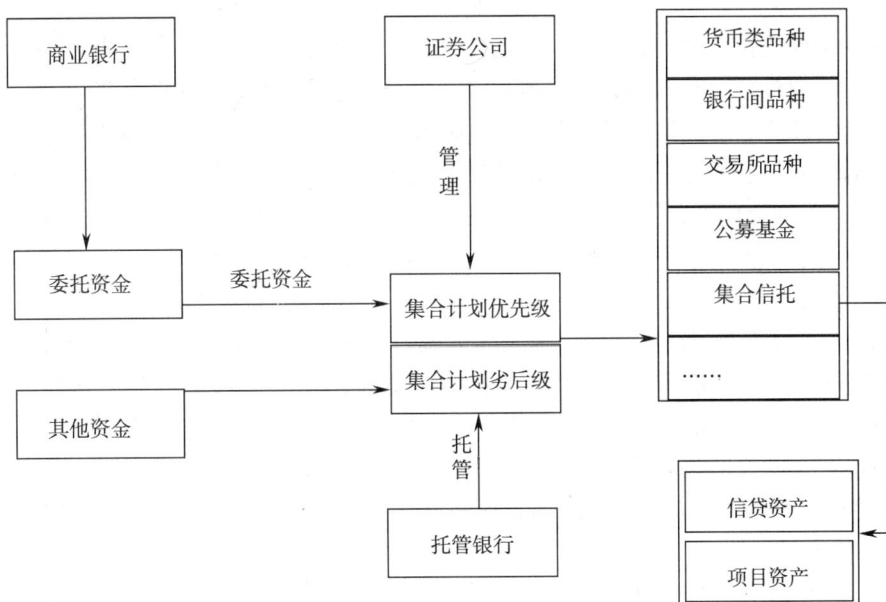

图5-1　集合资产管理计划

操作流程说明，以某证券公司发行集合资产管理计划开展固定收益类业务为例：

1. 证券公司发行集合资产计划，银行与其他资金方作为委托人分别作为优先级与劣后级购买人购买该计划。

2. 证券公司将募集到的集合资金委托银行托管，由第三方银行对该资金进行监督。

3. 证券公司按照法律规定与委托人的约定，在交易所、银行间债券交易市场等购买各类债券、基金、国债、信托产品等固定收益类产品。

4. 集合资产管理计划到期，证券公司在扣除本计划资产管理的预定费用后，将本金和收益返还给委托人（投资人），计划结束。

（二）银证合作的票据资产管理计划

1. 银证合作的票据资产管理计划概述。银证合作票据资管业务是指银行委托券商资产管理部门管理银行资金，成立定向资产管理计划，并要求定向资产管理计划购买本行信贷类票据资产的过程。银行票据资产指贴现票据，一般可分为商业汇票和承兑汇票。

2. 银证合作票据资产管理计划快速发展的原因。票据贴现是银行最基础的业务之一，近年来中小企业对流动资金需求旺盛，往往等不到票据到期就急需资金，票据贴现市场也因此变得异常火爆，贴现率水涨船高，银行从中赚取了不少利润。但是虽然票据贴现业务赚钱，却在财务处理上等同于贷款业务，因此会占用一定的信贷额度，挤占银行放贷空间。在这种情况下，银行方面想到了一个既能赚到票据贴现的钱，又能不占信贷额度的办法：让票据资产出表。银行利用券商资管渠道将自身的票据资产进行出表操作，操作后银行拥有更多的信贷空间可开展相关信贷业务，增强其盈利能力；另一方面，券商资产管理通过此业务收取通道费用及做大资产规模，为日后开展其他业务带来便利。

在 2011 年之前，银行主要是与信托公司进行合作，利用自有资金或者理财资金对接信托公司的信托计划，曲线满足融资客户的需求。但受中国银监会 2010 年 72 号文（《关于规范银信理财合作业务有关事项的通知》）的影响，传统的信贷类银信合作基本停止。2011 年下半年，银信合作票据类产品也被叫停。当信托业受政策限制与银行合作受阻时，银证合作的票据业务迅速发展。券商的定向理财可以取代信托扮演的通道角色，即银行把自有资金或通过理财产品筹集的资金委托给券商，券商把资金投资银行的票据类、信贷类资产。银证合作本质上是一项通道业务。理财资金和投资项目都是银行出，券商作为财务顾问，负责提供通道代理发行定向理财产品与银行资金对接。

3. 银证合作票据资产管理的模式。把商业银行的票据资产和证券公司的资产管理计划进行对接，具体操作如下：商业银行作为票据资产转让方，先贴现后再将票据资产转让给证券公司，由证券公司根据受让的票据资产，发起资产管理计划，募集受让资金，同时商业银行作为票据资产的服务方和最终承兑方。业务结构如图 5-2 所示。

交易流程：

（1）证券公司以商业银行贴现的银行承兑汇票作为投资对象，向投资者发行资产管理计划，投资者向证券公司购买资产管理计划，签订《定向资产管理计划资产管理合同》。

（2）商业银行经贴现的票据，转让给证券公司，双方签署《票据资产转让合同》和《票据资产服务合同》，对受让的票据提供审验、保管、托收等相关服务。商业银行收回票据转让款。

（3）票据到期后，商业银行持票向承兑人进行解付，并将所有资金划入指定账户。

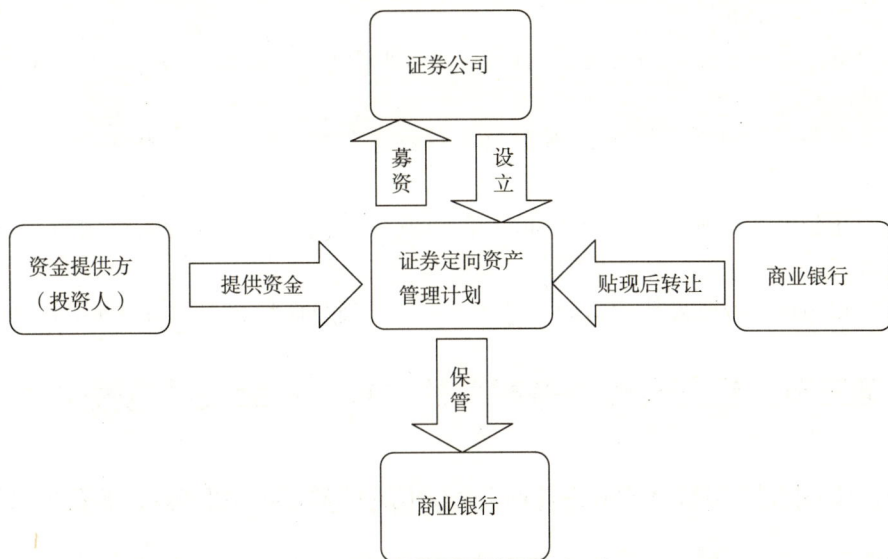

图5-2　银证合作票据资产管理业务结构图

（4）证券公司收取该模式的通道费，商业银行收取票据资产管理费用。

（三）银证信合作委托贷款业务

银证信合作委托贷款业务是指银行借道券商定向产品通道，转入信托投放贷款的业务。其既优化银行报表结构，又增加贷款收入。该业务又称 T+0 过桥业务，其本质为提升银行放贷能力，优化银行报表结构。

银信证模式为现在最常用贷款出表的方式之一，此类模式在中国银监会2010年发布了《关于规范银信合作理财合作业务有关事项的通知》后快速发展，该通知要求融资类业务余额占银信理财合作业务余额的比例不得高于30%，限制了银行理财直接对接信托的通道，因此需要银行借助券商资管通道。

银证信合作委托贷款业务是指银行借道券商定向产品通道，转入信托投放贷款的业务。其既优化银行报表结构（贷款出表），又增加贷款收入。交易结构如图5-3所示。

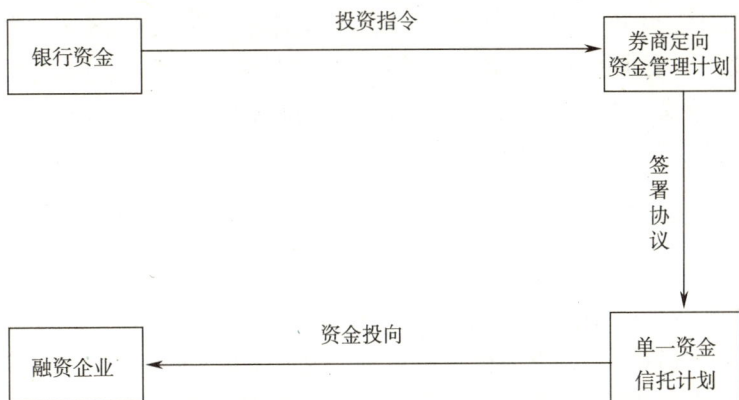

图5-3　银证信合作委托贷款业务交易结构图

主要操作流程如下：

1. 由资金委托银行以同业资金/自有资金/理财资金，委托证券公司成立定向资产管理计划。

2. 证券公司定向资产管理计划作为单一委托人委托信托公司设立单一资金信托计划。

3. 信托公司用受托资金向银行指定客户发放信托贷款，或者受让银行存量信贷资产。

4. 计划结束，该笔委托贷款的本息通过信托计划与证券资管计划返还给银行。

第三节　银证合作业务相关的法规、规章及规范性文件

一、中国人民银行《全国银行间债券市场债券买断式回购业务管理规定》

2004 年 3 月，中国人民银行发布《全国银行间债券市场债券买断式回购业务管理规定》，规范债券买断式回购业务。2005 年中国人民银行发布《全国银行间债券市场金融债券发行管理办法》，规范金融债券发行行为，要求商业银行发行金融债券其核心资本充足率不低于 4%，企业集团财务公司发行金融债券资本充足率不低于 10%，对金融债券的发行、登记、托管、兑付以及信息披露做了规定。

二、中国银监会办公厅《关于进一步加强信贷资产证券化业务管理工作的通知》

2008 年 2 月 4 日，中国银监会办公厅发布《关于进一步加强信贷资产证券化业务管理工作的通知》，要求商业银行确保"真实出售"，切实落实证券化资产的出表要求，准确区分和评估交易转移的风险和仍然保留的风险，严格控制信贷风险。强调"经济实质"，严格资本计提。规范债权转移相关工作，严格信息披露。

三、中国人民银行《中国银行间市场债券回购交易主协议》

2012 年 12 月，中国人民银行发布《中国银行间市场债券回购交易主协议》（以下简称《主协议》），要求市场参与者开展债券回购交易应当签署《主协议》，并向交易商协会备案，《主协议》发布之日后的 12 个月为实施《主协议》的过渡期，市场参与者应当在过渡期内尽快签署《主协议》。

四、中国证监会《关于规范证券公司与银行合作开展定向资产管理业务有关事项的通知》

2013 年 7 月 19 日，中国证监会发布《关于规范证券公司与银行合作开展定向资产管理业务有关事项的通知》（以下简称《通知》），规定证券公司在开展银证合作定向业务时，其分公司、营业部等不具备资产管理业务资格的主体，不得变相独立开展定向资产管理业务；不得开展资金池业务；不得进行利益输送；不得将委托资金投资于高污染、高耗

能等国家禁止投资的行业。在开展银证合作的业务资质上，《通知》要求参与合作的银行最近一年年末资产规模不得低于 300 亿元，且资本充足率不低于10%。《通知》还要求，在银证合作中，委托人（银行）应当明确委托资产的来源和用途，不得将自有资金和募集资金混同操作；而证券公司则不得向委托人承诺委托资产的本金安全或保证委托资产的收益，不得以承诺回购、提供担保等方式变相地向委托人保本保收益。证券公司应当要求托管机构对定向资产管理账户进行专项托管，不得将多个账户混同操作。

五、中国证监会《关于进一步规范证券公司资产管理业务有关事项的补充通知》

2014 年 2 月 12 日，中国证监会发布《关于进一步规范证券公司资产管理业务有关事项的补充通知》，主要内容如下：

1. 证券公司与合作银行签订银证合作定向合同的，合作银行最近一年年末资产规模不低于 500 亿元。

2. 证券公司分级集合资产管理计划的产品设计，应遵循杠杆设计与风险收益相匹配的原则。

3. 证券公司应当切实履行集合资产管理计划管理人的职责，不得通过集合资产管理计划开展通道业务。

4. 证券公司在开展主动资产管理业务过程中，应当遵循勤勉尽责、审慎投资的原则，对非标投资品种进行尽职调查，有效防范和控制投资风险，尽职调查相关材料应妥善保存备查。

5. 证券公司开展客户资产管理业务，应当充分关注利率波动等因素引发的流动性风险，合理配置资产，并结合市场状况和自身管理能力制定流动性风险控制预案，切实加强流动性风险管理。

证券公司应当针对特殊情况下可能发生的巨额赎回，在集合资产管理计划合同中明确约定流动性安排及相关应对措施。

6. 证券公司应当建立健全日常合规风控监测机制，明确内部投资管理流程，完善合规管理和风险管理制度，有效防范操作风险和合规风险。证券公司在开展客户资产管理业务过程中，应当加强人员管理，防范道德风险，杜绝内幕交易、利益输送等违法违规行为。

第四节　银证合作案例

一、宏源证券的银证合作票据资产管理业务[①]

（一）宏源证券的资产管理规模

宏源证券资产管理规模从 2011 年底的 45.48 亿元增长到 2012 年中期的 651.67 亿

---

① 银证合作票据资管业务介绍. 豆丁网：http://www.docin.com/p - 626338793. html. 2014 - 08 - 09.

元，半年规模增长 1332.83%；收入方面，宏源证券资产管理收入 2012 年上半年实现 2207 万元，其中定向资产管理计划上半年实现 420.22 万元，而去年同期只实现 27.99 万元收入。

（二）银证合作票据资管业务模式

宏源证券的银证合作票据资管业务主要有三种模式，其中第一种是最直接简单的模式流程，可以清楚地看到业务最本质的内容及目的：银行用自己的资金买出自有的票据到表外。后面两种是在第一种模式上进化而来，中间增加了过桥银行方，但是其业务的本质内容是一样的。在实际操作过程中，遇到后两种的情况较多，主要原因是部分银行分行或支行不具备自营功能（不能直接委托券商成立定向资产管理计划）以及尽量避开监管视线。银证合作票据资管业务的实质是银行用自己的资金买出自有的票据到表外。

1. 最基本模式。银行 A 具备自营功能，可直接委托券商资产管理部门成立定向资产管理计划。银行 A 首先委托券商资产管理部门定向管理自有资金（或表外资金），和券商资产管理部门签署定向资产管理计划协议后，要求券商用这笔资金直接买断银行已经贴现的票据（表内资产），此时银行 A 持有的资产管理计划受益权计入表外资产，至此银行完成票据出表。

2. 一家过桥银行。银行 A（分行或支行）不具备自营功能，因此需要找到过桥银行，即由银行 B 委托券商成立定向资产管理计划。

关系图：银行 A——过桥银行 B——券商资产管理部门/营业部

银行 B 将自有资金委托券商资产管理部门成立定向资产管理计划，定向资产管理计划用于购买银行 A 的票据资产，银行 B 将拥有的资管计划受益权转让给银行 A，银行 A 将资金给 B。

3. 两家过桥银行。关系图：银行 A——过桥银行 B/过桥银行 C——券商资产管理部门/营业部

银行 C 将自有资金委托券商资产管理部门成立定向资产管理计划，券商定向资产管理计划用于购买银行 B 的票据资产（同时银行 A 已将自己的票据转让给银行 B），银行 C 将拥有的资产管理计划受益权转让给银行 A。

二、平安银行银证信委托贷款业务

（一）基本模式

由资金委托银行以同业资金（或自有资金、理财资金），委托证券公司成立定向资产管理计划，证券公司定向资产管理计划作为单一委托人委托信托公司设立单一资金信托计划，信托公司用受托资金向银行指定客户发放信托贷款，或者受让银行存量信贷资产。该合作模式下的交易结构如图 5-4 所示。

银证信委托贷款业务，有助于委托人（银行资金）扩大实际贷款业务规模，实现信贷资产出表，或提供表外专项贷款；有助于管理人（券商）扩大资管规模和业务收入。银证信委托贷款业务的特点是效率高、规模大。

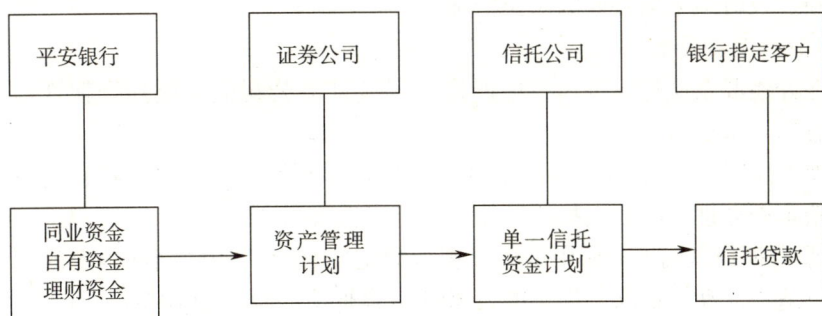

图5-4 银证信委托贷款交易结构图

（二）具体案例

某借款人向平安银行提出7000万元贷款需求，平安银行委托证券公司设立资管计划，该资管计划投资于信托公司的单一资金信托计划，该信托计划募集资金7000万元，期限三年期，收益6%。信托公司用信托资金向该借款人发放信托贷款。

平安银行的预期收益率为年化5.9%；定向资产管理计划的通道费用年化0.05%；托管银行为平安银行，托管费年化0.05%。

第五节 银证合作业务的法律风险防范

一、融资类银证合作业务的法律风险防范

（一）银证信模式贷款

商业银行将自有资金、同业资金、理财资金，通过银证信的合作模式，向客户发放贷款，用款客户一旦不能还款，商业银行必然要受到损失，同时会迁连到证券和信托。在银证信融资业务中，最终的用款客户往往是商业银行自己指定的，所以商业银行要对贷款最终负责。商业银行要做好以下风险防范工作：

1. 严格执行银行内部的审贷标准和程序。银行对银证信贷款不能放松审贷标准，应按照银行正常的贷款标准和程序严格审贷。

2. 用款客户必须提供有效的担保。在银证信贷款中，最终的责任由银行承担。为了保证还款，用款客户必须提供有效的担保，且担保的标准不能低于银行正常贷款中的担保标准。现实中，很多客户用于抵押的资产存在法律上的瑕疵，因为不能在银行办理正常的抵押贷款，才转而做银证信贷款，这种贷款的风险是非常大的。

如果客户不能提供有效的担保，则不能发放银证信贷款。

3. 不要过分依赖信托和证券。证券和信托只是通道，信用结构的设计要由银行来主导完成，最终的法律责任由银行来承担。所以，不要过分依赖信托和证券，要明白他们最终是不承担责任的。

4. 注意贷后的管理工作。贷款完成后，要纳入银行贷款管理范围之内，密切注意用款客户的动向，检查贷款是否按用途使用，有无挪用贷款的情况。如果客户资金链断

裂，要果断、及时地采取必要的法律措施。

（二）股票质押贷款

银行在开展股票质押业务时，应严格执行《证券公司股票质押贷款管理办法》的规定，注意以下事项：

1. 股票质押贷款期限最长为 6 个月。贷款合同到期后，不得展期，新发生的质押贷款需重新审查办理。借款人提前还款，须经贷款人同意。

2. 股票质押贷款利率参照中国人民银行规定的金融机构同期同档次商业贷款利率确定，并可适当浮动，最高上浮幅度为 30%，最低下浮幅度为 10%。

3. 用于质押贷款的股票原则上应业绩优良、流通股本规模适度、流动性较好。

4. 股票质押率由贷款人依据被质押的股票质量及借款人的财务和资信状况与借款人商定，但股票质押率最高不能超过 60%。质押率上限的调整由中国人民银行决定。

5. 为控制因股票价格波动带来的风险，特设立警戒线和平仓线。警戒线的公式为：（质押股票市值/贷款本金）×100% =130%；平仓线的公式为：（质押股票市值/贷款本金）×100% =120%。在质押股票市值与贷款本金之比降至警戒线时，贷款人应要求借款人即时补足因证券价格下跌造成的质押价值缺口。在质押股票市值与贷款本金之比降至平仓线时，贷款人应及时出售质押股票，所得款项用于还本付息，余款清退给借款人，不足部分由借款人清偿。

二、银证合作票据资产管理计划的法律风险防范

（一）对银证合作票据业务合法性的质疑

自从银证合作票据业务出现以来，来自监管层及市场的质疑就不断，主要的问题有：

1. 券商超范围经营问题。证券公司所能投资的领域为股票和债券，不包括票据，银证合作属于打擦边球。现在券商大规模地购买票据资产，已经超出了其经营范围。在当前分业经营的体制下，券商购买票据资产的合法性受到质疑。

2. 单纯通道问题。在票据类业务中，券商的唯一作用就是充当通道，与过去的银信通道并无区别。这也令开展该项业务的券商和银行比较担心。有券商认为，一旦业务规模做大了，管理层会不会像关闭信托一样，也限制券商。根据银监会 72 号文的思路，监管部门对信托公司以通道、平台角色开展的银信合作持否定态度，那么，券商同样也是扮演通道角色，券商是否就能比信托做得更好？并且一经公开这种创新模式，譬如风险谁来监管等等问题就会接踵而来，对业务发展也会造成影响。

（二）资产出表及逃避信贷规模限制问题

目前，券商开展的创新性定向资产管理业务中，SOT 类、票据类、特定收益权类三类定向资产管理业务均可以实现将银行贷款资产从表内转至表外。

由券商资管产品买断银行的票据资产已成为了最主要的银证合作模式。在该模式下，银行通过发行理财产品募集资金（表外资金），然后委托证券公司资产管理部门管理部分理财资金，资金仍托管在银行；在签署定向理财协议之后，要求证券公司资管部门用这笔理财资金直接买断银行已经贴现的票据（表内资产），从而达到票据资产转移

到表外的目的。同时，票据资产仍委托给银行进行管理，银行收取一定的托管费用。作为回报，银行将向券商支付一定的财务费用。就定向资产管理计划的期限来讲，票据距离到期期限通常都在 6 个月以内。

在此过程中，券商扮演的角色就是银信合作中的信托角色。资金并未进入表内资产，银行把受到额度限制和高度监管的表内信贷资产转移到表外，逃避信贷规模约束。这就使得监管层无法准确把控真实的信贷情况。监管层担心银证合作容易成为银行信贷资金表内转表外的通道，对其中风险尤为关注。

（三）监管部门的态度

迄今为止，监管部门并没有对银证票据业务有明确的态度。

迅速膨胀的券商资产管理规模已经引起了监管层的警惕。证监会在部署 2013 年度证券公司现场检查工作时，重点关注券商资管大量进行的"通道业务"。2013 年度的证券公司现场检查，将在兼顾例行全面检查和巡回检查的基础上，重点针对证券公司近年来快速发展的资产管理业务的合规管理、风险管理和通道类业务进行监管。

北京证监局已经对辖区内的证券公司下发了一份表格，要求填写通道业务的总体规模，其中包括购买银行票据的种类和方式等。北京证监局关注要点之一是券商向银行购买票据时采取的是"协议转让"还是"转让受益权"。两者的区别在于票据的最终权属关系是否发生转移；在"协议转让"的模式下，券商实际买断了票据，也就帮助银行完成了资产"出表"。而这正是包括银监会和证监会在内的监管部门最关切的问题。

三、摆脱单一的通道模式，未来的银证合作应在产品和模式上不断创新

未来银证合作的主流，应是主动管理型的产品。在这种模式中，券商可以成为银行理财产品的管理人，而银行则成为产品的发行方和托管人。

事实上，银证合作的兴起除了银信合作的淡出外，券商资管的新规"松绑"功不可没。2013 年 5 月初举行的证券行业创新发展研讨会，拉开了证券业全面创新变革的序幕，证券公司在投资范围、产品和服务、资本监管以及经营杠杆等众多业务领域被赋予更大的创新主导权。

2013 年 10 月 19 日，证监会正式发布了修订后的《证券公司客户资产管理业务管理办法》、《证券公司集合资产管理业务实施细则》及《证券公司定向资产管理业务实施细则》，更是被业界视为对券商资管行业的一次"松绑"。以资管投资范围为例，新政规定，在投资范围上，不同品种区别对待，大集合投资范围增加中期票据、保证收益及保本浮动收益的商业银行理财计划；小集合允许投资证券期货交易所交易的投资品种、银行间市场交易的投资品种、金融监管部门批准或备案发行的金融产品；定向资产管理，则允许投资者和证券公司自愿协商，合同约定投资范围。这相当于给了券商定向资管投资的全牌照，交易所的投资品种、银行间市场的投资品种、银行理财产品、集合资金信托计划、证券公司集合资产管理计划等都能成为证券公司的定向资产管理业务的投资对象。

券商的创新导向不仅对证券行业影响巨大，而且对银行业的影响也是全方位的。同时，资管新规的出台，将给银行和券商带来更多的机遇，并进一步促进银证双方在产品

和服务模式上的创新。

纵观世界各国金融体系的演进过程，不难发现，美国、日本等发达国家的金融体系已经由严格的"分业经营、分业监管"模式，逐步转变为金融业综合经营的混业模式。在这个过程中，金融创新扮演了主要角色，在我国银证合作业务发展过程中，应该以客户和市场需求为基础，充分发挥金融创新的先导作用，注意风险控制与管理，大力推动银证合作的持续良性发展。

四、以股权为纽带，发展深层次合作关系

银证合作在经历了一定的发展过程之后，银证双方都认识到了合作的必要性和紧迫性，而上述合作模式均是与"外人"合作，银证双方在核心利益上很难取得一致，所以现阶段的银证合作已经发展到股权融合的阶段。

股权融合的方式有以下几种：

1. 在一个金融控股公司旗下，同时设有银行和证券公司，如中信集团、光大集团。

2. 银行出资设立或收购证券公司，如国开行收购证券公司并更名为国开证券。

3. 银行和证券公司之间互相参股，这种情况非常多。

通过股权的融合，银行与证券之间的合作由"外人"合作变成了自己与自己合作，不再存在利益冲突，实现了无缝对接。

参考文献

［1］杨建．中国银证合作问题研究．首都经济贸易大学硕士论文，2007 - 03.

［2］赵操．银证合作问题之我见．消费导刊，2009（23）.

［3］王星．创造性地推动银证合作的发展．西部论丛，2007（05）.

［4］梅娟．我国银证合作问题研究．广西大学硕士学位论文，2006 - 06.

［5］魏瑞敏．分业经营体制下我国银证合作模式研究．山西财经大学硕士学位论文，2011 - 06.

［6］张凡，叶琳．银证合作下的金融创新．中国金融，2012（22）.

［7］邹光明．泛资产管理业务主要交易结构与法律关系．中国律师网：http：// www. acla. org. cn/lilunyanjiu/13739. jhtml.

［8］王莎莎．我国银证合作风险分析．经营管理者，2014（11）.

第六章　银保合作业务法律风险防范

第一节　银保合作业务概述

一、银保合作的概念

银保合作，亦称银行保险，是银行和保险相互融合、相互渗透的产物。作为金融创新的产物，它的内涵随着金融创新的不断深化和发展而不断丰富。关于银保合作，主要有三种学说：销售渠道说、产品服务说、经营策略说。

销售渠道说是对银保合作最直观的理解，从银保合作早期的发展来看，银保合作就是保险公司利用银行渠道销售保险产品。销售渠道说认为银行保险作为银行业与保险业之间的新型销售方式，主要是由银行提供保险服务，对保险业进行渗透的一种方式。

产品服务说将银保合作定义为银行和保险公司联手提供的产品和服务。美国学者将银保合作定义为：由银行或其分支机构、银行和保险公司交叉持股的机构，经营具有管理功能的保险类产品、交叉营销或销售银行和保险产品所能带来的任何产品或服务。德国学者认为银保合作产品是由保险公司和银行提供的能满足客户需求的所有产品和服务。英国的金融界将银行保险定义为"银行的一种经营行为，即银行销售统筹由保险公司提供的保险产品。"我国学者郑伟和孙祁祥对于银行保险的定义也属于产品服务说，他们将银行保险归纳为由保险公司开发的，通过银行网络销售的保险产品，这种产品是保险公司与银行的金融服务一体化的战略选择。

经营策略说对于银保合作的定义采取了不同于以上两种学说的角度，将银保合作定义为银行或保险公司的一种与其主业经营相关的商业策略。经营策略说强调银行与保险公司两个不同的金融机构联手合作进行产品开发，利用共同渠道进行营销和分销。经营策略说将银行保险视为"保险公司和银行采用的一种相互渗透、相互融合的战略，是将银行和保险等有关金融服务联系在一起，并通过客户资源的整合与销售渠道的共享，提供与保险有关的金融产品服务，以一体化的经营形式来满足客户多元化的金融服务需求。"

从以上对于银保合作定义学说的归纳可以看出，随着银行保险的发展，人们对于银保合作的认识是在不断深化的。笔者认为目前从经营策略说的角度对银保合作的理解较为全面和贴切。随着金融市场的不断发展，银保合作已经不仅仅是对资产负债业务的一种简单附加，它的内容正在不断的丰富，已经从最初的代销业务发展到理财业务。

二、银行开展银保合作的动因

伴随着社会环境的变化，金融全球化，金融市场不断对外开放，金融监管不断放松、技术不断进步，银行业内的竞争加剧，迫使银行不得不寻找其他利润增长点，力求在竞争中占据有利地位。对银行来说，开展银保合作业务正是一种有效的获取中间收入的手段。银行可以在成本增加较小的情况下，达到增加营业收入、调整业务结构、改善收入结构的目的，不但能有效地缓解银行现有网点业务量不饱和、人均效率低的问题，而且能实现良好的经济效益和附加收益，提高整体利润水平。

据研究表明，客户从同一个商业机构购买的商品种类越多，他离开这家商业机构转买别家商品的机会也随之降低[1]，也就是说，当银行能够为客户提供的综合金融服务越多，客户离开该银行的概率就越低，因此银行必须充分利用客户资源，积极为客户提供广泛的综合性金融服务，这就是说银行对提供保险服务有内在的主动性。随着银保混业经营时代的来临，银行入股保险公司将有利于提高银行中间业务，为其带来更多利润增长点，相信也会有更多银行参与其中。

三、保险公司开展银保合作的动因

早期保险公司通过自己开设机构，由业务员销售保险，这种模式具有建设成本高、业务规模不稳定等缺点。保险公司通过银行经营保险产品可以实现双方互赢。

银行在自己多年经营传统金融业务的过程中逐步建立了强大而广泛的网络设施，整个网络不仅大而且分布合理，这决定了每个分支机构都会拥有大量的客户源。保险公司与银行合作，可以充分利用银行原有的网络设施来拓展业务。[2]

银行和保险都隶属于服务行业，金融服务业的经营原则是用良好的信誉和服务取信于社会。银行通过多年经营，以其专业的形象、可靠的信誉、优质的服务、便利的设施取信于周围的客户，包括众多的市民储户和企业账户，保险公司通过与银行的合作，可以充分利用银行信誉开拓客户源，为保险业务的拓展寻找简捷的途径。

银行在长期运行过程中已拥有了广泛的客户，保险企业在与银行的合作过程中，可以通过银行了解客户情况，通过银行推荐保险产品，通过银行取得客户的信任，再通过自身提供优质的产品和良好的售后服务取信于社会、取信于客户，促使银行的客户同时成为保险公司的稳定客户。保险公司可以利用银行客户的基础资料，发掘有利于险种设计及保单销售的市场信息，提高经营成功率。任何一种金融产品的成败，在很大程度上取决于是否能满足市场需求，需求信息的获得很大程度上来源于对客户资料的掌握，保险公司通过银保合作可以分享这种优势。

四、我国银保合作的发展过程

1996—2000 年是我国银保合作的萌芽阶段。在国家政策允许和保险市场主体增多

---

[1] 刘刚. 论我国银行保险发展中存在的问题及对策. 西南财经大学硕士论文, 2006.
[2] 沈能吟. 我国银保合作发展模式研究. 武汉理工大学硕士论文, 2005.

的环境中，保险业竞争激烈，一些新成立的寿险公司如平安、泰康、新华等，为扩大业务和占领市场，纷纷与银行合作签订保险代理协议，销售保险产品，迈出我国银行保险的第一步。此后，中国人寿、中国平安、太平洋寿险等处在市场前沿的保险公司也纷纷与银行开展合作，对银保市场进行开拓，真正意义上的银保合作呈现出雏形。

2001—2003 年是我国银保合作的迅猛发展阶段。由于保险市场竞争日益激烈，保险公司迫切需要寻找新的销售渠道，2001 年 4 月，平安保险首先成立寿险银行保险事业部，将银行保险与个人保险、团体保险放在同等重要的程度进行大力发展。银行保险保费收入连年创新高，高额保费收入吸引了大批国内保险公司对银行保险业务的重视，银行保险成为了保险业务新的增长点。

2004 年至今是我国银行保险发展的转型阶段，银行和保险开展理财业务合作，并出现了银保合一的金融控股公司。

第二节　银保合作业务的模式

一、银行代理销售保险产品

银行代理销售保险产品是最初的银保合作模式，保险公司通过银行的网点销售保险产品。

在最初的银行代理保险销售业务中，银行和保险可以自由合作，一家银行可以同时销售多家保险产品，保险公司可以派业务员到银行柜台销售保险产品，银行柜员＋保险公司银保专管员（客户经理）合作销售渠道一直是银保业务的核心渠道。

中国银监会于 2010 年 11 月初向各商业银行下发了《关于进一步加强商业银行代理保险业务合规销售与风险管理的通知》（银监发〔2010〕90 号），规定商业银行不得允许保险公司人员派驻银行网点。保险产品不得与储蓄存款、基金、银行理财产品等混淆销售；不得将保险产品收益与上述产品简单类比，不得夸大保险产品收益。商业银行每个网点原则上只能与不超过 3 家保险公司开展合作。

新规不允许保险公司驻点销售后，银保渠道的转型必定带来银保销售模式的转型，即由之前的银行柜员直接销售＋银保专管员（客户经理）驻点协助销售模式为主，向银行柜员销售＋保险公司银保专管员"巡"点支持销售、银行理财经理专区销售等转型。

二、银保合作的理财业务

（一）银行资金投资于保险资产管理计划——银证保模式

此类模式的发展起于中国人民银行的规定，保险资产管理公司的存款不属于金融机构的同业存款，而是一般性存款，在计算存贷比时，可计入银行存款规模。银行通过银证保合作模式可优化业务指标，扩大一般存款规模。银证保合作模式下的交易结构如图 6－1 所示。

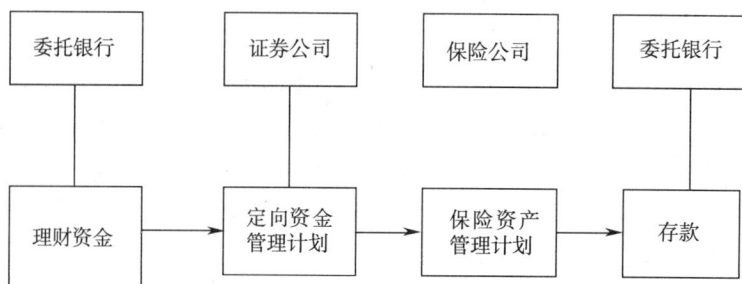

图 6-1　银证保合作模式交易结构图

银证保的操作程序如下：

（1）由资金委托银行，以理财资金委托证券公司成立定向资产管理计划。

（2）证券公司作为定向资产管理计划管理人将委托资产投资于保险资产管理公司的资产管理计划。

（3）保险资产管理公司资产管理计划以保险公司名义存入委贷银行的协议存款（一般性存款）。

（4）该笔存款到期后资金通过保险资产管理计划和券商定向资管计划回到委托银行账户。

（二）保险资金投资于商业银行的理财产品

2012 年 10 月，中国保监会发出《关于保险资金投资有关金融产品的通知》，明确保险资金可以投资境内依法发行的商业银行理财产品、银行业金融机构信贷资产支持证券、信托公司集合资金信托计划、证券公司专项资产管理计划、保险资产管理公司基础设施投资计划、不动产投资计划和项目资产支持计划等金融产品。

保险资金可以直接投资于银行理财产品，也可以通过证券、信托、基金等通道投资于银行理财产品。

在此之前，保险资金的投资范围较为狭窄，多数投向国债、债券、银行的协议存款或者通过基金公司或直接从二级市场买卖一些股票。中国保监会的通知发出后，极大地拓宽了保险资金的投资领域，同时也提高了保险资金的投资收益率。建立以保险公司作为买方的主导地位，将促进整个金融资产管理市场的统一、竞争格局，其他金融机构将根据保险公司需求开发更多风险管理责任明晰、收益稳定的创新产品，有助于金融市场的发展和完善。

（三）银行担保的保险债权投资计划

见案例部分。

三、商业银行向保险公司投资入股

（一）中国工商银行投资于保险公司的股权情况

工商银行是国内最早开展银保业务的商业银行，是国内商业银行银保业务的一个缩影，它凭借雄厚的资金优势、完善的服务网络以及先进的技术与国内外多家保险公司合作，合作范围包含代收保费、代销保险产品等传统银保业务，还涉及协议存款、基金代销与托管、电子商务、集团理财、资金网络结算、融资项目、保单质押贷款等新型业务。工行不仅代理保险业务，同时还入股很多保险公司，如太平洋财产保险、联丰亨保险有限公司、友邦保险及国内外其他一些金融保险公司，合作的保险公司数目众多，是目前银保合作较为典型的例子。

据工行银行年报显示，工行代理保费一直处于较快增长的趋势，特别是 2007 年以来扩展与多家保险公司合作范围，加大柜面与网上保险销售力度，增加与工行合作的保险公司数量，产品范围包括车险、家居险、健康医疗险、理财型保险、旅游险、少儿意外险、综合险。[①]

由于我国实行分业经营、分业监管，大部分银保合作只能停留在比较初级的阶段，银保合作无法全面地展开，银保合作业务还处于法律监管的灰色地带，工商银行依托工银亚洲这个金融控股平台来整合金融资源，与保险公司结成了股权关系，从而渗透到保险行业，走向混合经营之路。具体包括：

1. 2001 年 11 月，通过工银亚洲入股中保国际，持股 9.9%，从而借助其股东工商银行集团庞大的银行网络来销售各种保险，达到双赢的效果。

2. 工商银行与中国保险、中保国际订立买卖协议，以转让重组及股份转让涉及的策略投资权益，从而，工银亚洲直接持有太平人寿 4.95% 的股份。

3. 2004 年工银亚洲收购华比富通。

4. 2010 年 10 月底，工商银行与法国安盛、中国五矿集团公司签订股权买卖协议，正式收购金盛人寿 60% 股权并将后者更名为"工银安盛人寿保险有限公司"。[②]

工商银行的银保合作模式是国内银保合作的代表，代表了商业银行投身保险领域的主要思路和做法。一方面，商业银行在保险代理销售方面不断推陈出新，依赖销售保险产品来优化产品结构、改善客户服务；另一方面，保险行业高达 30% 的年均增长速度，足以吸引商业银行尝试新的资本合作。

（二）其他商业银行投资于保险公司的股权情况

在工商银行的银保合作取得成功后，其他商业银行也纷纷投资于保险公司，具体有：

1. 中国银行设立中银保险和中银人寿，2009 年 9 月，中国银行通过全资子公司中银保险参股恒安标准人寿。

2. 2009 年 12 月，中国建设银行与 ING 签署《股权转让协议》，根据该协议，建行将收购 ING 持有的太平洋安泰 50% 的股权。

3. 交通银行在香港拥有交通银行保险公司，并在 2009 年底收购了中国人寿所持中保康联 51% 股权，2010 年，中保康联更名为交银康联。

4. 2010 年 5 月 6 日，保监会正式批准北京银行收购北京首创集团持有的首创安泰

---

① 杨晓，黄儒靖. 我国银保合作类业务存在的问题及创新研究——基于商业银行中间业务收益. 软科学，2010（11）.

② 丁锦科. 浅析我国银保合作——基于中国工商银行. 哈尔滨金融学院学报，2012（04）.

人寿 50% 的股权。①

5. 2011 年农业银行认购嘉禾人寿保险股份有限公司股份，农行所持股份占嘉禾人寿股份总额的 51%，成为其控股股东。②

（三）全牌照的金融控股公司的出现

在实行金融领域分业经营的体制下，为了解决不同行业的融合问题，金融领域出现了若干全牌照的金融控股公司，如中信集团、光大集团、招商集团、平安保险等。在这类金融控股公司中，既有银行，又有保险，银行和保险自然地实现了融合。

第三节 银保合作相关的法规、规章及规范性文件

一、中国银监会和中国保监会签署的《关于加强银保深层次合作和跨业监管合作谅解备忘录》

2008 年 1 月，中国银监会和保监会签署了《关于加强银保深层次合作和跨业监管合作谅解备忘录》，准许商业银行和保险公司开展相互投资试点。商业银行和保险公司在符合国家有关规定以及有效隔离风险的前提下，按照市场化和商业平等互利的原则，可以开展相互投资的试点。银监会和保监会双方就准入条件、审批程序、机构数量、监管主体、风险处置与市场退出程序及信息交换六个方面达成一致意见，明确了监管主体和两个监管机构的分工和责任，确立了审慎监管的基本原则，对加强现场检查和非现场监管配合，确定风险处置与市场退出的程序，明确信息交换的内容、方式和渠道等方面进行了监管约定。

二、中国银监会《商业银行投资保险公司股权试点管理办法》

中国银监会于 2009 年 11 月 5 日公布《商业银行投资保险公司股权试点管理办法》（银监发〔2009〕98 号），对商业银行投资入股保险公司的相关事项做出了相关规定：

（一）投资方案

商业银行投资入股保险公司的试点方案由监管部门报请国务院批准确定，每家商业银行只能投资一家保险公司。

拟投资保险公司的商业银行须具备较为完善的公司治理结构和健全的内部控制及并表管理制度，风险管理有效，业务经营稳健，近三年没有重大违法违规问题或重大操作风险案件。拟投资保险公司的商业银行的资本充足率，应保证在扣除拟投资额后符合监管标准。拟投资保险公司的商业银行董事会应当具有熟知保险业务经营和风险管理的人员。

商业银行拟入股的保险公司须具备良好的公司治理结构、健全有效的风险管理和良好的业务发展前景，各项经营及风险管理指标符合保险业的监管要求。中国银监会负责

---

① 陆芳. 规范银保合作经营的制度性思考. 重庆交通大学学报，2011（11）.

② http：//insurance. hexun. com/2011 – 02 – 14/127289554. html？from = rss. 2012 – 09 – 27.

审查商业银行投资保险公司的方案，并依法出具商业银行投资保险公司的监管意见。

（二）商业银行对投资入股的保险公司的管理

1. 商业银行投资入股保险公司应严格遵守法人机构分业经营的规定。商业银行董事会负责建立并不断完善与其投资的保险公司之间的防火墙制度，确保公司治理、经营决策、业务运行、风险控制、人事管理、财务管理、管理信息系统及业务场所等方面的有效隔离。

商业银行董事会应明确一名非执行董事负责防火墙以及关联交易的监督、管理和审查。该名董事应至少每年对防火墙制度执行情况、保险公司经营情况和风险状况以及关联交易的公允性、控制情况发表书面意见。

2. 商业银行派至其入股的保险公司的高级管理人员（包括但不限于总经理、副总经理、财务总监等）以及业务人员，必须与商业银行脱离薪资和劳动合同关系，不得相互兼职。

（三）授信及产品销售的禁止

除中国银监会另有规定外，商业银行不得向其入股的保险公司及保险公司关联企业提供任何形式的表内外授信。商业银行不得向其入股的保险公司及保险公司关联企业担保的客户提供授信。

商业银行不得以客户购买其入股的保险公司销售的保险产品作为向客户提供银行服务的前置条件。商业银行接受其入股的保险公司保单作为质押提供授信，不得优于其与非关联第三方的同类交易。商业银行不得直接或间接向其入股的保险公司出售其发行的次级债券。

商业银行及其控制关联方所发行的其他证券，其入股的保险公司直接或间接持有量不得超过该证券发行总量的10%。商业银行及其控制关联方承销证券时，向其入股的保险公司出售额不得超过其承销总额的10%。

（四）并表

商业银行应按照中国银监会《银行并表监管指引（试行）》的规定，建立对其入股的保险公司进行并表管理的政策、制度、职责和程序，实行有效的并表管理。商业银行应将其入股的保险公司纳入信息集中管理体系，对保险公司的风险暴露进行集中监测和管理。

在计算资本充足率时，商业银行投资保险公司的资本投资应从商业银行资本金中全额扣除。

（五）业务合作

商业银行及其入股的保险公司进行业务合作，应严格遵守中国银监会及保险监管部门的各项业务管理规定，遵循市场公允交易原则，不得有不正当竞争行为。商业银行入股的保险公司的销售人员不得在股东银行的营业区域内进行营销。

商业银行应建立代理保险销售人员持证上岗制度，切实做好代理保险销售人员的培训工作，确保商业银行代理保险销售人员合规审慎销售保险产品。商业银行入股的保险公司所印制的保险单证和宣传材料中不得使用其股东银行的名称及各类标识。商业银行应严格遵守客户信息保密的相关规定。商业银行与其入股的保险公司相互提供客户信息资料必须取得客户同意，业务往来不得损害客户的合法权益。

三、中国银监会《关于进一步加强商业银行代理保险业务合规销售与风险管理的通知》

中国银监会于 2010 年 11 月初向各商业银行下发了《关于进一步加强商业银行代理保险业务合规销售与风险管理的通知》（银监发〔2010〕90 号），对商业银行代理保险业务提出了多项规范性要求，其中对当前银行保险业务发展影响较大的有以下几点：

1. 商业银行不得允许保险公司人员派驻银行网点。

2. 保险产品不得与储蓄存款、基金、银行理财产品等混淆销售；不得将保险产品收益与上述产品简单类比，不得夸大保险产品收益。

3. 商业银行每个网点原则上只能与不超过 3 家保险公司开展合作。《通知》要求银行相关整改和规范工作于 2010 年底前完成。

四、《商业银行代理保险业务监管指引》

2011 年 3 月 7 日，中国保监会发布《商业银行代理保险业务监管指引》（保监发〔2011〕10 号），对商业银行代理销售保险产品做出规范，主要内容如下：

（一）代理资格

中国保监会依法对商业银行网点代理保险业务实施资格管理。商业银行代理保险业务的，每个营业网点在代理保险业务前应当取得中国保监会颁发的经营保险代理业务许可证，并获得商业银行一级分支机构（含省、自治区、直辖市和计划单列市分行）的授权。保险公司不得委托没有取得经营保险代理业务许可证的商业银行网点开展代理保险业务。

中国保监会依法对商业银行代理保险业务销售人员和保险公司银保专管员实施资格管理。商业银行从事代理保险业务的销售人员，应当符合中国保监会规定的保险销售从业资格条件，取得中国保监会颁发的《保险销售从业人员资格证书》。保险公司银保专管员，应当取得中国保监会颁发的《保险销售从业人员资格证书》。

（二）销售模式

商业银行不得允许保险公司人员派驻银行网点。保险公司银保专管员负责向银行提供培训、单证交换等服务，协助商业银行做好保险产品销售后的满期给付、续期缴费等相关客户服务。商业银行应当根据保险产品的复杂程度区分不同的销售区域。

（三）销售行为

销售人员在产品销售过程中应当以书面形式向投保人提供保险监管部门要求的投保提示书、产品说明书，应当引导投保人在投保单上填写真实完整的客户信息，并在人身保险新型产品投保书上抄录有关声明，不得代抄录有关声明或代投保人或被保险人签名；对投资连结保险产品投保人还应当进行风险承受能力测评，不得将投资连结保险产品销售给未经过风险测评或风险测评结果显示不适合的客户。

销售人员负责在销售过程中全面客观介绍保险产品，应当按保险条款将保险责任、责任免除、退保费用、保单现金价值、缴费期限、犹豫期等重要事项明确告知客户。

销售人员不得进行误导销售或错误销售。在销售过程中不得将保险产品与储蓄存款、银行理财产品等混淆，不得使用"银行和保险公司联合推出"、"银行推出"、"银行理财新业务"等不当用语，不得套用"本金"、"利息"、"存入"等概念，不得将保险产品的利益与银行存款收益、国债收益等进行片面类比，不得夸大或变相夸大保险合同的收益，不得承诺固定分红收益。

商业银行网点及其销售人员不得以中奖、抽奖、送实物、送保险、产品停售等方式进行误导或诱导销售。保险公司不得支持或鼓励商业银行采取上述行为。

五、中国保监会《关于保险资金投资有关金融产品的通知》

2012年10月，中国保监会发出《关于保险资金投资有关金融产品的通知》，就保险资金投资类证券化金融产品进行了详细规定。具体内容如下：

（一）可以投资的范围

保险资金可以投资境内依法发行的商业银行理财产品、银行业金融机构信贷资产支持证券、信托公司集合资金信托计划、证券公司专项资产管理计划、保险资产管理公司基础设施投资计划、不动产投资计划和项目资产支持计划等金融产品。

（二）投资额不能超保险公司总资产的30%

保险公司投资理财产品、信贷资产支持证券、集合资金信托计划、专项资产管理计划和项目资产支持计划的账面余额，合计不高于该保险公司上季度末总资产的30%。保险公司投资基础设施投资计划和不动产投资计划的账面余额，合计不高于该保险公司上季度末总资产的20%。

（三）不得投资贵金属或实物商品

在境外投资方面，保险资金境外投资不得投资实物商品、贵重金属或者代表贵重金属的凭证和商品类衍生工具；不得利用证券经营机构融资，购买证券及参与未持有基础资产的卖空交易；除为交易清算目的的拆入资金外，不得以其他任何形式借入资金。

六、中国保监会《基础设施债权投资计划管理暂行规定》

2012年10月12日，中国保监会发布《基础设施债权投资计划管理暂行规定》（保监发〔2012〕92号），对保险资金投资于基础设施债权投资计划进行了规范，主要内容如下：

（一）债权投资计划的概念

本规定所称债权投资计划，是指保险资产管理公司等专业管理机构（以下简称专业管理机构）作为受托人，根据《管理办法》和本规定，面向委托人发行受益凭证，募集资金以债权方式投资基础设施项目，按照约定支付预期收益并兑付本金的金融产品。

债权投资计划的委托人，应当是能够识别、判断并承担债权投资计划投资风险的保险公司等法人机构或依法设立的其他组织。

专业管理机构、独立监督人等当事人参与债权投资计划，应当按照有关法律法规、《管理办法》、本规定及有关约定，履行相应职责。

（二）债权投资计划的设立与发行

债权投资计划的资金，应当投资于一个或者同类型的一组基础设施项目。投资项目应当满足下列条件：

1. 具有较高的经济价值和良好的社会影响，符合国家和地区发展规划及产业、土地、环保、节能等相关政策。

2. 项目立项、开发、建设、运营等履行法定程序。

3. 项目方资本金不低于项目总预算的30%或者符合国家有关资本金比例的规定；在建项目自筹资金不低于项目总预算的60%。

4. 一组项目的子项目，应当分别开立财务账户，确定对应资产，不得相互占用资金。

债权投资计划的资金投向，应当严格遵守本规定和债权投资计划合同约定，不得用于本规定或合同约定之外的其他用途。

专业管理机构设立债权投资计划，应当确定有效的信用增级。

（三）债权投资计划的管理

专业管理机构应当按照本规定的要求及债权投资计划约定，开展偿债主体、信用增级、投资项目等的跟踪管理和持续监测，有效评估偿债主体资信状况、还款能力及信用增级安排的效力，及时掌握资金使用及投资项目运营情况。

专业管理机构应当规范债权投资计划资金划拨管理，按照投资合同和用款计划拨付投资资金。债权投资计划存续期间，专业管理机构应当及时向偿债主体发出还本付息通知，督促其按时还本付息；偿债主体未能及时偿还本息的，应当启动担保机制，保全债权投资计划财产。

专业管理机构应当为不同债权投资计划分别建立会计账户和业务台账，编制财务会计报告，单独核算管理。偿债主体、登记存管机构应当按约定，分别向专业管理机构提供运营管理财务信息和登记存管信息。

专业管理机构应当按照约定，向受益人分配并支付债权投资计划收益和本金。变更分配或支付日期的，应当经过受益人大会审议通过。

七、中国保监会《关于保险资产管理公司有关事项的通知》

中国保监会于2012年10月12日发布了《关于保险资产管理公司有关事项的通知》（保监发〔2012〕90号），主要内容如下：

（一）保险资产管理公司的设立及资质

保险资产管理公司是经中国保监会会同有关部门批准，依法登记注册，受托管理保险等资金的金融机构。保险资产管理公司在有效控制风险的前提下，可以开展业务创新、产品创新和组织创新，保险资产管理公司可以按照有关规定设立子公司，从事专项资产管理业务，进一步改革完善体制和机制。保险资产管理公司开展前述资产管理业务，应当具备相应资质条件。中国保监会将根据市场情况，适时制定有关业务规则，促进资产管理业务持续健康发展。

（二）保险资产管理公司的业务范围

保险资产管理公司除受托管理保险资金外，还可受托管理养老金、企业年金、住房公积金等机构的资金和能够识别并承担相应风险的合格投资者的资金。保险资产管理公司作为受托人，可以接受客户委托，以委托人名义，开展资产管理业务，也可以设立资产管理产品，为受益人利益或者特定目的，开展资产管理业务。

保险资产管理公司开展资产管理业务，应当按照相关市场规则，以资产管理产品或专户名义，开设证券账户和资金账户，进行独立运作管理。

保险资产管理公司符合有关规定的，可以向有关金融监管部门申请，依法开展公募性质的资产管理业务。

八、中国保监会《关于进一步规范商业银行代理保险业务销售行为的通知》

中国保监会于 2014 年 1 月 16 日发布了《关于进一步规范商业银行代理保险业务销售行为的通知》（保监发〔2014〕3 号），主要内容如下：

（一）关于投保人的限定

商业银行应当对投保人进行需求分析和风险承受能力测评，根据评估结果推荐保险产品，把合适的产品销售给有需求和承受能力的客户。投保人存在以下情况的，向其销售的保险产品原则上应为保单利益确定的保险产品，且保险合同不得通过系统自动核保现场出单，应将保单材料转至保险公司，经核保人员核保后，由保险公司出单：

1. 投保人填写的年收入低于当地省级统计部门公布的最近一年度城镇居民人均可支配收入或农村居民人均纯收入。

2. 投保人年龄超过 65 周岁或期交产品投保人年龄超过 60 周岁。

保险公司核保时应对投保产品的适合性、投保信息、签名等情况进行复核，发现产品不适合、信息不真实、客户无继续投保意愿等问题的不得承保。

（二）关于保险产品的限定

销售保单利益不确定的保险产品，包括分红型、万能型、投资连结型、变额型等人身保险产品和财产保险公司非预定收益型投资保险产品等，存在以下情况的，应在取得投保人签名确认的投保声明后方可承保：

1. 趸交保费超过投保人家庭年收入的 4 倍。

2. 年期交保费超过投保人家庭年收入的 20%，或月期交保费超过投保人家庭月收入的 20%。

3. 保费交费年限与投保人年龄数字之和达到或超过 60。

4. 保费额度大于或等于投保人保费预算的 150%。

在投保声明中，投保人应表明投保时了解产品情况，并自愿承担保单利益不确定的风险。

（三）关于犹豫期的规定

商业银行代理销售的保险产品保险期间超过一年的，应在合同中约定 15 个自然日的犹豫期，并在合同中载明投保人在犹豫期内的权利。犹豫期自投保人收到保险单并书面签收之日起计算。

第四节　银保合作案例

一、郭某诉中国建设银行、保险公司保险代理销售纠纷案[1]

（一）案情

2006 年 4 月 14 日，昆明市五华区人民法院受理原告郭某诉被告中国建设银行、保险公司人身保险合同纠纷一案。

原告诉称：2005 年 12 月 17 日，原告郭某到被告银行存款 10 万元，银行工作人员告知原告"存款三年可以送一份保险"，于是原告将存款 10 万元交到柜台，银行向客户出具"中国建设银行代理保险业务缴费凭证"，原告在凭证上签字。

2006 年 3 月，原告再次来到银行想取款，被告知 10 万元是购买了保险，如果终止保险合同，原告需要支付 1 万余元的手续费。原告称自己不知情，并且并未在保险单上签字，因此保险合同不成立，并认为银行允许保险公司业务人员在其营业场所开展业务，挂银行的牌子，实是销售保险，银行工作人员不提醒、不说明情况，银行和保险公司合谋诈骗储户，银行应当承担责任。据此，原告向法院起诉，首先，要求法院判定两被告欺诈原告，侵犯原告知情权；其次，判定保险合同属于虚假欺诈合同、保险公司销售的理财保险产品为虚假保险产品并禁止销售；最后，依法撤消两被告与原告签订的保险合同，判定被告返还保险费 10 万元及利息；同时按照《消费者权益保护法》第四十九条的规定，赔偿原告 10 万元。

本案经开庭审理后，法院最终认定原告诉称的银行与保险公司实施保险欺诈缺乏事实及法律依据，其主张不能成立；另外，原告提出办理的是存款业务而非保险业务，其未在保险单上签字、保险合同不能成立的主张，原告不能提供有效证据予以证实，其主张于法无据。鉴于诉讼中保险公司同意解除合同，最终法院判决解除双方合同，保险公司退还保费并支付相应利息。本案经两审终审，最终以银行方不承担任何责任而顺利结束。

（二）案例分析

1. 银行向客户充分提示理财、保险产品中所存在的风险非常必要。实践中，部分业务经办人员出于营销方面的考虑，未向客户充分说明推荐的理财、保险产品中可能存在的风险，一旦客户资金发生损失极易引发争议。

2. 银行应当完整填写业务凭证所有的要素。客户在业务凭证上的签字，是证明客户已经充分知晓其所办理的业务内容，以及客户真实意思表示的最直接证据，以本案为例，客户提出双方未达成意思表示一致的最主要依据是客户未在保险单上签字，因此主

---

[1]　客户告银行与保险公司合伙欺诈 银行诉讼终免责．http：//wenku．baidu．com/link？url = YtgsQXxRHTtTD2WBzqS3b6QT9aRbgenyo9wGICx572o9IPWf5dyC0fecs1gUa5AO9Ni7so6XEoHklYSQb7gZxQyo4hh9q73iWfiLIWL － io7．2014 － 08 － 13．

张保险合同不成立。

3. 法院的判决理由。法院最终认定，原告已经充分了解了其所投资的是银行代理销售的保险理财产品，原告在代理凭证上亲笔签字进行了购买确认，是其真实意思的表示。法院认为原告的主张明显与其签名认可的保险费代收凭证上明确反映出的内容直接相悖，明显违背通常的储蓄存款交易惯例，也违背正常的生活常识，因此，根据《中华人民共和国保险法》第十三条第二款："……经投保人和保险人协商同意，也可以采取前款规定以外的其他书面协议形式订立保险合同"。之规定，法院最终认定原告所主张的保险合同未成立于法无据。

（三）本案的启示

1. 银行工作人员在向客户推荐各类金融产品时应尽到告知义务。应向客户做详细说明，使客户充分认识到该产品与普通的金融业务是有区别的，存在一定的资金风险，请客户充分考虑自身风险承受能力后再进行审慎的投资，同时应告知客户因购买银行代理的理财产品后所出现的利益盈亏银行不承担任何担保责任。另外，工作人员在营销过程中应避免不实宣传，避免对客户进行误导，防止因客户误解而导致不必要的纠纷甚至诉讼。

2. 银行工作人员要熟悉自己的代理权限。银行工作人员应清晰自身职责范围，熟悉与第三方金融产品公司合作协议的内容，充分理解银行的代理权限，在向客户进行推荐代理金融产品时，要尊重客户的个人意愿，避免对客户进行虚假宣传或者做出超越代理范围的行为。

3. 发生纠纷后要积极与保险公司协商解决纠纷。出现纠纷后应及时通报上级部门，积极联系客户与保险公司进行协商。银行作为金融产品的代理机构，在客户与保险公司之间起到的往往只是第三方的中间作用，因此业务经办行首先要确保自身没有做超出代理权限的行为，其次就是在出现纠纷时及时向上级部门汇报，并积极协助双方进行协商，争取顺利解决纠纷。

二、银保合作的保险债权投资计划

（一）保险债权投资计划概述

保险债权投资计划是指保险资产管理公司根据有关规定发起，并经保监会批准设立的一种投资产品，通过向保险公司募集资金，用于投资基础设施项目。保险债权投资计划的参与角色包括受托人、托管人和独立监督人。其中，受托人由保险资产管理公司担任，负责发起设立计划，以及进行项目投资和管理；托管人由商业银行担任，负责为保险债权投资计划资金提供资金存管和清算等托管服务；独立监督人也可由商业银行担任，主要负责监督受托人和项目方对项目的运营管理，包括项目进度和项目财务状况等；其中，同一项目的托管人和独立监督人不能为同一家银行。保险债权投资计划的业务模式如图 6-2 所示。

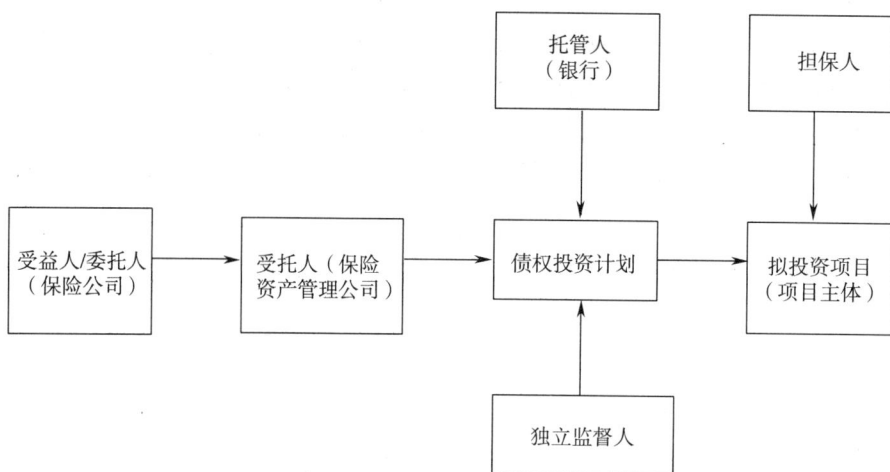

图 6-2　保险债权投资计划业务模式

（二）保险债权投资计划现状[①]

保险债权投资计划自 2006 年开闸试点以来，作为试点，中国人寿等四家资产管理公司相继发行了多笔基础设施领域债权计划。其中，中国人寿资产管理有限公司相继设立了"国寿——申通债权投资计划"和"国寿资产——天津城投债权投资计划"；泰康资产管理公司相继设立了"泰康开泰铁路融资计划"和"泰康——上海水务债权计划"；人保资产管理股份有限公司设立了"人保华能能源项目债权计划"；太平洋资产管理公司则设立了"中国 2010 年上海世博会"项目债权投资计划。

债权投资计划正逐渐成为保险资金眼中的"香饽饽"，最近几年，越来越多的保险资金涌入国家重点基础设施建设中。其中，比较典型的是"南水北调债权计划"。据悉，迄今为止，国务院南水北调办与保险机构合作发起的债权融资计划——南水北调一期、二期、三期债权计划，累计投资规模已经达到 550 亿元。南水北调工程债权投资计划是迄今为止中国保险行业资质等级最高、发行规模最大的债权计划，其具有风险低、收益较高且稳定的特点，有利于保险资金资产负债的合理配置。在资金成本增加、投资回报预期攀升的背景下，具有低风险和高收益的债权投资计划成为保险机构青睐的对象。南水北调工程债权投资计划发行过程中，得到了中国人寿、中国人保等 20 多家机构的追捧，成为目前债权计划产品中，参与认购保险机构最多的债权计划。

2012 年 10 月 12 日，中国保监会再次出台《基础设施债权投资计划管理暂行规定》，并同时废止《保险资金间接投资基础设施债权投资计划管理指引（试行）》、《基础设施债权投资计划产品设立指引》，该政策的出台从各方面放松了投资计划的设立条件，再次为企业运用保险资金拓宽融资渠道提供了有利的机会。截至 2013 年 11 月，保险行业累计发行基础设施债权投资计划已超过 70 单，总金额超过 2000 亿元。资金广泛

---

① 保险债权投资计划的发展与启示．和讯网：http://insurance.hexun.com/2014 – 02 – 17/162202706.html. 2014 – 02 – 17.

投资于能源、交通、市政等基础设施行业，发挥了保险资金在经济建设中的支持和促进作用，同时也丰富了保险资金投资品种，扩大了资产管理公司的投资管理范围。

尽管自 2012 年以来，保监会放宽保险资金的投资领域，投资资质的申请也变得相对容易，但面对大量投资产品，感到有些无所适从的保险公司多数还是在观望之中。比如，在信托业人士看来，目前信托与保险资金的交流仍然非常少，保险资金对风险的厌恶使其与传统信托产品根本无法直接对接，这也造成每家保险公司甚至看过上百只产品，却没有直接购买一个。因此，从风险承担以及收益来看，本质上仍旧挑剔的保险资金，还是将债权计划作为投资新政后的首要选择，并尝试着在该领域寻求突破。

（三）银行担保的保险债权投资计划①

此类计划的发起人通常为银行。因为银行的部分客户资质相对优良，但受限于银行严格的信贷规模控制，难以从银行获得足够的贷款。而保险公司对这类业务表示欢迎。为了控制风险，保险资金以往更倾向于有政府投资背景、安全性高、收益稳定的大型基建项目。此前不少公司融资项目的偿债主体由其母公司提供担保，担保的有效性让人怀疑。现在银行愿意为此类计划提供担保，项目的风险更低，更符合保险资金追求稳定、长期收益的特性。投资项目有了银行信用担保，保险资金认购的积极性会更高。而且，这种情况下进入的保险资金有相当的议价权，不少产品收益率甚至明显高于同期债券。

银行提供担保不占用贷款规模，可以增加中间收入，可以促进银行融资方式的多元化。对于具有融资需求的公司或者项目来说，虽然通过保险公司债权计划融资好处多多，不仅资金充裕、来源稳定，而且期限较长，但若少了银行担保，其获得保险资金认可的可能性会大大降低。

我们收集到的银行担保的保险债权投资计划案例有：

1. 太平洋——天津公共租赁房债权投资计划。太平洋保险集团旗下太平洋资产管理公司发起设立"太平洋——天津公共租赁房债权投资计划"。该计划拟募集保险资金100 亿元，投资于天津市"十二五"期间规划建设的公租房项目，投资期限 10 年。国家开发银行作为其担保人及独立监督人。目前，该计划首期 50 亿元资金已募集到位，并即将投入项目建设。

2. 平安保险——永城煤电的项目建设。平安资产管理公司发起设立河南省首单保险资金债权计划。项目由交通银行河南省分行担保，募集资金 22 亿元，期限 7 年，投资于河南煤业化工集团下属子公司——永城煤电的项目建设。

3. 光大永明——温州交投集团。光大银行温州分行与温州市金融投资集团有限公司、温州市交通投资集团有限公司签署战略合作框架协议，合作内容包括光大银行温州分行将为交投集团引入光大永明保险资金债权计划提供融资性保函。

---

① 邓雄鹰. 银行担保保险出钱银保合作债权计划创新频现［N］. 21 世纪经济导报，2012 – 11 – 16.

第五节 银保合作业务的法律风险防范

一、银行代销保险产品中的法律风险及其防范措施

（一）银行代销保险产品中存在的法律风险

随着银行代销保险产品的快速发展，银行代销保险产品存在一些风险隐患，不仅损害了消费者的利益，也给银行带来了风险，这些风险主要有：

1. 保险产品与银行产品同质化，分流银行的存款。在代销模式下，银行不介入银保产品开发过程，只是为保险公司设计的标准产品提供销售渠道并从中收取手续费，从而忽视对代销产品质量的深入考察。目前，银保产品功能同质化现象较为突出，代销保险产品以投资型为主，超过90%的代销产品是带有储蓄功能的分红保险，与银行产品的互补性较差，甚至会对中长期储蓄构成分流和侵蚀。

2. 保险公司之间的竞争加剧，银行收取的手续费居高不下。根据中国银监会于2010年11月下发的《关于进一步加强商业银行代理保险业务合规销售与风险管理的通知》（银监发〔2010〕90号）的规定，与单个银行网点合作的保险公司限定在3个以内，这导致银行销售渠道稀缺。该模式增加了代销银行索要账外激励的机会，扩大了账外手续费支付的空间，银保渠道以费用投入为主的竞争加剧。少数保险公司甚至采用"暗佣"形式，恶性提高渠道手续费及销售激励费。目前银行代理销售保险产品呈"买方市场"，手续费高低取决于银行。银行凭借自身拥有的网络、信息、客户、信誉、形象、资源等因素，占据银保合作优势，明确哪家保险公司给付的手续费高，就跟哪家保险公司签订合作协议代理销售保险产品。银行收取保险代理手续费表面上看是在保监部门规定标准8%以内，实际上保险公司通过各种方式支付银行代理费用最高达40%（企财险20%～28%、短期人意险30%～40%、寿险分红险期缴三年合计15%、趸缴5%）。[①]

由于银行收取的手续费过高，已严重影响了保险产品的发展。

3. 销售培训不到位。由于银行网点代销的产品不唯一且与保险公司合作期限较短（多为1年），保险公司大都不开展有效的销售培训，销售误导增多。

4. 销售中存在大量误导行为。银保合作协议以一年期代理协议为主，商业银行过分追求发展速度和销售业绩，而忽略了对业务发展合规性和稳健性方面的考核，员工绩效考核存在"激励扭曲"，催生了不规范销售行为。一是误导销售，模糊产品性质，将保险产品与储蓄、银行理财产品混为一谈，简单类比，"存单变保单"。二是诱导销售，夸大产品收益，片面强调保险产品收益率高于存款利息，并以演示性的收益率计算方法向客户推介，忽略对中途退保需承担损失等风险的提示。

5. "售诉分离"模式不利于纠纷的解决，影响了银行的信誉。"售诉分离"（产品

[①] 银保合作业务模式存在的问题、风险及建议．中国网：http://finance.china.com.cn/roll/20130717/1647580.shtml.3013-07-17.

代销和责任承担分离）模式下，银保双方未能形成长远的利益共享机制。商业银行在设计代销业务制度时，始终以自身免责为中心，产品售后服务不到位，"卖者有责"等消费者权益保护理念体现不足。一旦发生纠纷，特别是发生非正常集中退保问题，商业银行基本上采用推诿或婉拒的方式回避责任，不能第一时间响应并满足客户诉求，使代销风险逐步累积，对银行声誉产生负面影响。

（二）银行代销保险产品的法律风险防范

1. 拒绝代销存款化保险。商业银行要充分认识到，存款是银行负债业务中最重要的业务，是生存之本。不要为了完成短期的保险业务，而失去长期的主营业务，丧失客户对银行的信任，影响银行自身业务的发展。

2. 进一步加强业务培训和管理。商业银行要通过进一步加强业务培训和管理，提高业务技能和道德素养。银行要与保险公司联合制订销售人员培训计划，组织其参加资格考试，取得资格证书后方能上岗销售。建立严格的行业监督和惩罚机制，尤其对于误导消费者达一定程度的销售人员，永久性取消其从业资格。

3. 正确推销保险产品。银行只是保险公司的销售渠道，并不经营保险业务，在保险公司协议范围内营销保险产品，不承担该产品的保险责任。柜台人员在向客户进行推介时，应按保险条款全面、准确描述保险产品。要对保险责任、退保费用、现金价值及费用扣除情况对客户进行提示，不得夸大或变相夸大保险收益，禁止向客户作出任何承诺表示或暗示，不得有虚假、隐瞒或不正当竞争的表述。要分清责任归属，杜绝出现如"银行保险共同理财"等形式的误导宣传。

保险产品的更新较快，柜员应及时、认真地理解每一个新产品的相关条款，尤其是保险的保险范围、赔付责任等重点内容。在客户缴纳保费以前向客户讲解保险合同，以免对客户造成不良影响，最终影响银行信誉。

4. 完善内控制度，切实防范操作风险。银行代理保险业务的稳健发展，必须以完善内控制度和有效的风险监管为基础。应由专门部门或专人负责保险代理业务，尽快完善代理保险业务内控制度和操作规程，定期开展对制度执行情况的内部监督检查。严格控制各个环节的潜在风险，完善电子化操作系统和账务系统。

5. 银保之间要建立起长期的合作机制。加强沟通，提高保险公司的社会地位，银保双方要建立长期合作的机制，树立稳健、持续发展的观念。银行和保险公司应该从完成既定的工作目标和风险防范出发，立足长远，避免短期行为。各商业银行应把代理保险业务过程中存在的问题及时反馈给保险公司，保险公司要认真总结经验教训，加强对员工的培训。在理赔过程中，要做到"及时、高效、守信"，增强客户对保险公司和银行的信任，使代理保险业务蓬勃发展，达到"双赢"的目的。

总之，从保险公司、银行双方来讲，都有推进银行保险发展的动力，而宏观经济总量和居民收入的不断提高，也为银行保险业务提供了可持续发展的基础。同时，现阶段银行保险面临的问题也较为突出，银行保险的高速发展和面临的瓶颈原因正在于此。改善银保业务需要银行方面的严格规范，需要保险公司以真正的核心竞争力为依托，更需要监管环境、政策法规的改善。

二、银保合作的保险资产管理计划的法律风险防范

以保险资金债权投资计划为主要形式的银保合作理财业务近年来快速发展，但法律风险也在不断累积，须引起商业银行的高度重视。

（一）部分偿债主体的偿债能力不足，债务集中度趋高

部分集团母公司作为偿债主体，自身没有经营性资产和现金流，对集团内子公司也缺乏实质性控制权，其合并报表的财务数据不能反映真实偿债能力。特别是其中一些免于信用增级的债权投资计划，缺少担保保障，偿债风险值得关注。部分主体债务集中度趋高，部分企业同时与多家保险资产管理公司签署投资合同，部分企业既做偿债主体，又为关联企业担保，债务集中度趋高。

保险公司在设计资产管理计划时应当充分考虑偿债主体的债务情况，慎重选择集团母公司作为偿债主体，更多情况应让集团母公司作为担保人出现。资产计划的额度不能超过债务人净资产的40%，以此严控债务集中问题。此外，为确保企业的偿债能力，企业集团提供担保的，合并报表范围仅包括其实质控制的子公司。

（二）防范地方政府的融资平台风险

一直以来，保险资产管理公司设立债权投资计划，以国家级或一线城市的重点项目为主，从未延伸至县级市。且绝大部分债权投资项目为银行担保，体现了强担保特征。

然而，2014年一季度，16项保险债权投资计划的偿债主体为地方政府融资平台，注册规模354.59亿元，占季度注册规模的71.35%，占比较年初上升21.43个百分点。值得注意的是，其中出现地市级以下融资平台5项，注册规模72亿元，占比较年初上升12.27个百分点。[①]

债权计划的投资区域向县级市范围延伸，一方面说明保险资金参与城镇化建设的逐步深入，另一方面却折射出项目层级开始下沉，不得不警惕融资平台风险的上升。

为防范融资平台信用风险，中国保监会下发了《债权投资计划投资县级政府融资平台监管口径》和《债权投资计划信用增级监管口径》，明确要求保险债权计划可投的县级政府融资平台须为：平台地处经济较为发达、财政实力较强、信用环境良好的城市；且还款须纳入县级以上（含县级）财政预算管理，并落实预算资金来源；同时由符合条件的银行提供担保，进行风险兜底。

（三）银行担保的风险防范

为规范债权投资计划信用增级，上述文件规定：境内股份制商业银行提供保证担保的，应当为列入银监会"股份制商业银行"名单的银行或境内上市股份制商业银行，且上一年度信用评级在AA级以上（含AA级）。而对于担保范围，保监会也明确要求，应当包括投资计划全部本金、利息、罚息、因主债权而产生的违约金、损害赔偿金、实现债权的费用和其他所有应付费用。此外，保证担保期间应至少为投资计划存续期及投资计划到期后六个月，抵质押担保期间应至少至投资计划本息及担保范围内的其他款项全部足额清偿之日为止。

---

① 保监会出台两个监管新规 预警县级融资平台［N］．上海证券报，2014－05－30.

在一些债权投资项目注册时，中国保监会要求必须由银行担保，其他担保不予注册。比如，2014 年一季度注册的土地储备、公租房和棚户区改造项目全部为银行担保。同时，银行担保在债权投资项目中的整体占比较 2013 年末有所下降，而大型企业担保比例有所上升，抵质押担保比例有所下降。① 由此可以得出结论，债权投资计划的信用增级层级呈下降态势。

对于银行来说，担保的比例虽然下降，但由于债权规模增加，所以担保总额不降反增。更应当引起注意的是，银行担保的项目是风险较大的项目，所以银行在担保时应当进行充分论证，慎重担保。担保之后也要有必要的反担保措施，对债务人的有效资产取得抵押权、质押权。

（四）防范产品发行风险

2013 年下半年以来，市场利率持续上升，对债权投资计划发行带来较大压力，部分已注册产品出现发行失败。对此，保监会要求保险资产管理公司要密切关注市场变化，在产品设计方案中充分考虑发行风险。中国保监会要加强发行人发行质量的监管，对多次发行失败的公司，采取相应监管措施。

三、银行向保险公司投资入股的法律风险防范

商业银行投资入股保险公司面临的风险主要有：因银行与保险公司之间关联交易带来的风险集中与风险蔓延；因银保合作可能造成银行信誉风险外溢；因银行、保险机构董事会非专业性或缺乏经验造成的管理风险；因并表管理不健全可能产生的资本重复计算等。

针对上述风险，中国银监会发布的《商业银行投资保险公司股权试点管理办法》分别从公司治理、关联交易、并表管理、业务合作等方面进行了明确。

（一）关于公司治理结构

要突出商业银行董事会负最终责任，要求董事会负责建立并完善"防火墙"制度，确保银行和保险公司在业务场所、经营决策、人员、财务、信息系统等方面有效隔离。

（二）关于关联交易管理

规定商业银行对其入股的保险公司及其关联企业以及它们所担保的客户均不得提供任何形式的表内外授信，保险公司不得直接或间接购买银行股东发行的次级债券，购买其他证券不得超过 10% 的上限。

（三）关于并表管理

要求商业银行对保险公司进行并表管理，且在计算资本充足率时，将投资保险公司的资本投资从银行资本金中全额扣除。

（四）关于业务合作方面

要求商业银行及其入股的保险公司进行业务合作时，应遵循市场公允交易原则，不得有不正当竞争行为；保险公司销售人员不得在其母银行营业区域内进行营销；商业银行入股的保险公司所印制的保险单证和宣传材料中不得使用其股东银行的名称及各类

---

① 保监会出台两个监管新规 预警县级融资平台［N］. 上海证券报，2014 - 05 - 30.

标识。

（五）关于客户信息保密问题

商业银行应严格遵守客户信息保密的相关规定。商业银行与其入股的保险公司相互提供客户信息资料必须取得客户同意，业务往来不得损害客户的合法权益。

（六）关于监管问题

商业银行投资保险公司之后，同时面临银监会和保监会的双重监管，为此中国银监会与中国保监会于2008年1月16日正式签署了《关于加强银保深层次合作和跨业监管合作谅解备忘录》。在备忘录中，双方就准入条件、审批程序、机构数量、监管主体、风险处置与市场退出程序及信息交换六个方面达成一致意见。《备忘录》规定，银监会与保监会同意商业银行和保险公司在符合国家有关规定以及有效隔离风险的前提下，按照市场化和商业平等互利的原则，审慎监管商业银行和保险公司相互投资及开展跨行业的相关业务，银监会和保监会依各自法规，根据各自的管理职责负责组织实施。《备忘录》明确了监管主体和两个监管机构的分工和责任，确立了审慎监管的基本原则，对加强现场检查和非现场监管配合，确定风险处置与市场退出的程序，明确信息交换的内容、方式和渠道等方面进行了监管约定。

参考文献

［1］黄毅，杜要忠．美国金融服务现代法．北京：中国金融出版社，2000．

［2］刘刚．论我国银行保险发展中存在的问题及对策．西南财经大学硕士论文，2006．

［3］程运生．我国银保合作的模式及发展策略研究．山东大学硕士论文，2012．

［4］孙承军．银行代理保险业务存在的问题及建议．吉林金融研究，2011（02）．

［5］沈能吟．我国银保合作发展模式研究．武汉理工大学硕士论文，2005．

［6］孟可．论我国银行保险合作模式的发展方向．吉林大学硕士论文，2006．

［7］邓雄鹰．银行担保保险出钱银保合作债权计划创新频现［N］．21世纪经济导报，2012-11-16．

［8］银保合作业务模式存在的问题、风险及建议．中国网：http://finance.china.com.cn/roll/20130717/1647580.shtml.2013-07-17.

［9］保监会出台两个监管新规 预警县级融资平台［N］．上海证券报，2014-05-30．

第七章　银基合作业务法律风险防范

第一节　银基合作概述

一、基金概述

(一) 基金的概念

基金 (fund) 有广义和狭义之分,从广义上说,基金是指为了某种目的而设立的具有一定数量的资金,信托投资基金、公积金、保险基金、退休基金,各种基金会的基金都可称为基金。从狭义上讲,基金主要是指证券投资基金。

(二) 基金的种类

根据不同标准,可以将证券投资基金划分为不同的种类:

1. 根据基金单位是否可增加或赎回,可分为开放式基金和封闭式基金。开放式基金不上市交易 (这要看情况),通过银行、券商、基金公司申购和赎回,基金规模不固定;封闭式基金有固定的存续期,一般在证券交易场所上市交易,投资者通过二级市场买卖。

2. 根据组织形态的不同,可分为公司型基金和契约型基金。通过发行基金股份成立投资基金公司的形式设立的基金,通常称为公司型基金;由基金管理人、基金托管人和投资人三方通过基金契约设立的基金,通常称为契约型基金。我国的证券投资基金均为契约型基金。

3. 根据投资风险与收益的不同,可分为成长型、收入型和平衡型基金。

4. 根据投资对象的不同,可分为股票基金、债券基金、货币市场基金、期货基金等。

(三) 我国基金的发展过程、现状

投资基金起源于英国,却盛行于美国。第一次世界大战后,美国取代了英国成为世界经济的新霸主,一跃从资本输入国变为主要的资本输出国。随着美国经济运行的大幅增长,日益复杂化的经济活动使得一些投资者越来越难于判断经济动向。为了有效促进国外贸易和对外投资,美国开始引入投资信托基金制度。

我国的投资基金起步于 1998 年,经中国证监会批准,当时新成立的南方基金管理公司和国泰基金管理公司分别发起设立了规模均为 20 亿元的两只封闭式基金——基金开元和基金金泰,此举宣告了中国证券投资基金正式走上了中国资本市场的历史舞台。十几年来,基金已从出道时的游资炒作对象发展到现在在资本市场上占举足轻重地位的

资本类型。

2013 年，89 家基金公司合计管理资产规模 4.23 万亿元，较 2012 年增长 17.5%，其中，非公募业务规模达到 1.28 万亿元，较 2012 年的 7564.52 亿元增长 69.21%，涨幅惊人。截至 2014 年 6 月底，我国境内共有基金管理公司 93 家，其中合资公司 48 家，内资公司 45 家；取得公募基金管理资格的证券公司 3 家；管理资产合计 51240.77 亿元，其中管理的公募基金规模 36118.22 亿元，非公开募集资产规模 15122.55 亿元。[①]

中国经济持续快速增长，居民收入稳步提高，客观上为基金市场拓展业务提供了巨大的发展空间。较长一段时期以来，我国经济持续快速发展，国民人均收入水平不断提高，居民家庭金融资产及可支配收入快速增加。基金行业的迅速发展，有利于拓宽普通居民的投资渠道，通过将存款委托给由专业投资人员组成的基金管理团队管理，使不具备专业知识和技能的普通居民能够享受到股票市场增长带来的利益，同时避免承担过大的风险。尽管目前基金已成为中国居民金融资产的第二大选择，但比起庞大的储蓄，规模依然十分有限，因此我国基金产业仍有很大的发展潜力和空间。

二、银基合作的背景

银基合作，顾名思义就是银行与基金在某些业务上的合作，是货币市场与资本市场一定程度上的融合。银基合作是提升我国金融体系竞争力、提高我国金融市场化程度、顺应商业银行和资本市场自身发展需要的必然趋势，是进一步加强金融对实体经济的促进作用的必然要求。

银基合作业务产生的背景是，2011 年下半年银监会叫停了银信合作后，银证合作如火如荼地开展起来。而 2012 年许多基金公司新设的子公司，开始谋求从券商手中分得一杯羹。基金子公司的各类业务中，通道业务目前规模最大。

银基合作的通道业务，是指银行用理财资金购买基金子公司的专户资管计划，而专户仅投向银行授信客户的活动。在该业务中，基金公司只承担交易通道的开设工作，如账户开立、银行间市场交易资格开立等，客户、账户管理均无需基金公司负责。

三、银基合作的优势

（一）基金子公司受到的监管较为宽松

作为新生事物，基金子公司最大的优势就在于不受管控。与信托公司和券商资管相比，《证券投资基金管理公司子公司管理暂行规定》只对基金公司子公司的注册资本有限制（不低于 2000 万元），并没有对业务提出风险资本和净资本的对照概念。由于没有资本金限制、成本低，基金子公司在通道业务上占据优势地位。在银信合作、银证合作受到限制的当下，基金子公司更是被视为"香饽饽"。与信托公司的审批事前报备的机制相比，基金子公司的审批机制灵活得多。据了解，基金子公司审批机制为事后报备，风控权限下放到各家公司，而且基金资管对于 300 万元以上不受人数限制，也不用代扣代缴个税。

---

① 2014—2018 年中国基金业投资分析及前景预测报告.

（二）基金子公司有全牌照职能，银行可以通过基金子公司投资于更广泛的领域

基金子公司有全牌照职能，包括股权方面的信息，这也是银行所看重的。基金可以对接股权收益权的业务。基金子公司的业务非常宽泛，"银基合作"不应局限于利润微薄的票据业务，与基金的合作事实上已经可以从虚拟经济领域延伸至实体经济领域。银基双方可合作设立专项资产管理计划，帮助高端客户参与非上市股权、债券或其他收益权的专项资产管理计划，从而间接为其提供差异化的理财服务。甚至银行可以通过贷款的方式为证券投资基金旗下的货币市场基金产品和理财债券类基金产品提供清算类资金的流动性支持，以增强基金公司相关产品的流动性和竞争力。

做类信托业务和通道业务并不是基金公司的优势，其优势还是在证券市场上。对于庞大的证券市场，投资者的需求是多方面的，能创设的股权、债权、收益权项目是很多的。

（三）银基合作可以解决当前银行理财业务的瓶颈

现在各家银行的理财产品发展到这一阶段，也希望能够做出自己的特色，做大自己的规模。当然各家银行大小不同、规模不同，但从结构收益水平上没有太大差别。我们所熟悉的传统对接领域——准信贷类的资产业务，目前已经遇到行业发展瓶颈。除了传统的商业银行理财产品之外，银行希望对应一些新的投资项目。恰恰基金公司和资产管理公司有这个能力，通过资产管理公司的合作能够引入新的投资项目，这对银行来讲是非常看重的。

（四）银行的理财产品将逐渐基金化

商业银行理财产品过去虽然在自己所擅长的高收益资产上取得一些成效，但银行还需要向基金公司学习。现在的趋势是理财产品基金化，这应该是商业银行需要借鉴的，银行可以通过银基合作来实现优势互补。理财产品基金化后，可以按照它的净值分配收入，使投资收益结果更加透明，避免了监管部门一直所担心的利益输送和"庞氏"骗局等等。

第二节　银基合作的业务模式

一、基金托管

（一）基金托管的概念

证券投资基金是依据信托原理建立起来的一种投资组织。因此，基金管理公司必须保证基金资产的独立性和完整性，不得将自身资产和其他基金资产混合使用。为了保证基金资产的独立性和完整性，取得投资大众的信任，在基金运作中引入了基金托管人，由其负责基金资产和账册的保管，基金运作合法合规性的监督等。

基金托管是指商业银行接受基金管理人的委托，为基金持有人的利益，保管基金资产，监督基金管理人日常投资运作的行为。基金托管人独立开设基金资产账户，依据管理人的指令进行清算和交割，保管基金资产，在有关制度和基金契约规定的范围内对基金业务运作进行监督，并收取一定的托管费。

（二）基金托管人的资格

根据《证券投资基金托管资格管理办法》的规定，申请基金托管资格的商业银行，应该具备"最近 3 个会计年度的年末净资产均不低于 20 亿元人民币，资本充足率符合监管部门的有关规定；最近 3 年无重大违法违规记录"等条件。按照这一准入门槛，国内全国性股份制商业银行和部分规模较大的城市商业银行均有可能成为基金托管银行。

（三）基金托管人的职责

基金托管人代表投资者与基金管理人签订信托契约、保管基金资产并负责监督基金经理人对基金资产的运作。

基金托管银行通常由具备一定条件的商业银行等专业性金融机构担任，主要职责一般包括：（1）安全保管基金资产；（2）执行基金管理人的划款及清算指令；（3）监督基金管理人的投资运作；（4）复核、审查基金管理人计算的基金资产净值及基金价格等。

在实务环节上，托管人对管理人的自主交易行为范畴内的投资运作实际上无法监督。

（四）基金托管业务流程

流程分为四个阶段：（1）签署基金合同；（2）基金募集；（3）基金运作；（4）基金终止。

二、银基合作的专项资产管理计划

根据证监会的规定，基金的专项资产管理计划特指投资于"未通过证券交易所转让的股权、债权及其他财产权利"和"中国证监会认可的其他资产"的特定客户资产管理计划。"未通过证券交易所转让的股权、债权及其他财产权利"的表述十分宽泛，使专项资产管理计划的投资范围覆盖了几乎所有的融资方式，可以做到从实体经济需要出发，集合社会资本，投资实体资产，服务实体经济。"中国证监会认可的其他资产"则为未来的发展提供了空间，实物商品、房地产等一旦得到证监会的许可，即可纳入投资范围。专项资产管理计划是最近三年最火爆的融资工具，也是高端投资者最欢迎的金融产品。不过，从现有法律规定来看，专项计划更为灵活，是受限制最少的合法融资工具之一。

（一）对投资者的限制少

专项计划和信托对单笔投资 300 万以上的客户均不限制。但对于 300 万以下的客户，在投资人数方面，专项计划可以接受 200 人，而信托只能接受 50 人，为专项计划的 1/3。

（二）对投资项目暂无限制

证监会目前对专项计划的投资标的没有限制，而银监会对信托行业的投资有多种限制和要求。银监会的限制可能是对业务合作方的限制，例如 2010 年银监会规定"融资类银信理财合作业务余额占银信理财合作业务余额的比例不得高于 30%"，大幅压缩了信托与银行合作的空间；也可能是某个投资类别的限制，例如为了规范房地产信托，银监会在 2010 年初至 2012 年 9 月下发了《中国银监会办公厅关于信托公司房地产信托业务风险提示的通知》等文件，对信托涉及房地产的业务范围、项目资质、产品结构、项目报备等提出了各方面的要求。

（三）对资本金要求低

证监会目前对专项计划没有明确的资本金要求，只是规定必须成立专门的子公司开展专项资产管理业务，子公司的注册资本金不低于 2000 万元。相比之下，银监会在 2010 年即下发了《信托公司净资本管理办法》，规定信托公司净资本不得低于 2 亿元人民币，且不得低于各项风险资本之和的 100% 和净资产的 40%。银监会在 2011 年又下发了《信托公司净资本计算标准有关事项的通知》，对信托公司的净资本管理提出了全面的要求。

总而言之，基金公司的业务将从以二级市场投资为主、以长期存续的基金为核心的传统格局，转向上市资产与非上市资产并重、长期存续型产品与到期兑付型产品并存的新业务格局。专项资产管理计划既为企业发展提供了新的融资渠道，也为投资者资产保值增值提供了更丰富的选择。

（四）基金子公司成立情况

中国证监会分别于 2012 年 9 月 26 日发布了《基金管理公司特定客户资产管理业务试点办法》，于 2012 年 10 月 29 日发布了《证券投资基金管理公司子公司管理暂行规定》。截至 2013 年 12 月底，共有 62 家基金子公司专户获批，合计注册资本为 29.65 亿元。[①]

三、银行代销基金产品

（一）概述

银行代销基金业务，是指银行接受基金公司的委托，签订书面代销协议，代为销售基金产品，受理客户相关交易申请，同时提供配套服务并依法收取相关手续费的一项代理类中间业务。在该业务中，基金产品的经营主体为基金公司，因此，在银行代销基金业务中，基金产品的设计、投资、管理及后续服务均由基金公司负责。但银行作为代理销售机构，有责任管理好销售人员。银行的义务包括要求销售人员持证上岗、做好投资人风险承受能力评估、做好合规销售、避免销售误导，并为投资者提供良好的后续服务等。

（二）流程

投资人在银行购买基金产品，基本流程如下：首先客户需出示合法有效证件，之后进行风险承受力测评和产品适合度评估，填写业务凭证，选择符合自身风险等级的基金保险产品，在业务凭证上亲笔签名。客户购买时需要提供正确有效的相关信息，阅读知晓有关风险提示、业务须知、投资人权益须知等资料，并如实填写银行提供投资人风险承受能力测评问卷，银行将据此推荐相应风险等级的基金、保险产品，若投资人超风险购买，则需要进行产品适合度声明才能购买。

---

① 2013 基金子公司年度报告.

第三节　银基合作相关的法律、法规和规范性文件

一、《中华人民共和国证券投资基金法》

2012 年 12 月 28 日，第十一届全国人大常委会第三十次会议审议通过了修订后的《中华人民共和国证券投资基金法》（以下简称《新基金法》），《新基金法》将于 2013 年 6 月 1 日正式实施。

（一）主要修改内容

1. 适当扩大调整范围，规范私募基金运作，统一监管标准，防范监管套利和监管真空，优化机构投资者结构。《新基金法》明确了"公开募集"与"非公开募集"的界限，将私募基金作为具有金融属性的金融产品纳入规制范围，并针对其资产规模小、客户人数少、风险外溢弱等特点，在基金合同签订、资金募集对象、宣传推介方式、基金登记备案、信息资料提供、基金资产托管等方面，设定与公募基金明显不同的行为规范和制度安排，实施适度、有限的监管。同时，按照功能监管的理念，统一金融机构私募基金业务的执业规则和监管要求，对名为公司或者合伙企业、实为私募基金的机构，适用相同的监管标准。

2. 以放松管制、加强监管为导向，促进公募基金向财富管理机构全面升级转型。一方面，《新基金法》立足于推动业务创新、提升行业活力和竞争力，在市场准入、投资范围、业务运作等方面为公募基金大幅"松绑"：一是简政放权，大幅弱化行政审批，减少对基金管理人的任职核准项目，取消基金托管人的任职核准，取消基金管理人设立分支机构核准、5% 以下股东变更核准，以及变更公司章程条款审批等项目，将基金募集申请由须做出实质性判断的"核准制"，改为仅需做合规性审查的"注册制"；二是从主要股东的资质等方面，降低基金管理人的市场准入条件，允许基金管理人通过专业人士持股等方式，强化激励约束机制；三是在控制风险的基础上，扩大基金财产的投资范围，适当放松基金关联交易和从业人员买卖证券的限制；四是为合伙制基金管理人、保险资产管理公司等金融机构及符合条件的私募基金管理人从事公募业务，商业银行之外的其他金融机构从事基金托管业务，留足法律空间。这些新规定充分体现了财富管理行业的特点，有利于鼓励引导民营资本进入金融服务领域，有利于基金管理人建立长效激励约束机制以及经营管理团队的稳定，也有利于树立长期投资、价值投资理念，促进公募基金向财富管理机构发展。

3. 以市场化为重点，促进中介服务机构和行业自律的作用发挥，强化市场自我规范、自我调整和自我救济的内在约束机制。一是健全基金治理结构。针对基金份额持有人的利益代表机制较为薄弱，基金管理人、基金托管人同时承担对基金份额持有人负责和对其股东负责的双重责任等特点，《新基金法》补充了基金份额持有人大会的"二次召集"制度，有效解决了作为集体行动机制的基金份额持有人大会召集难度大、成本高等问题，能更好地发挥其监督约束基金管理人、基金托管人的作用。同时，参照公司治理的机制和有限合伙企业的运行机制，允许基金份额持有人大会设立常设机构，增加

部分基金份额持有人作为基金管理人并承担无限连带责任的规定，促进基金组织形式的多元化，更好地发挥基金相关主体的内在约束制衡功能。二是发挥中介机构的作用。《新基金法》完善了基金销售机构、基金份额登记机构、律师事务所、会计师事务所等机构的监管规定，补充了基金销售支付、估值、投资顾问、评价、信息技术系统服务等机构的监管规定，明确其市场准入、行为规范和法律责任，确认了基金销售结算资金、基金份额等投资者资产的独立性和安全性。

（二）《证券投资基金法》修改后，银行应注意的问题

《证券投资基金法》修改后，银行应及时调整相关业务规则，并特别注意以下问题：

1. 审慎履行托管职责，防控托管业务风险。《新基金法》仍延用了原来的表述，要求基金管理人和基金托管人对因共同行为给基金财产或基金份额持有人造成的损害，应当承担连带赔偿责任。鉴于此，银行在开展证券投资基金托管业务时，应注意采取必要措施防范相关法律风险：一是审慎选择纳入合作范围的基金管理人，选择市场信誉良好、内部控制严格，没有重大违法违纪记录的基金管理人作为合作对象。二是在遵守法律和监管规定的前提下，尽可能在基金合同与托管协议中明确基金托管人和基金管理人的责任分担。三是修订完善托管业务管理办法及相关内控制度，修改证券投资基金相关格式合同。

2. 进一步规范证券投资基金销售业务，重视产品风险提示。《新基金法》第一次从法律层面规定了基金销售机构的风险提示义务，要求"基金销售机构应当向投资者充分提示投资风险，并根据投资人的风险承担能力销售不同风险等级的基金产品"，并明确了销售机构违反此义务的处罚措施。

3. 积极利用新规则，拓展基金估值外包、基金份额登记等创新业务。在原《基金法》机制下，商业银行一般仅提供托管和销售服务。但是，《新基金法》规定，证券投资基金的服务机构还包括份额登记、估值和投资顾问等机构，且并没有禁止商业银行提供上述服务。这为商业银行拓展新业务提供了空间，商业银行可以利用自身在支付网络、业务系统以及会计核算等方面的优势，为证券投资基金的销售支付、份额登记、估值提供服务。

二、中国证监会《证券投资基金管理公司管理办法》及其配套规则

为了进一步加强对基金管理公司（以下简称基金公司或者公司）的监督管理，规范公司及股东行为，完善公司治理，保护基金份额持有人及相关当事人的合法权益，中国证监会结合近年来基金行业发展和监管的实践，对《证券投资基金管理公司管理办法》（以下简称《管理办法》）及《关于实施〈证券投资基金管理公司管理办法〉若干问题的通知》（以下简称《实施通知》）进行了修订，于 2012 年 9 月 20 日发布了修改后的《证券投资基金管理公司管理办法》。

（一）修订背景

作为《证券投资基金法》的配套规则，《管理办法》及《实施通知》自 2004 年 10 月实施以来，对于推动基金公司规范发展起到了重要的作用。近年来，基金业的内外部

环境发生了重大变化，《管理办法》及《实施通知》的部分规定已经不能完全适应形势发展的需要，亟需适时予以调整和完善。主要表现为：一是股东资格条件过严，行业准入门槛过高，限制了外部资源的进入，不利于市场竞争和行业发展；二是基金股东持股比例限制过严，基金公司组织形式单一，股东强力支持公司发展的动力不足；三是基金公司股东、实际控制人的行为有待进一步规范，存在股东不当干预和公司内部人控制现象，公司治理亟待完善；四是基金公司的经营范围、经营模式、业务规范、运作机制有待进一步明确和完善；五是市场的发展需要监管部门继续弱化行政许可，强化综合监管，完善相关监管措施，提高监管的有效性和威慑力。

（二）修订的主要内容

1. 简化审批，取消部分行政许可项目。根据近期行政审批项目调整的要求，对《管理办法》中涉及的部分行政许可项目进行了调整：

一是取消对持股5%以下股东的审核，优化准入政策，推进基金公司股权多元化。现行《管理办法》对基金公司股东资格条件要求较高。随着市场发展，过高的股东资格条件妨碍了市场的充分竞争，也加剧了民间投资融资的难题。修订后的《管理办法》参照证券公司、期货公司监管经验，将非主要股东区分为两类：持股5%以上的非主要股东和持股5%以下的非主要股东。对于后一类股东，不再设定资格条件，对其变更也不再审核，改为事后备案。取消持股5%以下股东的资格条件，可以便利民间资本进入基金行业，健全资本约束、推进股权多元化，并可为今后专业人士持股以及基金公司上市预留法律空间，充分发挥资产管理行业人力资本的积极作用（修订《管理办法》第十七条、第六十五条）。同时，为防止非主要股东通过分散持股规避监管部门对持股5%以上股东的审核，拟要求有关联关系的股东持股比例合计超过5%的，仍需进行审核（修订《实施通知》第一条第四项）。

二是取消了变更基金公司名称、住所、股东同比例增减注册资本等行政许可项目；将修改章程审核变更为变更公司章程重要条款审核，取消对变更章程一般条款的审核等（修订《管理办法》第六十五条）。

2. 取消主要股东持股比例和关联持股限制，鼓励主要股东为公司提供持续有力的支持，同时加强董事会、监事会建设，完善公司治理，避免同业竞争。现行《管理办法》及《实施通知》要求，内资基金公司主要股东的持股比例不得超过49%，且股东之间不得有关联关系，但合资基金公司中方股东的持股比例不设上限。相对控股的股权结构容易产生内部人控制问题，而且由于主要股东无法对基金公司形成绝对控股，大大影响了主要股东对基金公司提供持续有力支持的积极性。一些主要股东出于获取控股权考虑而引入境外股东走合资道路，也容易造成合资理念的扭曲。为此，本次修订拟放宽内资公司主要股东的持股上限、取消关联股东持股的限制，即取消内资公司主要股东持股比例不超过49%的规定，允许基金公司股东之间相互持股或者有其他关联关系。同时，为保证主要股东在基金公司的地位，拟要求有关联关系的非主要股东的持股比例，合计不得超过主要股东及其关联股东的持股比例；所有持股5%以下股东的持股比例合计不得超过主要股东的持股比例（《实施通知》第一条第四项）。

为防止主要股东一股独大后带来的问题，拟在放开主要股东持股比例上限的同时，在公司治理方面做出相应安排，强化基金公司董事会和监事会建设，强化权力制衡。对单个股东或者有关联关系的股东合计持股比例在 50% 以上的，在现有独立董事不少于董事会人数三分之一的基础上，明确与上述股东有关联关系的董事不得超过三分之一（修订《管理办法》第四十三条第三款）。强化监事会建设，要求监事会应当包括股东代表和公司职工代表，其中职工代表的比例不得少于监事会人数的 1/2。不设监事会的，执行监事中至少有 1 名职工代表（修订《管理办法》第四十七条第二款）。此外，为增强董事会决策的专业性，拟要求基金公司的总经理必须为公司董事（修订《管理办法》第四十三条第三款）。

3. 延长主要股东持股锁定期，强化监管措施，进一步规范股东、实际控制人行为。从基金行业发展的实践来看，股权不稳定是基金公司治理方面存在的突出问题，一些股东参股或者设立公司还存在盲目性，短期炒卖股权的现象较为普遍。与证券公司控股股东 5 年锁定期的要求相比，目前基金公司股东 1 年的持股锁定期要求过短，不利于形成长期投资理念。因此，本次修订拟将主要股东的持股锁定期由 1 年延长为 3 年，引导股东形成长期投资的理念。同时，随着主要股东持股比例的放宽，可以取消股东出让股权未满 3 年不受理其设立基金公司或受让股权申请的限制，进一步发挥市场约束机制的功能（修订《管理办法》第四十条第三款）。

4. 丰富组织形式，明确设立专业子公司和业务外包的要求。目前我国基金管理人的组织形式较为单一，全部为有限责任公司形式，更没有基金公司上市。出于丰富基金公司的组织形式、为未来基金公司上市预留空间的考虑，本次修订将现行《管理办法》中诸如"出资比例"、"处分出资"等特指有限公司的表述，调整为"持股比例"、"处分股权"等有限公司、股份公司均可适用的表述。同时删掉了"自然人参股基金管理公司、基金管理公司采用股份有限公司形式的具体管理办法，由中国证监会另行规定"的相关条款，自然人参股基金公司、基金公司采用股份有限公司形式的，均可以按照修订后《管理办法》的规定办理。

目前我国的基金公司采取的都是"大而全"的经营模式，前、中、后台业务需要大量投入，公司承担了较重的负担。此外，有部分基金公司拟通过设立专业子公司开展一些风险相对较高的业务，但缺乏明确的制度安排。为进一步增强行业活力，拓展行业发展空间，鼓励基金公司开展差异化、专业化的市场竞争，有效隔离业务风险，本次修订增加了允许基金公司设立专业子公司、将部分业务进行服务外包的条款。基金公司可以设立控股子公司专门从事特定客户资产管理、基金品种开发、基金销售、客户服务等与基金公司经营范围相关的业务。

5. 丰富监管手段，强化监管措施，有效防范风险，维护基金持有人利益。一是建立公司风险控制指标监控体系、监管综合评价体系，有效防范潜在风险。二是增加相应监管措施，丰富监管手段，提高监管威慑力。

6. 加强业务规范，引导公司合规稳健运行。针对当前基金公司运作中存在的薄弱环节和重点问题，本次修订在总结近年来监管经验的基础上，主要从以下几个方面提出了新的要求：一是强化稳健经营理念，防止盲目追求规模扩张和短期盈利（修订《管理办法》第五十条）。二是明确董事会对经营管理人员的考核要求，引导关注基金长期投资业绩、公司合规和风险控制等维护基金份额持有人利益的情况（修订《管理办法》第43条第2款）。三是贯彻"小金库"专项治理工作的部署，提高基金公司的财务规范程度（修订《管理办法》第57条）。四是强化行业信息化建设，健全行业信息安全的基础制度（修订《管理办法》第54条）。五是加强人才队伍建设，推动行业的长期健康发展（修订《管理办法》第55条）。

三、中国证监会《证券投资基金管理公司子公司管理暂行规定》

2012年10月29日，中国证监会公告〔2012〕32号公布《证券投资基金管理公司子公司管理暂行规定》（以下简称《暂行规定》）。该《暂行规定》分总则、子公司的设立、子公司的治理与运营、监督检查4章39条，自2012年11月1日起施行。

（一）主要内容

1. 本规定所称子公司是指依照《公司法》设立，由基金管理公司控股，经营特定客户资产管理、基金销售以及中国证监会许可的其他业务的有限责任公司。基金管理公司设立子公司应当充分考虑自身的财务实力和管理能力，全面评估论证，合理审慎决策，不得因设立子公司损害基金份额持有人的利益。

2. 经中国证监会批准，基金管理公司可以设立全资子公司，也可以与其他投资者共同出资设立子公司。

参股子公司的其他投资者应当具备下列条件：

（1）在技术合作、管理服务、人员培训或者营销渠道等方面具备较强优势。

（2）有助于子公司健全治理结构、提高竞争能力、促进子公司持续规范发展。

（3）最近3年没有因违法违规行为受到重大行政处罚或者刑事处罚。

（4）没有因违法违规行为正在被监管机构调查，或者正处于整改期间。

（5）具有良好的社会信誉，最近3年在金融监管、税务、工商等部门以及自律管理、商业银行等机构无重大不良记录。

（6）中国证监会规定的其他条件。

3. 基金管理公司设立子公司应当以自有资金出资，子公司的注册资本应当不低于2000万元人民币。基金管理公司设立子公司应经中国证监会批准。

4. 基金管理公司不得利用其控股地位损害子公司、子公司其他股东或者子公司客户的合法权益。基金管理公司与其子公司、受同一基金管理公司控制的子公司之间应当建立有效的风险隔离墙制度，防止可能出现的风险传递和利益冲突。

5. 在维护子公司独立法人经营自主权的前提下，基金管理公司应当加强与子公司的业务协同和资源共享，建立覆盖整体的风险管理和内部审计体系，提高整体运营效率和风险防范能力。

6. 子公司不得直接或者间接持有基金管理公司、受同一基金管理公司控股的其他子公司的股权，或者以其他方式向基金管理公司、受同一基金管理公司控股的其他子公司投资。

7. 子公司有下列情形之一的，应当停止办理新的特定客户资产管理、基金销售等业务，并依法妥善处理客户资产：（1）基金管理公司所持子公司股权被司法机关采取诉讼保全等措施；（2）基金管理公司被采取责令停业整顿、指定托管、接管、撤销等监管措施或者进入破产清算程序；（3）对子公司运作产生重大不良影响的其他事项。

（二）对《暂行规定》的评析

《基金管理公司特定客户资产管理业务试点办法》拓宽了专户的投资范围，对从事专项资产管理业务的，要求基金管理公司设立子公司从事此项业务，修订的《证券投资基金管理公司管理办法》也对基金管理公司设立子公司做出了原则性规定。《暂行规定》就是根据上述法律、法规的规定设立的。

考虑到基金公司设立子公司尚处于起步阶段，子公司的经营范围以基金相关业务为主、采取最常见的有限责任公司组织形式为宜。为此，《暂行规定》将子公司定义为"由基金管理公司控股，经营特定客户资产管理、基金销售以及中国证监会许可的其他业务的有限责任公司"。

对基金公司与子公司间可能出现的关联交易，《暂行规定》要求基金公司建立关联交易管理制度，规范母子公司间的关联交易行为。发生关联交易的，应当履行必要的内部程序并在相关信息披露文件中及时进行详细披露。基金管理公司与子公司之间不得存在损害基金份额持有人利益或者显失公平的关联交易。

为避免相互持股带来的虚增资本等问题，《暂行规定》要求子公司不得直接或者间接持有基金公司、受同一基金公司控股的其他子公司的股权，或者以其他方式向基金公司、受同一基金公司控股的其他子公司投资。

此外，上述负责人还透露，下一步，证监会还将会同中国证券投资基金业协会制订基金管理公司子公司运营、风控等方面的业务指引，加强子公司人员管理培训，切实推动子公司守法经营、规范运作、做优做强。

四、中国证监会《基金管理公司特定客户资产管理业务试点办法》

2012 年 9 月 26 日，中国证监会正式发布修订后的《基金管理公司特定客户资产管理业务试点办法》（以下简称《试点办法》）及其配套规则，拓宽了基金公司资产管理计划的投资范围，允许其开展专项资产管理业务，取消投资比例限制，进一步放松管制。从中，基金公司似乎又看到了将专户业务纳入"自选动作"的重要价值。

资管业务的"空间争夺"是机构竞争的重要领域，《试点办法》的一大亮点即在于拓宽了基金专户业务的投资范围，为其长远发展提供了生存空间。根据《试点办法》的规定，专项资产管理计划资产可以投资于未通过证券交易所转让的股权、债权和其他财产权利以及证监会认可的其他资产，基金公司未来将可以通过设立专项资产管理计划开展专项资产管理业务；此外，《试点办法》还取消了单个专户投资单只股票不超过专户净值 20% 的限制，以及单个证券不超过 10% 的限制。

事实上，此前基金专户已获准投资商品期货，其投资股指期货的比例亦不受限制，与券商、保险、银行理财、阳光私募相比，基金专户已经是目前市场上监管限制最少的一类资产管理业务。

基金公司可通过专户来积极参与中小企业私募债的投资管理，一方面私募债的风险收益特征与部分专户投资者的偏好相近，另一方面，日益丰富的投资品种，有助于发挥基金专户在产品设计和投资管理上灵活的固有优势。

　　未来基金专户业务基本成为一种可以覆盖整个投资领域，跨证券市场、实物商品市场和权限市场的综合资产管理平台。基金公司可以通过专户理财业务在投资上打通一、二级市场，也可以以更长远的视角投资那些具有潜力和成长性的公司。

　　而修改后的《试点办法》，虽然保留了资产管理计划每季度至多开放一次计划份额的参与和退出的规定，但同时规定为单一客户设立的资产管理计划、为多个客户设立的现金管理类资产管理计划及中国证监会认可的其他资产管理计划则不在限制范围之内。

　　需要指出的是，《试点办法》在为基金专户业务的拓展提供了更为宽广生存空间的同时，也为基金公司设立子公司提供了政策空间。《试点办法》第二章第九条规定，基金管理公司应当设立专门的子公司，通过设立专项资产管理计划开展专项资产管理业务；第二章第十条也规定，基金管理公司开展特定资产管理业务，应当设立专门的业务部门或者设立专门的子公司。一旦投资未上市企业股权、债券和收益类资产之后，专户子公司业务将成为一个新的投融资平台，基金的"准信托"业务或将开闸。

五、中国证监会和中国银监会《证券投资基金托管业务管理办法》

　　中国证监会与中国银监会于2013年4月2日联合发布了《证券投资基金托管业务管理办法》（以下简称《业务管理办法》），自2013年4月2日起施行。此次发布的《业务管理办法》，一方面旨在推进基金托管业务对外开放，通过市场竞争机制进一步提升基金托管服务水平，另一方面，进一步落实基金托管人的受托职责，更好地发挥公募基金托管的制度优势。

　　《业务管理办法》共六章四十二条，主要包括托管业务准入、托管职责履行、托管业务内部控制、托管监督管理等内容。与2004年发布的《证券投资基金托管资格管理办法》相比，主要修订内容有：一是在托管资格准入方面，进一步提高基金托管资格准入的专业化要求，强调托管部门业务的独立性与完整性，同时，允许符合审慎监管要求并具备一定资质条件的在华外资法人银行在获得基金托管资格上享受与中资银行同等权利，进一步促进基金托管的市场化竞争。二是在托管资格后续管理方面，建立托管资格退出机制，对于缺乏业务发展战略、长期不开展基金托管业务，或者出现严重违规的托管银行，将依法取消托管资格。三是进一步落实基金托管人的共同受托职责，通过在法规上明确细化托管人各项法定职责，强化托管业务的内部控制要求，使基金持有人权益得到最大程度的保障，同时，鼓励基金托管人拓宽服务内容，积极开展增值服务与新兴服务，不断提升服务水平与服务质量。为了与新《基金法》相配套，《业务管理办法》所规范的托管人职责要求适用于境内依法设立的商业银行及其他金融机构。对于非银行金融机构的准入审核，中国证监会已于3月15日发布《非银行金融机构开展证券投资基金托管业务暂行规定》，作为新《基金法》的配套规则，对非银行金融机构申请基金托管资格的条件和许可程序进行具体规范。

第四节 银基合作案例

一、银基合作的信贷资产专项管理计划

基金子公司具有全牌照职能，银行与信托、证券、保险、租赁的合作几乎都可以转变成银基合作，甚至上述机构不能做的业务（如投资非上市公司股权），也可以通过银基合作完成。

银基合作的专项资产管理计划的交易结构大同小异，只不过是标的物有所不同。下面以银基合作的银行信贷资产转让为例，揭示银基合作的资产管理计划，其交易结构设计如图 7-1 所示。

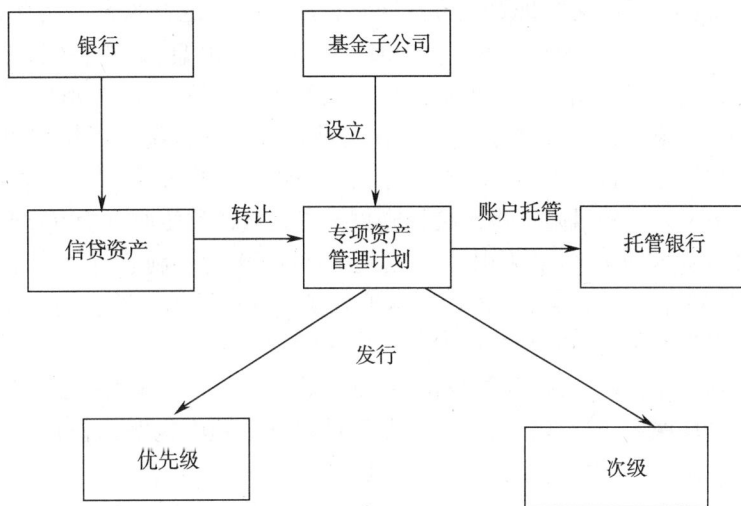

图 7-1 银基合作资产管理计划交易结构图

操作流程：

1. 基金子公司设立信贷资产专项资产管理计划。

2. 基金公司聘请托管银行为基金托管人。

3. 专项资产管理计划对外发行基金，募集资金。基金分为优先级和次级。

4. 专项资产管理计划用所募集资金收购银行所持有的信贷资产。

5. 信贷资产出表，银行收购资金。

二、刘克华诉兴业银行股份有限公司上海武宁支行等未尽风险提示义务证券投资基金交易纠纷案[①]

（一）本案当事人

原告（上诉人）：刘克华

---

① 人民法院案例选.2010 年第四辑.人民法院出版社.

被告（被上诉人）：兴业银行股份有限公司上海武宁支行

被告（被上诉人）：兴业银行股份有限公司

（二）审理法院

一审：上海市静安区人民法院，（2009）静民二（商）初字第 38 号《民事判决书》，2009 年 5 月 22 日。

二审：上海市第二中级人民法院，（2009）沪二中民三（商）终字第 428 号《民事判决书》，2009 年 8 月 7 日。

（三）案情

2007 年 9 月 21 日，原告与被告兴业银行股份有限公司上海武宁支行（以下简称武宁支行）签订《兴业银行 2007 年第七期万利宝——"兴业基金宝"人民币理财协议书》约定，原告参加被告兴业银行股份有限公司（以下简称兴业银行）本期理财计划，接受被告兴业银行提供的投资理财服务。同日，原告按约定将 8.5 万元存到指定账户。2008 年 10 月 10 日，原告提取理财本金 64315.41 元（含利息），存在较大损失。

原告诉称：被告武宁支行工作人员向原告推荐理财产品时夸大预期年收入率。原告因对银行的信任，未细研协议文字内涵，遂与被告武宁支行签订了协议书。协议到期后，被告武宁支行方才告知理财产品存在亏损。一年中，被告武宁支行未采取任何方式让原告悉知真情，未告知风险，也未按约支付投资收益，致使原告投资遭受重大经济损失。故要求被告武宁支行赔偿理财本金损失 20684.59 元、利息（按年息 25% 计算）21250 元；赔偿精神损失 2 万元；诉讼费由被告武宁支行承担。原告向法院提供了协议书、资产管理报告以及历史明细等证据支持自身诉请。

两被告辩称：原告应当认真阅读本产品协议的有关条款，应当认识投资风险，知晓理财产品投资是非保本的。被告武宁支行在签订协议过程中也明确告知了投资的风险、后果，原告的诉讼请求，缺乏依据，应予驳回。

原告起诉时仅列一位被告即武宁支行，审理过程中，法院认为兴业银行与本案存在利害关系，所以追加其为被告参加诉讼。

（四）本案的争议焦点

1. 证券投资基金交易纠纷中如何确定理财产品的协议主体？

2. 客户因未尽审慎注意义务而签订理财产品协议，其投资的风险由谁承担？

（五）法院的判决

一审法院认为，本案被告兴业银行与武宁支行之间为委托代理关系，被告兴业银行为发行人，被告武宁支行代为销售。因为原告、被告兴业银行双方签订的《兴业银行 2007 年第七期万利宝——"兴业基金宝"人民币理财协议书》中，明确表明合同一方为被告兴业银行。此外，被告兴业银行与华泰证券有限责任公司签订的《定向资产管理合同》也证明了被告兴业银行发行人的身份，两被告之间为委托代理关系。因此，因该理财产品产生纠纷，而需对外承担民事责任的主体应为被告兴业银行。在原、被告签订的协议中，有体现风险提示的部分，在该部分里有"本产品为非保本浮动收益型投资产品。投资风险，可能导致客户收益甚至本金遭受损失。本理财计划有投资风险，预期收益率并不代表您一定获得的保证收益，您应仔细阅读本理财协议条款，充分认识投资风险，谨慎投资"。此段文字的陈述，以书面的形式，清晰明确地提示合同相对人应注意投资风险。原告作为一名具有完全民事行为能力的自然人，应对自身的行为负责，其在购理财产品时对相关投资风险应有一个基本的认识。而其没有仔细阅读协议内容，对协议没有充分的认识和理解，应视为是其个人放弃自己的知情权，责任在其自己，由此产生的后果，应由原告自行承担。依照《中华人民共和国合同法》第三十九条第一款、第四十一条、第三百九十六条之规定，于 2009 年 5 月 22 日判决：原告刘克华的诉讼请求，不予支持。案件受理费人民币 848.40 元，由原告刘克华负担。

二审法院经审理认定原审法院确认的事实属实，判决驳回上诉，维持原判。

（六）对本案的评析

本案作为上海市首例证券投资基金交易纠纷，具有一定的典型性。本案的审理难点主要集中于理财产品协议主体、风险提示义务履行两个问题，以下将从这两方面对本案进行更深一步的评析：

1. 确定理财产品协议主体时，应区分发行与代销。本案被告兴业银行与武宁支行之间为委托代理关系，被告兴业银行为发行人，被告武宁支行代为销售。因为原告、被告兴业银行双方签订的《兴业银行 2007 年第 7 期万利宝——"兴业基金宝"人民币理财协议书》中，明确表明合同一方为被告兴业银行。此外，被告兴业银行与华泰证券有限责任公司签订的《定向资产管理合同》也证明了被告兴业银行发行人的身份，两被告之间为委托代理关系。因此，因该理财产品产生纠纷，而需对外承担民事责任的主体应为被告兴业银行。此外，被告武宁支行作为委托代理方在协议上代为盖章确认，就应视为委托人被告兴业银行对协议的确认。

2. 对风险提示义务履行的认定进行形式审查。在原、被告签订的协议中，有体现风险提示的部分，在该部分里有"本产品为非保本浮动收益型投资产品。投资风险，可能导致客户收益甚至本金遭受损失。本理财计划有投资风险，预期收益率并不代表您一定获得的保证收益，您应仔细阅读本理财协议条款，充分认识投资风险，谨慎投资"。此段文字的陈述，以书面的形式清晰明确地提示合同相对人应注意投资风险。另外，协议中还用醒目的黑体字注明"甲方声明：本人已知晓本协议书所述风险，并明确本理财计划为委托代理性质，同意接受本理财计划的投资方案与资产运作方式，愿意承担投资风险，并授权乙方根据该方案进行投资"。相反，原告并无证据证明被告武宁支行在代为销售过程中未尽对客户的风险提示义务。

原告作为一名具有完全民事行为能力的自然人，应对自身的行为负责，其在购理财产品时对相关投资风险应有一个基本的认识。而其没有仔细阅读协议内容，对协议没有充分的认识和理解，应视为是其个人放弃自己的知情权，责任在其自己，由此产生的后果，应由原告自行承担。

原、被告签订《兴业银行 2007 年第 7 期万利宝——"兴业基金宝"人民币理财协议书》是双方在平等、自愿的基础上签订的，是双方真实意思表示，该协议又不违反法律规定，因此是合法有效的，双方当事人均应恪守。原、被告双方系委托理财关系，被告方按双方协议约定履行了义务，原告应对合同约定的后果承担责任。故原告的诉讼请求法院不予支持。

第五节　银基合作业务的法律风险防范

一、银基合作的专项资产管理计划的法律风险防范

（一）银基合作的专项资产管理计划可能出现的法律风险

基金子公司具有全牌照职能，近年来基金子公司的资产管理计划迅猛发展，过去的银信合作有被银基合作所取代的趋势。在银基合作快速发展的同时，银基合作中的法律风险也逐渐暴露，应引起银行的关注。

1. 基金公司管理的资产规模大，但注册资本低，风险相对较大。截至 2013 年 12 月底，共有 62 家基金子公司专户获批，合计注册资本为 29.65 亿元，平均每家的注册资本为 4800 万元。但每家基金子公司管理的资产却有几十亿元甚至上百亿元。由于基金子公司注册资本低、管理的资产多，导致基金子公司风险能力较弱，刚性兑付压力增大。相比信托公司、券商来说，基金子公司在风险、刚性兑付等方面还存在很大问题。基金子公司在开展业务的同时如何控制风险是首先要解决的问题。

2. 基金子公司在项目选择上较为激进。基金子公司在快速发展业务的过程中，风险控制意识还存在不足，且风格较为激进。有一些项目并不符合信托和券商的资管合规的风险要求，特别是一些房地产项目以及地方政府融资平台项目，但是基金子公司却愿意承接，因为基金子公司作为一个后来加入的市场竞争者，也愿意让渡一部分利润以争夺市场。

对信托公司发行的信托产品，市场上一直存在着不成文的"刚性兑付"，同时信托公司对自身的项目不但加强风控，还不断增加注册资本。相对来说，基金子公司大力开展的类信托业务，难以保证刚性兑付，如果爆发信用风险，出现偿还能力问题，依靠基金子公司目前的注册资本很难偿还，对其母公司也会产生影响。在信托危机频频暴发的情况下，基金子公司业务中潜在的风险更是值得警惕。从目前的市场情况来看，不少基金子公司寻找信托当通道，通过把自己的产品嫁接到信托计划上面，利用信托行业的"刚性兑付"，由此来发行产品或拓展市场。

3. 缺乏项目风险研判和项目后期风险管理方面的人才储备。在泛资产管理时代，信托、券商、保险、基金纷纷加入竞争，各个机构都有追求利润最大化、不断开拓业务的需求。基金子公司作为一个后起之秀，风控体系方面还有待完善，在此情况下，盲目扩张可能会引发一定问题。尽管基金子公司可以依靠其母公司的投研团队，但是对于具体项目的风险研判等能力弱于已经发行众多项目的信托公司、证券公司、保险公司。同时，一个项目的风险控制的关键在于项目后期的管理，融资放款之后的管理很重要，倘若不能及时发现风险预警变化，就很难采取有效的防控措施，而基金子公司在项目后期的管理能力上还比较薄弱。资产一旦出现问题，信托公司、证券公司早已建立起了客户资源，可以对不良项目进行紧急处置，基本都可以实现"刚性兑付"。而基金子公司在处理不良资产时可能缺乏相应的资源，如果真的遇到需要刚性兑付的问题，基金子公司的资产可能很难处理。

（二）银基合作的资产管理计划的法律风险防范

1. 利用基金母公司的资源优势，加强风险控制。基金子公司和其母公司在风险控制方面的关系，可以分为母公司完全放权型、母公司强势主导型以及母子公司相互制衡型。母公司完全放权型虽然可以隔离风险，但在基金资管计划发展起步阶段还是不宜采用。基金子公司应当更多地利用母公司的资源优势，加强事前、事后的风险控制。

2. 基金子公司未来应向主动型资产管理转变，在产品创新上应有所突破。基金子公司成立之初就受到广泛关注，由于监管少，基金子公司纷纷开始涉足各类业务范畴，但当时基金子公司做的主要还是通道业务。通道业务可以被称为被动型资产管理计划。

随着业务的发展，基金子公司的业务已逐渐突破了通道业务。基金子公司在未来要想立足，必须开展主动型资产管理业务，在产品创新上有所突破，利用自己的牌照优势，创造出信托、证券、保险所不具有的产品。

基金子公司目前已经做的业务包括银行信贷资产出表、房地产项目融资、地方政府平台项目融资、资产证券化、私募股权投资。我们认为，基金子公司未来的资产管理计划的发展方向为产业基金、地产基金、传统的股票和债券专户、对冲基金、并购类基金、定增类产品、特殊类型基金。

3. 银基合作的资产管理计划应上一个新台阶。在所有的金融资产中，银行的资产无疑是最安全的。基金子公司在业务创新的同时，可以在以下三个方面与银行合作：（1）银行为基金子公司的资产管理计划增信；（2）银行可以为资产管理计划提供资金支持（自有资金或理财资金）；（3）在基金资产管理计划中嫁接银行业务，比如嫁接保理、理财、国内信用证、保函、信贷资产证券化等业务，使基金的资产管理计划更为丰富。

二、基金托管业务的法律风险防范

（一）托管银行应当忠实地履行受托义务

基金托管从本质上来说是一种信托行为。《信托法》第二十二条规定："受托人违反信托目的处分信托财产或者因违背管理职责、处理信托事务不当致使依托财产受到损失的，委托人有权申请人民法院撤销该处分行为，并有权要求受托人恢复信托财产的原状或者予以赔偿。"基金托管人在为投资人的利益履行保管基金资金、监督并执行投资行为指令等职责时，其行为必须符合特定的标准。《证券投资基金法》规定，基金管理人、基金托管人管理、运用基金财产，应当恪尽职守，履行诚实信用、谨慎勤勉的义务。托管银行在办理托管业务过程中，应当严格履行托管协议约定的义务，按照基金管理人的指令进行操作，不得擅自处分托管资金。否则，因违反规定或者基金合同约定给基金财产或者基金份额持有人造成损害的，须依法承担赔偿责任；因基金管理人和基金托管人的共同行为给基金财产或者基金份额持有人造成损害的，应当承担连带赔偿责任。

（二）托管银行应保持基金财产的独立性

《证券投资基金法》对基金财产的独立性进行了详细规定，包括：（1）基金财产独立于基金管理人、基金托管人的固有财产。基金管理人、基金托管人不得将基金财产归入其固有财产。（2）基金管理人、基金托管人因基金财产的管理、运用或者其他情形而取得的财产和收益，归入基金财产。（3）基金管理人、基金托管人因依法解散、被依法撤销或者被依法宣告破产等原因进行清算的，基金财产不属于其清算财产。（4）基金财产的债权，不得与基金管理人、基金托管人固有财产的债务相抵销；不同基金财产的债权债务，不得相互抵销。（5）非因基金财产本身承担的债务，不得对基金财产强制执行。

基金财产作为独立的财产，要求委托人一旦将其财产交付，即丧失对该财产的权利，其不再属于委托人的自有财产，但委托人仍然享有受益权；受托人因受委托取得信托财产的支配权利或管理权利，但只是基金财产的名义权利人，不能享有受益权。因此，《证券投资基金法》要求基金托管人对所托管的不同基金财产分别设置账户，确保基金财产的完整与独立。基金托管人违反规定，未对基金财产实行分账保管，或者将基金财产挪作他用的，将承担相应的法律责任。

（三）托管银行应依法披露基金信息

关于信息披露问题，《证券投资基金法》规定，基金管理人、基金托管人和其他基金信息披露义务人应当依法披露基金信息，并保证所披露信息的真实性、准确性和完整性。基金信息披露义务人应当确保应予披露的基金信息在国务院证券监督管理机构规定时间内披露，并保证投资人能够按照基金合同约定的时间和方式查阅或者复制公开披露的信息资料。

基金托管人应在定期报告内出具托管人意见，说明基金管理人在各重要方面的运作是否严格按照基金契约的规定进行；基金信息披露义务人不依法披露基金信息或披露的信息有虚假记载、误导性陈述或者重大遗漏，给基金份额持有人造成损害的，将面临被处罚的风险。

（四）托管银行不得从事损害基金利益的行为

近年在基金市场上出现了关联交易、利益输送等现象，基金管理人在通过运用基金资产投资的过程中，为了本人或关联主体的利益，从事损害基金投资人利益的行为。我国《证券投资基金法》规定，基金托管人与基金管理人不得为同一人，不得相互出资或者持有股份。中国证监会发布的《关于加强证券投资基金监管有关问题的通知》，再次规定了基金管理人不得利用基金资产为管理公司或基金的发起人谋求利益。而基金关联交易容易出现管理人的违约违规行为，致使投资人利益受损，最终可能产生投资者向托管人追究不尽监督义务的法律风险。

在证券投资基金赔偿的案件中，基金托管人易成为被基金投资者（"基民"）追诉的对象，不仅因为双方存在托管合约，而且因为托管人多为声誉良好的大型银行，比较顾及社会形象，故"基民"较易获得赔偿。因此，作为基金托管人，一方面需正确履行监督职责，即时消除基金管理人和内部自身的操作风险；另一方面在起草基金托管合同条款时需慎重，否则一旦出现致损事件，托管人将承担相应的履约责任。

（五）重视对基金管理人的审查，防止利用基金进行非法集资

事实上，以私募投资基金为幌子骗取投资者资金的非法行为已不止一例，如北京中鼎鑫公司非法发行基金案。私募与公募相比，缺少一个公开的平台，也缺少公众和监管

机构的监督，因而必然会出现不法之徒以此为名骗取资金的现象。

因此，在接受基金管理人托管之前，一方面应当全面分析该项基金，包括目标企业的总体发展、合格投资者的资信情况；另一方面还应注重对基金管理人资格考查和信用度的考查，最大限度防范基金管理人的违约风险和资金募集的合规风险。

三、银行代销基金产品中的法律风险防范

（一）银行要如实告知投资人基金产品是银行代销的产品，不是银行自己发行的产品

在代销业务中，银行与基金管理人之间是委托代理关系，银行是基金管理人的代理人。

投资人之所以在银行购买基金产品，多数情况下是相信银行的信誉，投资人甚至误认为该产品是银行发行的理财产品。银行在代销基金产品时，一定要告知投资者，该款产品是基金产品，银行只是代销，不是银行自己发行的产品，银行不承担盈亏责任，最终由基金公司承担法律责任。

（二）银行在代售基金产品时应有的提示

银行在代销基金产品时，应该对客户进行以下提示：（1）投资风险。基金是投资产品，投资人既可能分享投资所产生的收益，也可能会面临投资亏损，甚至损失较多本金。（2）管理风险。银行是基金的代理销售机构而非基金产品的经营主体，产品的设计、投资、管理和后续服务等均由基金公司承担，客户应在购买前充分了解产品所属基金公司的情况，避免基金公司经营不善带来的投资亏损。（3）交易风险。银行是代理销售机构，将把客户的买卖交易申请送给基金公司进行确认，只有基金公司认可的交易才能成功，因此有可能存在客户在银行提交的申请被基金公司确认失败的可能，客户应及时查询交易结果。（4）告知风险。投资人务必确保购买前填写的所有资料应正确有效，确保在相关业务凭证上亲笔签字，否则有可能影响产品的投资有效性或对产品利益产生影响。（5）合规风险。通过正确的基金交易密码提交的任何交易申请行为均为有效行为。投资人如遗失、被盗、泄露基金交易密码可能导致交易申请不能正常进行或被他人冒名操作等风险出现。（6）系统风险。因不可抗力或系统不可预测、不可控制之因素可能造成客户无法正常进行相关交易的风险。

（三）客户要在风险提示书上亲笔签字确认

对于风险提示的内容，不仅要口头告知客户，必要时还需由客户自己亲笔抄写一遍，并签字确认。

（四）妥善处理代销基金产品争议案件

由于基金产品良莠不齐，近期出现了多起银行代销基金产品争议案件。

在这类案件中，银行很容易成为"基民们"追诉的对象，"基民们"认为他们是从银行手里买的基金产品，银行理所当然要对产品负责。而且，基金一旦出了问题，基金管理公司可能早已逃之夭夭了，"基民"也只能来找银行。由于"基民"人数众多，经常形成集体性事件。

银行在代销基金产品时，对出现问题后的处置方案要有预案，在签订代销协议时，

基金公司要交纳保证金或者提供担保。

参考文献

［1］李可．专项资产管理计划——基金公司的新产品［J］．资本市场，2012
（11）．

［2］王卫国，李化常．商业银行中间业务的法律风险及对策研究．中国政法大学
出版社，2012（12）．

第八章　银租合作业务法律风险防范

第一节　银租合作业务概述

一、我国融资租赁公司的种类、发展现状

融资租赁是一种通过特定程序把资金和设备紧密结合起来的资金融通方式，具有融资功能、财务报表改善功能、加速折旧和减税功能、促销功能等基本功能。目前，融资租赁在国际上已是仅次于银行贷款的第二大融资方式，在发达国家，设备销售 20% 是通过融资租赁来完成的。融资租赁不同于普通的财产租赁，它涉及出租、承租和供货三方当事人，是指由出租方（租赁公司）融通资金，为承租方（企业）提供所需物件，以融物为形式，融资为特征，融资与融物相结合的经济活动。

（一）我国融资租赁公司的种类

目前国内从事租赁业务的有金融租赁公司、融资租赁公司、普通租赁公司等等。这些主体虽名称相近，但经营范围以及风险防范能力却大相径庭。从设立来说，金融租赁公司在成立之初其主要股东有银行，而且需要银监会批准方能设立；融资租赁公司可以是内资也可以是外商投资，需要商务部批准设立。从内部管理来说，金融租赁公司比融资租赁公司的内部风险管控也更严格和科学。以下所称融资租赁公司包括金融租赁公司和融资租赁公司，但不包括普通的租赁公司。

（二）我国融资租赁行业的发展现状

近年来，我国融资租赁产业蓬勃发展，融资租赁公司的数量快速增长。据统计，在融资租赁公司数量方面，截至 2013 年底，全国在册运营的各类融资租赁公司（不含单一项目融资租赁公司）共约 1026 家，比年初的 560 家增加 466 家，增长 83.2%。其中，金融租赁 23 家，增加 3 家；内资租赁 123 家，增加 43 家；外商租赁增加较多，达到约 880 家，增加约 420 家。

在注册资本方面，截至 2013 年 12 月底，整个行业注册资金达到 3060 亿元人民币，比上年底的 1890 亿元增加 1170 亿元，增幅为 61.9%。

在融资租赁业务方面，截至 2013 年 12 月底，全国融资租赁合同余额约为 21000 亿元人民币，比上年底的 15500 亿元增加约 5500 亿元，增长幅度为 35.5%。[①]

---

① 以上数据来源于《2013 年中国融资租赁业发展报告》。

二、银租合作的必要性

从发展趋势来看，银租联姻、优势互补、高效分工是银租合作的必由之路。国内外实践证明，租赁公司发展要有大银行和大金融集团的支持。对银行来说，有利于发挥资金优势，扩大客户基础，提高赢利能力，最终提升商业银行核心竞争力，也符合国际上一些主要市场经济国家商业银行经营融资租赁业务的惯例；对融资租赁行业来说，商业银行具有较丰富的专业人才、客户资源、营销网络、无形资产等方面的优势，进入融资租赁行业，必将更好地促进融资租赁行业的健康发展，更好地促进企业设备销售、技术更新乃至社会经济的更好更快发展。商业银行与租赁公司的资金融通业务合作一举两得，不仅有利于缓解商业银行流动性相对过剩的困扰，也有利于拓宽租赁公司的融资空间；同时，租赁公司在融物方面的专业技术和经验，也是商业银行防范融资风险的保障。

在业务合作方面，商业银行具有遍布全国的业务网点、发达的结算服务系统、广泛的客户资源、丰富的资金管理经验等诸多优势，租赁公司可以借助商业银行的上述优势，解决其在发展过程中遇到的资金短缺、经营规模小、经营范围窄、业务单一、业务创新不够、资产负债结构不合理、收租困难等诸多难题。在银租合作的过程中，银行要为租赁公司和上下游企业提供从资金到产品到金融解决方案的一揽子服务，成为这个租赁平台的最强有力的支点，为企业提供集银行、租赁的优势于一体的综合性金融服务，从而能创造自身的核心竞争力。在客户资源共享方面，商业银行和租赁公司双方可以根据各自的优势，共享客户资源，共担风险，根据客户的需求，创新不同的融资租赁方式，不断拓展优质客户平台。

三、银租合作面临的机遇

1. 融资租赁业发展的资金瓶颈与银行体系流动性过剩呼唤银租合作。租赁公司自有的资金量有限，租赁业务又涉及到较大的资产规模。在国际成熟市场上，飞机融资有大约70%的比例是采用租赁方式进行的。依此计算，我国未来20年飞机租赁所涉及的资金将至少有830亿美元，合人民币6000亿元以上。同时，流动性过剩则对银行的经营提出了挑战，过多的流动性无法运用降低了银行的利润。可见，通过银租合作，银行可以拓展更多风险可控的投资项目；而对于租赁业，则为解决其由来已久的资金瓶颈提供了现实可能性。

2. 中长期融资需求过旺，使得银行中长期贷款指标占用过大，中长期存贷比失衡，这种现象为融资租赁业务以及大范围的银租合作提供了广阔的前景。

3. 中小企业融资难、大型设备供给过剩以及终端市场的巨大需求无法形成现实购买力，都为融资租赁以及银租合作提供了充分的市场基础。

4. 短贷长用流动性风险过大，不仅危胁到企业的健康发展，而且危及银行信贷安全，甚至影响国家经济。租赁业务的运用可以帮助企业在取得固定资产时，不必全额出资，不会占用太多企业资金，即可取得固定资产使用权，从而保障企业财务上的稳健。

当前我国经济运行中遇到的一些问题，如融资租赁企业的资金瓶颈、中长期融资需求过旺、中小企业融资难以及企业流动性风险等，都可以通过发展融资租赁业得到有效缓解。

第二节　银租合作业务的模式

一、银行理财业务合作模式——银信租模式

银信租模式下，先由租赁公司和设备供应商、承租人完成租赁业务，形成租赁资产（租赁合同下的租金收入）；然后由信托公司发起信托计划，购买该租赁资产。银行发行理财产品，用理财资金向信托投资公司购买信托计划。租赁公司在信托计划到期日无条件溢价回购信托计划下的融资租赁资产。

在该种合作模式下，银行没有使用自身的自有资金，而是和信托公司合作，发行了理财产品，是一种典型的表外业务，从而拓宽了银租合作的资金渠道，是近年来银租合作的一种新模式。银信租模式下的交易结构设计如图8－1所示。

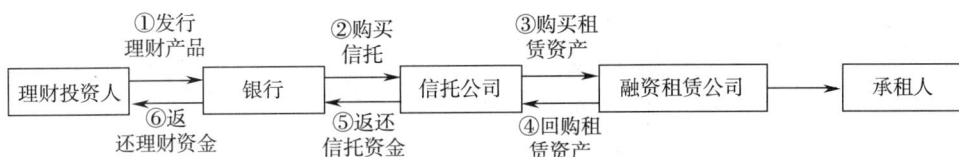

图8－1　银信租模式下的交易结构图

具体流程如下：

（1）银行发行理财产品，募集理财资金。

（2）信托投资公司设立专项信托计划，银行用理财资金投资专项信托。

（3）信托公司用信托资金向融资租赁公司购买租赁债权。

（4）期满后，融资租赁公司向信托公司回购租赁债权。

（5）信托公司向银行返还信托资金。

（6）银行向理财产品投资人返还投资及收益。

二、保理业务合作模式

银行为租赁公司做保理业务是当前银租合作最主要的业务模式，该模式下，银行购买租赁资产收益权，为租赁公司提供保理融资。

（一）银租保理业务的种类

1.普通融资租赁保理。普通融资租赁保理是指租赁公司与承租人在签订的融资租赁合同生效、租赁公司已履行合同项下义务的情况下，银行受让租赁公司和承租人交易过程中形成的未到期应收租金，并为租赁公司提供相应的保理服务。

2.回租型融资租赁保理。回租型融资租赁保理是指在租赁公司与承租人采用"售后回租"方式形成租赁关系后，银行受让上述交易过程中形成的应收租金，并为租赁公司提供相应的保理服务。

3. 结构性融资租赁保理。结构性融资租赁保理是指在租赁公司与供应商、承租人分别签订供货合同和融资租赁合同的情况下，银行根据上述交易即将形成的租金为租赁公司提供保理融资；租赁公司在取得银行融资后对供应商履行付款义务，促使上述交易达成，租赁公司由此获得租金收取权，并以应收租金偿还银行融资。

（二）银租保理业务交易流程

银租保理业务交易流程如图 8 - 2 所示。

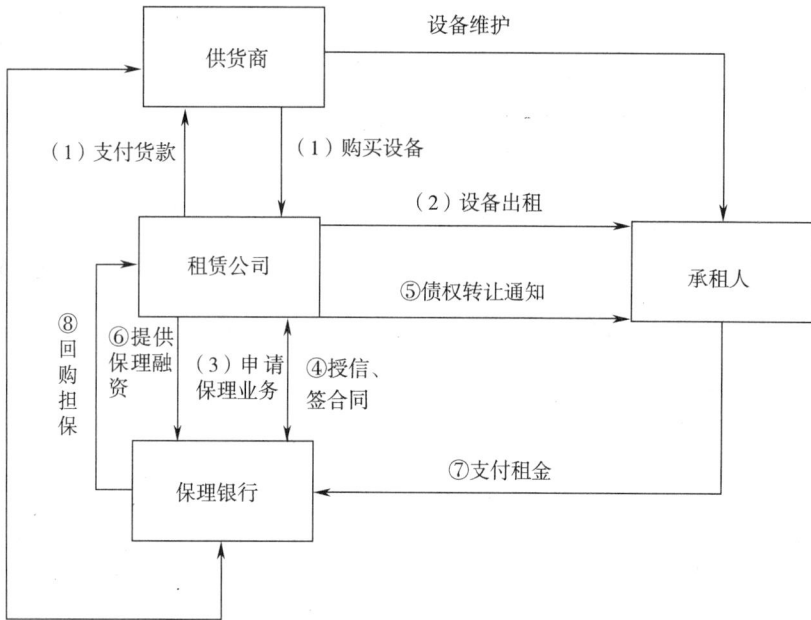

图 8 - 2 银租保理业务交易流程图

现以普通融资租赁保理业务说明银租合作的业务流程，其他类型的保理业务类似。

（1）租赁公司与供货商签署设备买卖合同。

（2）租赁公司将该设备出租给承租人。

（3）租赁公司向银行申请保理业务。

（4）银行给租赁公司授信、双方签署合同。

（5）租赁公司通知银行和承租人进行债权转让。

（6）银行受让租金收取权益，给租赁公司提供保理融资。

（7）承租人按期支付租金给银行。

（8）当租金出现不能给付的情况时，供货商提供回购担保。

三、"租赁 + 保理 + 代付"模式

租赁保理业务是传统的银租合作模式，近年来，银租合作在这种业务模式的基础上有所创新。例如"租赁 + 保理 + 代付"就是一种新的模式，这种模式下租赁公司形成租赁资产后，由某银行为其办理保理业务，买断租赁债权，但银行并不实际付款，而是委托同业代理付款。

例如，2012 年中信银行嘉兴海宁支行与荣年融资租赁（中国）有限公司（以下简称荣年租赁）合作成功办理了杭州分行辖内首笔融资租赁保理他行代付业务，金额 1860 万元。具体过程是中信银行嘉兴海宁支行与荣年租赁公司开展银租合作，由荣年租赁公司对海宁水务集团下属子公司开展融资租赁业务，再由海宁支行办理有追索权国内保理业务买断荣年租赁该笔应收租赁债权，最后委托同业对该笔国内保理业务代理付款，首笔融资租赁保理他行代付业务金额 1860 万元，其后又成功办理了第二笔，金额为 1000 万元。[①]

中信银行嘉兴海宁支行银租合作模式的成功创新，开辟了银租合作新领域，拓宽了银租合作范围，推动了银租合作金融业务发展，为海宁支行依托同业平台支持主线业务发展提供了新途径。

四、银行直接投资、入股融资租赁公司

2003 年，中行就已尝试与深圳金融租赁有限公司联手，为海南航空提供航空租赁服务。为了绕开限制，2006 年 12 月 18 日，中行以 9.65 亿美元的现金收购新加坡飞机租赁公司的 100% 已发行股本，成为中国第一家入股租赁行业的商业银行。早在 2006 年上半年，民生银行就已在国内率先推出"银租共赢计划"，同时成立了租赁金融服务部，目前其融资租赁领域的合作规模在全国金融同业中处于前列。2007 年 2 月，银监会修订的《金融租赁公司管理办法》发布，允许商业银行作为主要出资人发起设立金融租赁公司，中国银行业自 1997 年被要求退出金融租赁业后再度被许可重新进入。2008 年，招行、工行、建行、民生、交行五家银行获准成为首批筹建行，分别设立了招银金融租赁、工银金融租赁、建信金融租赁、民生金融租赁及交银金融租赁。之后，有更多的银行通过设立、收购等多种形式，涉足融资租赁领域。

五、银行顾问型合作

银行由于受到资金、授信额度等限制，有时难以向客户放款，但可以推荐给租赁公司实现融资，银行收取相应顾问费用。

第三节　与银租合作相关的法规、规章、司法解释

一、中国银监会《金融租赁公司管理办法》

中国银监会对《金融租赁公司管理办法》（以下简称《办法》）进行了修改和完善，于 2014 年 3 月 13 日发布了新的《金融租赁公司管理办法》（2014 年第 3 号）（以下简称《办法》）。

修订后的《办法》分为 6 章，共计 61 条，重点对准入条件、业务范围、经营规则和监督管理等内容进行了修订完善。一是将主要出资人制度调整为发起人制度，不再区

[①]　朱晓利. 开创"银租合作"新模式［N］. 海宁日报，2012：4－11（2）.

分主要出资人和一般出资人，符合条件的五类机构均可作为发起人设立金融租赁公司，取消了主要出资人出资占比50%以上的规定。同时考虑到金融租赁公司业务开展、风险管控以及专业化发展的需要，规定发起人中应该至少包括一家符合条件的商业银行、制造企业或境外融资租赁公司，且其出资占比不低于30%。二是扩大业务范围，放宽股东存款业务的条件，拓宽融资租赁资产转让对象范围，增加固定收益类证券投资业务、为控股子公司和项目公司对外融资提供担保等。三是实行分类管理制度，在基本业务基础上，允许符合条件的金融租赁公司开办发行金融债、资产证券化以及在境内保税地区设立项目公司等升级业务。四是强化股东风险责任意识，要求发起人应当在金融租赁公司章程中约定，在金融租赁公司出现支付困难时，给予流动性支持，当经营损失侵蚀资本时，及时补足资本金，更好地保护利益相关方的合法权益，促进公司持续稳健经营。五是丰富完善经营规则和审慎监管要求，强调融资租赁权属管理和价值评估，加强租赁物管理与未担保余值管理等，同时完善了资本管理、关联交易、集中度等方面的审慎监管要求。六是允许金融租赁公司试点设立子公司，引导金融租赁公司纵向深耕特定行业，提升专业化水平与核心竞争力。

修订后的《办法》内容更加丰富全面，立足当前我国金融租赁行业改革发展的需要，放宽准入门槛，有利于引导各种所有制资本进入金融租赁行业，深入推进金融业改革开放。适当扩大业务范围，强化股东风险责任意识，实施分类管理，完善监管规则，有利于促进金融租赁公司科学健康发展，充分发挥融资租赁特色优势，进一步做实、做专、做强，提高服务实体经济的水平。

《办法》正式施行后，银监会将依照商业化和市场化原则，鼓励和引导符合条件的各类资本发起设立金融租赁公司，依法做好金融租赁公司的准入及监管工作，促进金融租赁公司行业持续健康发展。

二、最高人民法院《关于审理融资租赁合同纠纷案件适用法律问题的解释》

2014年2月27日，最高人民法院发布《关于审理融资租赁合同纠纷案件适用法律问题的解释》（以下简称《融资租赁司法解释》）。《融资租赁司法解释》共五部分二十六条，分别就融资租赁合同的认定及效力、融资租赁合同的履行和租赁物的公示、融资租赁合同的解除、违约责任以及融资租赁合同案件的诉讼当事人、诉讼时效等问题作出了规定。与此同时，1996年最高人民法院制定发布的《关于审理融资租赁合同纠纷案件若干问题的规定》废止。

《融资租赁司法解释》在制定过程中主要遵循的指导思想：一是促进交易，规范发展。二是尊重市场，鼓励约定。三是细化规则，易于操作。四是尊重现实，适度前瞻。五是立足国情，参照惯例。

《融资租赁司法解释》主要内容：

（一）《融资租赁司法解释》明确融资租赁法律关系的认定标准

我国一些融资租赁公司所从事的融资租赁业务存在不够规范的问题，比如，有的合同虽然名为融资租赁合同，但实际上并无实际的租赁物，从当事人的权利义务约定上看，仅有资金的借贷，而无租赁物的占用、使用。有的虽有租赁物，但租赁物的价值与租金构成并无直接关联或差异过大，合同中约定的租金体现的不是租赁物的购买价值及出租人的成本利润，而是承租人占用资金的利息成本。《融资租赁司法解释》第一条对此作出了明确规定：人民法院应当根据《合同法》第二百三十七条的规定，结合标的物的性质、价值、租金的构成以及当事人合同权利和义务，对是否构成融资租赁法律关系作出认定。对于名为融资租赁合同，但实际不构成融资租赁法律关系的情形，人民法院按其实际构成的法律关系处理。

（二）《融资租赁司法解释》肯定了售后回租作为融资租赁的一种重要形式

对售后回租交易问题，确实存在合同性质是属于抵押借款合同还是融资租赁合同的争议。考虑到售后回租交易有利于市场主体盘活资产、引导资金服务实体经济，相关监管部门的规章对此类交易形式也已明确认可，且承租人与出卖人相重合并不违反《合同法》第二百三十七条有关融资租赁合同构成要件的规定，《融资租赁司法解释》对售后回租合同的融资租赁合同性质给予了认可。但如果出租人与承租人签订了售后回租合同，而实际并无租赁物，或者租赁物低值高估，以融资租赁之名，行借款、贷款之实，人民法院仍应按照其实际构成的借款合同关系处理。

（三）《融资租赁司法解释》对特定租赁物作出限制

对于特定的租赁物，比如医疗器械设备，因涉及到人民的生命健康安全，有关行政部门就其经营许可作出限制是非常必要的。与此同时，也应当看到，融资租赁交易有其特殊性，即出租人在融资租赁交易中主要承担资金融通的功能，其购买租赁物的目的是提供给承租人使用，而非将租赁物作为其自身从事生产经营活动的工具。因此，从融资租赁交易的本质来看，要求出租人具备特定租赁物的经营许可并无必要。从承租人的角度来看，减少对出租人具备此类经营许可的限制，也有利于承租人获得更多的资金支持。基于上述原因，《融资租赁司法解释》规定，根据法律、行政法规的规定，承租人对租赁物的经营使用应当取得行政许可的，人民法院不应仅以出租人未取得行政许可为由认定融资租赁合同无效。

（四）《融资租赁司法解释》明确融资租赁合同为三方当事人之间的法律关系

典型的融资租赁交易包括三方当事人和两个合同，即出租人与承租人之间的融资租赁合同和出租人与出卖人之间的买卖合同。但根据《合同法》的规定，融资租赁合同仅指出租人与承租人之间的融资租赁合同，而未囊括出租人与出卖人之间的买卖合同，由此产生融资租赁交易中因买卖合同中产生的诉争及损失是否可以通过融资租赁合同予以救济，以及如何救济的问题。而买卖合同与融资租赁合同的效力的关系、解除的关系，因涉及两个合同，也无法在《合同法》的融资租赁合同章中找到明确的法律依据，成为困扰司法实践的一个重要问题。《融资租赁司法解释》从不同角度对此问题作出了规定。比如，根据《融资租赁司法解释》第五条第一款有关承租人拒绝受领租赁物的规定，出卖人违反合同约定的向承租人交付标的物义务，承租人因租赁物严重不符合约定或出卖人未在约定的交付期间或者合理期间内交付租赁物，经承租人或者出租人催告，在催告期满后仍未交付的，承租人享有拒绝受领租赁物的权利。

（五）《融资租赁司法解释》对买卖合同与融资租赁合同之间的关系进行了有力探索

在融资租赁交易中，买卖合同是为融资租赁合同而订立，融资租赁合同是买卖合同订立的前提，因此，买卖合同与融资租赁合同的效力、履行与解除必然影响到另一个合同。现行合同法融资租赁合同章系基于融资租赁合同所作出的规定，融资租赁交易中的涉及买卖合同的诉争应当依据合同法买卖合同章及买卖合同司法解释的规定予以解决，但涉及买卖合同与融资租赁合同之间的牵连关系的问题，现行法律规定不明。《融资租赁司法解释》对此从三个方面做了积极的探索。一是规定因买卖合同导致融资租赁合同目的无法实现的，可解除融资租赁合同。如根据《融资租赁司法解释》第十一条的规定，在出租人与出卖人订立的买卖合同解除、被确认无效或者被撤销，且未能重新订立买卖合同的，或因出卖人的原因致使融资租赁合同的目的不能实现的，出租人与承租人均可解除融资租赁合同。二是就合同解除后的损失赔偿问题做了进一步明确。根据《融资租赁司法解释》第十六条的规定，融资租赁合同因买卖合同被解除、被确认无效或者被撤销而解除，出租人根据融资租赁合同的约定，或者以融资租赁合同虽未约定或约定不明，但出卖人及租赁物系由承租人选择为由，主张承租人赔偿相应损失的，人民法院应予以支持。该条第二款同时规定，出租人的损失已经在买卖合同被解除、被确认无效或者被撤销时获得赔偿的，应当免除承租人相应的赔偿责任。三是就承租人向出卖人索赔的问题予以进一步明确。《融资租赁司法解释》第二十四条第三款规定，承租人基于买卖合同和融资租赁合同直接向出卖人主张受领租赁物、索赔等买卖合同权利的，人民法院应通知出租人作为第三人参加诉讼。

（六）《融资租赁司法解释》明确请求支付全部租金和收回租赁物两项权利只能择一行使

根据《合同法》第二百四十八条的规定，承租人违约，出租人可以要求支付全部租金；也可以解除合同，收回租赁物。但出租人是否可以同时要求支付全部租金和收回租赁物，存有不同认识。从法理上看，支付全部租金的诉讼请求实际上是要求继续履行合同，仅是要求租金加速到期；而收回租赁物的诉讼请求实际上是要求解除合同，所以这两项请求在本质上是相矛盾的。因此，出租人只能择一行使。《融资租赁司法解释》第二十一条第一款对此予以明确：出租人同时提出上述两项诉请的，人民法院应告知其作出选择。

（七）请求支付全部租金无果后，仍然可以请求取回租赁物；主张取回租赁物的同时，仍然可以主张赔偿损失

对出租人请求承租人支付全部租金但未能最终实现时如何进行救济的问题，实务中也有不同认识。一种观点认为出租人可以直接请求就租赁物进行强制执行，以执行所得清偿租金债权。另有观点认为，按照一事不再理的原则，出租人不能再诉请解除合同、收回租赁物。《融资租赁司法解释》第二十一条第二款对此予以明确：出租人诉请全部租金未予清偿后，出租人再行起诉请求解除融资租赁合同、收回租赁物的，人民法院应予受理。应予注意的是，租赁物价值与租金存在对应关系，故在出租人选择收回租赁物的前提下，租赁物价值相对应的那部分损失额应当从损失赔偿额中扣除，以免导致出租人双重受偿和承租人双重赔偿的不公。

三、商务部《外商投资租赁业管理办法》

商务部于 2005 年 2 月 3 日发布了《外商投资租赁业管理办法》（2005 第 5 号）。

根据我国加入世界贸易组织承诺，对于租赁服务，我国应在加入世界贸易组织后 3 年内允许设立外商独资子公司。为此，商务部颁布了《外商投资租赁业管理办法》（以下简称《办法》），对原外经贸部《外商投资租赁公司审批管理暂行办法》（2001 年第 3 号令）进行了修改，于 2005 年 3 月 5 日试实施。该《办法》共 23 条，对外商投资租赁业的投资形式、审批程序、业务规则以及监管作出了具体规定。此次修改的主要内容如下：（1）允许以外商独资形式设立从事租赁业务、融资租赁业务的外商投资企业。（2）降低了准入门槛，对外商投资租赁公司和外商投资融资租赁公司的外方投资者提出的最低资本要求统一降低为 500 万美元，与我国入世承诺的内容一致。

四、商务部、国家税务总局《关于从事融资租赁业务有关问题的通知》

商务部、国家税务总局于 2004 年 10 月 22 日发布《关于从事融资租赁业务有关问题的通知》（商建发〔2004〕560 号），主要内容如下：

1. 融资租赁公司在向有关联生产企业采购设备时，有关设备的结算价格不得低于该生产企业向任何第三方销售的价格（或同等批量设备的价格）。

2. 融资租赁试点企业应严格遵守国家有关法律法规，不得从事下列业务：

（1）吸收存款或变相存款。

（2）向承租人提供租赁项下的流动资金贷款和其他贷款。

（3）有价证券投资、金融机构股权投资。

（4）同业拆借业务。

（5）未经中国银监会批准的其他金融业务。

3. 融资租赁试点企业的风险资产（含担保余额）不得超过资本总额的 10 倍。

第四节 银租合作案例

一、G 银行"G 盈稳健"2009004 号理财产品——银信租合作模式

2009 年 5 月，G 银行发行"G 盈稳健"2009004 号理财产品，该产品产用银信租的合作模式。

（一）交易模式

1. 租赁债权。国银金融租赁有限公司对唐山某钢铁有限公司享有两笔债权：

（1）新建 1250 热轧生产线工程，融资租赁金额为 1.5 亿元，担保方为中冶华天工程技术有限公司。

（2）炼钢工程项目，融资租赁金额为 2 亿元，担保方为中冶京诚工程技术有限公司。

2. G 银行发行理财产品。G 银行发行 3.4 亿元非保本浮动收益型理财产品，投资期

限为 213 天。

3. 设立信托。G 银行将发行理财产品所募集的 3.4 亿元资金委托给中诚信托有限责任公司，设立专项信托。

4. 信托公司向出租人收购债权。中诚信托有限责任公司用 3.4 亿元信托资金向国银金融租赁有限公司折价购买其所持有的唐山某钢铁有限公司的两笔债权，总金额为 3.5 亿元。

5. 债权回购。国银金融租赁有限公司必须在 2009 年 12 月 25 日向中诚信托有限责任公司回购该两笔债权。回购债权与购买债权之间的差价 1000 万元是理财产品的投资收益。

6. 期满返还、分配。中诚信托有限责任公司向 G 银行返还信托投资收益，G 银行在理财产品到期后将投资及收益分配给投资人。

（二）对该产品交易模式的评析

我们认为，上述交易模式有以下特点：

1. 该款产品是以租赁租约支持的信托理财产品，交易模式符合我国现行法律、法规和行业交易习惯。该款产品的基础资产是国银金融租赁有限公司对唐山某钢铁有限公司享有的债权，该债权是因融资租赁和设备回租而产生的。G 银行发行理财产品所募集的资金设立信托，再由信托投资公司去购买债权。回购债权与购买债权之间的差价是理财产品的投资收益，G 银行将在理财产品到期后将投资收益分配给投资人。这种交易模式符合我国现行法律、法规和行业交易习惯，未发现有不妥之处。

2. 该款产品的设计符合法律、法规和行业交易习惯，G 银行已经履行了信息披露义务和风险提示义务。该款产品为一款非保本浮动收益理财产品，产品在发行规模、投资期限、预期收益率、投资起始额、提前终止权、是否可设立质押等方面的设计均符合法律、法规和行业交易习惯。G 银行在产品说明书中详细地披露了该款产品的详细信息，并提示投资该款产品将面临信用风险、市场风险、管理风险等十种风险。

3. 该款产品的投资风险非常小，接近于固定收益类理财产品。国银金融租赁有限公司是 G 银行的控股子公司，该公司会按约定的时间和价格回购债权，违约的可能性为零。而中诚信托有限责任公司是国内资信很高的信托投资公司，在收到国银金融租赁有限公司支付的债权回购款后不可能不支付给 G 银行，因此该款产品的投资风险非常小。

在回购期满，国银金融租赁有限公司要按固定的回购价格来回购债权，因此投资者的投资收益是固定的。在投资风险非常小的情况下，该款产品接近于固定收益类理财产品。

二、中国银行与 H 融资租赁公司合作案例——保理模式[①]

（一）交易模式

承租人 C 医院，是某省内二级乙等医院，2011 年综合收入 1.2 亿元，其中医疗药

---

① 中国银行——租赁保理业务案例研讨. http：//www. docin. com/p - 577849957. html. 2014 - 08 - 29.

品收入 1.08 亿元。H 公司是一家融资租赁公司，C 医院与 H 公司签署转让协议，将超声仪、呼吸机、X 光机等医疗设备转让给 H 租赁公司后回租，按月支付租金，期限 5 年。到期回购设备。租赁期满，C 医院以 100 元名义价格回购。该项目于 2011 年 12 月起租。

中国银行与 H 公司合作，占用 H 公司租赁保理专项授信额度，办理有追索权租赁保理业务，具体方案为：融资比例 80%，融资期限根据租赁合同确定为 5 年以内；由 H 公司在中国银行开立租金专用账户用于监控租金回流；承租人按照租赁支付表将每期租金支付至中国银行的监管账户。

主要交易包括：

1. C 医院向 H 公司转让设备，H 公司向 C 医院支付价款。

2. C 医院向 H 公司租赁设备，按期支付租金。

3. H 公司将租赁债权转让给中国银行，C 医院按期向中国银行支付租金。

（二）对交易模式的评析

该项交易是典型的"先买后租 + 保理"的银租合作：

1. C 医院将设备转让给 H 公司，一次性收回设备款。

2. C 医院同时又租赁了该批设备，按期支付租金，与银行贷款相同，达到了融资的目的。

3. H 公司将租赁债权转让给中国银行，收回了购买设备款，并从买卖的价差中获得盈利。

4. 中国银行采用保理的形式，间接为 C 医院进行了融资，获得了收益。该保理是有追索权的保理，如果 C 医院不能还款，中国银行有权向 H 公司追偿。因此，中国银行资金的安全性是有保障的。

第五节 银租合作业务的法律风险防范

一、根据业务需要选择合适的融资租赁公司

市场上运营的融资租赁公司很多，包括金融租赁公司、融资租赁公司（外商投资或内资企业）、租赁公司等，其名称相近，但经营范围及风险防范能力却大相径庭。相比之下，金融租赁公司成立之初便有银行（主要股东）背景，其内部风险管理严格，且只有金融租赁公司在业务范围中明确了可以"向商业银行转让应收租赁款"。

为确保业务主体依法合规，我们建议：

（一）与金融租赁公司的交易模式

从业务范围来说，只有金融租赁公司的业务范围中明确了可以"向商业银行转让应收租赁款"。因此，为规避风险，银行如果直接受让租赁资产，必须把转让方限定为金融租赁公司。

（二）与融资租赁公司和其他类型租赁公司的交易模式

对于融资租赁公司和其他类型的租赁公司，银行不能直接受让其债权，必须通过信

托投资公司，采用"银信租"的方式才能完成交易。

如果不注意主体上的区别，有可能导致债权转让协议无效。

二、加强对租赁物的保护，防范承租人擅自处分租赁物引发的风险

融资租赁项下，租赁物在交易所引起的法律纠纷一直是困扰融资租赁业务的一个顽疾。在租赁期间，出租人享有租赁物的所有权，但租赁物实际为承租人所占有使用，因此，承租人对外转让、抵押租赁物以再融资的风险始终客观存在。对于有明确登记机关的飞机、轮船、企业厂房等租赁物，因租赁物的所有权以登记为公示方式，所以承租人占有使用租赁物，并不影响租赁物所有权在法律上的归属。但对于没有所有权登记机关的机械设备及其他无所有权登记机关的动产而言，占有为所有权的主要公示方式，在承租人对外转让租赁物时，受让人可以根据善意取得制度取得租赁物的所有权，但对出租人而言，其租金债权的物权保障消失殆尽。在实践中，出租人不得不采取各种各样的措施来保护其对租赁物的所有权。如，有的出租人在租赁物的显著位置作出标识，显示租赁物的所有权归属及租赁属性；有的出租人在租赁物有明确的抵押登记机关的前提下，通过授权承租人将租赁物抵押给出租人并在登记机关办理抵押权登记，以避免租赁物被承租人对外转让、抵押的风险。但此类行为能否产生对抗善意第三人的法律后果，仍属不确定状态。

为此，《融资租赁司法解释》第九条对出租人的物权保护问题给予了积极的回应。根据该条规定，承租人或者租赁物的实际使用人未经出租人同意转让租赁物或者在租赁物上设立其他物权，第三人依据物权法第一百零六条的规定取得租赁物的所有权或者其他物权，出租人主张第三人物权权利不成立的，人民法院不予支持，但有四种例外情形：一是出租人已在租赁物的显著位置作出标识，第三人与承租人交易时知道或者应当知道该物为租赁物的；二是出租人授权承租人将租赁物抵押给出租人并在登记机关办理抵押权登记的；三是第三人与承租人交易时未按照行业或地区主管部门的要求在相应机构进行融资租赁交易查询的；四是出租人有证据证明第三人知道或者应当知道交易标的物为租赁物的其他情形。

为了防范此类风险，向银行提出如下建议：

（一）办理融资租赁登记

要求出租人将融资租赁登记"中国人民银行征信中心融资租赁登记公示系统"，尽管其法律效力有待商榷，但有胜于无。

（二）在租赁物上作出明显标记

对租赁的机器设备等物权，银行和出租人可以在租赁物上做个明显的标记，让善意第三人一眼就可以看到该设备的所有权已不属于承租人。

（三）例行检查，及早发现善意第三人

银行从事银租合作是一个漫长的过程，银行必须随时派人对租赁物的状况和承租人的经营情况进行检查，发现潜在的善意第三人后，要主动告知租赁的事实，避免不良后果的出现。

三、构筑租赁资产隔离防火墙，规避来自融资租赁公司的法律风险

不论采取哪种合作方式，银租合作期间银行只享有债权请求权，对租赁物不享有物权，租赁物的所有权仍归融资租赁公司所有。在此情况下，如果第三方对融资租赁公司主张权利，提起诉讼或采取财产保全措施，或者融资租赁公司破产，都有可能危及租赁物的安全。如果租赁物被提前执行，那么承租人就可以不付余下的租金，银行的债权就无从保障。

为了防范来自于融资租赁公司的风险，建议银行在做银租合作业务之时，与融资租赁公司签订一份资产转让合同，合同约定以银行的签字盖章日期为生效日。银行先不签字盖章，如果出现上述风险，银行随时可以签字盖章，这样租赁物的所有权就归银行所有，就可以对抗上述风险。如果合作期间没有出现上述风险，则银行无需签订此合同。

四、实际用款人（承租人）违约的风险及其控制

银租业务与传统信贷业务相比，法律关系更为复杂，银行对于实际用款人（承租人）的监控略显无力。在银租业务中银行受让租金后，银行对实际用款人仅享有"租金支付"的请求权。二者之间缺少一个事由，可以让银行更多地掌握融资用途，进行贷后日常管理。

为了防止实际用款人（承租人）不还款或不按时还款，应采取以下措施：

1. 尽量选择优质的承租人。

2. 选择有担保的债权，如果没有担保，可以让承租人设立必要的担保。

3. 采用有追索权的保理，规避承租人信用风险。一旦承租人违约，银行可向融资租赁公司追索。

4. 在"先买后租"的融资租赁模式下，由承租人承诺所有权对价资金的资金用途，出租人向承租人支付租赁物所有权价款时，通过银行委托支付，并授权银行监督资金使用用途符合承诺。银行通过类似"委托贷款"的方式介入出租人与承租人之间，为银行监控实际用款人提供合同依据。

5. 设立应收租金监管账户，在承租人不还租或租赁公司不回购时，银行有权从各监管账户直接扣收。

五、银行在与外商投资的融资租赁公司进行合作时，要注意我国法律对该类公司的特殊规定

融资租赁行业在国外已经十分发达，在我国才刚刚大规模发展起来，所以外资企业均看好我国的租赁市场，纷纷投资设立融资租赁公司。截至 2013 年底，全国在册运营的各类融资租赁公司（不含单一项目融资租赁公司）共 1026 家，其中，外商租赁公司就达 880 家，占到 86%。

然而，外商投资的融资租赁公司在境内没有太多的资产，其业务受到了限制，多数外商投资融资租赁公司采用"外保内贷"的方式解决融资问题。为此，我国对外商投资的融资租赁公司有以下特殊的法律规定：

（一）风险资产总额不得超过净资产的 10 倍

根据商务部颁发的《外商投资租赁业管理办法》第十六条的规定，外商投资租赁公司的风险资产总额不得超过其净资产总额的 10 倍。风险资产总额 = 总资产 - 现金 - 银行存款 - 国债 - 委托租赁资产。

融资租赁公司从银行取得的全部融资均计入风险资产，所以银行在与外商投资的融资租赁公司合作时，一定要计算其风险资产，在法律许可的范围内与其合作。

（二）外商融资租赁公司借款不受"投注差"的限制

为了控制外商投资企业的负债规模，商务部和国家外管局对外商投资企业借款有"投注差"的限制，即外商投资性控股公司的外债规模按以下原则管理：注册资本不低于 3000 万美元的，其短期外债余额与中长期外债累计发生额之和不得超过已缴付注册资本的 4 倍；注册资本不低于 1 亿美元的，其短期外债余额与中长期外债累计发生额之和不得超过已缴付注册资本的 6 倍。

但是，外商融资租赁公司并不受上述"投注差"的限制，仅受风险资产总额不得超过净资产的 10 倍的限制。

（三）关于外保内贷问题

外保内贷应当首先符合上述风险资产总额的管理规定。

在外汇管理上，根据国家外汇管理局发布的《外债登记管理办法》（汇发〔2013〕19 号）第十八条、第十九条的规定，在签订外保内贷合同时，无需事前向所在地外汇局申请外保内贷额度。在签订合同之后，银行应向所在地外汇局报送相关数据（报送数据不属外债登记）。只有在境外保证人实际承担了保证责任之后才纳入外债管理。

综上，融资租赁公司应在境外保证人承担了保证责任后，以实际承担的金额，到所在地外汇局办理外债登记，担保履约额纳入融资租赁公司的外债规模管理。

参考文献

［1］朱力勇．我国融资租赁业发展现状与银租合作趋势［J］．发展研究，2009（03）．

［2］2013 年中国融资租赁业发展报告．

［3］王平．《最高人民法院关于审理融资租赁合同纠纷案件适用法律问题的解释》亮点解读．http://blog.sina.com.cn/s/blog_8665e2bf0101jlkx.html.2014 - 02 - 28.

［4］朱晓利．开创"银租合作"新模式［N］．海宁日报，2012：4 - 11（2）．

［5］金蓉．租赁负债的新模式，金融租赁创新负债业务取得新突破［N］．金融时报，2012 - 10 - 16（3）．

第九章　信贷资产证券化法律风险防范

第一节　信贷资产证券化概述

一、资产证券化的概念及种类

（一）资产证券化的概念

资产证券化是指以缺乏流动性的特定资产为基础，由特殊目的机构发行证券，并以该特定资产所产生的现金流支付特定资产本金及收益的融资方法。

（二）资产证券化的种类

目前，国内资产证券化主要有以下三种：

1. 信贷资产证券化产品。以下详述。

2. 证券公司发行的企业专项资产证券化产品。此类证券是企业以可以带来现金流收入的专项资产为资产池，由证券公司发行的证券化产品。

此类产品结构：证券公司设立专项资产管理计划（相当于 SPV，但不具备法人资格），向投资者发行计划收益凭证（即资产支持证券），募得的资金用于向原始权益人购买基础资产，并将该资产的未来收益分配给受益凭证持有人。企业通过出售未来现金流收入募得资金，从而实现资产证券化的目的。计划收益凭证在证券登记结算公司登记托管，并在交易所大宗交易平台上市交易。担保机构对"基础资产能产生足够现金流还本付息"进行担保。

2013 年 3 月 15 日，中国证监会正式公布了《证券公司资产证券化业务管理规定》，启动了资产证券化试点转常规工作。

3. 中国银行间市场交易商协会注册发行的资产支持票据（ABN）。资产支持证券（asset - backed medium - term notes，ABN），是指非金融企业在银行间债券市场发行的，由基础资产所产生的现金流作为还款支持的，约定在一定期限内还本付息的债务融资工具。与传统资产支持证券的基础资产不同，银行间债券市场讨论发行的资产支持票据（ABN）是以"非金融机构"用自有的"非金融资产"来作为基础资产。理论上讲，只要能产生现金流，市场投资人认同，都可以作为支持资产。

二、信贷资产证券化的概念及发展过程

（一）信贷资产证券化的概念

信贷资产证券化（asset - backed security，ABS），是指把欠流动性但有未来现金流

的信贷资产（如银行的贷款、企业的应收账款等）经过重组形成资产池，并以此为基础发行证券。此类产品主要包括银行信贷资产支持证券、个人汽车抵押贷款证券化信托资产支持证券、重整资产证券化信托优先级资产支持证券、个人住房抵押贷款证券化信托资产支持证券等。

（二）我国信贷资产证券化的发展过程

从20世纪70年代后期开始，发达市场国家（特别是美国）出现了一种信贷资产证券化趋势，其一般做法：银行（又称原始权益人）把一组欲转换成流动性的资产直接或间接地组成资产集合（又称资产池），然后进行标准化（即拆细）、证券化向市场出售。

我国资产证券化之路启动于上世纪90年代，可以划分为两个阶段，1992—2005年的初步探索阶段和2005年之后的试点阶段。

1. 1992—2005年——初步探索阶段。此时我国国内对于资产证券化的法律法规和资本市场条件并不健全，因此，企业更多地是通过设立离岸SPV，利用海外成熟市场发行资产证券化产品。我国国内最早的资产证券化雏形可以追溯到1992年三亚市开发建设总公司发行的三亚地产投资券。1996年的珠海公路资产证券化项目则通过海外设立子公司成立SPV，离岸发行2亿美元产品，是我国第一个标准化的资产证券化产品，也是我国企业首次试水海外资产证券化发行的方式。之后还有1997年的恒源电厂（3.5亿美元）、中国远洋（8亿美元）和2000年的中集集团（8000万美元）资产证券化项目，均以应收账款为基础资产，采用海外发行的方式。此期间国内资产证券化项目主要有2003年的信达资产管理公司（15.88亿元）和华融资产管理公司（132.5亿元）不良债权资产证券化项目。而同年的工商银行宁波分行（26亿元）不良贷款资产证券化项目则是商业银行首次参与资产证券化。

2. 2005—2013年——试点阶段。2005年，中国人民银行和银监会联合公布《信贷资产证券化试点工作管理办法》，为我国资产证券化建立了指引。2005年8月，中国联通CDMA网络租赁费收益计划（93.6亿元）成为试点办法后首款资产证券化产品，同年12月国家开发银行和建设银行作为试点单位分别以企业贷款为基础资产发行05开元（41.78亿元）和以个人住房抵押贷款为基础资产发行05建元（29.27亿元）产品。2007年伴随国家一系列鼓励政策，资产证券化发展进入加速阶段，2008年受美国金融危机的影响，监管部门暂停资产证券化的审批。2012年，中国人民银行、银监会和财政部联合下发《关于进一步扩大信贷资产证券化试点有关事项的通知》，资产证券化业务重新启动，同时规定首批资产证券化规模为500亿元。

3. 2013年至今——快速发展阶段。2013年8月28日，国务院常务会议决定进一步扩大信贷资产证券化（ABS）试点。与前两轮试点扩容不同的是，此次国务院提出，优质信贷资产证券化产品可在交易所上市交易，这有利于扩大ABS投资者群体、解决流动性难题。这是我国信贷资产证券化试点的第三轮扩容。

国务院会议指出，进一步扩大信贷资产证券化试点，是落实金融支持经济结构调整和转型升级决策部署的具体措施，也是发展多层次资本市场的改革举措，可以有效优化金融资源配置、盘活存量资金，更好地支持实体经济发展。

会议确定，要在严格控制风险的基础上，循序渐进、稳步推进试点工作。

一要在实行总量控制的前提下，扩大信贷资产证券化试点规模。优质信贷资产证券化产品可在交易所上市交易，在加快银行资金周转的同时，为投资者提供更多选择。

二要在资产证券化的基础上，将有效信贷向经济发展的薄弱环节和重点领域倾斜，特别是用于"三农"、小微企业、棚户区改造、基础设施建设等。

三要充分发挥金融监管协调机制作用，完善相关法律法规，统一产品标准和监管规则，加强证券化业务各环节的审慎监管，及时消除各类风险隐患。吸取本轮金融危机的教训，国务院明确规定，"风险较大的资产不纳入试点范围，不搞再证券化，确保不发生系统性区域性金融风险"。

三、信贷资产证券化的目的和意义

（一）盘活银行的信贷资产，解决银行的规模约束

银行信贷资产客观上存在长期、大额、集中的特点，通过信贷资产证券化，银行收到资金，银行可以用所得资金为客户提供贷款，从而增加银行的贷款规模，促进银行资产的良性循环。

（二）丰富资本市场投资品种

银行将优质的中长期基础设施贷款进行证券化，形成一种具有稳定现金流的固定收益类产品，为投资者提供了参与国家重大项目建设的渠道，分享经济快速发展带来的收益。

（三）提高直接融资比例，优化金融市场的融资结构

通过信贷资产证券化，可引导社会资金投入经济发展瓶颈领域的建设，拓宽项目融资渠道，提高资金的运用效率。

我国的金融体系中，银行贷款所占比重过高，通过信贷资产证券化可以将贷款转化为证券的形式向市场直接再融资，从而分散银行体系的信贷风险，优化金融市场的融资结构。

（四）实现信贷体系与证券市场的对接，提高金融资源配置效率

通过信贷资产证券化可实现信贷体系和证券市场的融合，充分发挥市场机制的价格发现功能和监督约束机制，提高金融资源的配置效率。

第二节　信贷资产证券化的交易结构

信贷资产证券化的交易结构安排一般包括以下程序：确立基础资产并组建资产池、构建特殊目的的载体（special purpose vehicle，SPV）、SPV 以资产为支撑发行证券、资产支持证券的偿付。交易结构如图 9 - 1 所示。

一、构造资产池

不同借款人与发起人银行之间存在不同的借款合同，这些借款合同大多是缺乏流动性但具有可预测现金流的基础资产。发起人通过筛选与组合，将这些基础资产包装成为

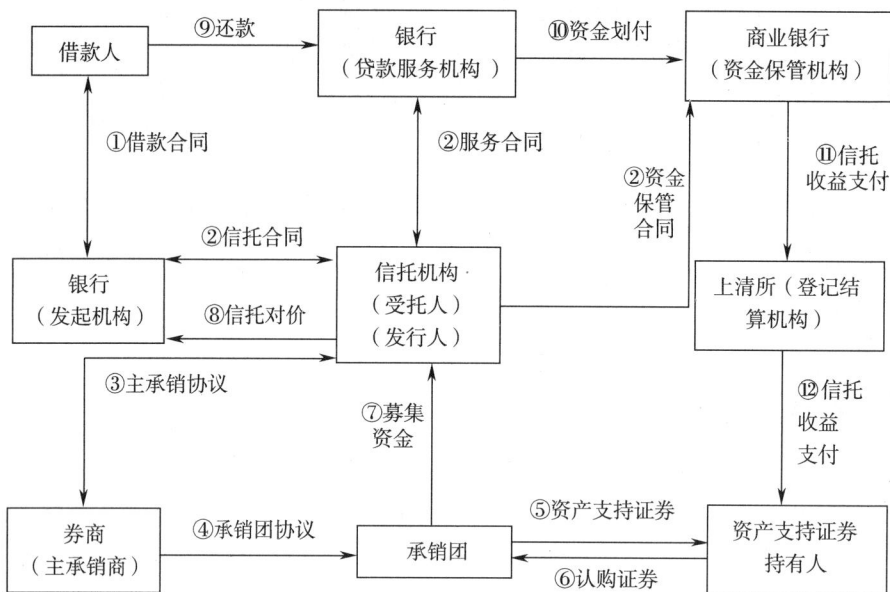

图 9 - 1　信贷资产证券化交易结构图

可供交易的资产池。在这一过程中，发起人一般会与财务顾问、信用评级机构、律师事务所、会计师事务所等中介机构就基础资产的交易可行性进行充分探讨。

二、确定特殊目的载体 SPV

在构造好资产池后，发起人通常要确定特殊目的载体 SPV 的形态，SPV 通常有三种形态：信托形式（SPT）、公司形式（SPC）、有限合伙人形式。我国目前的信贷资产证券化业务均选择了特殊目的信托（SPT）的形式，即发起机构与信托公司之间签订信托合同，将基础资产信托予信托公司，信托公司运用这些信托资产进行证券化活动。

三、签订一系列的交易合同

信托公司可与诸多机构通过签订合同的方法，把证券化中的许多工作委托其他机构去开展。

此类资产证券化产品通常由以下主体协同完成：发起机构、受托机构、承销机构、贷款服务机构、资金保管机构、登记结算机构、增级评级机构、债务人、投资者。其中，发起机构和受托机构为信托合同关系，发起机构将相关资产委托给受托机构，由受托机构设立资产证券化信托。发起机构、受托机构与承销机构签订《承销协议》，由承销机构对资产支持证券进行销售。贷款服务机构与受托机构签订《服务合同》，受托机构委托贷款服务机构对信托财产的日常回收进行管理和服务。受托机构与资金保管机构签订《资金保管合同》，受托机构委托资金保管机构对信托财产产生的现金资产提供保管服务。受托机构与登记结算机构签订《服务协议》，受托机构委托登记结算机构对资产支持证券提供登记和代理兑付服务。受托机构与增级评级机构为服务合同关系，受托机构委托增级评级机构对资产支持证券进行增级和评级。债务人与发起机构为借贷关系。

四、证券发行，募集资金

主承销商一般由证券公司或其他具有承销资格的机构担任，主要负责组建承销团销售资产支持证券，筹备投资者推介活动，准备《发行说明书》及其他投资者推介材料，制定证券营销与发售方案。

投资者认购资产支持证券，承销团将认购资金募集至信托账户，信托公司将募集到的资金支付给发起人，作为受让基础资产的信托对价。至此，基础资产的所有权转移至信托公司 SPT 名下，从而实现了基础资产与发起人资产的破产隔离。

五、期满后偿付

贷款服务机构收取贷款回收款后，定期汇划给资金保管机构，同时向信托公司汇报。资金保管机构在收到受托机构支付命令后，将资产支持证券本息支付给登记结算机构。我国登记结算机构在 2005—2008 年试点期间主要由中国中央国债登记托管结算公司承担，在 2012 年恢复试点后目前主要由上海清算所承担。登记结算机构最终按照清偿顺序将资金支付给相应的投资者。

第三节　信贷资产证券化的法规、规章及规范性文件

一、中国银监会《信贷资产证券化试点管理办法》

2005 年 4 月 20 日，中国银监会发布《信贷资产证券化试点管理办法》（2005 第 7 号文），主要内容如下：

（一）总体规定

1. 受托机构应当依照本办法和信托合同约定，分别委托贷款服务机构、资金保管机构、证券登记托管机构及其他为证券化交易提供服务的机构履行相应职责。受托机构以信托财产为限向投资机构承担支付资产支持证券收益的义务。

2. 资产支持证券由特定目的信托受托机构发行，代表特定目的信托的信托受益权份额。资产支持证券在全国银行间债券市场上发行和交易。

3. 受托机构因承诺信托而取得的信贷资产是信托财产，独立于发起机构、受托机构、贷款服务机构、资金保管机构、证券登记托管机构及其他为证券化交易提供服务的机构的固有财产。受托机构、贷款服务机构、资金保管机构及其他为证券化交易提供服务的机构因特定目的管理、运用信托财产或其他情形而取得的财产和收益，归入信托财产。发起机构、受托机构、贷款服务机构、资金保管机构、证券登记托管机构及其他为证券化交易提供服务的机构因依法解散、被依法撤销或者被依法宣告破产等原因进行清算的，信托财产不属于其清算财产。

4. 受托机构管理、运用、处分信托财产所产生的债权，不得与发起机构、受托机

构、贷款服务机构、资金保管机构、证券登记托管机构及其他为证券化交易提供服务机构的固有财产产生的债务相抵销；受托机构管理、运用、处分不同信托财产所产生的债权债务，不得相互抵销。

5. 中国银监会依法监督管理有关机构的信贷资产证券化业务活动。中国人民银行依法监督管理资产支持证券在全国银行间债券市场上的发行与交易活动。

（二）信贷资产证券化发起机构

1. 信贷资产证券化发起机构是指通过设立特定目的信托转让信贷资产的金融机构。

2. 发起机构应在全国性媒体上发布公告，将通过设立特定目的信托转让信贷资产的事项，告知相关权利人。

3. 发起机构应与受托机构签订信托合同。在信托合同有效期内，受托机构若发现作为信托财产的信贷资产在入库起算日不符合信托合同约定的范围、种类、标准和状况，应当要求发起机构赎回或置换。

（三）特定目的信托受托机构

1. 特定目的信托受托机构（以下简称受托机构）是因承诺信托而负责管理特定目的信托财产并发行资产支持证券的机构。

2. 受托机构由依法设立的信托投资公司或中国银监会批准的其他机构担任。

3. 受托机构依照信托合同约定履行下列职责：发行资产支持证券；管理信托财产；持续披露信托财产和资产支持证券信息；依照信托合同约定分配信托利益；信托合同约定的其他职责。

4. 受托机构必须委托商业银行或其他专业机构担任信托财产资金保管机构，依照信托合同约定分别委托其他有业务资格的机构履行贷款服务、交易管理等其他受托职责。

5. 受托机构被依法取消受托机构资格、依法解散、被依法撤销或者被依法宣告破产的，在新受托机构产生前，由中国银监会指定临时受托机构。受托机构职责终止的，应当妥善保管资料，及时办理移交手续；新受托机构或者临时受托机构应及时接收。

（四）贷款服务机构

1. 贷款服务机构是接受受托机构委托，负责管理贷款的机构。贷款服务机构可以是信贷资产证券化发起机构。

2. 贷款服务机构依照服务合同约定管理作为信托财产的信贷资产，履行下列职责：收取贷款本金和利息；管理贷款；保管信托财产法律文件，并使其独立于自身财产的法律文件；定期向受托机构提供服务报告，报告作为信托财产的信贷资产信息；服务合同约定的其他职责。

3. 贷款服务机构应有专门的业务部门，对作为信托财产的信贷资产单独设账，单独管理。

4. 贷款服务机构应按照服务合同要求，将作为信托财产的信贷资产回收资金转入资金保管机构，并通知受托机构。

5. 受托机构若发现贷款服务机构不能按照服务合同约定的方式、标准履行职责，经资产支持证券持有人大会决定，可以更换贷款服务机构。受托机构更换贷款服务机构应及时通知借款人。

（五）资金保管机构

1. 资金保管机构是接受受托机构委托，负责保管信托财产账户资金的机构。信贷资产证券化发起机构和贷款服务机构不得担任同一交易的资金保管机构。

2. 资金保管机构依照资金保管合同管理资金，履行下列职责：安全保管信托财产资金；以信贷资产证券化特定目的信托名义开设信托财产的资金账户；依照资金保管合同约定方式，向资产支持证券持有人支付投资收益；依照资金保管合同约定方式和受托机构指令，管理特定目的信托账户资金；按照资金保管合同约定，定期向受托机构提供资金保管报告，报告资金管理情况和资产支持证券收益支付情况；资金保管合同约定的其他职责。

3. 在向投资机构支付信托财产收益的间隔期内，资金保管机构只能按照合同约定的方式和受托机构指令，将信托财产收益投资于流动性好、变现能力强的国债、政策性金融债及中国人民银行允许投资的其他金融产品。

4. 受托机构若发现资金保管机构不能按照合同约定方式、标准保管资金，经资产支持证券持有人大会决定，可以更换资金保管机构。

（六）资产支持证券发行与交易

1. 受托机构在全国银行间债券市场发行资产支持证券应当向中国人民银行提交申请，中国人民银行应当自收到资产支持证券发行全部文件之日起5个工作日内决定是否受理申请。中国人民银行决定不受理的，应书面通知申请人不受理原因；决定受理的，应当自受理申请之日起20个工作日内作出核准或不核准的书面决定。

2. 资产支持证券可通过内部或外部信用增级方式提升信用等级。

3. 资产支持证券在全国银行间债券市场发行与交易应聘请具有评级资质的资信评级机构，对资产支持证券进行持续信用评级。资信评级机构应保证其信用评级客观公正。

4. 发行资产支持证券时，发行人应组建承销团，承销人可在发行期内向其他投资者分销其所承销的资产支持证券。

5. 资产支持证券名称应与发起机构、受托机构、贷款服务机构和资金保管机构名称有显著区别。

6. 资产支持证券的发行可采取一次性足额发行或限额内分期发行的方式。分期发行资产支持证券的，在每期资产支持证券发行前5个工作日，受托机构应将最终的发行说明书、评级报告及所有最终的相关法律文件报中国人民银行备案，并按中国人民银行的要求披露有关信息。

7. 资产支持证券在全国银行间债券市场发行结束后10个工作日内，受托机构应当向中国人民银行和中国银监会报告资产支持证券发行情况。

8. 资产支持证券可以向投资者定向发行。定向发行资产支持证券可免于信用评级。定向发行的资产支持证券只能在认购人之间转让。

9. 资产支持证券在全国银行间债券市场发行结束之后2个月内，受托机构可根据《全国银行间债券市场债券交易流通审核规则》的规定申请在全国银行间债券市场交易资产支持证券。

（七）信息披露

1. 受托机构应当在资产支持证券发行前和存续期间依法披露信托财产和资产支持证券信息。信息披露应通过中国人民银行指定媒体进行。受托机构及相关知情人在信息披露前不得泄露其内容。

2. 受托机构应保证信息披露真实、准确、完整、及时，不得有虚假记载、误导性陈述和重大遗漏。

3. 接受受托机构委托为证券化交易提供服务的机构应按照相关法律文件约定，向受托机构提供有关信息报告，并保证所提供信息真实、准确、完整、及时。

4. 受托机构应当在发行资产支持证券 5 个工作日前发布最终的发行说明书。

5. 受托机构应在发行说明书的显著位置提示投资机构：资产支持证券仅代表特定目的信托受益权的相应份额，不是信贷资产证券化发起机构、特定目的信托受托机构或任何其他机构的负债，投资机构的追索权仅限于信托财产。

6. 在资产支持证券存续期内，受托机构应核对由贷款服务机构和资金保管机构定期提供的贷款服务报告和资金保管报告，定期披露受托机构报告，报告信托财产信息、贷款本息支付情况、证券收益情况和中国人民银行、中国银监会规定的其他信息。

7. 受托机构应及时披露一切对资产支持证券投资价值有实质性影响的信息。

8. 受托机构年度报告应经注册会计师审计，并由受托机构披露审计报告。

（八）资产支持证券持有人权利及其行使

1. 资产支持证券持有人依照相关法律文件约定，享有下列权利：分享信托利益；参与分配清算后的剩余信托财产；依法转让其持有的资产支持证券；按照规定要求召开资产支持证券持有人大会；对资产支持证券持有人大会审议事项行使表决权；查阅或者复制公开披露的信托财产和资产支持证券信息资料；信托合同和发行说明书约定的其他权利。

2. 下列事项应当通过召开资产支持证券持有人大会审议决定，信托合同如已有明确约定，从其约定：更换特定目的信托受托机构；信托合同约定的其他事项。

3. 资产支持证券持有人大会由受托机构召集。受托机构不召集的，资产支持证券持有人有权依照信托合同约定自行召集，并报中国人民银行备案。

4. 召开资产支持证券持有人大会，召集人应当至少提前 30 日公告资产支持证券持有人大会的召开时间、地点、会议形式、审议事项、议事程序和表决方式等事项。资产支持证券持有人大会不得就未经公告的事项进行表决。

二、中国人民银行、中国银监会、财政部《关于进一步扩大信贷资产证券化试点有关事项的通知》（银发〔2012〕127 号）

中国人民银行、中国银监会、财政部于 2012 年 5 月 17 日联合发布了《关于进一步扩大信贷资产证券化试点有关事项的通知》（银发〔2012〕127 号），主要内容如下：

（一）基础资产

信贷资产证券化入池基础资产的选择要兼顾收益性和导向性，既要有稳定可预期的未来现金流，又要注重加强与国家产业政策的密切配合。鼓励金融机构选择符合条件的国家重大基础设施项目贷款、涉农贷款、中小企业贷款、经清理合规的地方政府融资平台公司贷款、节能减排贷款、战略性新兴产业贷款、文化创意产业贷款、保障性安居工程贷款、汽车贷款等多元化信贷资产作为基础资产开展信贷资产证券化，丰富信贷资产证券化基础资产种类。信贷资产证券化产品结构要简单明晰，扩大试点阶段禁止进行再证券化、合成证券化产品试点。

（二）机构准入

扩大试点阶段，金融机构信贷资产证券化业务准入条件及审批程序继续按照《信贷资产证券化试点管理办法》（中国人民银行 中国银监会公告〔2005〕第7号公布）和《金融机构信贷资产证券化试点监督管理办法》（中国银监会令2005年第3号发布）有关规定执行。鼓励更多经审核符合条件的金融机构参与信贷资产证券化业务。

（三）信用评级

资产支持证券在全国银行间债券市场发行与交易初始评级应当聘请两家具有评级资质的资信评级机构，进行持续信用评级，并按照有关政策规定在申请发行资产支持证券时向金融监管部门提交两家评级机构的评级报告。鼓励探索采取多元化信用评级方式，支持对资产支持证券采用投资者付费模式进行信用评级。参与资产支持证券评级的各信用评级机构要努力提高对资产支持证券信用评级的透明度和公信力。同时，资产支持证券投资者应建立内部信用评级体系，加强对投资风险自主判断，减少对外部评级的依赖。

（四）资本计提

扩大试点阶段，各银行业金融机构仍按照《商业银行资本充足率管理办法》（中国银监会令2007年第11号发布）、《金融机构信贷资产证券化试点监督管理办法》（中国银监会令2005年第3号发布）和《商业银行资产证券化风险暴露监管资本计量指引》（银监发〔2009〕116号）等规定，计提监管资本。

（五）会计处理

扩大试点阶段，信贷资产证券化会计处理按照《企业会计准则第23号——金融资产转移》（财会〔2006〕3号）及财政部发布的相关《企业会计准则解释》的有关规定执行。参与资产证券化业务的各会计师事务所应严格执行财政部相关规定，按要求做好信贷资产证券化会计处理工作。

（六）信息披露

信贷资产证券化发起机构、受托机构、信用评级机构或其他证券化服务机构应严格按照《信贷资产证券化试点管理办法》（中国人民银行 中国银监会公告〔2005〕第7号公布）、《资产支持证券信息披露规则》（中国人民银行公告〔2005〕第14号公布）、《信贷资产证券化基础资产池信息披露有关事项》（中国人民银行公告〔2007〕第16号公布）等的规定，做好信贷资产证券化业务信息披露工作，按投资人要求及时、准确、真实、完整披露资产支持证券相关信息。在遵循法律法规有关信贷资产证券化相关方私密性权利规定要求的基础上，鼓励创造条件逐步实现对每一笔入池资产按要求进行规范信息披露。

（七）投资者要求

稳步扩大资产支持证券机构投资者范围，鼓励保险公司、证券投资基金、企业年金、全国社保基金等经批准合规的非银行机构投资者投资资产支持证券。单个银行业金融机构购买持有单支资产支持证券的比例，原则上不得超过该单资产支持证券发行规模的40%。

（八）中介服务

信贷资产证券化各受托机构、贷款服务机构、资金保管机构、信用增级机构和承销机构及其他为信贷资产证券化发行交易提供服务的中介服务机构，应认真总结前期资产证券化试点实践经验，勤勉尽责，规范经营，在有效识别、计量、监测和控制相关风险的前提下，合理匹配证券风险收益，进一步提高中介服务的质量和水平。

三、中国人民银行、中国银监会〔2013〕第21号公告

中国人民银行、中国银监会于2013年12月31日发布〔2013〕第21号公告，主要内容如下：

1. 信贷资产证券化发起机构需保留一定比例的基础资产信用风险，该比例不得低于5%。

2. 信贷资产证券化发起机构应按以下要求保留基础资产信用风险：持有由其发起资产证券化产品的一定比例，该比例不得低于该单证券化产品全部发行规模的5%；持有最低档次资产支持证券的比例不得低于该档次资产支持证券发行规模的5%；若持有除最低档次之外的资产支持证券，各档次证券均应持有，且应以占各档次证券发行规模的相同比例持有。持有期限不低于各档次资产支持证券存续期限。

3. 信贷资产证券化发起机构可按照上述要求，根据实际情况灵活确定风险自留的具体方式。信贷资产证券化发起机构原则上应担任信贷资产证券化的贷款服务机构，切实履行贷款服务合同各项约定。

第四节 信贷资产证券化案例

一、国家开发银行"2013年第一期开元铁路专项信贷资产支持证券"①

2013年11月18日，国家开发银行在银行间债券市场成功发行了"2013年第一期开元铁路专项信贷资产支持证券"，本期资产支持证券仅分为一档优先档资产支持证券，总额为80亿元。本期证券是2013年8月28日国务院常务会议决定进一步扩大信贷资产证券化试点中首单信贷资产证券化产品，基础资产池为国家开发银行向中国铁路总公司发放的中期流动资金贷款。本次证券采用招标发行，认购倍数1.1倍，中标利率为5.6%。本期证券的发行有助于国家开发银行将盘活的信贷资源继续用于棚户区改造

---

① 国家开发银行2013年第一期开元铁路专项信贷资产支持证券发行文件. http://www.chinabond.com.cn/Info/17098384. 2014-08-21.

和国家重点项目。

（一）本期发行的资产支持证券基本要素

本期证券名称：2013 年第一期开元铁路专项信贷资产支持证券

发起机构/委托人：国家开发银行股份有限公司

发行人/受托人：中信信托有限责任公司

主承销商：国开证券有限责任公司

发行规模：80 亿元人民币

加权平均期限：1.64 年

发行利率：资产支持证券的票面利率为基准利率＋基本利差

基准利率：人民银行公布的一至三年期贷款利率

发行方式：本期资产支持证券通过招标发行的方式在全国银行间债券市场公开发行

招投标方式：资产支持证券将通过招标系统采用的单一利差（荷兰式）招标方式

招标额：76 亿元人民币

承销方式：承销团承销

发行对象：经中国银监会、中国证监会、中国保监会批准的人民银行认可资格的可以投资资产支持证券的商业银行、保险公司、农村信用联社、证券公司和人民银行认可的并获准进入全国银行间债券市场的其他机构

面值：人民币 100 元

发行价格：按面值发行

招标日：2013 年 11 月 18 日

分销日：2013 年 11 月 20 日

起息日：2013 年 11 月 20 日

缴款截止日：2013 年 11 月 20 日

信托设立日：2013 年 11 月 21 日

本息兑付方式：一次性到期还本，按季付息

信用评级：中诚信国际信用评级有限责任公司、中债资信评估有限责任公司授予本期资产支持证券的预定评级均为 AAA

流通交易市场：本期资产支持证券发行结束后将在全国银行间债券市场流通交易

登记托管机构：中央国债登记结算有限责任公司

（二）交易结构如图 9－2 所示。

（三）交易合同

1. 根据《信托合同》的约定，"国家开发银行"作为"发起机构"将相关"信贷资产"委托给作为"受托人"的"中信信托"，由"中信信托"设立"2013 年第一期开元铁路专项信贷资产支持证券"。"受托人"将发行以"信托财产"为支持的"资产支持证券"，所得认购金额扣除"发行费用"的净额支付给"发起机构"。

2. "受托人"向投资者发行"资产支持证券"，并以"信托财产"所产生的现金为限支付相应税收、信托费用及此期"资产支持证券"的本金和收益。

3. "发行人"与"发起机构"、"联合主承销商"签署《主承销协议》，"联合主承

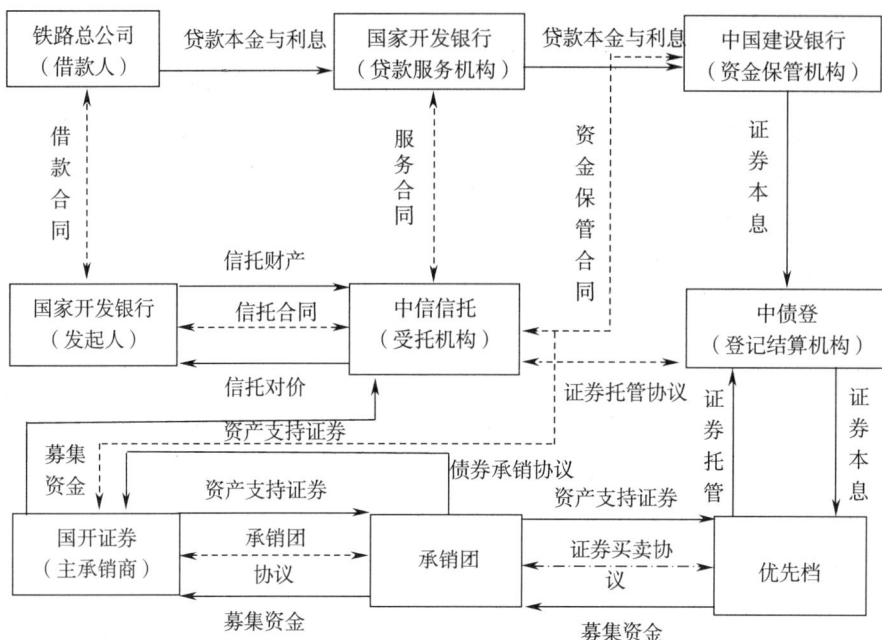

图 9 - 2   2013 年第一期开元铁路专项信贷资产支持证券交易结构图

销商"再与"承销商"签署《承销团协议》，组建"承销团"对资产支持证券进行销售。

4. 根据《服务合同》的约定，"受托人"委托"国家开发银行"作为"贷款服务机构"对"信贷资产"的日常回收进行管理和服务。

5. 根据《资金保管合同》的约定，"受托人"委托"中国建设银行"对"信托财产"产生的现金资产提供保管服务。

6. 根据《发行人服务协议》的约定，"受托人"委托"中国债券登记公司"对"资产支持证券"提供登记托管和代理兑付服务。

二、中银 2012 年第一期信贷资产证券化信托资产支持证券[①]

此期发行总金额为 306154 万元，分为优先 A 档资产支持证券（包括优先 A - 1 档资产支持证券和优先 A - 2 档资产支持证券）、优先 B 档资产支持证券和次级档资产支持证券。其中，优先 A 档资产支持证券和优先 B 档资产支持证券属于优先级资产支持证券，代表信托中的优先级信托收益权，其分配优先于次级信托收益权。次级档资产支持证券代表信托项下次级信托收益权，其分配次于优先级信托收益权的权益。该期资产支持证券的信贷资产涉及 22 个借款人，32 笔贷款，贷款行业为煤炭采选业、建筑业、纺织业、航空运输业、金属制品业、文化、体育和娱乐业、有色金属业、专用设备制造

---

① 中银 2012 年第一期信贷资产支持证券发行说明书．http：//doc.mbalib.com/view/a0bc5c286c43f2f2e75926bffa803100.html.2014 - 08 - 22.

业、通用设备制造业、科学研究和技术服务业。2012 年 11 月 28 日，为资产支持证券初始确权登记日，发行法定到期日为 2017 年 4 月 26 日。

（一）发债主体及服务机构

发起机构/贷款服务机构/交易安排人为中国银行股份有限公司（以下简称"中国银行"）；受托人/发行人为中诚信托有限责任公司（以下简称"中诚信托"）；资金保管机构为中国民生银行股份有限公司（以下简称"民生银行"）；登记托管机构/支付代理机构为银行间市场清算所股份有限公司（以下简称"上海清算所"）；联合主承销商/承销协调人/联合簿记管理人为中信证券股份有限公司（以下简称"中信证券"）；联合主承销商/联合簿记管理人为中银国际证券有限责任公司（以下简称"中银国际"）；财务顾问/发起人顾问为香港上海汇丰银行有限公司（以下简称"汇丰银行"）；信用评级机构为联合资信评估有限公司（以下简称"联合资信评估"）、中债资信评估有限责任公司（以下简称"中债资信评估"）；会计顾问为普华永道中天会计师事务所有限公司；法律顾问为北京市中伦律师事务所。

（二）交易结构

交易结构如图 9-3 所示。

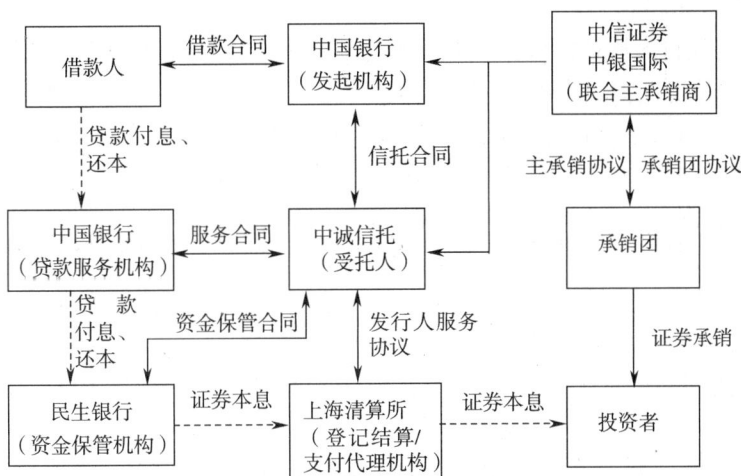

图 9-3　交易结构图

"资产支持证券"发行的基本交易结构如图所示，其中实线表示各方之间的法律关系，虚线表示现金流的划转。

（三）交易合同

1. 根据《信托合同》的约定，"中国银行"作为"发起机构"将相关"信贷资产"委托给作为"受托人"的"中诚信托"，由"中诚信托"设立"中银 2012 年第一期信贷资产证券化信托"。"受托人"将发行以"信托财产"为支持的"资产支持证券"，所得认购金额扣除"发行费用"的净额支付给"发起机构"。

"受托人"向投资者发行"资产支持证券"，并以"信托财产"所产生的现金为限支付相应税收、信托费用及此期"资产支持证券"的本金和收益。此期"资产支持证券"分为"优先级资产支持证券"和"次级档资产支持证券",其中"优先级资产支持证券"包括"优先A档资产支持证券"和"优先B档资产支持证券","优先A档资产支持证券"又分为"优先A−1档资产支持证券"和"优先A−2档资产支持证券"。

2. "发行人"与"发起机构"、"联合主承销商"签署《主承销协议》,"联合主承销商"再与"承销商"签署《承销团协议》,组建"承销团"对"优先级资产支持证券"进行销售。"次级档资产支持证券"由"受托人"委托"联合主承销商"采用定向方式发行。

"中国银行"作为"发起机构",将严格按照《关于进一步扩大信贷资产证券化试点有关事项的通知》(银发〔2012〕127号)要求,持有一部分本期"次级档资产支持证券",初步计划持有比例为本期"资产支持证券"发行规模的5%,实际持有比例可能视市场及发行情况有所调整,但不低于5%,持有期限至此期"次级档资产支持证券"到期日。

3. 根据《服务合同》的约定,"受托人"委托"中国银行"作为"贷款服务机构"对"信贷资产"的日常回收进行管理和服务。

4. 根据《资金保管合同》的约定,"受托人"委托"民生银行"对"信托财产"产生的现金资产提供保管服务。

5. 根据《发行人服务协议》的约定,"受托人"委托"上海清算所"对"资产支持证券"提供登记托管和代理兑付服务。

"受托人"拟安排"优先级资产支持证券"在银行间债券市场上市交易;"次级档资产支持证券"可以中国人民银行规定的方式进行流通转让。

三、华宝信托有限责任公司诉陈碰兴抵押贷款资产证券化纠纷案[①]

通过总结我国已有的资产证券化判例,笔者发现这些判例均为金融借款合同纠纷案件,这反映出了在资产证券化产品结构中的债务人的违约风险。笔者选择其中一个比较有代表性的判例(华宝信托有限责任公司诉陈碰兴抵押贷款资产证券化纠纷案件)进行分析。

(一)案情

上汽通用汽车金融有限责任公司(以下简称"通用汽车金融公司")与被告陈碰兴签订了汽车贷款合同与汽车抵押合同。通用汽车金融公司和原告华宝信托有限责任公司签署了《通元2008年第一期个人汽车抵押贷款证券化信托合同》。因被告未能按期还款,原告华宝信托有限责任公司起诉到法院。

上海市浦东新区人民法院经审理后认为,本案的主要焦点在于原告华宝信托有限责任公司作为受托人是否有权以自己的名义直接向被告主张本案的是争贷款债权;若华宝信托有限责任公司为本案适格原告,其是否有权对抵押权人登记为通用汽车金融公司的是争车辆行使抵押权。

对于第一个审理焦点,上海市浦东新区人民法院认为,原告有权以自己的名义宣布被告贷款立即到期,并要求被告立即清偿贷款合同项下的所有未付款项。

---

① 案件资料来源于资本市场法制网(http://www.chinacapitallaw.com/)。

对于第二个审理焦点，上海市浦东新区人民法院认为原告作为信托关系的受托人在主张贷款主债权的同时，可以自己的名义直接向债务人主张抵押权。

（二）案例分析

1. 信托型资产证券化纠纷案件的基本法律关系认定。根据我国现行有关法律的规定，为了保护投资人的合法权益，发起人（委托人，如银行等金融机构）不能以自己名义直接发行资产支持的证券，所以在实际交易过程中就形成了发起人通过设立特殊目的信托，即将相关资产信托给受托机构信托公司，再由信托公司以资产支持证券的形式向投资机构发行受益证券来收回信托收益，因此发起人获得的融资款实际上就是发起人从信托公司获得的信托收益。由此可见，通过资产证券化信托合同的约定，发起人和信托公司基于该信托合同关系构成内部和外部两种法律关系。从外部关系来看，发起人将对债务人的个人抵押贷款债权转移给信托公司，并对该债权转移的事实进行了信托登记，所以信托公司可以根据信托关系的本旨和目的以自己的名义对该项贷款债权进行管理或者处分；从内部关系来看，发起人基于对信托公司的信任，对信托受益权、债权资产的赎回、清仓回购、信托期限、追索权等内部具体事项约定了双方的债权债务关系。因此，虽然信托型资产证券化中发起人将自己的金融债权"真实出售"给了信托公司，但是这并不是单纯的金融债权转让关系，而是发起人与受托人信托公司之间构成的信托法律关系。在上述案件中，基于信托关系，原告受让了通用汽车金融公司的债权，以自己的名义向被告主张债权，原、被告之间形成新的债权债务法律关系。

2. 资产证券化中涉及的金融债权转让效力的认定。根据我国《合同法》规定，债权转让采通知主义，即债权人转让债权应当通知债务人。但是由于资产证券化的特殊性，其债务人通常是不特定的多数，且分布广泛、流动频繁，若机械要求每一笔债权转让都通知债务人，资产证券化的成本将大为增加，明显不利于资产证券化的进一步发展，所以资产证券化发达的国家对此都有自己的应对规则。如美国扩大了登记的范围，其修正后的登记制度几乎适用于所有的合同债权和证券债权。由于我国资产证券化采用的是信托关系的法律构架，所以根据我国信托法的有关规定，信托关系成立并依法登记后，受托人信托公司可以自己的名义为发起人的利益对该贷款债权进行管理或者处分。因此在上述案件中，在认定资产证券化中涉及的金融债权转让效力时，法院应当审查金融债权在整体信托转让时是否已经在全国性公开媒体进行过公告，只有符合了信托公告的相关规定，该金融债权移转才能对原始债务人产生法律效力。

3. 资产证券化中金融债权的从权利抵押权转让的效力认定。此问题详见下面的分析论证。本案中，原告作为受托人受让金融债权和相关从权利（抵押权）后，可以自己的名义向原始债务人即被告主张债权。

第五节　信贷资产证券化的法律风险防范

一、慎重选择入池信贷资产，确保入池资产能够合法有效转让

（一）入池的资产必须是优质的信贷资产

早期曾出现过不良资产的证券化，但效果不好。中国银监会此后规定，禁止对不良

信贷资产证券化。目前银行入池的资产都是优质的信贷资产，从而有效地保证了信贷资产证券化的实施。

（二）入池的信贷资产要满足基础合法要求

要严格审查"资产池"的相关法律文件和信贷法律行为是否合法、合规并有效存续，担保是否合法且有效存续，保证人为自然人的，其配偶是否签署同意担保字样，或抵押物、质押物是否取得共有人同意；债权是否存在未决纠纷；每笔贷款的合同到期日或展期日是否迟于资产支持证券到期日等等。

（三）资产池的组建要绕开约定性障碍

《合同法》第79条规定："债权人可以将合同的权利全部或者部分转让给第三人，但有下列情形之一的除外：根据合同性质不得转让、按照当事人约定不得转让、依照法律规定不得转让。"因此对银行而言，选择入池资产时除了要审查其本身的合法性问题，还尤其要注意防控违约风险，严格审查原债权合同是否有禁止转让的限制，如果存在约定不明的情况，要采取如签订补充协议等方式扫除障碍。

（四）严格按照信托合同约定，严防操作风险

《信贷资产证券化试点管理办法》规定："在信托合同有效期内，受托机构若发现作为信托财产的信贷资产在入库起算日不符合信托合同约定的范围、种类、标准和状况，应当要求发起机构赎回或置换"，因此，作为承担债权担保义务的委托机构，银行在选择资产池组成时必须严格掌握目标资产的条件、务必符合信托合同要求，以避免银行可能面临的赎回或置换义务，降低运行成本，严防操作风险。

二、产品结构设计勿过于复杂

中国人民银行、中国银监会、财政部于2012年5月17日联合发布了《关于进一步扩大信贷资产证券化试点有关事项的通知》（银发〔2012〕127号）规定："信贷资产证券化产品结构要简单明晰，扩大试点阶段禁止进行再证券化、合成证券化产品试点。"

国际市场上，资产证券化饱受诟病的最主要原因之一就是产品结构过于复杂，导致投资者无法识别风险。著名投资人巴菲特在接受《财富》杂志采访时，作出过这样的评价："我看过一些证券化产品的计划书，数以万计的按揭被组成一个CDO背后的资产池，如果想弄懂这个CDO产品，就要阅读超过几十万页的材料，这完全是不可想象的。当规模巨大的结构化产品在市场交易时，几乎没有人知道这些产品到底是什么，把风险管理寄托于这样的产品显然是不现实的。"此外，在证券化过程中，评级公司的公正、客观和科学性亦受到众多质疑，其监管缺失也加剧了市场对证券化产品评级的担忧。

从我国实际情况出发，前期试点中信贷资产支持证券结构相对简单，大多数产品划分为三层，分别为优先档、中间档和次级档。三层结构的产品设计，已充分发挥出证券化产品的结构化优势，随着各档证券优先级的提高，其增信作用依次体现，风险级别依次降低。目前，我国资产证券化业务的基础资产仅限定于各类贷款，未出现跨类别的复杂组合和再证券化。

简化产品层级，是简化各券种之间的内部增信关系、准确进行风险定价的有效途

径，而合理的定价，也是促进二级市场繁荣的必要条件。此外，目前我国信用衍生产品市场发展尚不成熟，如完全照搬国外经验在信贷资产证券化产品设计中引入外部信用增级安排，则可能加大市场参与者对产品真实风险的辨识难度，其风险扩散路径与范围也存在无序蔓延的可能性。因此，从风险防范的角度出发，应禁止外部信用增级安排，避免风险向不具备风险识别与承受能力的市场参与者扩散。

三、充分利用信托制度，实现有效的风险隔离

在整个信贷资产证券化交易主体结构中，法律关系的核心在于银行与特定目的机构存在的信托合同形式下的资产转让关系。信贷资产证券化的独特价值就在于，通过资产转让过程实现了信贷资产与发起机构的其他资产相独立，达到了破产风险隔离的防火墙效果。

（一）信托财产的独立性

1. 信托财产独立于发起机构、受托机构的财产。《信托法》第十五条规定"信托财产与委托人未设立信托的其他财产相区别"，在委托人不是唯一受益人的情况下，如果委托人死亡或者依法解散、被依法撤销、被宣告破产时，仅以信托受益权而非信托财产本身作为其遗产或者清算财产。根据信托制度原理，信托财产所有权的管理权能与受益权能分属受托机构和受益人，信托有效成立后，虽然信托财产直接处于受托机构控制之下，但受托机构对信托财产仅仅有管理、处分的权能，信托财产独立于受托机构的固有财产和其他信托财产。

2. 对信托财产申请强制执行的法定性。尽管信托财产直接控制于受托机构之下，但是其独立性使其免于受托机构其他债权人强制执行的要求。根据法律规定，仅当债权人在形成信托财产之前享有优先受偿权、基于信托财产本身的管理事务产生的债务、信托财产本身应负担的税款和法律规定等情形下才可对信托财产进行强制执行，否则不予支持。

3. 受托机构对信托财产行使抵销权的限制。我国法律规定："当事人互负到期债务，该债务的标的物种类、品质相同的，任何一方可以将自己的债务与对方的债务抵销，但依照法律规定或者按照合同性质不得抵销的除外。"《信托法》和《信贷资产证券化试点管理办法》均规定受托人不得在其信托财产和固有财产、信托财产与信托财产之间行使抵销权。这种法定抵销例外的规定实质上隔离了信托财产免受受托机构利用管理便利可能发生的道德风险。

4. 信托制度保证资产证券化信托长期连续稳定。信托一旦成立，在存续期内不得随意废止、撤销，受托机构也应当连续、忠实地履行管理义务。《信托法》明确规定，受托人被依法撤销或者被宣告破产时，其职责终止，但信托不因受托人的死亡、丧失民事行为能力、依法解散、被依法撤销或宣告破产而终止，《信贷资产证券化试点管理办法》第二十条更明确了发生前述情形时由银监会指定临时受托机构。《信托法》和《信贷资产证券化试点管理办法》均通过制度安排以保证资产证券化信托连续稳定长期运转，免受受托机构自身经营风险的影响。

我国现有的法律框架下，特定目的信托独具的信托财产独立性及其运作的法律安排

隔离了风险，增强了证券化融资资产的信用基础。风险隔离是信贷资产证券化赖以开展的法律支撑。银行作为发起机构同受托机构根据信托合同形成的特定目的信托法律关系从以上几个方面构筑了风险防火墙。

（二）加强信托财产的风险隔离实施力度

信托财产的独立性和免于追索性是维护信托制度、隔离委托银行破产风险、提高资产信用、有效实现融资要求的基本要求。应严防信托无效或者被撤销的法律风险。按照法律或者行政法规的规定，如果信托财产应当履行登记手续而未办理登记的，该信托不发生法律效力。如果在信托财产转让的登记环节存在法律瑕疵，发起人很可能面临信托不生效、后续证券化业务没有合法前提的后果。导致信托无效的情形还包括信托目的违法、信托财产不确定、财产非法或者是法律禁止设立信托的财产、受益人及其范围不确定、专以诉讼或者讨债为目的设立信托及其他法律、行政法规规定的其他情形。此外，银行设立信托如果损害了银行债权人的利益，如未收取对价或者以明显不合理的低价出售信贷资产设立信托，信托亦可能面临被该债权人申请法院撤销的法律风险。

（三）特殊情形下信托财产可能被强制执行

在以下三种法定情形下，信托财产会面临被强制执行：一是信托财产本身应负担的税款；二是受托人处理信托事务产生的债务债权人要求清偿；三是设立信托前债权人已对该信托财产享有优先受偿权。

因此银行在设立信托前应当对信贷资产上设立的诸如应收账款质押权等优先权采取有效措施处理解除，化解被强制执行的法律风险，维护证券化过程的稳定、连续、可预期。

四、对资产证券进行增信与分级，化解资产证券化中的法律风险

资产证券化信用增级的方式具体包括内部信用增级和外部信用增级两种。外部信用增级主要是指通过银行、保险、政府等第三方机构对标的基础资产进行担保等增级的过程。此类信用增级模式担保成本相对较高，且对于担保人信用的依赖度较高，一旦担保人的信用评级降低，则证券化产品的评级可能受到拖累。因此，目前资产证券化的外部信用增级运用相对较少，实践中主要通过内部交易结构设计来实现信用增级。

目前主要的内部增信方式是将证券分为优先和次级分层结构。资产支持证券按照本金偿还的先后顺序分为优先级和次级等多个档次。通过优先和次级的分层设计，在资产池出现违约损失时，首先由次级承担，而优先级在次级承担完损失后才开始承受后面的损失，所以能够获得更好的评级，从而实现信用增级。

另外，随着 2012 年《关于进一步扩大信贷资产证券化试点有关事项的通知》的推出，次级档保留多少比例最为合适也是发起人需要斟酌的问题。根据《关于进一步扩大信贷资产证券化试点有关事项的通知》的规定，发起机构至少应当持有该单全部资产支持证券发行规模5%的最低档次资产支持证券。如果次级档比例较大，发起机构自持次级档的规模也相应较大，这样可能导致发起机构较高的风险资本计提，从而使得通过资产证券化优化财务报表结构的目的难以充分实现。如果次级档比例较小，则有可能影响资产池的评级结果。

除此之外，部分信贷资产证券化的产品结构设计了一种创新的分层方式，即将资产支持证券优先 A 级可以细分为 A1 级和 A2 级，甚至进一步将 A1 级证券再细分为 A1－1 和 A1－2 级资产支持证券。在这样的创新结构安排下，A1 级资产支持证券采用支付型（pay－through）结构，即本息偿付按照交易文件中约定的数量偿付计划进行；A2 级资产支持证券属于过手型结构（pass－through）结构，即它的本金偿付仍按标准的过手型支付方式（即收到多少收益就分配多少）。这样的设计安排可以使 A1 级资产支持证券的持有人，在正常支付顺序下，可按照交易文件的约定获得兑付的本息，从而防止早偿风险对 A1 级资产支持证券偿付的影响，也有利于保护投资者的利益。

五、积极探索债权转让的通知形式

信贷资产的转让是银行对其所享有的金融债权的处分，信托合同只能约束出让人与受让人双方，只有符合一定的法律要件债权才能真正转移。《合同法》第八十条规定："债权人转让权利的，应当通知债务人。未经通知，该转让对债务人不发生效力。"债权转让应当通知债务人，否则转让行为对债务人不发生法律效力。据此如果信贷资产转让不履行通知债务人的程序，那么债务人仍向出让方（发起机构）偿还，导致的法律后果就是信托财产不能确定，特定目的信托无效。

考虑到法律仅明确了债权人的通知义务，并没有确定通知的具体实现形式，银行在符合法律强制规定、避免法律风险的同时，还可以积极探索便捷高效的履行通知义务新形式。最高人民法院《关于审理涉及金融资产管理公司收购、管理、处置国有银行不良贷款形成的资产的案件适用法律若干问题的规定》明确肯定了公告通知的方式，而且还进一步指出"在案件审理中，债务人以原债权银行转让债权未履行通知义务为由进行抗辩的，人民法院可以将原债权银行传唤到庭调查债权转让事实，并责令原债权银行告知债务人债权转让的事实"，这表明，司法实践在兼顾效率与公平方面已经做出了灵活且有效维护各方当事人合法权益的平衡。因此银行有必要通过积极的举措，争取到优惠的司法政策，降低成本，便捷程序，规避风险。

六、切实落实担保权利的转移

信贷资产转让是金融债权的转让，法律上发生的效果是债权人主体发生变更，债务人从向发起机构（原始债权人）履行债务变更为向代表特定目的信托的受托机构（新债权人）履行债务。银行的信贷资产一般都享有担保优先权，这也是强化该资产信用的有效保障。原始债权债务关系里，作为从合同的担保合同通常是因特定主体或特定行为而为主合同提供担保的，因此，债权转让法律行为发生后，是否需要重新取得保证人的同意以及变更抵押权人、质押权人就显得意义非常重大。

（一）《合同法》关于从权利的规定

《合同法》第八十一条规定："债权人转让权利的，受让人取得与债权有关的从权利，但该从权利专属于债权人自身的除外。"由此可见，该从权利是否专属于债权人自身是一个关键因素。

（二）关于保证债权的转让

《中华人民共和国担保法》第二十二条规定："保证期间，债权人依法将主债权转让给第三人的，保证人在原保证担保的范围内继续承担保证责任。保证合同另有约定的，按照约定。"《担保法司法解释》第二十八条规定："保证期间，债权人依法将主债权转让给第三人的，保证人在原保证担保的范围内对受让人承担保证责任。但是保证人与债权人事先约定仅对特定的债权人承担保证责任或者禁止债权转让的，保证人不再承担保证责任。"

由此可见，一般情况下，主债权转让的，保证债权同时转让，无需重新取得保证人同意。但如果保证合同有明确约定仅对特定债权人担保或禁止债权转让的，则必须重新取得保证人的同意。所以，在信贷资产证券化过程中，要特别注意保证合同是否有此特殊约定，如果有此约定，则该保证债权不能作为资产证券化的标的资产，或者需要债权人与保证人另行签订合同，解除此项约定，方可作为标的资产。

（三）关于抵押债权、质押债权的转让

对于资产证券化中金融债权的从权利抵押权、质押权的转让，是否需重新办理抵押登记手续或者办理抵押变更登记手续，未办理手续其效力如何认定，对此存在两种不同观点：

1. 一种观点认为，抵押物的物权变动应当以登记为公示方式，否则抵押权的转让无效。根据《物权法》相关规定，抵押权和质押权的取得是以到相关登记部门登记为生效要件，所以，债权转让的发生必然会涉及抵押权人、质押权人主体的变更，而完成抵押或质押变更登记就是转让后债权继续获得担保的必要法律手续。因此，信贷资产转让中，主债权转让，担保债权并不当然的随之发生转让的效力成为信托财产的一部分。

2005年10月，建设部发布《关于个人住房抵押贷款证券化涉及的抵押权变更登记有关问题的试行通知》（建住房〔2005〕77号），规定有下列情形之一的，可以按照此通知的规定，批量办理个人住房抵押权变更登记：第一，金融机构与依法设立的信托投资公司或中国银监会批准的其他机构按照有关规定，以个人住房抵押贷款证券化为目的设立信托时，需要将金融机构发放或持有的个人住房抵押贷款债权及相应的住房抵押权批量转让给受托机构的；第二，前述特定目的信托存续期间，金融机构根据合同的约定进行债权回购，或受托机构发生更换的。

2. 另一种观点则认为，主债权转让，抵押权无需重新办理抵押登记手续或抵押权人变更登记手续。抵押权转让的前提是抵押物已经办理了抵押登记手续，是为了保障主债权能顺利实现所形成的抵押权，若主债权转让，作为其从属性债权的抵押权也随之转移，针对主债权而设立的抵押权应当继续存在，无需重新办理抵押登记手续或抵押权人变更登记手续。

首先，从物权法规定来看，并没有要求主债权转让后抵押权必须重新办理抵押登记手续或者办理抵押权人变更登记手续的强制性规定。抵押权作为金融债权的从权利，当金融债权移转时，抵押权也随之移转，同时这是在抵押权已经有效成立的前提下发生的转移，并非重新设立新的抵押权。

其次，从相关司法解释来看，最高人民法院《关于审理涉及金融资产管理公司收购、管理、处置国有银行不良贷款形成的资产的案件适用法律若干问题的规定》第九条也明确规定："金融资产管理公司受让有抵押担保的债权后，可以依法取得对债权的抵押权，原抵押权登记继续有效。"该规定虽然与本案的具体情况不同，但是为金融资产的从权利转让提供了司法审查的参考依据，在资产证券化法律构架中，发起人只是将金融债权信托给受托人信托公司，并不是该条规定所指的金融债权的完全出售，但是从该条规定的立法意图和立法精神也可以看出，在抵押权随主债权转移后，受让人即可依法取得主债权的抵押权，原抵押登记应当继续有效，无需重新办理抵押登记。

再次，从实践的角度来看，若要求转让抵押权必须重新办理抵押登记手续或办理抵押权人变更手续，则实际操作中往往会因抵押人不肯再次合作（怠于协助行为）而使抵押登记的变更手续很难顺利完成，这样抵押权便难以有效转让，抵押权转让的规定便会形同虚设，没有实际意义。

3. 本书的观点。笔者认为，根据《合同法》第八十一条规定："债权人转让权利的，受让人取得与债权有关的从权利，但该从权利专属于债权人自身的除外。"抵押权是否专属于债权人自身是一个关键因素。

为此，应认真审核抵押合同，如果抵押合同有特殊约定，即该抵押权只属于特定债权人的，那么资产证券化时就必须取得抵押人的同意，必须办理抵押权变更登记。如果无此特殊约定，则无需办理抵押权变更登记。至于建设部发布的《关于个人住房抵押贷款证券化涉及的抵押权变更登记有关问题的试行通知》，只是说在资产证券化过程中可以办理抵押权变更登记，并未要求必须办理变更登记，不办理变更登记也不影响抵押权的效力。

七、防范借款人提前还款的风险

提前还款风险是资产证券化特有的风险，是针对还本型贷款而言的。还本型贷款的特性是贷款的本息每期按计划偿付，每期计划偿付额包括按计划偿付的本金和支付的利息，该偿付额在整个摊还期内是固定不变的。一般贷款的发放人都允许借款人可以不受惩罚地随时偿还全部或部分抵押贷款，这相当于给予了借款人一个提前支付期权，借款人可以随时偿还全部或部分抵押贷款的余额，如果每期还款额超过计划还款额，就是提前支付。如果贷款余额全部被清偿，这种提前偿付就是完全提前支付。如果只是部分证券余额被提前清偿，那么这种提前偿付就是部分提前支付。

从投资者的角度看，提前支付所产生的不利影响是显而易见的，首先提前支付使债券的现金流量难以确定；其次对于固定利率贷款而言，当市场利率下降时，借款人更容易进行提前支付，因此投资者面临再投资的风险；最后是提前支付将导致债券的资本增值潜力下降，例如当利率下降时，债券价格便相对上涨，但债券的提前支付抵消了这种上涨空间。

化解提前还款风险的办法只能是合同约定。可以在借款合同中约定，借款人如果提前还款，借款人应当支付违约金。资产证券化后，如果借款人提前还款，该笔违约金归投资人所有，以弥补投资人所受到的损失。

八、发展交易所市场，改变投资者单一的局面

从国内实践看，资产证券化的系统性风险因素主要表现在两个方面。一是投资者类型过于单一。商业银行在我国金融体系中占据主导地位，并且金融风险高度累积于银行业。信贷资产证券化本应作为分散银行体系风险的一个重要手段，但在我国前期试点中，资产支持证券主要在银行间市场发行，投资者仍主要集中在银行业金融机构，占比近80%，这使得信贷风险仍在银行体系内部循环。二是流动性较低。目前信贷资产支持证券的市场规模较小，市场认知程度较低，未能形成市场认可的公允价格，在银行间市场无法进行抵（质）押回购，这些是信贷资产支持证券流动性较低的主要原因。

出于防范系统性风险的目的，多渠道推进信贷资产证券化业务可能是一种有益尝试。作为银行间市场的有效补充，发展交易所市场可以有效扩大证券化产品的投资机构范围，防止风险在银行业内部循环传导。此外，交易所市场对提高证券化市场流动性也具有积极意义。交易所市场可以利用其交易机制的优势，引入质押式回购、做市商等制度，提高市场流动性和活跃程度。

九、防止资产证券化可能出现的道德风险

从国际经验看，道德风险主要表现为，资产证券化可能导致贷款标准的恶化。由于贷款发起人的收益与贷款数量紧密联系，这样的激励机制可能使贷款人的首要目标变成增加贷款数量，而不是保证贷款质量。在低利率环境中，由于投资人对高收益债券的需求强烈，一些贷款人明显放松了贷款发放标准，使得贷款被扩大到很多风险性高的借款人，最终使得违约率大幅上升，风险无序蔓延。

在我国信贷资产证券化实践中，发起机构往往扮演着市场主导者的角色，对产品设计、发行、交易、兑付等各个环节具有极强的话语权。因此，从监管角度出发，无论是出于防范道德风险还是推动市场发展的考虑，都应强化对发起机构的管理，限制其市场地位的滥用，规范和推动市场成熟。

为防范道德风险，应结合我国实际情况，对发起机构投资自己发起的资产支持证券做出限定。发起机构应与其他投资者共同持有自己发起的产品，特别是应持有高风险级别的次级档证券，避免发起机构完全与基础资产相隔绝的情况，从一定程度上解决发起机构逆向选择将风险高且难以识别的资产进行证券化所引发的道德风险。同时，应限制发起机构的投资上限，既避免其利用资产支持证券与贷款监管方面的差异进行监管套利，也可避免其利用持有规模上的优势通过持有人大会等方式影响或限制其他投资者的决策。

参考文献

［1］易楠. 中国资产证券化问题简析［J］. 企业导报，2013（03）：1-2.

［2］胡蝶. 资产证券化法律问题研究［D］. 南昌：南昌大学，2012：1-29.

［3］谢永江，张英. 资产证券化在我国推行的法律环境分析［J］. 山东财政学院

学报，2003（03）：60－63.

　　［4］吴华. 资产证券化在我国的发展探析［J］. 时代金融，2012（12）：217－218.

　　［5］谢永江. 资产证券化特定目的机构研究［M］. 北京：中国法制出版社，2007：1－18.

　　［6］王娟，牛晓健. 我国供应链融资中的资产证券化研究［J］. 时代金融，2013（08）：23－24.

　　［7］陈隆谊. 资产证券化在国内外发展的现状［J］. 黑龙江科技信息，2012（10）：159.

　　［8］胡代忍. 我国商业银行信贷资产证券化发展状况及问题研究［J］. 中国证券期货，2013（01）：175－176.

　　［9］斯蒂文·L. 西瓦兹. 结构金融——资产证券化原理指南［M］. 李传会，龚磊，杨明秋译. 北京：清华大学出版社，2003：1－10.

　　［10］汤莹玮，郑炜. 美欧证券化资产风险留存及对中国的启示［J］. 国际金融，2012（04）：9－13.

　　［11］赵宇华，龙海虹，张海燕. 资产证券化原理与实务［M］. 北京：中国人民大学出版社，2007：3－48.

　　［12］李智等. 资产证券化及其风险之化解［M］. 上海：立信会计出版社，2013：3－86.

　　［13］扈企平. 资产证券化：理论与实务［M］. 李健译. 北京：中国人民大学出版社，2007：1－33.

　　［14］谢永江. 资产证券化是债权物权化的过程［J］. 北京邮电大学学报（社会科学版），2006（01）：57－60.

　　［15］莫壮才. 信贷资产证券化：一个值得关注和运用的投融资方式［J］. 农业发展与金融，2013（01）：61－62.

　　［16］郑晓东，康靖. 银行开展中小企业信贷资产证券化模式探讨［J］. 价值工程，2012（29）：170－172.

　　［17］王俊. 浅议中美资产证券化的发展［J］. 价值工程，2012（12）：30－32.

　　［18］刘元根. 中国资产证券化现状及发展探讨［J］. 经济研究导刊，2013（05）：73－74.

　　［19］王岩岫. 防范信贷资产证券化风险［J］. 中国金融，2013（21）.

第十章　供应链金融法律风险防范

第一节　供应链金融概述

一、供应链金融的概念

供应链金融服务是商业银行站在供应链全局的高度，以核心企业为切入点，将资金注入到相对薄弱环节——中小企业并协调供应链的资金流和降低链条的财务成本而提供的系统性金融服务。[①]

二、供应链金融的发展过程

根据有关历史资料显示，早在 20 世纪 20 年代国内供应链金融业务就已经出现，如上海银行开展的存货抵押贷款。

到 20 世纪 90 年代中后期，随着市场经济的繁荣与发展，国内中小商业银行持续创新金融服务业务，存货融资业务逐渐恢复发展。作为国内最早开展供应链金融业务的商业银行——深圳发展银行，早在 2001 年就推出了"动产及货权质押授信"。随着市场需求和领域的逐步扩大，2003 年深圳发展银行进一步推出"1 + N"的供应链金融模式，之后于 2005 年总结为供应链金融服务，同年深圳发展银行先后与国内三大物流巨头（中远、中储和中外运）签署战略合作协议，正式拉开了我国国内供应链金融业务的帷幕。国内许多商业银行相继开展了在供应链金融领域的探索，其中国内股份制商业银行，如上海浦东发展银行、民生银行等，已经走在了我国商业银行供应链金融业务发展的前列。例如：2005 年 11 月，民生银行成立专门的贸易金融部，建立垂直化的营销体系、专业化的业务操作和评审体系，提出"走专业化道路，做特色贸易金融"，为开展供应链金融业务打下了坚实的基础。2006 年上海浦东发展银行推出了"供应链融资解决方案"及六个子方案，包括供应商支持、采购商支持、在线账款管理、区内企业贸易融资、工程承包信用支持和船舶出口服务。2006 年末，中国银行与苏格兰皇家银行就供应链融资业务的市场需求和发展前景开展合作研究，2007 年 7 月中国银行推出供应链融资产品——"融易达"，利用"核心企业"授信资源，向作为供应商的中小企业提供融资服务，促进中小企业资金周转，通过强化供应链上游链条的力度，提升供应链整体竞争实力。2007 年光大银行推出"阳光供应链"，针对各行业供应链条上不同客

[①]　贡佳佳，王寅. 国内商业银行供应链金融服务现状研究 [J]. 经济论坛，2012 (08)：74 - 77.

户群的融资需求，提供全方位、个性化、集成化的供应链融资产品组合。

三、国内现状

银行业供应链金融比较有特色且规模较大的是平安银行、中信银行和民生银行。深发展（现平安）银行的模式是"N＋1＋N"，以中小企业为敲门砖作为产品先导期，逐步渗透到核心企业，以核心企业为轴向供应链的上下游开拓供应链金融业务。中信银行的主要模式是"1＋N"，充分利用其对公业务优势，直接切入核心企业，打通核心企业的供应链上下游。民生银行的模式是"一圈两链"，即一个商圈，产业链、供应链两链，先导期利用中小企业融资铺路来寻找对应的供应链，并成立了专门的贸易金融事业部，开展行业专业化、特色化的服务。

供应链金融在银行对公业务中占有显著比重。目前工行、中行、平安、中信、民生五家银行2012年贷款规模占银行业贷款规模的28.4%。预计全行业供应链金融融资余额达到6.7万亿元，这部分融资需求将带来存款派生、丰富的中间业务收入和利息收入，是商业银行向中小企业业务转型的契机。上市16家银行2012年与供应链金融相关且属于表外业务的承兑汇票、开出信用证、开出保函的规模合计占上市银行信贷规模的19.5%，地位日趋显著。①

四、发展前景

以下四个因素决定了供应链融资方案将长期存在。

首先，银行自身发展的需要。随着金融系统的不断改革和外资银行的加速进入，中国银行业面临日益市场化的金融市场和日益同质化的金融产品，维系自己的核心客户和开拓新的客户，都需要银行不断创新，尤其是金融产品的创新。而过度地开发和引入新的金融产品，将很难控制风险，因此开发风险较低的金融产品是银行的必然选择。供应链金融产品依托核心企业，来开拓其上下游的中小企业。更重要的是，供应链金融产品针对的是中小企业市场，将获取大量的中小企业存款、代收代付等多种中间业务。

其次，中小企业发展的需要。随着中小企业不断发展，对资金的需求也在不断增加。在现有担保体系不够完善且融资成本较高的情况下，中小企业渴望金融机构能够开发一种产品，不需要太多的固定资产抵押，融资便捷且成本低，而供应链金融产品依托的是核心企业稳定的经营能力和良好的信誉，依托上下游合作伙伴的库存质押或应收账款质押，为合作伙伴提供融资，填补了金融产品的空白，有着良好的发展前景。

再次，中国企业发展壮大的需要。伴随着品牌打造、技术创新、兼并和重组，越来越多的中国优秀企业在世界级供应链的分工中成为核心企业。以它们为核心的供应链的成长是中国企业不断发展壮大的必要前提，而有效的金融支持将促进和加速这些供应链的成长。

最后，中国已经形成一批具有核心竞争力的大型企业，如IT领域的联想、华为、中兴、方正、同方、浪潮、爱国者、烽火科技等，它们都是市场化经济中的佼佼者，遵

---

① 资料来源：http://stock.eastmoney.com/news/1408，20130802311673926.html.2013.8.2.

从市场运行规则，重视商务谈判和合作，严格按照商务合同约定的付款方式执行。对于上游供应商，可以给予基于应收账款质押的融资产品。

第二节 供应链金融的主要模式

一、基于监管下物流的一般融资模式

（一）基于商品货权的基本融资模式——仓单质押融资

仓单质押融资是指企业将其拥有的商品存入银行认可的物流公司的仓库，并将由物流公司出具的仓单质押给银行，据此获得银行融资的模式。从供应链融资的角度，则是将质押仓单价值视为融资对价，融资的期限、金额、贷后管理等都以质押的仓单为基础。仓单质押融资模式业务流程如图10－1所示。

1. 质押融资阶段

物流公司 ←(1)存入商品 / (2)开出仓单→ 借款人 ←(3)仓单质押 / (4)发放贷款→ 银行

2. 还款赎单（货）阶段

物流公司 ←(3)提交仓单 / (4)提取商品→ 借款人 ←(1)归还贷款 / (2)释放仓单→ 银行

图10－1 仓单质押融资模式业务流程图

（二）基于商品库存的基本融资模式——存货质押融资（静态质押和滚动质押）

静态质押融资是指融资企业将商品质押给银行，并存放于物流公司监管下的仓库（可以是物流公司仓库、企业自有仓库或者第三方仓库），物流公司代银行占有和监管质物，并向银行出具质押专用仓单或者质物清单，银行据此向借款人提供融资。在静态质押中，商品入库后一般不得更换，但可随融资余额的减少提取相应部分，直至担保的融资清偿为止。

滚动质押是在静态质押的基础上发展起来的一种更为便捷的物流融资方式，其基本机构与静态质押类似，区别仅在于滚动质押是确定质押商品的最低要求值，在质押期间超过最低要求值的部分可自由存入或提取，同时允许质物按照约定方式置换、流动，"补新出旧"。滚动质押模式更加契合企业经营需要，灵活性更强。

（三）基于商品货权和库存混合融资模式——信用证项下商品质押融资模式

当进口信用证项下单据到达并经融资银行审核无误后，开证企业以该信用证项下代表货权单据（提单）作为质押，银行先行代为付款，并委托第三方物流公司代为报关、提货并运至指定仓库，转入商品存货质押监管，待企业归还借款后再释放质押商品。该种模式主要适用于以信用证结算方式进口商品贸易类企业或生产企业原料进口。信用证项下商品质押融资模式业务流程如图10－2所示。

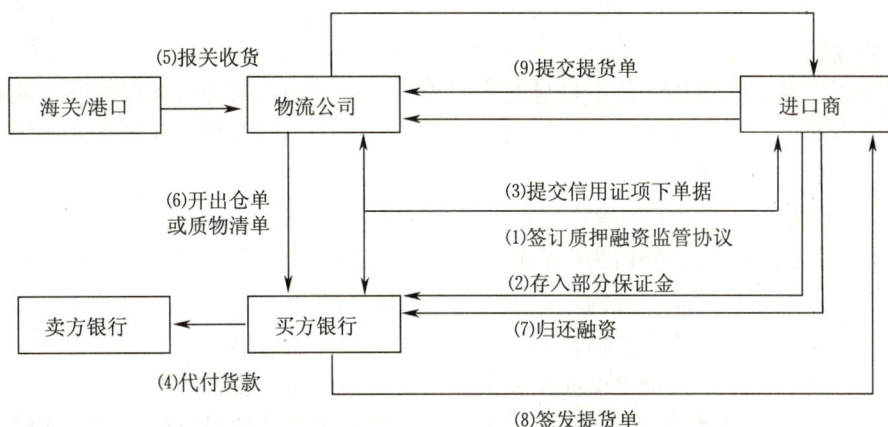

图 10 - 2　信用证项下商品质押融资模式业务流程图

二、基于监管下物流特定融资模式

(一) 厂商银融资模式

以汽车经销商采购汽车为例, 厂商银融资模式流程如图 10 - 3 所示。

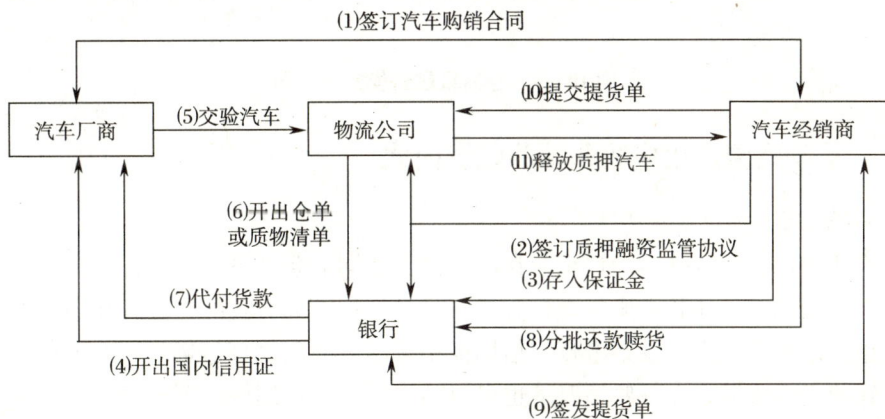

图 10 - 3　厂商银融资模式流程图

厂商银融资模式是指商品经销商从生产厂家购买货物时, 提前向银行存入部分价格风险保证金 (一般为 20% ~ 30%), 银行代经销商支付货款, 然后生产商以银行为收货人向指定的仓库发货, 货物到仓库后由第三方物流公司代银行验收并进行质押监管。企业归还银行借款, 银行释放相应比例的商品提货权给借款人, 直至保证金账户余额等于未偿借款余额。厂商银模式多用于以预付款方式购买商品的国内贸易结构中, 采用的金融工具多为银行承兑汇票和国内信用证。

(二) 依托商品专业市场的经销商集中融资模式

在许多地区形成一大批骨干商品专业市场, 经销商集中, 交投活跃, 呈现规模化、专业化、物流服务一体化的特点。该模式正是以大宗商品专业市场为依托, 银行与市场经营方合作，对市场中商品经销商提供融资便利，并以其进入市场商品作为质押担保，委托市场经营方或者第三方物流公司提供全程监管的一种集中融资模式。除商品质押外，银行还可以根据市场经营者自身的实力和信用授予一定的融资担保额度，或者委托市场经营者组织经销商联保等，以提供借款人融资额度，同时可以在借款人违约时委托市场经营者处置质押商品。

（三）物流公司担保下的融资模式——仓商银融资模式

仓商银模式是以物流公司为中心建立一个包括质押商品仓储与监管、价值评估、融资担保、物流配送、商品处置为一体的综合性物流服务平台，银行根据仓商银的规模、经营业绩、运营现状、资产负债比例以及信用程度，授予仓商银一定的信贷额度，物流公司可以直接利用这些信贷额度向相关企业提供灵活的质押贷款业务，由仓商银直接监控质押贷款业务的全过程，银行则基本上不参与该质押贷款项目具体运作。该模式流程如图10-4所示。

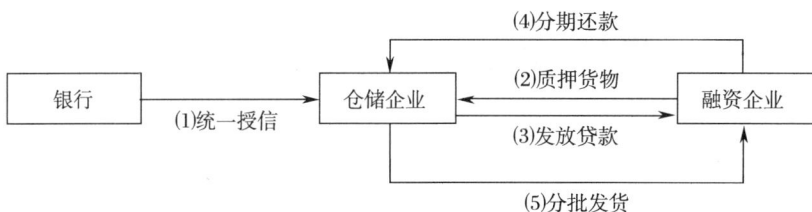

图10-4 仓商银融资模式流程图

三、基于物流产生应收账款的融资模式

（一）结构性出口前融资

结构性出口前融资是指出口企业在已签订了合同的条件下，以履行该合同产生的应收账款为担保和基本还款来源的融资方式。具体根据结算方式的不同有几个品种，如赊销、承兑交单项下的出口发票融资、信用证结算项下的出口打包贷款等。银行通过选择信用良好的大型买家，在一些情况下也可以辅之以出口信用保险等第三方担保措施来规避买方付款的风险。

（二）"1+N"国内贸易融资——超市供应商融资模式

超市供应商融资模式是一种针对于超市上游供应商融资业务。流程为：供应商在网上接到超市订单后，向银行提出融资申请，用于组织生产和备货；获取融资并组织生产后，向超市供货，供应商将发票、送检入库单等提交给银行，银行即可为其办理应收款保理融资，归还订单融资；应收账款到期，超市按约定支付货款资金进入客户在银行开设的专项收款账户，银行收回保理融资。

四、其他

供应链融资是一个不断发展、不断创新的领域，围绕物流运行和商品特点，具体模式设计也是千差万别，关键是控制货权、把握商品价格、保持商品总值对融资敞口的对价（保障）效应。

第三节 与供应链金融相关的法律、法规及规范性文件

我国目前并没有专门关于供应链金融的法律、法规、规章或规范性文件。与供应链金融相关的法律、法规及规范性文件主要有《中华人民共和国物权法》、《中华人民共和国担保法》、最高人民法院关于适用《中华人民共和国担保法》若干问题的解释、中国人民银行《应收账款质押登记办法》、国家工商行政管理总局《动产抵押登记办法》。主要涉及以下两个问题：

一、关于应收账款质押登记

（一）可以质押的应收账款的范围

应收账款是指权利人因提供一定的货物、服务或设施而获得的要求义务人付款的权利，包括现有的和未来的金钱债权及其产生的收益，但不包括因票据或其他有价证券而产生的付款请求权。具体包括下列权利：

1. 销售产生的债权，包括销售货物，供应水、电、气、暖，知识产权的许可使用等。

2. 出租产生的债权，包括出租动产或不动产。

3. 提供服务产生的债权。

4. 公路、桥梁、隧道、渡口等不动产收费权。

5. 提供贷款或其他信用产生的债权。

（二）应收账款的登记与查询

1. 中国人民银行征信中心（以下简称征信中心）是应收账款质押的登记机构。

2. 应收账款质押登记由质权人办理。

3. 登记内容包括质权人和出质人的基本信息、应收账款的描述、登记期限。

4. 任何单位和个人均可以在注册为登记公示系统的用户后，查询应收账款质押登记信息。

（三）应收账款质押登记的效力

根据《物权法》第二百二十八条的规定，应收账款质权自信贷征信机构办理出质登记时设立。

（四）应收账款登记中存在的问题

当前中国人民银行并未建立起一个有公信力的征信中心，所以实际上前去办理应收账款质押登记的非常少，严重阻碍了应收账款质押制度的发展。

二、关于动产抵押登记

（一）动产抵押的范围

企业、个体工商户、农业生产经营者可以现有的以及将有的生产设备、原材料、半成品、产品设定抵押。

（二）动产抵押登记机关

动产抵押应当向抵押人住所地的县级工商行政管理部门办理登记。

（三）动产抵押登记的效力

动产抵押采取登记对抗主义，抵押权自抵押合同签订时设立，未经登记，不得对抗善意第三人。

（四）动产抵押登记的查询

有关单位和个人可以持合法身份证明文件，向动产抵押登记机关查阅、抄录或者复印有关动产抵押登记的资料。

（五）动产抵押登记的现状

在《物权法》和国家工商行政管理总局《动产抵押登记办法》实施以后，各地工商行政管理机关能够很好地执行动产抵押登记的法律、法规，绝大多数情况下能够当场办理好动产抵押登记。动产抵押登记的实行，为企业拓宽了融资渠道。

现在存在的问题是，个别地方的工商行政机关只为担保金融债权办理动产抵押登记，对担保非金融债权不办理动产抵押登记。

第四节　供应链金融案例

一、家乐福基于应收账款的供应链融资①

（一）案例概要

家乐福是全球500强企业，运营稳健，对上游供应商有明确的付款期限且能按照合同执行，在全球有着数以万计的供应商。银行可以将家乐福作为核心企业，为其上游供应商设计供应链融资模型。结合历年的应付款项和合同期限，综合评估后给予供应商一个授信额度，该额度在偿还后可以循环使用。银行需要家乐福将支付给上游供应商的款项，支付给银行，由此完成一个封闭的资金链循环。该供应链融资模式能够缓解供应商的资金压力，同时促进银行获取更多的客户。

（二）关键点

这是一个典型的借助核心企业基于应收账款的供应链金融，其关键点在于：

第一，家乐福是全球500强企业，对上游的供应商有明确的付款期限且能按照合同付款。

第二，供应商与家乐福之间存在长期的合作关系，且资信良好。

第三，家乐福同意将应支付给上游供应商的货款支付给银行。

（三）风险点

该项产业链融资存在以下几个风险点：

1. 家乐福的风险。家乐福是否会出现经营、税务、人事变动等风险，如果出现，是否能够仍然按照合同支付供应商货款。在贸易公司中，违约支付货款的现象非常普

---

① 供应链融资模式的风险评估．http://xueyuan.51zjxm.com/rongzipinggu/20111018/162.html.2014 - 08 - 15.

遍。此类风险一旦产生，将严重影响银行贷款的安全性。

2. 上游供应商的风险。主要表现在对家乐福的供货规模是否稳定，产品质量是否稳定，以及经营的规范性能否承受税务、工商、消防、卫生等政府部门的检查风险。由于上游供应商往往规模较小，经营的稳健性和规范性并不能保证，承受政府的风险往往较低。因此根据上游供应商和家乐福的交易数据，动态评估上游供应商的风险是必要的。

3. 上游供应商和家乐福的合作风险。主要表现在上游供应商和家乐福的合作是否出现问题。其中，供货规模的波动能够反映很多问题，因此及时了解家乐福和供应商的交易数据是非常重要的。

二、伊利股份的牛奶供应链融资①

（一）案例概要

深圳市财信德实业发展有限公司（以下简称财信德）是一家从事国内商业批发、零售业务的贸易公司，成立于1998年，注册资本1000万元，是内蒙古伊利牛奶（上市公司，以下简称伊利股份）在深圳地区的总代理。财信德作为一家成立时间较晚、资产规模和资本金规模都不算大的民营企业，它们的自有资金根本不可能满足与伊利股份的合作需要。同时它们又没有其他可用作贷款抵押的资产，进行外部融资也非常困难，资金问题成为公司发展的瓶颈。此时财信德向当地民生银行提出以牛奶作为质押物申请融资的业务需求。在了解财信德的实际需求和经营情况并结合其上游供货商伊利股份的资信状况，民生银行广州分行经过研究分析，大胆设想，与提供牛奶运输服务的物流企业合作，推出了以牛奶作为质押物的仓单质押业务。物流企业对质押物提供监管服务，并根据银行的指令，对质押物进行提取、变卖等操作。银行给予财信德综合授信额度3000万元人民币，以购买的牛奶做质押，并由生产商伊利股份承担回购责任。该业务自开展以来，财信德的销售额比原来增加了近2倍。这充分说明了供应链金融服务能够很好地扶持中小企业，解决了企业流动资金不足的问题，同时也有效控制了银行的风险。

（二）关键点

该案例的关键首先在于民生银行业务创新，同意用牛奶作为质押物对企业进行授信，牛奶属于容易变质的食品，因此操作过程中物流企业的积极配合也是密不可分的，在银行、物流企业、贷款客户的共同努力下，才有可能实现供应链融资的顺利开展。

（三）风险点

该项产业链融资存在以下几个风险点：

1. 伊利股份的风险。伊利股份必须按时、按量向客户供应牛奶，牛奶的产量受季节、天气影响较大，伊利股份必须保证平稳地向客户供货。

2. 财信德的风险。主要表现在经营上是否稳定，是否能够按时、按量从伊利股份

---

① 基于供应链的中小企业融资模式分析．http：//3y.uu456.com/bp－bf02c3dcs0e2s24des187e27－1.html.
2014－08－12.

进货，并按时结算货款提货。由于财信德规模较小，经营的稳健性和规范性并不能保证，因此存在不按时结算货款提货的风险。

3. 物流企业的风险。物流企业处于伊利股份与财信德之间，二者只要有一方违约就会给物流企业带来风险。同时，物流公司必须严格执行银行的指令，按银行的通知发货，如果物流公司不严格执行银行的指令，就会出现在未付款的情况下，物流企业向财信德发货的情况，最终导致银行的贷款无法收回。

第五节 供应链金融的法律风险防范

供应链融资属于新兴领域，在带给中小企业客户融资便捷的同时，有必要对银行存在哪些风险、哪些可以控制、哪些不能控制进行研究。

传统的信贷业务主要考核企业资质、业绩、财务特征和担保方式等，从单一主体经营、财务、市场等角度对企业综合实力、还款能力进行信用评价。但在供应链背景下，链上企业的风险已发生根本变化，其不仅受自身风险因素的影响，同时还受供应链因素的影响。一方面，供应链上核心企业较高的信用水平和增级效用以及真实贸易项下产生的自偿性还款现金来源降低了上下游交易方的信用风险；另一方面，供应链上各环节主体之间环环相扣，相互传递的风险因素又使各企业所面临的环境更加的复杂多变，不仅包括主体自身的信用风险，同时还涉及到企业所处供应链的整体运营风险、交易对手风险、贸易背景真实性风险、交易资产风险、操作环节风险以及来自于物流监管合作方的风险等。

一、供应链金融存在的法律风险

（一）核心企业信用风险

在供应链金融中，核心企业掌握了供应链的核心价值，担当了整合供应链物流、信息流和资金流的关键角色，商业银行正是基于核心企业的综合实力、信用增级及其对供应链的整体管理程度，而对上下游中小企业开展授信业务，因此，核心企业经营状况和发展前景决定了上下游企业的生存状况和交易质量。一旦核心企业信用出现问题，必然会随着供应链条扩散到上下游企业，影响到供应链金融的整体安全。一方面，核心企业能否承担起对整个供应链金融的担保作用是一个问题，核心企业可能因信用捆绑累积的或有负债超过其承受极限使供应链合作伙伴之间出现整体兑付危机；另一方面，当核心企业在行业中的地位发生重大不利变化时，核心企业可能变相隐瞒交易各方的经营信息，甚至出现有计划的串谋融资，利用其强势地位要求并组织上下游合作方向商业银行取得融资授信，再用于体外循环，致使银行面临巨大的恶意信贷风险。

（二）上下游企业信用风险

虽然供应链金融通过引用多重信用支持技术降低了银企之间的信息不对称和信贷风险，通过设计机制弱化了上下游中小企业自身的信用风险，但作为直接承贷主体的中小企业，其公司治理结构不健全、制度不完善、技术力量薄弱、资产规模小、人员更替频繁、生产经营不稳定、抗风险能力弱等问题仍然存在，特别是中小企业经营行为不规范、经营透明度差、财务报表缺乏可信度、守信约束力不强等现实问题仍然难以解决。与此同时，在供应链背景下，中小企业的信用风险已发生根本改变，其不仅受自身风险因素的影响，而且还受供应链整体运营绩效、上下游企业合作状况、业务交易情况等各种因素的综合影响，任何一种因素都有可能导致企业出现信用风险。

（三）贸易背景真实性风险

自偿性是供应链金融最显著的特点，而自偿的根本依据就是真实的交易。在供应链融资中，商业银行是以实体经济中供应链上交易方的真实交易关系为基础，利用交易过程中产生的应收账款、预付账款、存货为质押/抵押，为供应链上下游企业提供融资服务。在融资过程中，真实交易背后的存货、应收账款、核心企业补足担保等是授信融资实现自偿的根本保证，一旦交易背景的真实性不存在，出现伪造贸易合同、或融资对应的应收账款的存在性/合法性出现问题、或质押物权属/质量有瑕疵、或买卖双方虚构交易恶意套取银行资金等情况，银行在没有真实贸易背景的情况下盲目给予借款人授信，就将面临巨大的风险。

（四）业务操作风险

操作风险是当前业界普遍认同的供应链金融业务中最需要防范的风险之一。供应链金融通过自偿性的交易结构设计以及对物流、信息流和资金流的有效控制，通过专业化的操作环节流程安排以及独立的第三方监管引入等方式，构筑了独立于企业信用风险的第一还款来源。但这无疑对操作环节的严密性和规范性提出了很高的要求，并造成了信用风险向操作风险的位移，因为操作制度的完善性、操作环节的严密性和操作要求的执行力度将直接关系到第一还款来源的效力，进而决定信用风险能否被有效屏蔽。

（五）物流监管方风险

在供应链金融模式下，为发挥监管方在物流方面的规模优势和专业优势，降低质押贷款成本，银行将质物监管外包给物流企业，由其代为实施对货权的监督。但此项业务外包后，银行可能会减少对质押物所有权信息、质量信息、交易信息动态了解的激励，并由此引入了物流监管方的风险。由于信息不对称，物流监管方会出于自身利益追逐而做出损害银行利益的行为，或者由于自身经营不当、不尽责等致使银行质物损失。如个别企业串通物流仓储公司有关人员出具无实物的仓单或入库凭证向银行骗贷，或者伪造出入库登记单，在未经银行同意的情况下，擅自提取处置质物，或者无法严格按照操作规则要求尽职履行监管职责导致货物质量不符或货值缺失。

（六）抵、质押资产风险

抵、质押资产作为供应链金融业务中对应贷款的第一还款来源，其资产状况直接影响到银行信贷回收的成本和企业的偿还意愿。一方面，抵、质押资产是受信人如出现违约时银行弥补损失的重要保证；另一方面，抵、质押资产的价值也影响着受信人的还款意愿，当抵、质押资产的价值低于其信贷敞口时，受信人的违约动机将增大。供应链金融模式下的抵、质押资产主要分为两类：应收账款类和存货融资类。应收账款类的风险主要在于应收账款交易对手信用状况、应收账款的账龄、应收账款退款的可能性等。存货类融资的主要风险在于质物是否缺失、质物价格是否波动较大、质物质量是否容易变异以及质物是否易于变现等。

二、供应链金融的法律风险防范

（一）提升对全产业链上相关授信主体的综合准入管理

供应链金融是从整个产业链角度出发对链上各个交易方开展的综合授信业务，因此，需要结合供应链总体运营状况对授信企业的主体准入和交易质量进行整体性的评审，需要从供应链关联的角度对链上各主体业务能力、履约情况，以及与对手的合作情况做出客观、全面的评价。

1. 规范授信前尽职调查工作，提高对授信主体真实信息的掌控能力。授信前调查是供应链金融风险防范的第一道防线，商业银行应加强对经营机构的贷前调查指导工作，制订授信前调查实施细则，并根据不同业务的具体特点明确详细的调查步骤和要点。要严格遵循实地调查原则，实地了解授信主体的从业经验、与上下游合作关系、交易记录、购销情况等，认真核实其存货、预付款、应付账款、应收账款等科目的变动情况，严格评估周转速度及相关财务指标的合理性，坚决杜绝贷前调查流于形式；要立足供应链金融业务特征，注重对授信主体和交易信息的并重调查，在加强对主体承贷能力、经营情况、财务状况及还款能力调查的同时，还应深入了解客户经营动态和交易情况，认真调查贸易交易的基础背景、核实购销合同的真实性、分析交易的连续性，全面、客观地反映客户真实的经营情况。

2. 强化对核心主体的授信准入管理。供应链金融各种业务模式都直接或者间接涉及到核心企业的信用水平，核心企业在对上下游企业融资起着担保作用的同时，其经营风险也对供应链上其他企业具有直接的传递性，直接决定着供应链业务整体的荣损，对其准入管理尤为重要。

3. 真实反映供应链上下游中小企业的信用风险。在供应链金融业务中，银行通过交易结构的设计一定程度上将企业的授信风险与主体信用分隔开了，但债项授信与主体授信的分割并不意味着银行就能忽视授信主体自身的信用风险，银行也不能单纯凭借债项自偿性和核心企业的信用增级，而盲目地降低对中小企业的信用准入要求，而应该将主体信用与债项评级相结合，通过综合考察授信申请人的综合实力、财务报表、经营效益、交易活动、自偿程度，全面客观地评价中小企业的信用风险，重点选择与核心企业合作紧密度高，已建立稳定的商品购销关系，并得到核心企业的推荐或认可，生产经营正常，主业突出，主营产品销售顺畅，应收账款周转速度和存货周转率以及销售额和现金流量稳定，历史交易记录和履约记录良好的合作主体。

（二）优化业务操作流程，规范各操作环节职责要点

供应链金融操作流程环节众多、操作风险复杂多变，商业银行应根据供应链融资业务特点重新设计业务流程，合理划分岗位职责，通过设置专业的业务部门、制订专门的业务操作指引、建立有效的内控管理制度、健全相应的操作风险管理机制，实现对各流程环节操作风险的有效控制。

要细化各流程操作指引，建立起明确而又细致的操作规范要求。在贷前调查阶段，考虑到信息要求比一般企业授信更复杂，银行应建立专业的调查、审查模板和相关指引，调查人员应按照模板要求的框架进行信息搜集，有效降低调查人员主观能力对调查

结果有效性的影响；在授信业务落地环节，应细化与授信主体及其上下游企业之间合同协议签订，印章核实，票据、文书等的传递以及应收类业务项下通知程序的履行等事项的操作职责、操作要点和规范要求；在出账和贷后管理环节，应明确资金支付、质物监控、货款回笼等事项的操作流程、关注的风险点和操作的步骤要求，使得操作人员有章可循，严格控制自由裁量权。

要针对业务管理需要，明确权责。建立起专业的管理部门、设置专业的管理岗位、明确流程环节中各岗位的职责分工，并细化到岗、到人，实现由专人专岗负责业务推动、业务管理、价格管理、核库、巡库、合同签署、核保、资金支付和回笼监管等相关工作，使得各岗位之间能够做到既相互衔接配合又相互监督检查，真正实现通过流程化管理落实对供应链金融业务的封闭操作和全程监控，实现供应链金融业务的专业化运作和集约化运营。

要加快信息系统建设。通过加快建立电子化信息平台，实现对供应链金融业务总量、业务结构、融资商品、监管企业合作情况等相关要素的电子化统计，实现日常融资货物质押及解押操作、报表统计、风险提示信息、库存和赎货情况分析等工作的电子化，使业务操作流程化、透明化，降低业务操作对人员的依赖，减少人为的随意性。

（三）加强对物流监管方的准入管理

在供应链金融业务中，物流监管方起到"监管者"、"中间者"和"信息中枢"的作用。物流监管方不仅受银行委托对客户提供的抵、质押物实现专业化的监管，确保质押物安全、有效，而且掌握了整个供应链上下游企业货物出库、运输和入库等信息的动态变化。银行正是通过物流监管方对质押物的监管来实现物流和资金流的无缝对接。但当前物流监管方中存在的缺乏专业技能和诚信、企业资质参差不齐、运输和仓储监管的规范不标准以及借款人和物流企业联合欺诈银行等现象，使得对物流监管方的准入管理显得尤为重要。为防止物流监管方操作不规范、管理制度缺陷给银行带来损失，应重点选择经营规模大、知名度高、资信情况好、仓储设备专业、管理技术先进、操作规范完善、监管程序严谨以及员工素质高的监管方进行合作。要建立起对物流监管方不定期的检查制度，加大巡查频度，重点检查监管方是否严格按照流程进行质物保管及出入库操作，出入库台账是否齐全，手续是否完备，质押货物是否足值、货物储存方式和库容库貌是否符合要求、日常管理是否到位等，对于不符合管理要求的监管方，要及时督促改进，必要时要坚决退出。

（四）提升对抵、质押资产的动态管理

抵、质押资产作为银行授信的物质保证，其变现能力是授信安全的重要指标。为确保抵质押资产的足值性和有效性，银行要落实好以下两方面管理要求：

注重对抵、质押资产的选择。在选择抵质押物时，应选择市场需求广阔、价值相对稳定、流通性强、易处置变现、易保存的产品。为明确抵质押物的权属关系，要让质权人提供相关的交易合同、付款凭证、增值税发票、权属证书以及运输单据等凭证，通过严格审查相关凭证，有效核实质物权属，避免质押物所有权在不同主体间流动引发权属纠纷；在选择应收账款时，应选择交易对手实力强、资信高，双方合作关系稳定、履约记录好、交易内容和债权债务关系清晰的应收款，应确保应收账款所依附的基础合同真实有效，应收账款处于债权的有效期内且便于背书转让等。

加强对抵、质押资产的价值管理。要建立质物价格实时追踪制度，完善逐日盯市操作和跌价补偿操作要求，依据各商品的信贷条件设置价格波动警戒线，一旦价格跌至警戒线以下，及时通知经销商存入保证金或补货。与此同时，要建立起对授信主体销售情况、经营变化趋势的监控机制，定期跟踪其销售情况、财务变化、货款回笼等影响银行债权的信号，严格要求其根据销售周期均匀回款，有效控制抵质押资产的价值变化风险。

参考文献

［1］贡佳佳，王寅．国内商业银行供应链金融服务现状研究［J］．经济论坛，2012（08）：74 - 77.

［2］周伟丽．银行供应链金融产品与风险分析［D］．南京：南京大学，2012：1 - 46.

［3］陈才东：供应链金融业务风险的防范［J］．银行家，2012（10）.

第十一章　银行同业代付业务法律风险防范

第一节　银行同业代付业务概述

一、银行同业代付的概念

同业代付，指银行根据客户申请，通过境内外同业机构或者本行海外分支机构为该客户的国内贸易和国际贸易结算提供的短期融资便利和支付的业务。简单说是一家银行代替另一家银行来兑现自己的信用承诺。

从业务操作实践上看，银行的同业代付业务已经逐渐摆脱传统的资金清算功能，成为一种表外融资的手段。这些表外融资方式一般是发端于票据、理财、信用证等银行表外业务领域，并通过同业代付业务的对接来避免银行负债入表，从而起到了优化银行资产负债结构、满足客户资金需求的双重作用。

银行的同业代付业务已经摆脱单单的同业结算功能，而成为企业融资的一种新通道。现如今银行的同业代付业务属于非标信贷业务的一种。只有了解了代付业务的这种非标信贷业务实质，才能理清同业代付业务中复杂的法律关系，从而更加清晰地对同业代付业务中的权利义务关系进行调整。

二、银行同业代付业务发展的状况及原因

（一）同业代付业务在 2011 年发展迅猛

我国银行同业代付业务引起人们重视的时间是在 2011 年以后。2011 年，多家银行同业代付业务迅速发展，相比于 2010 年同比增幅近十倍之多。民生银行、兴业银行、华夏银行、平安银行在 2011 年年报中披露了同业代付余额，截至 2011 年末，这四家银行的同业代付总额为 3410 亿元，比 2010 年增长 3069 亿元，增幅达到了近 900%。2012年部分银行的同业代付业务仍然增长较快。据 2012 年年中报显示，截至 6 月末，民生银行代付业务余额 731.23 亿元，比年初增长 28.9%，是增幅最大的表外业务；兴业银行代付业务余额 1206.68 亿元，比年初减少 19.49%，但是代付业务余额仍然较大。截至 6 月末，广发银行代收代付款项为 16.13 亿元，比年初增长 198.76%。

（二）银行同业代付业务迅猛发展的原因

银行同业代付业务发展较快的原因：

第一，同业代付业务对代付行和委托行来说是一个双赢的局面。对委托行来说，资金需求旺盛与传统信贷规模限制之间的供需矛盾使得银行需要为客户开辟一条新的融资

通道，一方面可以保留自己的优质客户，另一方面也可以获取利息收益。对代付行来说，其在委托方提供信用担保的前提下进行代付几乎等于在零风险条件下获得了一笔手续费，并且可以充分利用自己的闲置资金。

第二，在相关会计处理上，委托行和代付行都不必将这笔融资款项计入贷款科目，所以都不会受到贷款规模和存贷比考核限制，在业务操作上，要比一般的信贷业务受到的约束少很多，相比于传统信贷业务，同业代付这一非标信贷业务在银行银根收紧的环境下优势很明显。

同业代付业务是银行在信贷额度和存贷比限制之外提供更多 M_2 的渠道，也可以看成是商业银行的一种"监管套利"。而金融监管和金融创新是一个相辅相成的概念，二者之间的博弈始终存在着。在同业代付业务快速增长的背景下，必然会催生银监会及相关监管机构出台监管政策，对商业银行间通过同业代付业务进行监管套利的现象进行规范。

（三）监管部门于 2012 年出台的监管措施导致同业代付业务大幅下降

2012 年，银监会向商业银行发出《关于对票据业务实施快速自查的紧急通知》，要求各银行上报票据代付业务和非票据的代付规模、操作方式、交易对手等。财政部会计司对银监会法规部的《关于银行金融机构同业代付业务会计处理的复函》（2012 年 19号）为同业代付资金纳入贷款管理提供了依据。银监会针对商业银行开展同业代付业务中出现的会计处理不正确、业务流程不规范、风险管理不到位等问题，出台了《关于规范同业代付业务管理的通知》（2012 年 237 号），对同业代付的实质做出了认定，并且要求银行开展同业代付业务应该有真实贸易背景，要求委托行和代付行都要在表内进行真实会计处理和核算，要求将同业代付业务纳入统一授信管理，对同业代付执行严格的信贷审批程序。

同业代付业务之所以获得较快发展，就是因为其不受信贷规模和存贷比的限制。同业代付业务入表，意味着同业代付业务的业务优势不复存在。所以监管机构在 2012 年针对银行同业代付业务一系列监管措施的出台，直接导致了 2012 年底，商业银行的同业代付业务规模大幅减少。

第二节　同业代付业务的种类及其法律关系

2011 年以来，银行开展的同业代付业务实质上是非标信贷业务的一种，而非标信贷业务的开展往往需要借助于银行开展的其他中间业务，同业代付也不例外。现在商业银行所从事的同业代付业务一般包括国内信用证项下的代付业务、国内保理项下的代付业务以及国内贸易项下的采购代付业务等。

一、信用证项下的同业代付

（一）概述

国内信用证是国内贸易中常见的支付结算方式，是开证银行向受益人做出的保证付款的承诺，使受益人收款有保证。① 在一般的信用证业务中，银行起到的只是担保付款的作用。

国内信用证项下的代付业务实际上是将同业代付嵌入了信用证业务中，而使得信用证成为了一种代付的载体。信用证项下的代付业务，指的是信用证开证行在接到买卖双方的信用证代付业务申请后，就寻找另外一家银行（兑付行）来将信用证项下的款项预先支付给开证行指定的受益人（卖方），而在信用证到期后由开证行承担向兑付行还本付息的责任。

在国内信用证项下的代付业务中，开证行不仅获得了基于信用证业务所产生的保证金存款和手续费用，而且得到了基于代付业务产生的相应融资利息收入。而对代付行来说，在承担较小的同业授信风险的条件下也获得了一笔可观的代付手续费，一般为融资款项的1%左右。

在监管机构的相关政策出台之前，银行对信用证项下的会计处理方式为：开证行表面上只是进行了信用证开立这一表外业务，所以信用证项下的款项不列入资产负债表内，也不影响其资产负债总额。而代付行只是进行了代付，不计入贷款科目，而是计入"应收账款"或"同业存放"科目。这样，委托行和代付行都不受信贷规模和存贷比的限制，从而实现了监管套利。

（二）国内信用证中同业代付的法律关系

1. 委托行与开证申请人（融资申请人）之间是债权债务关系。在一般的国内信用证代付业务中，委托行和信用证开证行是同一家银行，而开证申请人往往也是信用证项下的融资申请人。所以委托行和开证申请人之间存在着双重法律关系。

在信用证项下的同业代付业务中，委托行并没有拆出资金来满足融资申请人的融资需求，而是通过信用担保委托同业机构提供融资资金并完成支付。在代付到期后，委托银行对代付行承担的是第一位的还本付息义务，其直接承担融资申请人的信用风险，并且享有信用证代付业务下融资利率收益的大部分。此时，委托行与融资申请人之间就是基于信用证的预期收益权而形成的合同关系，委托行是融资申请人的债权人，融资申请人为债务人。在信用证到期后，委托行享有向融资申请人收回贷款本息的权利。

2. 委托行与代付行之间是一种基于同业授信而产生的委托代理关系。在信用证项下的代付业务中，代付行对受益人进行支付行为完全是按照委托行提交的《国内信用证项下的委托代付业务代付指示》中指明的付款路线来进行融资款项划拨的，并且该《指示》对代付利率、还款方式做了明确规定，一般要求委托行在代付到期日之前承担无条件的还本付息义务。代付行是基于委托行的信用承诺才会做出融资款项的划拨行为，所以其基于代付的融资本息而享有的债权直接指向委托行。

3. 代付行与融资申请人、受益人之间没有合同法律关系。在信用证项下的代付业务中，委托行与代付行签订的《国内信用证项下的委托代付业务代付指示》中明确要求委托行承担融资申请人的资信情况及同业代付相关贸易背景审查。代付行在信用证项下起到的只是委托行向融资申请人进行融资的通道作用。代付行的"通道"性质就决

---

① 李新，钱诚. 商业银行贷款结算与中间业务操作失误［M］. 北京：中国物价出版社，1999：269.

定了其只是一种融资的载体，而不具备成为融资项下相应法律关系主体的能力。此外，委托行与代付行之间的委托关系决定了代付行向受益人进行的相应款项划拨行为效果意思直接作用于委托行，这也就决定了代付行和融资申请人、受益人之间不受任何法律关系约束。

二、国内保理业务中的同业代付

（一）概述

国内保理业务中的代付业务，指的是叙做行（一般为银行保理商）与代付行联合为国内保理项下的客户提供的一种短期国内贸易融资业务。叙做行在收到客户提交的国内保理项下的全套资料后，根据客户的融资申请，经叙做行审批同意后，指示代付行将融资款项支付给客户。代付到期日，客户原则上应用国内保理项下的应收账款归还融资本息。如客户无法及时偿还，叙做行必须先行垫付归还代付行本息，然后按照垫款相关规定处理，并按照国内保理融资业务要求进行应收账款催收。

对叙做行来说，其对代付行只是做出了一个信用承诺，并且自身没有向客户划拨相应款项，所以其资产负债表没有任何损益的发生，而对于代付行来说，由于有了叙做行的承诺，其将支付款项计入"应收账款"和"同业存放"科目中。保理是商业银行的一项传统表内业务，保理代付比普通的保理业务也就多了一个代付环节，但是经过代付之后，在叙做行和代付行都被算作表外业务。①

由于银行开展的保理业务有有追索权的保理②和无追索权的保理③之分，那么在保理业务基础上延伸出来的保理项下代付业务也应该有有追索权的保理代付和无追索权的保理代付两大类。两种保理代付业务在代付环节是一样的，区别在于叙做行对应收账款债权行使的方式不同。有追索权的保理代付业务，在代付到期日，叙做行不仅可以要求买方及时偿还应收账款，卖方还承担买方付款不能的担保付款责任。而无追索权的代付业务，在代付到期日，叙做行只能向买方催收应收账款款项。

（二）国内保理业务中同业代付的法律关系

1. 在无追索权的保理项下的代付业务中，叙做行与供应商之间是债权转让关系。无追索权保理中，真正的交易背景、交易的自偿性和资金的封闭运行能保证保理融资的安全，④以买方对应收账款的付款作为还款来源，也就需要保理商重点审查买方的还款能力和财务状况。无追索权的保理在法律性质上为债权的转让，应严格按照我国《合同法》第七十九条、第八十条关于债权让与的规定，由供应商和保理商共同向买方发出通知。买方在接到供应商和保理商的通知后，其与供应商之间的应收账款债权债务关

---

① 周伟军，刘良毕. 大量银行同业代付业务游离于征信系统之外：问题与对策——基于宁波市银行同业代付业务的调查［J］. 征信，2012，30（2）：37.

② 有追索权的保理是指保理商受让供应商应收账款债权后，如果买方拒绝付款或无力支付，保理商有权向供应商追索已经提供的融资，要求其回购应收账款，也可以称为回购型保理。

③ 无追索权的保理是指保理商受让供应商应收账款债权后，即放弃对供应商追索的权利，由保理商独立承担买方拒绝付款或无力付款的风险，也称为买断型保理。

④ 银行应收账款融资产品培训. 北京：中国金融出版社，2011：11.

系因为债权主体的转移发生终止，而与保理商之间产生了新的应收账款债权债务关系。

2. 在有追索权的保理项下的代付业务中，叙做行与客户之间附带了回购协议的债权转让关系。有追索权保理中卖方向保理商回购应收账款是一个单独的附条件债权转让行为，该法律行为发生的条件是在应收账款到期后买方拒绝付款或者无力偿还。应收账款债务人直接向保理商承担还款义务，其法律基础是债权的转让，保理商作为新债权人介入到买卖双方的基础法律关系中，是一个涉及三方当事人的法律关系。有追索权的保理，也许在会计观点中风险并没有完全转移出供应商，供应商仍然需要负担债务人无力偿还的风险，但是在法律关系中，办理保理业务本身就是一次债权的转让行为，而供应商回购债权是在满足回购条件时发生的附生效条件的债权的转让行为，是第二次债权转让行为，将整个业务流程分解来看，其债权转让的性质是很清晰的。

3. 在保理项下的代付业务中，叙做行与代付行之间是委托代理关系。保理项下代付业务中叙做行与代付行之间的法律关系类似于信用证项下代付业务中委托行与代付行之间的法律关系，代付行只是起到了叙做行与客户之间的融资通道的作用。在保理项下的代付业务中，代付行对融资客户进行支付行为完全是按照叙做行提交的《国内保理项下的委托代付业务代付指示》中指明的付款路线来进行融资款项划拨的，并且该《指示》对代付利率、还款方式做了明确规定，一般要求叙做行在代付到期日之间承担无条件的还本付息义务。代付行是基于叙做行的信用承诺才会做出融资款项的划拨行为，所以其基于代付的融资本息而享有的债权直接指向叙做行。

4. 叙做行与应收账款债务人之间是基于供应商与叙做行之间的应收账款债权转移而形成的新的债权债务关系。无论是有追索权的保理项下还是无追索权的保理项下，应收账款的债务人（买方）都承担着对叙做行享有的应收账款的第一位的付款责任。叙做行在接受这类应收账款时，对买方的授信基本上是传统意义上的纯信用授信的方式，而买方并没有为到期偿还应收账款而对叙做行提供任何担保。

5. 代付行与应收账款的债权人和债务人之间没有法律关系约束。叙做行与代付行之间的委托代理关系决定了代付行按照叙做行的《国内保理项下的委托代付业务代付指示》进行的代付行为的法律效果直接归属于叙做行，所以其与应收账款的债权人与债务人之间没有法律关系约束。

三、国内采购中的同业代付

（一）概述

国内采购中的代付业务可以说是一种全新的业务。在商业银行传统的表内、表外业务中都找不到原形。银行与企业签订的采购代付合同是一种独立的格式合同，通过与代付行达成的合作协议，在同业拆借额度范围内，代付行将资金划到卖方账户。[①]

银行开展的采购代付业务实质上是银行对国内采购业务中的买方提供的一种贸易结算手段。在买方资金短缺和银行信贷规模受限的双重条件限制下，银行通过同业机构代

[①] 周伟军，刘良华. 大量银行同业代付业务游离于征信系统之外：问题与对策——基于宁波市银行同业代付业务的调查［J］. 征信，2012，30（2）：37.

付实现了对买方融资产生的资产负债移出表内的效果。其具体操作规程如下:

1. 委托行应当和同业机构达成同业代付协议,并且在同业代付协议中将双方基于委托同业代理付款行为产生的相应权利义务做出规定。

2. 采购方向委托行提交《采购代付申请书》,并且应该将与卖方签订的采购合同、购销发票、公司财务报表等资料一并提交给委托行。委托行在收到采购方提交的《采购代付申请书》后,应该对贸易背景的真实性以及采购方的资信进行审查,审查通过后,委托行与采购方签订《采购代付合同》,该合同应该对代付款项、代付手续费、还款方式、还款期限等做出明确规定。

3. 委托行在与采购方客户签订《采购代付合同》后应该及时选定代付行,并且与代付行签订《国内采购项下委托代付业务代付指示》,该《代付指示》应对代付款项、代付利率、代付期限等做出明确规定。

4. 代付行按照与委托行签订的《代付指示》将资金汇入卖方账户。

(二) 国内采购中同业代付的法律关系

1. 委托行与采购方之间是纯信用担保的借贷合同关系。委托银行在接受采购方的代付申请并且与其签订《采购代付合同》时,委托行完全是出于对采购方的信任而接受其代付申请的,委托行对采购方采取的是完全的纯信用授信的方式。双方一般会在《采购代付合同》中约定采购方在代付到期日承担着通过委托行向代付行还本付息的义务,在采购方履行了还本付息义务后,其与委托行在《采购代付合同》项下的权利义务关系终止。

2. 委托行与代付行之间是委托代理关系。国内采购代付业务中,委托行与代付行之间的委托代理关系与国内信用证项下代付业务中委托行与代付行之间的委托代理付款合同关系以及国内保理项下叙做行与代付行之间的委托代理付款合同关系在实质上是一样的,所以在这里不再赘述。

3. 委托行基于代付行的代付行为而取得了卖方对买方的采购应收账款的追偿权。在国内采购代付业务中,买卖双方的债权债务关系基于银行的代付行为的完成而终止。而委托行因为委托代付行的代付行为而继受取得了采购业务中卖方对买方所享有的应收账款。所以在代付到期日,委托行可以依据《采购代付合同》来要求采购方承担还本付息的义务。

4. 代付行与采购业务中的买卖双方之间没有法律关系。国内采购代付业务中,代付行不承担对采购方的资信审查,也不承担采购方还款不能的信用风险,其进行代付完全是基于委托行的委托及对委托行在代付到期日还本付息能力的信任。代付行与采购方之间没有类似于委托行与采购方之间的《采购代付合同》约束,所以也没有相关的合同权利义务约束。由于代付行与委托行之间的委托代理关系,代付行为产生的法律效果直接归属于委托行,所以代付行与卖方之间也没有实质的法律关系。

第三节 与银行同业代付相关的法规、规章

银行开展同业代付业务必然要受到基本的民事法律的调整,如《民法通则》、《合

同法》的相关条款。商业银行在开展同业代付业务中，还涉及到与信用证业务、银行保理业务的交叉融合，所以其必然受到《商业银行法》、《中国人民银行法》、《中间业务暂行规定》、《票据法》中关于信用证开立、票据业务的相关法律规定。我们对这些法律不做赘述，仅介绍一些相关法规、规章：

一、财政部会计司《关于银行业金融机构同业代付业务会计处理的复函》

2012 年 5 月，财政部会计司对银监会法规部回复的《关于银行金融机构同业代付业务会计处理的复函》（2012 年 19 号）为同业代付纳入贷款管理提供了法律依据。其具体内容如下：

银行业金融机构应当根据委托行（发起行、开证行）与受托行（代付行）签订的代付业务协议条款判断同业代付交易的实质，按照融资资金的提供方不同以及代付本金和利息的偿还责任不同，区别下列情况分别处理：

1. 如果委托行承担合同义务在约定还款日无条件向受托行偿还代付本金和利息，委托行应当按照《企业会计准则第 22 号金融工具确认和计量》，将相关交易作为对申请人发放贷款处理，受托行应当将相关交易作为向委托行拆出资金处理。

2. 如果申请人承担合同义务向受托行在约定还款日偿还代付本金和利息（无论还款是否通过委托行），委托行仅在申请人到期未能偿还代付本金和利息的情况下，才向受托行无条件偿还代付本金和利息的，对于相关交易中的担保部分，委托行应当按照《企业会计准则第 22 号金融工具确认和计量》对财务担保合同的规定处理；对于相关交易中的代理责任部分，委托行应当按照《企业会计准则第 14 号收入》处理。受托行应当按照《企业会计准则第 22 号金融工具确认和计量》，将相关交易作为对申请人发放贷款处理。

银行业金融机构应当严格遵循《企业会计准则第 37 号金融工具列报》和其他相关准则的规定，对同业代付业务涉及的金融资产、金融负债、贷款承诺、担保、代理责任等相关信息进行列报。同业代付业务产生的金融资产和金融负债不得随意抵销。

二、中国银监会办公厅《关于规范同业代付业务管理的通知》

2012 年 8 月 20 日，银监会办公厅针对近年来我国银行在国际贸易和国内贸易背景下开展的同业代付业务发展较快，出现了会计处理不准确、业务流程不规范、风险管理不到位等问题，为规范我国银行同业代付业务管理，切实防范相关风险，促进其稳健发展，特发此通知。

（一）主要内容

1. 银行应将符合同业代付业务定义和实质的相关业务进行统一管理。同业代付业务，是指银行根据客户申请，通过境内外统一机构或本行海外分支机构为该客户的国内贸易或国际贸易结算提供的短期融资便利和支付服务，分为境内同业代付和海外代付。其中，接受客户申请、从同业机构融通资金并委托同业机构将款项支付给该客户交易对手的同业代付业务发起行称为委托行，为委托行提供资金来源和代付服务的境内外同业机构或委托行海外分支机构称为代付行。从业务实质看，委托行是客户的债权人，直接承担借款人的信用风险，到期向借款人收回贷款本息；代付行为委托行提供贷款资金来源并完成"受托支付"服务，承担同业授信风险，拆放资金本息到期由委托行无条件偿还。

2. 银行开展同业代付业务应具有真实贸易背景。境内同业代付和海外代付业务实质均属贸易融资方式，银行办理同业代付业务应具有真实贸易背景。办理同业代付业务时，委托行与代付行均应采取有效措施加强贸易背景真实性的审核，其中委托行承担主要审查责任，确保融资款项为国内外贸易结算服务，真正支持实体经济发展。

3. 银行开展同业代付业务应进行真实会计处理。按照"实质重于形式"的会计核算原则，委托行与代付行应该根据在该项业务中权利义务关系的实质进行会计核算。当代付行为境内外银行同业机构时，委托行应该将委托同业代付的款项直接确认为向客户提供的贸易融资，并在表内进行相关会计处理与核算；代付行应该将代付款项直接确认为对委托行的拆出资金，并在表内进行相关会计处理与核算。当代付行为委托行的海外分支机构时，应该参照以上原则执行。

4. 银行开展同业代付业务应体现真实受托支付。同业代付的委托行要真实委托代付行向借款人的交易对手代为支付款项，代付行应该将相应款项直接支付给符合合同约定用途的受益人账户，不得将资金拆给委托行后由委托行"自付"，以确保"受托支付"，体现同业代付业务的基本特征。

5. 银行开展同业代付业务应加强风险管理。同业代付的委托行应将同业代付业务纳入统一客户授信管理，严格执行相关信贷审批程序，在客户贸易融资授信额度内合理确定同业代付的金额和期限，加强贷款三查，严格信用风险监控。代付行应对同业代付业务的合作银行采取名单制管理，将代付同业款项纳入对同业机构的统一授信管理，并将代付同业款项与无指定用途的一般性同业拆借区别管理，加强相关信用风险控制。同时，银行开展同业代付业务应当制定明确的管理办法，涵盖业务定义、管理要素、部门职责分工、操作流程、会计核算、风险控制等内容，并及时报送银监会备案。

6. 银行应进一步规范表内表外授信业务管理。银行应进一步规范其他表内外业务授信业务的会计处理及核算方法，严格遵守《中华人民共和国会计法》、《企业会计准则——基本原则》和相关具体准则的规定，充分体现"实质重于形式"的会计核算原则，严禁以虚假会计处理掩盖业务实质，加强业务合规管理。

（二）评析

《通知》的核心内容是要求同业代付的委托行与代付行都需将同业代付资金计入表内核算，将同业代付作为表内资产管理，之前计入银行表外的同业代付业务，将计入贷款科目，即占用银行贷款规模。据了解，随着办法落地，同业代付规模也因此大幅下降。这意味着，银行借道同业代付绕过贷款规模的"潜规则"不再行得通。

继银行利用票据业务隐藏信贷规模被监管叫停后，利用同业代付绕过贷款规模监管又被识破，为了绕开存贷比的监管限制，银行也许还会在其他业务上再度创新。

三、中国银监会办公厅《关于规范商业银行同业业务治理的通知》

中国银监会办公厅于 2014 年 5 月 8 日发布《关于规范商业银行同业业务治理的通

知》（银监办发〔2014〕140号）。

（一）主要内容

1. 商业银行应具备与所开展同业业务规模和复杂程度相适应的同业业务治理体系，由法人总部对同业业务进行统一管理，将同业业务纳入全面风险管理，建立健全前中后台分设的内部控制机制，加强内部监督检查和责任追究，确保同业业务经营活动依法合规，风险得到有效控制。

2. 商业银行开展同业业务实行专营部门制，由法人总部建立或指定专营部门负责经营。商业银行同业业务专营部门以外的其他部门和分支机构不得经营同业业务，已开展的存量同业业务到期后结清；不得在金融交易市场单独立户，已开立账户的不得叙做业务，并在存量业务到期后立即销户。

对于商业银行作为管理人的特殊目的载体与该商业银行开展的同业业务，应按照代客与自营业务相分离的原则，在系统、人员、制度等方面严格保持独立性，避免利益输送等违规内部交易。

3. 商业银行应建立健全同业业务授权管理体系，由法人总部对同业业务专营部门进行集中统一授权，同业业务专营部门不得进行转授权，不得办理未经授权或超授权的同业业务。

4. 商业银行应建立健全同业业务授信管理政策，由法人总部对表内外同业业务进行集中统一授信，不得进行多头授信，不得办理无授信额度或超授信额度的同业业务。

5. 商业银行应建立健全同业业务交易对手准入机制，由法人总部对交易对手进行集中统一的名单制管理，定期评估交易对手信用风险，动态调整交易对手名单。

（二）对《通知》的评析

与《关于规范金融机构同业业务的通知》（127号文）相同，见下文。

四、中国人民银行、中国银监会、中国证监会、中国保监会、国家外汇管理局联合发布《关于规范金融机构同业业务的通知》

2014年5月16日，中国人民银行、中国银监会、中国证监会、中国保监会、国家外汇管理局联合发布《关于规范金融机构同业业务的通知》（127号文）。

（一）主要内容

1. 金融机构开展的以投融资为核心的同业业务，应当按照各项交易的业务实质归入上述基本类型，并针对不同类型同业业务实施分类管理。

2. 同业代付是指商业银行（受托方）接受金融机构（委托方）的委托向企业客户付款，委托方在约定还款日偿还代付款项本息的资金融通行为。受托方同业代付款项在拆出资金会计科目核算，委托方同业代付相关款项在贷款会计科目核算。

3. 同业代付原则上仅适用于银行业金融机构办理跨境贸易结算。境内信用证、保理等贸易结算原则上应通过支付系统汇划款项或通过本行分支机构支付，委托方不得在同一市、县有分支机构的情况下委托当地其他金融机构代付，不得通过同业代付变相融资。

4. 金融机构开展同业业务，应当按照国家有关法律法规和会计准则的要求，采用正确的会计处理方法，确保各类同业业务及其交易环节能够及时、完整、真实、准确地在资产负债表内或表外记载和反映。

5. 金融机构应当合理配置同业业务的资金来源及运用，将同业业务置于流动性管理框架之下，加强期限错配管理，控制好流动性风险。

6. 各金融机构开展同业业务应当符合所属金融监管部门的规范要求。分支机构开展同业业务的金融机构应当建立健全本机构统一的同业业务授信管理政策，并将同业业务纳入全机构统一授信体系，由总部自上而下实施授权管理，不得办理无授信额度或超授信额度的同业业务。

金融机构应当根据同业业务的类型及其品种、定价、额度、不同类型金融资产标的以及分支机构的风控能力等进行区别授权，至少每年度对授权进行一次重新评估和核定。

7. 金融机构同业投资应严格风险审查和资金投向合规性审查，按照"实质重于形式"原则，根据所投资基础资产的性质，准确计量风险并计提相应资本与拨备。

8. 单家商业银行对单一金融机构法人的不含结算性同业存款的同业融出资金，扣除风险权重为零的资产后的净额，不得超过该银行一级资本的 50%。其中，一级资本、风险权重为零的资产按照《商业银行资本管理办法（试行）》（中国银监会令 2012 年第 1 号发布）的有关要求计算。单家商业银行同业融入资金余额不得超过该银行负债总额的三分之一，农村信用社省联社、省内二级法人社及村镇银行暂不执行。

9. 特定目的载体之间以及特定目的载体与金融机构之间的同业业务，参照本通知执行。

（二）对《通知》的评析

1. 关于同业融入资金余额的限制。《通知》规定，单家商业银行同业融入资金余额不得超过该银行负债总额的三分之一，进一步从负债端控制银行同业规模的扩张。

2. 对分行开展同业业务做出了严格的限制。《通知》规定，各金融机构开展同业业务应当符合所属金融监管部门的规范要求。分支机构开展同业业务的金融机构应当建立健全本机构统一的同业业务授信管理政策，并将同业业务纳入全机构统一授信体系，由总部自上而下实施授权管理，不得办理无授信额度或超授信额度的同业业务。

这一条使得许多银行分行几乎不再可能独自开展同业业务。在过去，由于分行自由开展此业务，在风险控制和后续监管方面，都比较宽松。一旦纳入总部授权管理，将大大削弱分行的自主性，增加项目沟通和通过的难度。此外，"不得办理无授信额度或超授信额度的同业业务"，也就是说全部业务纳入授信兜底，将采用授信标准，提高了项目准入的门槛。这一条综合起来看，就是加大业务操作的难度系数。

3. 按照"实质重于形式"的原则对业务进行定性、归位。《通知》规定，金融机构同业投资应严格风险审查和资金投向合规性审查，按照"实质重于形式"原则，根据所投资基础资产的性质，准确计量风险并计提相应资本与拨备。

过去，银行通过买入返售方式，将企业的融资行为包装成为同业投资，从而规避了资本占用。此外，由于大量非标融资通过银行购买特定目的载体的同业投资行为实现，变相放宽了投资的行业限制、贷款额度和政策限制，使得资金得以进入到产能过剩行业或者房地产业，国家的宏观调控难以贯彻执行。对同业投资计提相应资本与拨备，将提高金融机构从事非标业务的资本成本。127号文没有明确规定同业投资在计算资本与拨备时的细则，但是要求按照基础资产的性质来进行实质审查。

4. 对同业业务的期限做出了严格限制。《通知》规定，金融机构办理同业业务，应当合理审慎确定融资期限。其中，同业借款业务最长期限不得超过三年，其他同业融资业务最长期限不得超过一年，业务到期后不得展期。

此条主要针对期限错配而来。过去金融机构通过"短借长贷"，用较低成本的资金投资于期限长、利率高的资产，来增加其利差收入。这种期限错配的行为存在较大流动性风险，一旦资金紧张，短期利率就会飙升过快。

5. 总体评价。总的来看，《通知》对于金融机构的影响是压低其同业业务中的非标规模，提高非标业务的操作难度，将大量游离在体系之外的融资行为压缩回表内。此措施有利于维护金融系统稳定，但对金融机构的资本充足率和利润有相当程度的影响。

第四节 银行同业代付案例

一、M银行湖南省分行国内信用证代付业务①

2011年11月，M银行湖南省分行采用与兴业银行同业代付的模式为怀化阆盛矿业有限公司成功办理4300万元国内信用证贴现。该业务在不占用信贷规模的同时，有效地拓宽了贸易融资渠道，带来了较丰厚的中间业务收益。

（一）交易结构

怀化阆盛矿业有限公司（以下简称阆盛矿业）为中行湖南省分行（以下简称开证行）开具的信用证的受益人，阆盛矿业收到开证行的信用证后，装货备单，向M银行提交信用证项下全套单据，M银行作为交单行，核对单据一致后寄单开证行，开证行出具到期付款确认书，到期付款日为2012年5月14日。

为提前获得资金，阆盛矿业向M银行提出办理国内信用证贴现业务，M银行委托兴业银行股份有限公司长沙分行代付该笔款项，代付金额4300万元人民币，代付利率8.5%，其中M银行利差0.5%，利息为先收方式，期限175天。

交易流程如下：

1. 信用证受益人（卖方）向M银行提交信用证项下全套单据。

2. M银行作为寄单行，审核单据后直接寄单给开证行。

3. 开证行审单后通知申请人，开证行通过大额支付系统，向M银行发送承兑电文，即到期付款确认书（发送时间不晚于收单日期的5个工作日，本次承兑日期为收单日的1个工作日内发送）。M银行通知受益人。

---

① 关于怀化阆盛矿业有限公司申请4300万元国内信用证贴现项下代付业务的业务介绍. http://wenku. baidu. com/link? url = GRW - CPzeIPsyNJbqnLrsLirTu52TMIxO6s7A5SGCxIDTz21fedYv6CW6nBv7 _ ljUArWsg l4llhTCrKvzQlU5YcNeZlGlKWUyQwVMcZMYOw3. 2014 - 08 - 23.

4. 受益人在收到承兑电文后，向 M 银行申请国内信用证项下的贴现。

5. M 银行通过大额支付系统查询验证承兑电（即到期付款确认书）的真实性，选择与 M 银行签订了代付协议的兴业银行长沙分行，通过同业代付的模式，办理国内信用证贴现。

6. 兴业银行长沙分行根据 M 银行指示向借款人（受益人）付款。

7. 借款到期后，M 银行将借款本金、利息支付给兴业银行长沙分行。

（二）风险分析及防范

由于开证行已向 M 银行发送到期付款确认书，M 银行该笔信用证贴现项下代付业务转化为考察开证行中行湖南省分行的付款能力，该类业务属于无需认定的低风险业务。

风险防范措施如下：

1. 收到开证行的到期付款确认书后才办理融资业务。

2. 通过大额支付系统确认信用证的真实性和到期付款确认书的真实性。

二、宁波银行南京分行国内采购代付业务①

A 企业是一家专业从事通风风管及其管件设计、生产与安装的制造型企业。该企业所主打的螺旋园风管产品受到市场普遍欢迎，产品订单增长较快，销售量持续增长，内贸及外贸均有不俗表现，预计全年销售达 8000 万元。该客户在宁波银行南京分行开立基本账户，结算频繁，并与宁波银行进行授信业务合作，是该行优质的存量授信客户，双方彼此信任，合作关系较为稳固。近期，该企业在某工业园区购入 24 亩工业土地，用于新建标准厂房。由于各方面固定资产的投入，以及销售规模的扩大，已导致该企业日常经营资金骤然紧张，因此该企业在今年一季度向宁波银行申请抵押项下流动资金贷款 1000 万元。

但是宁波银行的信贷资源也越来越紧张，根据当前的信贷额度、存贷比以及运营资金测算情况，宁波银行南京分行只能满足该公司 500 万元流动资金贷款，双方最终决定采用国内采购代付方式解决另外 500 万元资金。该企业缴存 20% 保证金后，宁波分行委托另外一家银行（代付行）向供应商付款。借款期满后，A 企业向宁波银行归还借款，宁波银行向代付行付款。

具体的操作流程如图 11 - 1 所示。

1. A 企业向宁波银行提出代付申请，并提交全部的合同、发票、单据。

2. 宁波银行委托代付行向 A 企业的供应商（卖方）付款。

3. 借款期满后，A 企业向宁波银行归还借款的本金、利息。

4. 宁波银行向代付行还款。

---

① 宁波银行南京分行国内采购代付：互惠互利 银企双赢［N］．江苏日报，2012 - 08 - 29.

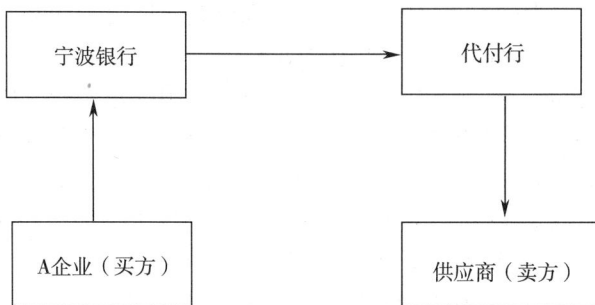

图 11 -1　国内采购代付业务操作流程图

第五节　银行同业代付业务的法律风险防范

银行同业代付业务发展时间虽短，但监管部门密集地出台了若干规定，同业代付业务也由此经历了一个大起大落的发展过程。银行同业代付业务涉及多个交易主体，交易结构复杂，因此对其法律风险应有所防范。

一、银行在开展同业代付业务时应严格遵守现有的法律、法规、规章

监管部门于近两年连续出台对同业代付的监管措施，主要有：（1）中国银监会办公厅 2012 年 8 月 20 日发布的《关于规范同业代付业务管理的通知》；（2）中国银监会办公厅 2014 年 5 月 8 日发布的《关于规范商业银行同业业务治理的通知》；（3）2014 年 5 月 16 日，中国人民银行、中国银监会、中国证监会、中国保监会、国家外汇管理局联合发布《关于规范金融机构同业业务的通知》。

上述文件按照"实质重于形式"，对银行同业代付业务的准入机制、贸易背景、内部管理体制、表内外处理、业务比例、期限等都做了详细的规范要求。总的来看，对同业代付业务的监管已经非常严格，监管部门的目的是想将大量游离在体系之外的融资行为压缩回表内。此措施有利于维护银行系统稳定，但对银行的资本充足率和利润有相当程度的影响。

银行在开展同业代付业务时，必须全面遵守上述各项规定，银行只能在满足监管部门各项要求的前提下开展同业代付业务。

二、银行之间要建立长期、稳定的代付关系，加强同业授信管理

银行同业代付是建立在同业授信的基础之上的，所以银行必须事先与其他银行达成同业授信协议，互相取得授信额度。银行在选择代付行时，一定要有广泛的代表性，充分考虑各地区、行业的分布，大、中、小银行都要具备，这样才可以快速、准确地为同业银行和客户提供代付业务。

同业代付风险控制的关键就是同业授信的把握。各商业银行总行应该制定每年度对各银行同业机构的同业授信额度。某银行在授予另外一家商业银行基准授信额度时，可

按照授信银行上年度末所有者权益的一定比例来核定，同时参照其总资产规模、资本充足率、不良资产率、拨备覆盖率、存贷比等指标上下浮动。[①]

在确定授信额度时，还应当符合中国人民银行、中国银监会、中国证监会、中国保监会、国家外汇管理局2014年5月16日联合发布的《关于规范金融机构同业业务的通知》的规定："单家商业银行对单一金融机构法人的不含结算性同业存款的同业融出资金，扣除风险权重为零的资产后的净额，不得超过该银行一级资本的50%。其中，一级资本、风险权重为零的资产按照《商业银行资本管理办法（试行）》（中国银监会令2012年第1号发布）的有关要求计算。单家商业银行同业融入资金余额不得超过该银行负债总额的三分之一，农村信用社省联社、省内二级法人社及村镇银行暂不执行。"

三、严格审核交易背景的真实性，避免出现利用虚假交易套取银行资金的情况

重点关注客户的交易背景情况，有无虚构交易背景、提供虚假合同和发票套取银行资金的情况；有无利用同一张发票、同一批货物重复融资问题；是否存在对已出现支付困难的买方客户或出现经营问题的卖方客户，办理代付业务的情况。国内保理项下代付业务中买卖双方是否互为总分公司或母子公司、或同为控股公司的成员、或为同一总公司下属的分支机构；有无卖方企业频繁回购，账期是否合理；对回购资金来源，检查每次买方付款是否都付至保理收款专户，是否发生过买方间接付款，发生后是否按规定进行了处理；是否发生过卖方在应收账款到期前主动回购的情形，是偶然发生还是经常发生甚至每次账款到期都发生，如果是后者，经办行是否对此做了调查并采取了相应措施。票据贴现项下委托行业务的合规性，要查看贴现资金是否直接回流出票人或直接前手，是否流入证券、期货、信托等公司或进行股本权益性投资，是否用于承兑业务保证金；企业是否自开自贴承兑汇票，是否为客户滚动办理承兑汇票贴现，掩盖不良状况。信用证项下委托行业务合规性，要查看信用证项下所有单据出单日期是否迟于信用证有效期或交单期，审核发票中的货物名称与信用证规定是否相符，发票通过当地国税网或国税机关查询真伪；查看运输单据，审核运输单据表面是否有承运人及其代理人的名称和签章，运输单据是否注明信用证规定的装运地和目的地，运输单据的类型或名称与信用证规定的运输方式是否一致，运输单据上的货物名称与信用证规定的货物名称是否一致；查看保险单据是否为正本（另有规定除外），保单投保金额是否低于发票的货物金额，保单的保险类别与信用证规定的保险类别种类是否一致等。

四、加强贷后监管，确保各方严格按合同约定的内容交易

总行必须将同业代付业务的审批权收归总行，银行同业代付业务的开展必须参照相应的审批权限，例如保理代付业务的权限审批可以参照有关国内保理业务审批权限进行。由总行直接确定各分行的代付业务办理权限，包括单个代付业务融资金额的最高限制以及各分行年度代付业务总额限制。

---

① 夏斌，徐培. 关于商业银行同业授信业务的思考［J］. 银行家，2010（11）：46.

在借款发放后，银行必须对客户的融资使用情况、客户的公司经营状况进行了解，确保客户在代付到期日能够还本付息。在代付到期日，银行业务人员应当及时催收融资本息。

由于同业代付业务种类的不同，其在业务操作中也有一些特殊的注意事项，下面分述如下：

（一）国内信用证项下的代付业务及客户管理

国内信用证项下的代付业务是银行同业代付业务中规模最大的，也是业务操作最成熟的。在信用证项下的同业代付中，委托行除了对融资申请人自身还款能力的关注外，必须控制提单等物权凭证，或者要求融资申请人提供担保。

（二）保理项下代付业务中叙做行的客户授信风险控制

保理代付项下，叙做行与卖方之间是一种应收账款的债权转让关系。所以确保应收款项的实际价值对确定银行对卖方的融资额度至关重要。应收款项的实际价值不能单单看应收账款的金额，还应该综合考虑应收账款种类、应收账款指向的债务人（买方）交易信用记录和银行信用记录状况、卖方履约能力、银行是否有对卖方的追索权以及保理代付银行需要收取的手续费等。

在无追索权的保理代付业务中，叙做行委托代付行进行的代付行为完全是在买方授信额度内进行的纯信用融资，应收账款收益权的实现完全依赖买方的付款义务履行，没有任何物的担保和权利担保。引入保理业务保险是降低风险的重要手段。[①] 在保理代付业务尤其是无追索权保理代付业务中，银行由于丧失了对卖方的追索权，承担了较大的风险，需要进行风险分散。加强商业银行与保险公司的合作，尝试开展保理业务保险，在规范运作的基础上积极有效地分散风险。

（三）国内采购项下代付业务中承办行的客户授信风险控制

在银行开展的国内采购代付业务中，承办行与采购方之间实质是完全的信用担保关系，双方之间的权利义务只受双方签订的《采购代付合同》约定，承办行在代付到期日向采购方要求偿还本息也只能依据《采购代付合同》。一般情况下，承办行在委托代付行向卖方付款时，采购方拟采购的机械设备所有权还没有转移到采购方，所以不能设定动产抵押，动产抵押制度不能对国内采购代付项下的承办行提供风险保护。

笔者认为，动产浮动抵押[②]既可以满足采购方在生产过程中对采购的机器设备的处分权，也可以为承办银行提供一定的还款担保。所以建议承办银行在与采购方签订《采购代付合同》后，再与采购方签订一份《动产浮动抵押合同》，并办理相关抵押登记，作为对承办行追索权的保证。

五、同业代付业务需要再创新，银行可以在绝大多数业务中嵌入同业代付

监管部门近两年出台的政策，已经把同业代付业务压缩到一个非常狭小的空间里，

---

① 王力，姜惠. 对发展我国保理代付业务的几点思考［J］. 河南社会科学，2003，11（6）：103.

② 动产浮动抵押，是指抵押人将其现在和将来所有的全部财产上设定的担保，在行使抵押权之前，抵押人对抵押财产保留在正常经营过程中的处分权。

银行单纯地为了解决贷款规模问题而做同业代付业务已经意义不大。但同业代付确有它的特殊价值，银行需要对同业代付业务再创新，使其在更多的业务领域中发挥作用。

同业代付业务并不是一项独立的业务，而是在银行现有的业务之中嵌入同业代付。目前，银行主要是在国内信用证、保理、国内采购业务中嵌入同业代付业务，其中尤以国内信用证业务最多。但银行可以通过创新，在绝大多数业务中嵌入同业代付。一项常规的业务嵌入同业代付后，立即就会产生不同的效果。比如，在银租合作的保理业务中加入同业代付，演变成了"租赁+保理+代付"模式，满足了交易各方的要求。

参考文献

［1］王力，姜惠．对发展我国银行保理业务的几点思考［J］．河南社会科学，2003，11（7）．

［2］周华山，经丽颖，张晓洋．商业银行"代理同业委托付款"业务发展浅析［J］．华北金融，2011（11）．

［3］马洪达，于珊．浅析表外融资的类型及形成［J］．财务与会计，2010（8）．

［4］吴刘杰．资本约束下我国商业银行盈利模式的转型研究［D］．苏州大学，2013．

［5］刘会洪．发展银行中间业务的几点思考［J］．商业研究，2003（21）．

［6］刘子源．银行中间业务必须谋求经济利益［J］．企业经济，2002（9）．

［7］李蓉．保理和福费廷在我国外贸企业中的应用研究［J］．学术论坛，2006（5）．

［8］陈洁．福费廷资产收益权买入业务的探讨［J］．经济视角，2013（6）．

［9］张伟．银行同业业务员：虚实背后的风险［J］．金融博览，2013（15）．

［10］夏斌，徐佩．关于商业银行金融同业授信业务的思考［J］．银行家，2010（11）．

［11］宁波银行南京分行国内采购代付：互惠互利 银企双赢［N］．江苏日报，2012 - 08 - 29．

［12］楚志刚．银行同业代付业务风险点分析［J］．金融教学与研究，2013（04）．

第十二章　海外直贷业务法律风险防范

第一节　海外直贷业务概述

一、海外直贷的概念

海外直贷业务，是指境内银行应合格的国内客户的申请，由海内外机构联动合作，并经由国家外汇管理局核准登记后，以外债的方式为企业提供的融资服务。直贷币种可根据贷款企业需求提供人民币、美元、英镑、欧元、澳元、日元等多种。

二、海外直贷业务的发展过程与国内现状

海外直贷业务，是中国银行推出的一种企业融资业务。中国银行（以下简称中行）的海外分支机构最多，国内、国际银团建设已较为成熟，并且拥有庞大的信息系统作为支撑，能及时了解全球的金融信息。中行利用自身的以上优势，通过海外分支机构向境内贷款企业提供融资服务。由于海外直贷不受制于贷款规模、存贷比、贷款利率等诸多约束，中行利用海外分行人民币资金较为充裕、资金成本较低的特点，由中行海外分行直接放款给中国境内企业，从而达到对贷款企业的融资目的，并且中行本身也能够获取较为可观的中间业务收入。

近年来，国内的主要商业银行均开展了海外直贷业务，海外直贷业务发展非常迅速。

三、海外直贷业务发展的主要动因

（一）规避信贷规模控制

受国家宏观经济调控和银行信贷规模不断收紧的影响，企业从银行融资的敞口越来越窄，许多企业通过国内银行已不能满足正常的融资需求。由于人民币外债目前不受信贷规模控制，境内银行通过其海外分行可以利用人民币外债"曲线救济"本行客户，为境内企业人民币融资需求提供了新的渠道，这是当前人民币外债快速增长的根本原因。

（二）增加银行中间业务收益

中间业务风险小，收益稳定，是近年来各银行大力拓展的重点。作为当前人民币外债主流的"海外直贷"业务的中间人，境内银行为其海外分支机构和境内企业牵线搭桥，以财务顾问费或手续费等名义收取一定的费用，成为境内银行中间业务收入的一个

新来源。由于这部分贷款金额较大，按比例收取的费用十分可观。

（三）拓宽海外人民币投资渠道

跨境人民币结算目前尚处试点阶段，境外人民币投资手段匮乏，回流机制尚不健全，回流渠道较少，往往造成中资银行海外分行持有大量人民币资金，在境外又找不到投资渠道。中资银行海外分支机构通过境内银行了解境内借款人的发展前景、经营环境、财务状况等信息，向境内企业发放人民币贷款，不仅降低了银行自身的财务成本和经营风险，更重要的是拓宽了境外人民币投资渠道。

（四）降低企业融资成本

由于境内外资金成本的差异，人民币外债为境内企业提供了低廉的利息。目前，一年期人民币外债利率一般在3%左右，而国内一年期人民币贷款基准利率为6.56%，远远高于境外人民币外债利率，即使加上其他相关费率，人民币外债成本一般不超过5%，低于国内银行同期贷款利率，为企业节省了可观的财务费用。

第二节　海外直贷业务模式及其法律关系

一、海外直贷业务模式

海外直贷作为中国银行推出的一种产品，在实际操作中大致存在以下几种业务模式：

（一）贷款企业与海外分行直接签订贷款合同

境内银行分支行向其省级以上分行推荐符合条件的境内企业，总行在其全球海外分行中询价，海外分行与境内企业直接签署贷款协议后将人民币贷给境内企业，提款后境内银行扣减境内企业的授信额度。在当前境内信贷紧缩和融资困难的情况下，企业利用该业务可以解决资金紧张问题。

该类海外直贷业务流程如下：

1. 贷款企业向境内银行提出海外贷款业务申请，境内银行据此向境外分支机构切分授信额度。

2. 银行境外分支机构与贷款企业签订贷款合同。

3. 贷款企业依据贷款合同向外管局申请外债登记，并在境内银行开立外债专户，境外分支机构直接向贷款企业发放流动资金贷款。

4. 贷款到期前，贷款企业在税务部门代扣代缴税费，获得完税证明。

5. 贷款企业在外管局办理外债注销登记（还本付息登记、外债注销登记、外债账户注销登记）。

（二）人民币保证金海外直贷业务

在海外直贷业务的基础上，中行推出的一种人民币保证金质押下的海外直贷业务。操作方法是企业预先在境内中行存入一笔人民币保证金，与境内中行签订贷款合同和融资安排协议，同时企业向外管局提出借用人民币外债的登记申请，待外汇局核准后，境内中行为企业开立人民币专用存款账户，并通知海外行放款，海外行款项入账后，企业办理外债提款登记。①

（三）融资性担保凭证海外直贷业务模式

贷款企业如有在境内银行所在行政区域内设厂等符合境内银行要求的投资行为，境内银行根据贷款企业的信用情况，为其开具融资性担保凭证，海外分行接到该凭证后，就可以发放贷款。当然，贷款企业同样需要办理外债登记。

二、海外直贷业务中的法律关系

（一）贷款企业与海外分行直接签订贷款合同业务模式中的法律关系

1. 贷款企业与银行海外分行。贷款企业与境内银行海外分支机构直接签订《贷款协议》，所以，贷款企业与海外分支机构之间为借贷法律关系。

2. 贷款企业与境内银行。首先，贷款企业为成功办理海外直贷业务，必须取得境内银行的流动资金贷款额度，由于取得方式的不同，其与境内银行的法律关系也会有所不同。比如，贷款企业是通过境内银行授信取得流动资金贷款额度的，贷款企业与境内银行的法律关系为借贷关系（境内银行与海外分行同是贷款人）；贷款企业通过向境内银行存入人民币保证金取得流动资金贷款额度的，贷款企业与境内银行的法律关系为质押关系；质押银行承兑汇票取得贷款额度的，法律关系为质押关系，等。

其次，境内银行在为贷款企业办理海外直贷业务时，充当的是贷款企业的财务顾问角色。境内银行与贷款企业会签订一份合同，约定办理海外直贷业务的手续费。

3. 境内银行与海外分支机构。境内银行与其海外分支机构的法律关系通常由银行系统内部规则调整，在海外直贷业务中，境内银行对贷款企业按时向海外分支机构还款承担着担保责任，一旦贷款企业不能按时向海外分支机构还款，境内银行有责任向贷款企业发放贷款，用于偿还境内银行的海外分支机构所发放的贷款。

（二）人民币保证金海外直贷业务模式法律关系

此种业务模式下，由于是贷款企业与境内银行签订贷款合同，所以贷款企业与境内银行为借贷法律关系。海外分支机构与境内银行同是借款人。

（三）融资性担保凭证海外直贷业务模式法律关系

此种业务模式下，贷款企业与海外分行为借贷法律关系；境内银行与海外分行为担保法律关系；境内银行与贷款企业之间是财务顾问关系。

第三节　海外直贷业务相关的法规

《外债管理暂行办法》

国家发展计划委员会、财政部、国家外汇管理局于 2003 年 1 月 8 日发布了《外债管理暂行办法》，主要内容如下：

1. 国家对各类外债和或有外债实行全口径管理。举借外债、对外担保、外债资金

---

① 徐少卿，王大贤. 当前人民币跨境结算中的套利行为分析［J］. 南方金融，2012（01）：71.

的使用和偿还须符合国家有关法律、法规和本办法的规定。

2. 境内中资企业等机构举借中长期国际商业贷款，须经国家发展计划委员会批准。

3. 国家对境内中资机构举借短期国际商业贷款实行余额管理，余额由国家外汇管理局核定。

4. 外商投资企业举借的中长期外债累计发生额和短期外债余额之和应当控制在审批部门批准的项目总投资和注册资本之间的差额以内。在差额范围内，外商投资企业可自行举借外债。超出差额的，须经原审批部门重新核定项目总投资。

5. 未经国务院批准，任何政府机关、社会团体、事业单位不得举借外债或对外担保。

6. 境内机构对外签订借款合同或担保合同后，应当依据有关规定到外汇管理部门办理登记手续。国际商业贷款借款合同或担保合同须经登记后方能生效。

第四节　海外直贷案例

一、中行淄博分行海外直贷业务[①]

中行淄博分行推出海外直贷业务，依托遍布全球的机构网络，充分利用海外金融市场的丰富资源，帮助企业巧妙运用中行海外资金，解决资金燃眉之急，降低财务费用，扩大企业经营规模，实现了互利共赢。

某外商投资企业生产规模大、经营状况好、订单充足、对流动资金具有较为旺盛的需求，但由于受种种外部环境制约，该公司的流动资金需求时常无法获得国内金融机构的及时支持，同时，该公司对财务成本进行严格的控制，降低财务费用是公司高层一直关注的重点。

了解到该公司具备"投注差"（投资总额与注册资金之间的差额）、同时中国银行国内分行已经为该公司核定了授信额度，中行公司产品经理为其提供了解决方案：推荐该公司直接向中行海外分行申请人民币流动资金贷款，且海外分行不再重复进行授信审查，利率报价低于国内市场贷款利率报价从而节省财务费用。

该公司经过认真研究，接受了产品经理的服务方案，向中行悉尼分行贷款人民币5000万元，期限1年，利率为6.5%，低于该公司正常使用的某国内银行的贷款利率2.2%，节省了财务费用110万元，得到了公司董事会的高度评价。该公司表示，将逐步归还国内银行的贷款，转而向中行海外分行直接申请人民币流动资金贷款。

从以上案例可以看出，海外直贷具有降低客户融资成本的作用。海外分行既可以直接提供人民币贷款，也可提供外币贷款，在境外换汇成人民币后汇入境内，大幅降低财务费用。同时该产品较为灵活，可随时满足客户的资金需求。

---

① 中国银行海外直贷业务. http://paper.dzwww.com/jjdb/data/20120312/html/6/content_7.html，2013年7月1日.

二、中行河北省分行海外直贷业务①

2012 年 6 月 28 日，中行河北省分行联动中银香港成功为河北省天然气有限责任公司叙做 2 亿元人民币海外直贷业务，开创了河北省海外直贷业务的先河，实现了该行海外直贷业务"零"的突破。

河北省天然气有限责任公司是省内优质的中外合资企业，中行总行级重点客户。根据企业特点，中行河北省分行积极创新思路，为企业寻找合适产品以解决规模紧张下的融资难题。2011 年 8 月底，国家将河北省纳入跨境人民币结算试点地区后，中行河北省分行根据河北省天然气有限责任公司具有"投注差"这一特性，联动海外分行向企业推介海外人民币直贷业务，经过与中银香港的不懈努力，最终与企业达成业务合作意向。2012 年 6 月 13 日，中银香港与企业签订贷款合同后，中行河北省分行与账户行高效联动，短时间内协助企业完成外管局外债登记和备案工作，积极协助中银香港完成提款的相关准备工作，最终 2 亿元资金于 2012 年 6 月 28 日由中银香港顺利汇入该行监管账户。

该笔业务的成功叙做进一步证明了中行海内外联动业务的优势，同时，也在规模紧张的限制下，开辟了一条解决客户融资需求的新途径。

三、中行武进支行海外直贷业务②

2011 年 6 月 15 日，武进中行巧妙规避规模受控的局面，联动海外分行，利用境外资金分别向常州市牛塘化工厂有限公司、江苏贝尔装饰材料有限公司成功投放协议融资 4000 万元和 1600 万元。

2011 年 6 月，武进中行的各项融资规模受控、头寸紧张，但客户融资需求并未减弱。5 月底，武进中行通过重点客户的拜访了解到部分企业的大额资金需求，便开始主动与省行、市行国际结算部联系，积极向海外行询价，想通过海外直贷或人民币协议融资等方式为企业解决融资困局。6 月初武进中行得知伦敦中行有人民币规模且海外融资价格较好，武进中行赶紧锁定有需求的企业名单，其中牛化厂和贝尔装饰恰好符合叙做条件。

在国际结算条线上下一心的齐力配合下，2011 年 6 月 15 日武进中行率先开辟人民币协议融资的"先河"，累计发放协议融资 5600 万元人民币，至此武进中行通过该项业务的叙做，获得跨境人民币结算量 5600 万元人民币、中间业务收入 90.9 万元，既为武进中行创造了中间业务效益，又提升了武进中行国际结算和跨境人民币结算双项份额。

---

① 中行河北省分行成功叙做省内首笔人民币海外直贷业务. http://yzdsb.hebnews.cn/2012/0710/c_76.htm，2013 年 7 月 1 日.

② 海外直贷再结"硕果"——武进中行再次率先在新线中发放协议融资 5600 万元人民币. http://www.wy-kj.net/yh/InfoView.Asp? ID=411&SortID=125，2013 年 7 月 2 日.

第五节 海外直贷业务的法律风险防范

一、银行要严格监管贷款资金的用途

现行政策相对宽松，现行外债管理政策虽然要求外汇管理部门对外债借、用、还各个环节进行全程审核，但由于对借用外债的用途、利率、期限、归还条件及展期变更等均没有明确的约束性规定，外债监管还停留在资料的表面真实性审核上。

按照现行管理规定企业借用外债只能用于自身建设，外债结汇后人民币资金使用要与借款合同规定的用途一致，且不能用于偿还人民币贷款；另外，现汇形式外债必须进入外债专户，每笔登记的债务对应一个外债专户，结汇需经外汇局核准。所以外债的主要监管环节在外债结汇后的用途方面，而人民币外债与外币外债最大的不同就是所借外债既不需要开立外债专用账户，提款后也不需要办理外债结汇，资金由境内、外非居民账户划入，可以直接进入企业人民币账户，进入企业"资金池"的人民币外债，很难甄别其资金的真实用途，可能存在用人民币外债对境内机构股权投资，甚至违规进入房地产等热点行业。

商业银行应当进一步规范海外直贷业务的操作流程，设立人民币外债专用账户，实行人民币外债资金专项管理，专款专用，及时监测、掌握人民币外债资金流向，防止企业擅自改变资金用途。同时，要求企业在办理人民币外债还本付息时，详细说明企业借用该笔人民币外债的使用情况，并提供相应支付清单、合同和发票，便于银行对人民币外债使用的合规性进行后续监管。

二、将海外直贷业务中的人民币外债纳入银行信贷规模统一管理

针对目前以"海外直贷"为主的人民币外债的无序流入，建议规范对中资银行海外分行向境内企业进行人民币融资的管理，将包括跨境人民币外债、以人民币计价的超过90天以上的海外代付等人民币负债纳入境内银行信贷规模控制，以各银行总行为单位，将其海外分行的人民币资金列入信贷管理计划，根据各地区经济发展实际需求合理分配贷款额度，对通过海外中资银行向境内企业发放的人民币贷款进行有计划地调控指导，避免盲目投放，冲击国内金融市场。

三、改进人民币外债管理模式，适应海外直贷业务发展的需要

一方面，完善现行的外债登记制度，要求企业在外债签约登记环节明确借用和偿还的资金形态，不得擅自变更，同时增设人民币外债展期和提前偿还的限制条件，要求借款企业提供相应的财务资金状况和生产经营情况等审核资料，准确把握企业借用人民币外债的真实意图。另一方面，人民币外债管理涉及央行、外汇管理等多个部门，为保障政策的权威性和执行力，应加强各管理部门之间的协调，统一人民币外债管理口径，明确相关的管理政策和各部门的工作职责，提高人民币外债管理的有效性。

在人民币外债专用账户的基础上，增加相关的统计报表，由银行按月向相关管理部

门报送，保证人民币外债统计数据的准确性和完整性，为宏观经济决策提供参考。同时，通过跟踪监测人民币外债跨境流通的数量、结构和境外存量变化，分析研究人民币跨境流通的规律和趋势，及时识别、防范和化解人民币外债异常流动带来的系统性风险。

四、注重汇率风险，严防境外异常资金进入

在海外直贷业务中，实际上形成借人民币还外汇、借外汇还人民币、借人民币还人民币三种新的借款形态，其中前两种形态在利率及市场预期波动较大的情况下，很可能成为境外异常资金进出的新通道，银行在开展海外直贷业务时必须严加防范。

参考文献

[1] 徐冠军. 当前人民币外债发展动因、存在风险及应对措施 [J]. 知识经济，2011（19）：38.

[2] 徐少卿，王大贤. 当前人民币跨境结算中的套利行为分析 [J]. 南方金融，2012（01）：69–72.

第十三章　银行独立保函业务法律风险防范

第一节　商业银行保函业务概述

一、银行保函的概念

银行保函指的是银行应申请人的请求，以第三人作为受益人而开立的具有担保性质的书面承诺文件，一旦委托人未按照其与受益人签订的合同约定来履行职责，由银行在保函约定的期限范围内承担保函约定的担保数额内的付款责任或赔偿责任。银行开立保函业务是一种融信行为，也就是银行通过出借自己的良好信用给申请人，帮助申请人提高某个具体合同项下的义务履行信誉，从而帮助客户完成商业交易。银行保函业务是一种典型的表外融资业务，不占用银行的信贷资源，较少占用银行资本，是一种投资收益比十分可观的中间业务，如果操作程序得当，银行可以实现小风险小投资下的大收益。

二、银行保函的特点

银行保函具有以下两个特点：

1. 保函依据商务合同开出，但又不依附于商务合同，具有独立法律效力。当受益人在保函项下合理索赔时，担保行就必须承担付款责任，而不论委托人是否同意付款，也不管合同履行的实际事实。即保函是独立的承诺并且基本上是单证化的交易业务。

2. 银行信用作为保证，易于为合同双方接受。

三、银行保函中的法律关系

银行保函业务中涉及到的主要当事人有三个：委托人（principal）、受益人（beneficiary）和担保人（guarantor），此外，往往还有反担保人、通知行及保兑行等。这些当事人之间形成了一环扣一环的合同关系，它们之间的法律关系如下：

（一）委托人与受益人之间的法律关系

委托人与受益人之间基于彼此签订的合同而产生债权债务关系或其他权利义务关系。此合同是它们之间权利和义务的依据，相对于保函协议书和保函而言是主合同，是其他两个合同产生和存在的前提。如果此合同的内容不全面，会给银行的担保义务带来风险。因而银行在接受担保申请时，应要求委托人提供他与受益人之间签订的合同。

（二）委托人与银行之间的法律关系

委托人与银行之间是基于双方签订的《保函委托书》而产生的委托担保关系。《保函委托书》中应对担保债务的内容、数额、担保种类、保证金的交存、手续费的收取、银行开立保函的条件、时间、担保期间、双方违约责任、合同的变更、解除等内容予以详细约定，以明确委托人与银行的权利义务。《保函委托书》是银行向委托人收取手续费及履行保证责任后向其追偿的凭证。因此，银行在接到委托人的担保申请后，要对委托人的资信、债务及担保的内容和经营风险进行认真的评估审查，以最大限度降低自身风险。

（三）担保银行和受益人之间的法律关系

担保银行和受益人之间是基于保函而产生的保证关系。保函是一种单务合同，受益人可以以此享有要求银行偿付债务的权利。在大多数情况下，保函一经开立，银行就要直接承担保证责任。

第二节　银行保函的分类

按照保函与基础合同的黏性程度不同，银行保函可分为从属性保函和独立性保函（也称为见索即付保函）。

一、从属性保函

所谓从属性保函，指的是银行在保函项下的担保付款责任履行与否取决于保函设立所依赖的基础合同项下双方的履行状况，如果受益人没有按照合同约定履行其义务，银行可以援引基础合同中申请人的抗辩理由来拒绝付款。

从属性保函的"从属性"从以下几方面可以体现出来：

（一）从属性保函的效力取决于其所依赖的基础合同的效力

基础合同无效或者被撤销，银行在保函项下的担保义务也会随着基础合同的无效或被撤销而消除。银行在收到受益人的索款请求时，可以援引基础合同中申请人所享有的抗辩权，包括同时履行抗辩权、不安抗辩权和时效抗辩权，也可以援引产生于银行与申请人之间的委托合同的抗辩事由，比如说申请人没有按照委托合同约定向银行提交保证金，所以银行没有义务为申请人承担保证责任。

（二）银行的保证责任是有条件的

无论银行保函规定银行承担的是一般保证还是连带责任保证，受益人在向银行索赔时，必须证明申请人已经违反其基础合同义务的事实。也就是说在从属性保函业务中，银行的保证责任承担是有条件的，即受益人必须证明申请人违反基础合同义务的事实存在。

（三）银行的保证是第二位的

在从属性保函业务中，无论银行承担的是一般保证责任还是连带担保责任，担保行只有在债务人不履行基础合同时才负有担保责任，其承担的担保责任是第二位的。尤其是在银行保函规定担保行承担一般保证责任的情况下，受益人只有在向债务人索赔无果的情况下才能够要求担保行承担保函项下的担保责任，在这种情况下，银行的付款责任承担也是第二位的。

传统的担保法理论支持从属性保函业务的开展，① 实际上从属性保函业务和传统的银行担保业务有很大的相似性，所以适用于传统银行担保合同业务的法律风险防范机制的也同样适用于从属性银行保函业务的开展，对从属性保函业务的风险防范此处不再赘述。

但是从属性保函有一定的弊端，比如说其很容易将银行卷入基础合同纠纷中去，这将给银行的商业信誉造成不小的影响；其次就是从属性保函项下受益人的索赔权利可能由于银行或者申请人的刁难而得不到很好的实现。所以银行更倾向于开展独立保函业务，因为独立保函业务使得银行只对保函规定的受益人索赔所提交的单据负有表面审查义务，这样就可以将银行从申请人与受益人的基础合同中解脱出来，让其专门从事其擅长的单据审查工作。

二、独立保函（见索即付保函）②

（一）独立保函的概念

独立保函最早见于国际贸易领域，第二次世界大战之后，随着国际间商事交易的日益复杂化，许多跨境交易所涉金额巨大且履行期限长，并涉及不同国家的商事交易习惯和法律规定，使当事人面临较大的交易风险。③ 债权人为了保证交易安全和自己的合同项下的权利得到实现，所以要求债务人提供一种便捷的，能够迅速实现的担保方式，传统的从属性担保使得受益人的索赔权利得不到迅速实现，独立保函应运而生。

无论在银行保函业务实践中还是学理研究中，都没有对银行独立保函的概念做出一个权威性的界定。《国际商会见索即付保函统一规则》第二条第一款对见索即付保函是这样定义的：见索即付保函（以下简称保函）系指由银行、保险公司或者其他机构或者个人（以下称担保人）以书面形式出具的担保书、保证书或其他付款承诺，不论其名称或描述如何，规定在收到符合承诺条款的书面付款要求以及保函可能规定的其他单据（例如，由建筑师或者工程师出具的证明书、判决或者仲裁裁决）时即予以付款。《联合国独立保函与备用信用证公约》第二条规定：为了适用本公约，保证系指一项独立的义务，国际惯例上称为独立保证或备用信用证中的承诺或义务。银行或其他机构或个人（又可称保证人）签发此类保函或备用信用证并承诺，一经请求或一经附其他单据的请求即行以符合保函的条款和任何单据条件、指示或可推知的条件的方式向受益人支付确定的或有限期的款项。无论两份法律文件对独立保函的定义的措辞有什么不同，但是强调的都是保函的独立性，即独立保函一经设立，就独立于基础合同和申请人与担保行之间的委托合同而单独发生效力，如果受益人在保函规定的期限内向担保行发出索赔请求并提交了保函规定的相应单据，担保行就应该及时、无条件地履行付款义务。

---

① 《中华人民共和国担保法》第五条规定：担保合同是主合同的从合同，主合同无效，担保合同无效。担保合同另有约定的，按照约定。《最高人民法院关于适用〈担保法〉若干问题的解释》第六条规定：主合同变更或者债权人将对外担保合同项下的权利转让，未经担保人同意和有关国家主管部门批准的，担保人不再承担保证责任。

② 本章中，独立保函与见索即付保函属于同一个概念，所以以下文中提到的独立保函与见索即付保函两个概念之间可以同等转换。

③ 丁丽囡. 银行独立保函风险与防范探讨［D］. 对外经济贸易大学，2012：1.

　　归纳和综合一下《国际商会见索即付保函统一规则》与《联合国独立担保与备用信用证公约》对独立保函的定义，可以给银行独立保函下一个偏理论化的定义：独立保函是指银行接受申请人的委托，以银行信用为基础向申请人指定的受益人开具的，承诺受益人在保函规定的保证期间内提交符合保函规定的索赔请求或者单据时，保函开出行承担无条件的、第一性付款责任的独立的担保性文件。

　　（二）独立保函的特征

　　独立保函的特征与从属性保函的特征形成了鲜明的对比，独立保函具有以下特征：

　　1. 独立保函最鲜明的特征就是其独立性。独立保函的独立性体现在以下几个方面：

　　第一，虽然独立保函的开设是由于基础合同中的一方当事人要求担保行对基础合同的另一方当事人做出见索即付的承诺，但是一旦独立保函生效，担保行与受益人之间的基于担保合同的权利义务关系就与基础合同完全剥离开来，担保行与受益人之间的权利义务完全依靠担保行所开立的银行独立保函所记载的为准，只要受益人按照保函要求提供了相应索赔文件，担保人就必须付款。

　　第二，与从属性保函业务中银行享有的基于基础合同的抗辩权不同的是，独立保函基本上剥夺了银行拒绝付款的抗辩（除了欺诈抗辩例外原则），银行在独立保函项下的独立保证义务只有在保函规定的保证期限届满后才能解除，即使基础合同的债务人已经履行合同或者基础合同因为其他原因中止，担保行也不能向受益人主张抗辩，其保证责任也不能随着免除。

　　第三，在独立保函业务中，担保银行承担的是第一位的担保责任，无论基础合同中的债务人是否按照约定履行其义务，或者是由于受益人的原因使得债务人不能按照要求履行义务，担保行在接到受益人适格的索赔请求时，必须无条件进行赔付。而后基础合同中的债务人才可以行使其不当得利抗辩权来向受益人索回相应款项。

　　2. 独立保函的第二个特性是无条件性。受益人只要提交保函规定的进行索赔所需要的相关文件和数据，银行就应立即付款。在独立保函业务中，银行仅仅处理单据，不能也没有能力对受益人和申请人之间的基础交易情况进行审查，银行作为担保人的付款义务也不以委托人在基础合同履行中的违约事实存在为前提，所以受益人在向担保银行进行索赔时，没有义务证明债务人在基础合同下违约的事实，最多只是向银行出具一个债务人违约的单方书面文件。

　　3. 独立保函的第三个特性是单据操作性。单据操作性是指银行在办理受益人索赔业务时，仅仅审查债务人是否按照保函规定提交了相应的单据，而不对履约双方的基础合同进行涉足。银行在收到受益人提交的索赔单据后，仅审慎合理地从表面上审查单据，确定受益人提交的单据是否表面符合保函条款，对单据的有效性、准确性、真实性、法律效力等不负责任。

　　银行保函所要求的单据只要实质上相同即可，这是银行独立保函与备用信用证的区别之一，备用信用证下银行对单据审查实行的"严格相符原则"，而独立保函种类繁多，所以银行不可能要求所有受益人在进行索赔时向银行提交模式化的单据，只要受益人提交的单据实质符合保函规定，银行就应该进行偿付，而不能因为索赔文件的格式不符为由而拖延付款。

（三）独立保函的种类

1. 招/投标保函。招/投标保函是银行应投标人的请求，向招标方做出的保证承诺，保证在招标人报价的有效期内，如招标方中标后撤销招标书、擅自修改报价或者在规定时间内不签订招标项下的合同，银行将根据招标文件条款按照书面约定向招标方承担索赔责任的保证金额。

招标保函的保函金额一般由招标方来确定，一般为招标总合同的 5% ~ 10%。招标保函的保证期限一般为从投标截止日起到确定中标人为止，如果申请人中标，那么招标保函的保证期限自动延长至中标人与招标人签订合同并提交履约保函为止，而未中标的招标人则可以向投标人索回招标保函。

银行在招标保函业务中的费用有最低收费标准作为限制。提供境外招标保函的费率一般要比境内保函的费率高 1% ~ 2%。在银行按照申请人的要求开出招标保函后，如果由于申请人或受益人的原因修改或者撤销保函的，银行已收取的费用将不再退还。

在实际操作业务过程中，企业中标暗示着企业将有一笔可观的业务收入，所以很少出现招标方违约的现象，银行按照正当程序出具招标保函承担的业务风险很小，并且招标保函业务的潜在市场很大，尤其是中小企业对银行的此类业务需求很强，所以银行应该坚持保函业务创新，为中小企业提供个性化的保函业务设计，这样也可以提高商业银行的中间业务收入，改变我国商业银行的利润构成比例。

2. 履约保函。履约保函是指为了保证交易双方合同的切实履行，银行应申请人请求，向其交易对手出具的，承诺如果申请人不履行商务合同，银行将根据其交易对手的书面索赔要求，赔偿保函规定金额款项的书面担保性文件。

履约保函一般出现在工程承包合同中，工程承包项下履约保函的有效期限一般为保函合同生效到基础合同项下的工程完工，在银行业务实践中，一般是在监理工程师签发《验收通知书》后，保函失效。

在履约保函中，担保行承担的主要责任是保证承包人按时、按质、按量完成承包工程，一旦承包方违约，银行就必须对申请人对受益人的违约损失进行赔付。

由于履约保函项下银行承担的保证责任的风险比较大，所以履约保函业务银行收取的保证费用的费率要比招标保函的费率高，银行开具境内履约保函收取的费用一般为保证金额的 1.5% ~ 3%，开具境外保函的费用比境内保函的要高一点。

在一般的工程承包合同中，一般是发包方提供履约保函样本，银行应该认真审查保函的条款，只要保函条款没有扩大银行的担保义务，那么银行在风险可控的范围内可以按照受益人提供的保函样本的格式开具履约保函。

3. 质量保函。质量保函是指银行应卖方（或承包商）请求，向买方（或者业主方）出具的，承诺如果货物质量不符合合同约定而卖方（或承包商）又不能更换和维修时，银行将根据买方（或业主方）的索赔，按照约定承担赔偿责任的一种书面保证。

在银行出具质量保函后，银行承担保证承包方、卖方良好履行保修义务的责任，如果承包方（或者卖方）不对货物或者工程的质量按照约定承担保修义务，买方或者业主方将可以按照保函规定向银行进行索赔。

质量保函的保证期间一般为工程完工交付后或者货物卖出后的一定期限范围内，具体期限由申请人与受益人协商，在质量保函中加以明文规定。

质量保函和履约保函都是保证承包商或者卖方的基础合同履约情况，但是履约保函一般保证的是整个合同履行的过程，所以银行的担保责任比较重，担保金额也比较大，而质量保函保证的是工程交付后或者货物交付后的合同标的的质量，所以担保责任相对较小。

4. 预付款保函。预付款保函是指银行应预收款人（施工方）的请求，向预付款人（业主方）出具的，承诺如果收款人（施工方）没有履行合同或者没有全部按照合同的约定使用预付款，银行将根据预付款人（业主方）的退款要求，负责返还保函规定的金额预付款的一种书面担保性文件。[①]

在预付款银行保函中，担保行的保证责任为保证施工方按照基础合同约定合理使用预付款，按照基础合同约定完成工程进度，预付款银行保函的保证期间一般为保函开立至预付款全部用于工程款支付后终止。对预付款保函的保证期间做这样的规定使得保证期间的界限进一步模糊化，所以银行可以结合基础合同给预付款保函的失效日期做出一个明确规定，可以精确到具体的年月日。

银行在开立预付款保函业务中，最为重要的是在保函条款中规定担保金额自动降低条款，避免受益人的不合理索赔。

5. 付款保函。付款保函是指银行应买方或业主申请，向卖方或承包商出具的，承诺如果卖方或承包商按照规定履行相关义务后，买方或者业主若不履行合同规定的付款义务，银行将根据卖方或承包商的索赔，按照保函规定承担付款责任的一种书面担保性文件。

付款保函和预付款保函正好相反，是银行应买方或业主要求向施工方或者卖方提供独立担保，保证卖方或施工方履约适格后能够得到应有的报酬或者支付对价。

付款保函和信用证相似，都是银行在审查单据的基础上做出付款决定，但是由于付款保函中银行一般只对受益人提交的单据负有表面审查义务，而对单据的真实性、有效性不做审查，所以银行承担担保责任的风险会偏高。

上述保函就是国内银行保函业务中所经常涉及的保函种类，其实从业务流程上看，同一工程项下所有的银行保函业务都是环环相扣的，招标保函失效是以履约保函的生效为前提的，工程承包商在合同履行过程中向工程发包商提供预付款保函和履约保函的对价是发包商向承包商提供付款保函，整个工程项目结束后，履约保函保证期间届满，作为工程质量的后续担保，承包商需要向发包商提供工程质量保函。所以如果银行能够承揽一个工程项下最初的招标保函业务，那么随着工程的开工，其他保函业务也自然而然是担保银行所承接的，只要保函业务办理过程审慎合理，那么在风险可控的条件下，银行是可以获得十分可观的中间业务费用的。

---

① 陈立金. 银行保函产品培训［M］. 北京：中国经济出版社，2010：55.

第三节　与银行独立保函业务相关的法律、司法解释

《中华人民共和国担保法》及《最高人民法院关于适用〈担保法〉若干问题的解释》

与银行独立保函业务相关的法律、法规、公约及规范性文件包括：《担保法》、《商业银行法》、《商业银行中间业务暂行规定》、《商业银行金融创新指引》、《商业银行内部控制指引》、《国际商会见索即付保函统一规则》、《联合国独立担保与备用信用证公约》等。

我国现有的法律法规没有对国内交易中银行开立的独立保函的法律定位及法律效力做出明确规定，这完全是因为银行独立保函形成了对传统的保证从属性的彻底颠覆，对大陆法系国家的担保法律制度形成了严重的挑战，我国是传统的大陆法系国家，所以《中华人民共和国担保法》对保证制度的主流观点是支持保证合同的从属性，所以导致了担保法律制度规定与银行保函业务实践相比出现了滞后性。

根据前面对银行保函的法律特征以及涉及法律关系的分析，银行保函本质上属于保证合同，应该属于《中华人民共和国担保法》及《最高人民法院关于适用〈担保法〉若干问题的解释》的调整范畴。《中华人民共和国担保法》第五条规定："担保合同是主合同的从合同，主合同无效，担保合同无效。担保合同另有约定，按照约定。"该条款中的"但书"对银行独立保函的合法性解释留下了空间。《担保法》第五条"但书"应该是对担保合同从属性的例外留下了一定的立法空间。法律应该为当事人提供尽可能确定的行为指引，《担保法》对银行独立保函的规定模糊不清，《担保法解释》也没有对《担保法》第五条做出进一步的解释，这就容易引起人们的理解歧义，也就导致了银行独立保函在我国法律地位的模糊不清，这与国外承认独立保函法律效力的国际惯例形成了冲突。

我国《担保法》及《担保法解释》并没有以强制性法律明文否定国内交易独立保函的效力，按照司法领域的"法无明文规定即自由"的原则，可以推定我国的担保法律制度是允许当事人通过担保合同的约定来设定银行承担的独立担保义务的。

《中华人民共和国商业银行法》也没有对银行开设国内独立保函业务做出禁止性规定，这也意味着只要我国的内资商业银行取得了开展担保业务的经营权限，那么就可以在允许的担保额度内开设独立保函业务。

《担保法》第三条规定：担保活动应当遵循平等、自愿、公平、诚实信用的原则。《商业银行法》第五条规定：商业银行与客户的业务往来，应当遵循平等、自愿、公平和诚实信用的原则。这两个法律条款同时说明只要银行独立保函的开立是担保银行和申请人的真实意思表示，在保函开立的过程中遵循平等、自愿、公平、诚实信用等民法的基本原则，那么独立保函就对双方当事人具有法律效力。在银行业务实践中，担保银行一般都是按照申请人的意愿来开立银行独立保函的，在一般情况下，独立保函的格式样本都是由基础合同的当事人提供的。开立银行独立保函是申请人在无任何外力强迫下的

真实意思表示，所以申请人和担保银行都应该受银行独立保函条款的意思约束，只有这样才能符合民法所规定的公平正义原则的要求。

从法理上来讲，担保合同本身属于一种合同关系，故《合同法》的意思自治原则理应适用，因此当事人可以通过约定选择担保合同的性质，从而更好地符合其合约目的。[①]

从国际国内的银行金融法律环境来看，美国在 1977 年 5 月美国货币监理官（the Controller of Currency）的一项解释规则中，承认了银行充当独立保证人的权利（power）并赋予了这种独立保证法律效力。该解释规则的（d）项规定："银行只要在受益人提交了信用证规定的汇票及其他单据，就必须承担付款义务，而不必要求银行去决定申请人与受益人之间存在争议的法律问题或事实问题。"

而受担保从属性影响较深的德国、法国等大陆法系国家也在平时的司法实践中通过案例的方式承认了独立保证的法律地位，即赋予了银行独立信用担保业务独立保证功能实现在国内法上的法律保障。[②] 20 世纪 60 年代，德国通过判例承认独立保证的合法性，而法国法院也在 1982 年承认了独立保证的合法性。[③] 而我国法院的司法实践却对银行独立保函区别对待，认为独立担保只有在国际结算时才是当事人自治的领域，而不承认国内交易银行独立保函的法律效力，这样的区别对待和世贸组织协定中的"国民待遇"是相违背的，也是和当今的国际惯例相违背的，这样的规定不利于我国银行金融业务的创新和国际信誉的提高。

综上所述，国际国内的法律环境和法制改革趋势是有利于银行开立针对国内交易的独立保函业务的，因为在银行的业务实践中，开立针对国内交易的独立保函业务已经十分普遍，而现有法律却对其定义和法律效力规定得模糊不清，这是法律滞后性的表现，将来的立法必将会协调金融业务实践，逐渐承认独立保函的法律效力。

第四节　银行独立保函业务案例

一、湖南机械进出口公司、海南国际租赁公司与宁波东方投资公司代理进口合同案——法院首次以判决形式认定国内交易独立保函无效[④]

（一）案情

1996 年 1 月 10 日，湖南机械进出口（集团）股份有限公司（以下简称湖南机械公司）委托该公司员工韩路，与宁波东方投资公司（以下简称东方公司）签订各类代理进出口协议，海南国际租赁有限公司（以下简称海南租赁）为湖南机械公司履行代理进出口协议提供连带担保。

① 丁丽囝. 银行独立保函风险与防范探讨 [D]. 对外经济贸易大学，2012：21.
② 朱卉. 国际商事交易中银行独立信用担保业务法律问题研究 [D]. 复旦大学，2005：5.
③ 周辉斌. 银行保函与备用信用证法律实务 [M]. 北京：中信出版社，2003：33.
④ 详情参见：http：//www.lawxp.com/case/c301120.html.

海南租赁分别于同年 1 月 29 日、4 月 22 日和 6 月 6 日向东方公司出具不可撤销担保函。海南租赁承诺：对湖南机械公司按时支付代理手续费、货款及其他应付款项负有连带责任；此担保函是不可撤销的和没有附带条件的，并继续有效直至委托人向代理人付清所有代理手续费、货款及其他应付款项为止；在委托人不能按代理进口协议书及相关合同按时支付代理手续费、货款和其他应付款项时，同意在接到书面通知三天内，履行担保责任，还清委托人根据代理进口协议书及相关合同所欠的全部代理手续费、货款和其他应付款项；对书面证明的委托人按代理进口协议书及相关合同所欠的资金数目不持异议；本担保函为独立保证；本担保函不因委托人的原因导致代理进口协议书无效而失去担保责任。

随后，东方公司按照代理进出口协议要求与相关公司签订了买卖合同，并且委托中国工商银行宁波分行开立了五份不可撤销跟单信用证。上述信用证承兑日期到后，东方公司经中国工商银行宁波分行通知单证相符，并应湖南机械公司请求，向中国工商银行宁波分行确认同意付款。韩路于同年 5 月 24 日、9 月 19 日及 12 月 16 日向东方公司出具三份由其签字并盖有湖南机械公司印章的承诺书，确认已收妥上述五份信用证项下的全套正本提单并承诺于代理进口协议书约定的日期前付清全部余款。

综上，湖南机械公司按约定应向东方公司支付货款计 14642202 美元、代理费 439266.06 美元。但湖南机械公司除于同年 2 月 9 日至 10 月 12 日期间给付东方公司货款及代理费共计 2308419.68 美元外，余额货款 12773048.38 美元并未支付，海南租赁亦未履行其担保责任。

1997 年 6 月 2 日，东方公司以湖南机械公司未完全履行代理进口协议书约定的付款义务、海南租赁未履行担保义务为由起诉至浙江省高级人民法院，要求判令湖南机械公司立即偿还欠款 5270456.38 美元（后又追加诉讼请求 7502592 美元）、该款之利息及承担本案诉讼费用，海南租赁承担连带责任。

（二）本案的争议焦点

本案争议的焦点在于海南租赁的独立担保函是否有效。

（三）浙江高院（一审法院判决）结果——独立保函有效

浙江高院在审理过程中对海南租赁出具的保函效力做出认定：海南租赁为湖南机械公司应支付的结算款提供担保的意思表示真实，约定的担保方式符合法律规定，亦应确认有效。因此要求海南租赁对湖南机械公司应当付东方公司的款项承担连带责任。

海南租赁不服浙江高院的判决向最高人民法院提起上诉，辩称本案系湖南机械公司的职工韩路利用信用证诈骗的重大刑事案件，不是经济纠纷案件。

（四）最高院（二审法院）的判决结果——独立保函无效

最高院在对案件进行审理后，认定湖南机械公司与东方公司签订的代理进口协议并没有真实的交易背景，成为韩路骗取巨额外汇的工具，因此，本案争议的代理进口协议无效。对海南租赁出具的保函效力也做出了认定：海南租赁的担保合同中虽然有"本担保函不因委托人的原因导致代理进口协议书无效而失去担保责任"的约定，但在国内民事活动中不应采取此种独立担保方式，因此该约定无效，对此应当按照《担保法》第五条第一款的规定，认定该担保合同因主合同无效而无效。

二、某建设集团股份有限公司与某银行股份公司某分行、厦门某建设投资有限公司保证合同纠纷一案——法院判决国内交易独立保函有效①

（一）案情

2007 年 1 月 15 日，厦门某建设集团投资有限公司（以下简称厦门投资公司）作为厦门市某大桥工程的项目业主，向某建设集团股份有限公司（以下简称市政公司）发出了中标通知书。2007 年 1 月 18 日，厦门投资公司和中标人市政公司签订了《建设施工合同》，该合同约定中标人要按照招标文件的附件的履约银行保函格式向厦门投资公司提供一份履约担保。

2007 年 1 月 19 日，市政公司向某银行股份有限公司某分行（以下简称银行）提交承诺函，称："我公司在贵行开具的以厦门某建设投资有限公司为受益人的履约保函，金额为人民币（大写）玖佰壹拾贰万元（￥9120000.00 元）。我公司已知晓该保函为见索即付的有效期敞口保函，特承诺在保函正本未退回或未给贵行保函失效通知书之前，我公司承担该保函下的一切责任和费用"。银行严格按照市政公司提供的格式样本开具编号为 LGC700700085、受益人为厦门投资公司的履约保函，担保金额为 912 万元。该保函承诺：我行在接到业主提出的因承包人在履行合同工程中未能履约或违背合同规定的责任和义务而提出索赔的书面通知付款凭证后的 14 天内，在上述担保金额的限额内向业主支付任何数额的款项，无须业主出具证明或陈述理由。

2009 年 7 月 17 日，厦门投资公司向银行发出索赔请求，要求其支付保证金 912 万元。市政公司则向长沙市中级人民法院提出财产保全，要求银行中止支付履约保函项下的 912 万元。

（二）法院对本案的判决

长沙市中级人民法院对本案审理后，做出如下判决：

1. 银行接受市政公司的申请并为其开具本案诉争的履约保函并未违反国家强制经营、特许经营以及法律、行政法禁止经营的规定，根据《担保法解释》第十条：应当认定市政公司和银行之间的委托担保合同合法有效。

2. 银行严格按照市政公司的要求开具了履约保函，并在履约保函格式样本中承诺："请贵行严格按照此格式开具履约保函，如由此引起的任何经济纠纷或损失由我公司承担"。银行开具履约保函并未违反法律、法规的强制性规定，也未超过某市政公司的授权范围。

3. 市政公司和银行之间的委托担保合同关系是双方的真实意思表示，并未违反法律、法规的强制性规定，双方均应严格履行合同义务。所以市政公司无权基于其与银行之前的委托担保合同关系主张该履约保函无效。

---

① 详情参见：湖南省长沙市中级人民法院（2009）长中民二初字第 0296 号民事判决书. http: // www. chinacourt. org/paper/detail/2011/12/id/694248. shtml. 2013 – 06 – 03.

三、对判决结果完全相反的两起案例的分析

以上两个案例中法院对担保方出具的银行保函的效力认定态度是截然不同的，这也说明了随着国内金融环境的改善和国际金融一体化趋势的发展，对银行开设的境内、境外独立保函实行国民待遇原则也进一步深入人心，将来的司法实践会越来越倾向于承认银行针对国内交易开设银行独立保函的法律效力，以便给银行业务实践提供一套具体化的指引。

第五节　银行独立保函业务的法律风险防范

目前国内商业银行针对国内交易开设独立保函的业务操作已经十分普遍，通过以上分析，开设国内银行保函业务的立法和司法环境也日趋成熟，国内银行针对国内交易的独立保函业务市场还没有得到充分的拓展，所以商业银行应当积极拓展国内独立保函业务。但是在开展银行保函业务的过程中，银行必须尽到审慎合理的注意义务，否则银行可能会有单独承担保证金额的业务风险。本节将对银行保函业务过程中可能出现的具体法律风险进行分析，并提出自己的法律风险规避建议。

一、关于独立保函的有效性风险

国内商业银行开设银行独立保函，首先面临的法律风险就是有效性风险。因为银行独立保函的独立性形成了对传统担保制度的彻底颠覆，因此许多国家对其态度存在争议，而通过以上两个案例的审判结果也可以看出我国法院在司法实践中对银行独立保函的态度也尚不明朗，这也就直接影响了国内银行独立保函是否能够有效存在。

虽然《担保法》第五条第一款为银行独立保函的存在提供了法律依据，但是现有的法律框架也没有给予银行独立保函针对性的法律规定，最高法院也在司法审判中对独立保函在国内交易中的应用持否定态度。这就给独立性担保的效力认定带来了很大的不确定性。

国际商会的《见索即付保函统一规则》第一条第二款规定：见索即付保函主要用于国际经济交易，但本条未规定只能适用于国际经济交易，从而应理解为同样适用于国内交易。而《见索即付保函统一规则》的这条规定没有违反我国法律的强制性规定，所以在认定针对国内交易的银行独立保函的效力问题时可以参考适用该规则。

我们建议银行在开具国内交易的独立保函时在保函条款中追加一条："对本行开出的保函的有效性有异议的，适用中华人民共和国有关担保制度的法律规定并参照《见索即付保函统一规则》。"这样就对银行独立保函有效性认定多加了一份法律保障。

二、防止受益人利用银行独立保函进行欺诈

银行保函的独立性为受益人利用银行保函进行不当索赔大开方便之门，从而破坏了担保法律制度所追求的公平价值。伴随着银行独立保函业务的发展，也有很多欺诈和受益人权利滥用的现象出现。

在前面已经说过，银行保函是在维护债权人的利益下产生的，它集中保护债权人的利益，而忽视了债务人的利益，所以其经常被不法商人利用进行诈骗，骗取银行的保证赔付。而银行保函的独立性使得银行没有权利行使申请人基础合同下的任何抗辩权，所以只要受益人按照保函的规定提交了索赔请求，银行就必须无条件承担担保责任。银行在保函业务中仅仅处理单据，不能也没有能力对受益人和申请人之间的基础交易情况进行审查，且银行仅谨慎合理地从表面审查单据，确定受益人提交的单据是否表面符合保函条款，对单据的真实性、准确性、法律效力没有进行进一步认定的义务和权利，所以防止受益人不当索赔的责任更多地落在了申请人身上。因为，如果保函条款赋予银行审查受益人是否存在欺诈的义务，那么就会将银行置于法院的地位，来决定是否对保函受益人进行支付，这就会对受益人的无条件索赔权造成侵蚀。

《联合国独立担保与备用信用证公约》第十九条规定了担保行付款的例外，也就是国际上常说的独立担保的欺诈例外原则。① 从该条第三款的规定可以看出，该公约主张由申请人通过申请银行禁令的方式来对受益人的索赔请求权进行抗辩。我国法院在认定保函欺诈时，也遵循了国际上普遍接受的根据基础交易关系来确定是否构成欺诈的原则。

银行在开立独立保函业务时，在不破坏银行保函独立性的前提下，尽可能详细地列举受益人提出书面索赔请求时需要同时提供的书面文件（比如一个相关第三人的证明申请人违约的书面证明），来尽可能地限制受益人不当行使索赔权。另外，银行在审查受益人提交的单据时，应该严格审查受益人是否是在基础合同的期限没有到期时进行的索赔，在这种情况下，如果没有受益人预期违约情况的出现，那么受益人的索赔请求就有很明显的欺诈性。

银行在开立针对国内交易的独立保函业务时，可以在保函条款里规定在接到受益人的索赔请求后的一段时间内进行偿付。在付款宽限期内，银行一方面可以谨慎地审查单据，也可以及时将受益人索赔的事实通知申请人。如果存在受益人不当索赔的可能性，申请人可以及时申请法院采取保全措施，并在付款期限到达之前将法院的保全裁决送达银行，以便银行以此对受益人进行拒付。在银行尽到通知义务后，如果在付款期限内申请人没有任何作为，那么银行就可以认定受益人是正当索赔，即便是受益人滥用索赔请求权，银行在进行偿付后仍有向申请人的追偿权。银行保函这样的约定实际上是将对受益人是否利用保函进行欺诈的审查义务转移到申请人身上，转移了自身由于审查不当而承担赔付的经营风险。

---

① 《联合国独立担保与备用信用证公约》第19条 付款义务的抗辩（或译为：例外）（1）如果下列情形明确者：（a）任何单据非真实或系伪造者；（b）依付款请求及支持性单据，付款无正当理由；（c）依保函之类型与目的，付款请求无可信之依据，依诚信行事之保证人有权对受益人撤销付款。（2）为适用本条第1款（c）项，下列情形皆属请求无可信依据者：（a）保函向受益人保证之意外事故或风险并未发生；（b）主债务人/申请人之基础义务已被法院或仲裁机构宣布无效，但保证表明此类意外事故属于保证风险，不在此限；（c）基础义务确无疑问地已满足受益人之要求得以履行；（d）受益人故意不当地阻止基础义务的履行者；（e）依反担保提出之付款请求，反担保的受益人亦即与反担保相关之保证的保证人，恶意付款者。（3）在本条第1款（a）、（b）、（c）项所列之情形中，主债务人/申请人依第20条可以使用临时性法院措施。

三、关注申请人的信用风险，审查基础合同

一般情况下，银行在其出具的独立保函项下的义务就是保证申请人履行特定合同项下的义务，并在申请人违约、受益人索赔时向受益人支付一定金额。银行随后取得对申请人的追索权。可以看出，申请人是银行保函担保金额的最终承担者，银行只是利用其良好的商业信誉为申请人充当一个垫资者的身份。

在银行保函业务实践中，很有可能出现一种状况：申请人在银行向受益人做出支付后违约，由于种种原因阻碍银行追索权的行使。可能是由于资金短缺或者由于申请人破产而不能向银行及时偿付银行已经承担的保证金额，这时，银行因为此类保函多了一笔不良贷款，银行也因此可能要自己来承担这种不良信贷风险。

银行在开设针对国内业务的银行独立保函之前，要对申请人的资信状况、公司财务报表、营业执照等代表公司履约能力和还款能力文件做一个详细的了解，并且在《委托担保合同》中约定申请人要对其提交的相关文件的真实有效性负责，如果由于申请人伪造有关文件骗取银行开设独立保函的，申请人将承担一切责任。

银行除了面临来自申请人的信用风险外，也有来自申请人所申请担保项目本身的风险。针对这种情况，银行在开立保函之前应该对申请人所申请担保的基础合同的合同条款进行认真审查，看基础合同是否真实有效，合同条款规定是否存在歧义，是否有隐含风险的存在。也要审查申请人之前针对此类合同的履约记录。银行在开立保函之后，应该在担保期限内经常询问、调查申请人的基础合同履行情况、申请人的经营状况，以避免突发性事件导致担保行受到损失。

四、采取必要的反担保措施

银行在开立独立保函时，可以要求申请人提供反担保，反担保的形式可以是申请人向担保行提交全额保证金，也可以是申请人向银行办理相关动产或者不动产抵押，也可以是向担保银行办理有关权利质押手续，也可以要求申请人提供第三方的保证。

如果申请人以向银行提交全额保证金的方式来保证隐含追偿权可以及时实现，那么银行要注意不得为企业交存开函保证金直接发放贷款，并且对保函保证金实行专户管理，保函到期前，申请人不得动用保证金。

申请人提供第三方保证的，银行应该只接受反担保人出具的连带责任担保或者见索即付反担保函，并且银行也应该对反担保人的履约能力进行审查。

五、从保函条款上规避法律风险

保函条款风险是指保函本身由于语言使用不当、存在歧义性导致的保函本身所隐含的风险。银行开设的国内保函样本主要包括保证金额条款、保证期限条款、保函转让条款。

银行开设国内保函业务时，保函条款使用的语言尽可能简单明了，不能存在任何歧义性，业务人员对受益人或申请人提供的保函样本进行审查时，也要征求专业法律人士的意见，以便及早发现保函中是否存在法律漏洞。

保函保证金额条款的规定主要应该注意保证金额的确定性以及保证金额的币种。如今商业银行的保函样本都规定银行在一定的保证金额内承担付款责任，这样的规定避免了由于基础合同所涉金额的不确定性导致的银行承担担保责任范围的不确定性。这种类似于最高额担保的做法值得银行借鉴。银行保函规定的货币币种应该与基础合同中使用的货币是一致的，这样就能避免由于偿付时不一致的货币产生的汇率风险带来的损失。

保函规定的保证期间是银行承担担保责任的时间限制，如果超出了该时间限制，即便申请人没有将银行保函交回，银行的保证责任也自此失效。所以银行保函的保证期间应该尽可能明确，一般是从什么时间到什么时间（具体到某一天），银行应该审慎开设敞口保函。

保函条款的转让，从广义上来说包括索款权的转让和收益权的转让。收益权的转让没有限制，因为这无异于一般财产权的转移，但是国际上对追索权的转让却做了严格限制。《联合国独立保函和备用信用证公约》第九条第一款规定，受益人的索款权仅在保函注明可以转让的条件下可以转让，且必须遵照保函规定的转让方式。《见索即付保函统一规则》第四条规定，除非保函中另有规定，受益人在保函项下的索款权不得转让。因为独立保函下银行对受益人承担的是独立担保责任，所以在开设保函之前都会对受益人是否可能会进行欺诈索赔进行审查，如果受益人的索赔权可以随便转让，那么银行及申请人受到不当索赔的风险就会大大增加。所以银行应该在其开立的保函条款中明确规定：该保函不可转让。

六、对分行的授权与限制

按照《商业银行中间业务暂行规定》，银行开立针对国内交易的银行保函业务，应该实行总行授权制，并报总行备案。这样便于从整体上对银行保函业务的法律风险进行整体防控，并针对银行保函业务所面临的业务风险和法律风险，建立专门的风险管理制度，银行对国内保函业务开展可以借鉴《中国工商银行关于加强对人民币保函业务管理的通知》，该《通知》对中国工商银行的保函业务授权及各级分行的办理权限都做了详细规定。该《通知》第三条规定：总行授权省级分行及计划单列市分行出具人民币保函。地市及其以下分支行一律不得出具人民币保函。第四条规定：省级分行及计划单列市分行人民币单笔保函金额审批权限为5000万元，超过限额的一律以正式文件报总行审批后再由省级分行及计划单列市分行出具保函。各行开具人民币保函的总额不得超过总行授权经营的实收资本的50%。银行开设国内保函业务，应该参照中国工商银行的做法，对各级分行的办理额度实行总行授权制，不仅要对各级分行开设的单笔保函审批权限进行限制，也应该对各级分行在每年度开设的保函业务担保总额进行控制。

参考文献

［1］陈立金. 银行保函产品培训［M］. 北京：中国经济出版社，2010：4-118.
［2］周辉斌. 银行保函与备用信用证法律实务［M］. 北京：中信出版社，2003：12-68.

［3］朱卉. 国际商事交易中银行独立信用担保业务法律问题研究［D］. 复旦大学，2005.

［4］张梦薇. 国际贸易中的独立性银行保函法律问题初探［D］. 郑州大学，2005.

［5］孙辉. 国际贸易中银行保函欺诈法律问题研究［D］. 华东政法大学，2008.

［6］丁丽囡. 银行独立保函风险与防范探讨［D］. 对外经济贸易大学，2012.

［7］芮光胜. 独立银行保函法律风险分析［D］. 西南财经大学，2004.

［8］李海华. 见索即付保函相关法律问题研究［D］. 大连海事大学，2006.

［9］聂超. 论独立保函在我国应用的法律问题［D］. 对外经济贸易大学，2006.

［10］容冰. 银行（独立）保函法律问题研究［D］. 对外经济贸易大学，2004.

［11］乔春明. 银行独立保函风险防控法律问题研究［D］. 内蒙古大学，2011.

［12］李燕. 银行独立保函支付机制剖析［J］. 社会科学研究，2008（4）：107－113.

［13］陈竹. 论银行保函在国际一般货物贸易中的应用［J］. 时代经贸（学术版），2007，5（3）：16－17.

［14］张馨予. 国际经济贸易中银行保函的风险防范分析［J］. 财经界，2012（18）：89.

［15］于雪. 银行保函业务中的主要法律问题探析［J］. 管理学家，2011（4）：316－318.

［16］王新佳. 论银行保函法律适用的补正［J］. 法制与社会，2011（9）：95－96.

［17］彭锡华. 见索即付保函若干法律问题研究［J］. 理论月刊，2001（11）：28－30.

［18］王贤亮. 论作为履约担保的银行独立保证的法律制度［J］. 中国新高技术企业，2007（3）：16－17.

［19］李国安. 我国独立担保的实践与立法思考［J］. 厦门大学学报（社会科学版），2005（1）：57－64.

［20］李燕. 论见索即付保函中受益人不当索赔的抗辩机制［J］. 西南民族大学学报（人文社科版），2007，28（9）：87－92.

第十四章　国内信用证业务法律风险防范

第一节　国内信用证概述

一、国内信用证的概念

中国人民银行于 1997 年颁布了《国内信用证结算办法》，参照、借鉴国际信用证的业务模式，开启了我国国内信用证的发展史，为我国国内贸易提供了一种新型的结算方式，旨在将保证付款与资金融通功能相结合，促进整个贸易的迅速流转。

《国内信用证结算办法》第二条规定："本办法所称信用证，是指开证行依照申请人的申请开出的，凭符合信用证条款的单据支付的付款承诺。前款规定的信用证为不可撤销、不可转让的跟单信用证。"

二、国内信用证的作用

国内信用证是一种新型结算方式，对交易双方和开证行都有着巨大的吸引力：

（一）对买方的作用

对买方而言，国内信用证将其企业自身信用与银行信用相结合，极大地减少陌生交易双方之间的不信任，在货物数量、品质、到货时间上都比较有保障。同时，只需缴纳一部分保证金就可以使买方付款的时间拖后，达到资金融通的作用。

（二）对卖方的作用

对卖方而言，收款有保障，保证生产经营活动正常进行，减少拖欠货款的情况。同时，可以利用国内信用证提前进行押汇，提早收回货款，以便进行下一轮生产，提高资金的利用率。国内信用证使得买卖双方都可以进行融资，提高资金的利用率，资金负担较为平衡。银行为买卖双方双向控制交易进度和风险，提高了交易效率。[①]

（三）对银行的作用

对于银行而言，信用证结算是一种银行金融工具的创新，具有中间业务和表外业务的双重特点，可以有效增加银行的利润。同时通过审查交易单据，相比于流动资金贷款，更为有效地保证资金用途，降低风险，资金流动性更强。

---

① 罗鹏君．国内贸易中的信用证结算利弊分析 [J]．广东金融，1996（6）．

三、国内信用证的发展现状

中国人民银行在 1997 年发布了《国内信用证结算办法》后，到 1999 年国内才有了第一笔业务。在很长一段时间内，除个别银行外，大部分银行均未涉猎这一业务领域，国内信用证业务发展缓慢。但近年来，受监管及经营环境如贷存比、经济资本、效益考核等压力的影响，银行推广国内信用证积极性大增，中小股份银行、外资行、城商行等纷纷开办国内信用证业务。据人民银行统计，自 2009 年以来，全国国内信用证业务发展迅猛，2009—2011 年开证金额平均年增长率达到 134%；2011 年，全国国内信用证开证金额首次突破万亿元大关，2013 年已突破 2 万亿元。

当前，国内信用证业务呈现以下几个特点：

（一）企业对国内信用证认可度逐步提高，市场日趋成熟

经过十多年的发展和各家银行的大力推广，国内信用证的市场认可度得到逐步提高，需求逐步增强，各商业银行均拥有一批相对稳定的客户群。目前主要客户集中于大型生产企业、外资企业及从事大宗商品交易的贸易企业。从客户所处行业来看，上下游供应商或经销商较多的船舶、纺织、化工、电子、汽车、钢铁等行业的企业，对国内信用证较为青睐，业务需求较多。由于融资便利，国内信用证普遍受到中小企业的欢迎。

（二）企业对国内信用证的融资功能需求多于结算功能需求

传统信用证的功能是帮助互不熟悉、缺少相互信任的交易双方达成交易。但是从实际市场情况来看，企业对国内信用证的结算需求并不强烈，主要业务需求来自于国内信用证配套的多种融资产品。这主要是因为国内信用证融资授信条件较贷款宽松，办理手续也较贷款便捷。灵活的融资功能导致部分企业打起了"小算盘"：一些合作关系密切的买卖双方或关联企业，越来越热衷于使用国内信用证的融资功能来套取资金，导致重复融资、资金回流、虚构贸易背景等问题层出不穷。由于缺乏物权凭证、缺少监管等制约，银行在管理上也面临一系列的难题。

（三）国内信用证主要在各行系统内部办理，跨行业务有待拓展

受政策制度和操作管理等因素影响，目前各行国内信用证业务基本上都在各行系统内部办理，国内信用证业务通常需要买卖双方均在同一家银行开户。这种做法虽然有利于各行将整个业务链条保留在本行内部，但也给企业带来了不便，并在一定程度上制约了国内信用证业务的推广。近年来，为满足企业需求，各行开始逐步建立往来，但跨行业务的比例仍然偏小。

第二节　法律关系及交易模式

一、国内信用证中的法律关系

（一）买方与卖方之间的法律关系

买、卖双方之间是一种商品交易的合同关系，是保证国内信用证结算的重要基础关系。根据基础交易合同，确定信用证结算方式和交易细节及所需交易单据，作为后续单

证审核的依据。

（二）买方与开证行之间的法律关系

买方作为申请人，向开证行提出申请开立国内信用证，同时缴纳保证金和其他需要的担保物。买方与开证行之间是一种委托关系，通常需要签订信用证合同、到期付款确认书等文件，以明确双方的责任。

（三）受益人与开证行之间的法律关系

卖方作为受益人，在单证相符的条件下，有权依据信用证条款要求开证行付款，其与开证行之间就形成了一种信用证契约关系，是一种债权债务关系。

二、国内信用证交易模式[①]

国内信用证业务流程基本包括以下五个步骤：申请、开证、通知、议付、付款。

（一）申请

申请人（买方）根据交易合同的需要向其开户行申请开立国内信用证，并提交开证申请书和开证申请人承诺书等文件，同时还需要与银行签订信用证合同，以明确双方责任。

（二）开证

开证行在审查申请人资格后，向开证申请人收取不低于开证金额 20% 的保证金，并可根据开证申请人的资信情况要求其提供抵押、质押或其他金融机构出具的保函。开证后，通知卖方所在地通知行将信用证通知卖方。

（三）通知

通知行收到信用证或信用证修改书后，应在收到的次日起 3 个营业日内做出处理，即认真核验开证行签章的真伪、密押是否正确等表面真实性。若无误，应填制信用证通知书，连同信用证或信用证修改书交受益人（卖方）。

（四）议付

议付是指信用证指定的议付行在单证相符条件下，扣除议付利息后向受益人给付对价的行为。议付行必须是开证行指定的受益人开户行。受益人收到信用证，经与签订的购销合同核对，按照信用证的要求发货，取得各项单据后，可以向其开户行提供单据、远期信用证正本及信用证通知书，请求议付。议付行按照规定审查议付后，应向开证行寄交单据索偿资金。

（五）付款

开证行收到议付行或受益人开户行寄交的单据，按照规定的单据审核标准和时限对单据与信用证从形式上进行核对无误后付款。

交易结构如图 14 -1 所示。

---

① 孙民生．国内信用证——一种全新的支付结算工具［J］．河南金融管理干部学院学报，1999（02）．

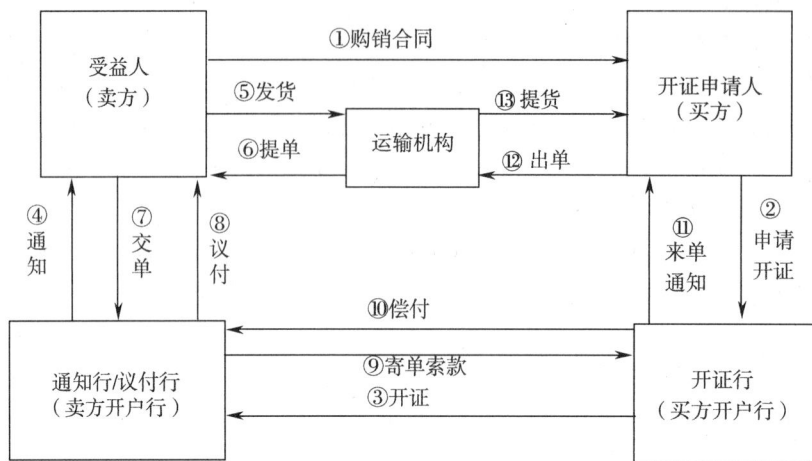

图 14 - 1　国内信用证交易结构

第三节　与国内信用证相关的法规、规章、司法解释

一、中国人民银行《国内信用证结算办法》

中国人民银行发布的《国内信用证结算办法》（银发〔1997〕265号）于1997年8月1日起施行，是我国当前规范国内信用证业务的主要管理办法。

（一）主要内容

1. 本办法所称信用证，是指开证行依照申请人的申请开出的，凭符合信用证条款的单据支付的付款承诺。前款规定的信用证为不可撤销、不可转让的跟单信用证。本办法适用于国内企业之间商品交易的信用证结算。

2. 信用证与作为其依据的购销合同相互独立，银行在处理信用证业务时，不受购销合同的约束。银行做出的付款、议付或履行信用证项下其他义务的承诺不受申请人与开证行、申请人与受益人之间关系的制约。受益人在任何情况下，不得利用银行之间或申请人与开证行之间的契约关系。

3. 在信用证结算中，各有关当事人处理的只是单据，而不是与单据有关的货物及劳务。

4. 开证行根据申请人提交的开证申请书、信用证申请人承诺书及购销合同决定是否受理开证业务。开证行在决定受理该项业务时，应向申请人收取不低于开证金额20%的保证金，并可根据申请人资信情况要求其提供抵押、质押或由其他金融机构出具保函。

5. 开证申请人收到开证行交来的信用证来单通知书及单据，发现单证不符的，应与开证行、受益人协商解决，或向人民法院提起诉讼。

开证行审核单据发现不符时，应在收到单据的次日起五个营业日内将全部不符点用电讯方式通知交单人。该通知必须说明单据已代为保管听候处理。同时与开证申请人商洽，开证申请人同意付款的，开证行应即办理付款，开证申请人不同意付款的，开证行应将单据退交议付行或将信用证正本、信用证修改书正本及单据退交受益人。

6. 申请人交存的保证金和其存款账户余额不足支付的，开证行仍应在第二十七条规定的时间内进行付款。对不足支付的部分做逾期贷款处理。对申请人提供抵押、质押、保函等担保的，按《中华人民共和国担保法》的有关规定索偿。

7. 开证行付款后，对议付行或受益人不具有追索权。

8. 银行收到单据时，必须仅以单据为依据，认真审核信用证规定的一切单据，以确定其表面是否与信用证条款相符合。单据表面与信用证条款不符的，可以拒绝接受。单据之间不一致，即视为表面与信用证条款不符。

银行不审核信用证没有规定的单据。银行收到此类单据，应退还交单人或将其照转，并对此不负责任。信用证含有某些条件而未列明必须提交的单据，视为未列明此条件。

9. 对于伪造、变造信用证或伪造、变造附随的单据、文件的，或者利用伪造的信用证进行诈骗的，依照《中华人民共和国刑法》和《全国人民代表大会常务委员会关于惩治破坏金融秩序犯罪的决定》等法律，追究其法律责任。

10. 开证行对符合信用证条款的单据无理拒付、拖延付款的，应按单据金额每天万分之五向议付行或受益人支付赔偿金，并对其处以按单据金额每天万分之七的罚款。

（二）对《国内信用证结算办法》的评析

已经发生的诉讼案件清楚地表明，《国内信用证结算办法》不但在实务上而且在法律上均存在重大的问题，对从事国内信用证业务的银行来说隐藏着巨大的业务风险。目前，国内信用证的交易量在大幅上升，如果实务和法律问题不排除，则累积的风险将越来越大，这一点必须引起银行的重视。该《办法》颁布已有十七年时间，这期间国际标准银行实务（ISBP）已经有了很大的改变，而《国内信用证结算办法》对此并未做出因应和修改。

山东岱银纺织集团股份有限公司诉中国银行股份有限公司莱芜分行一案（将在以下论述）表明，《国内信用证结算办法》第二十八条的规定极不合理，而且，该条规定和国际银行标准是完全不协调的，和最高人民法院的信用证司法解释的规定也是相冲突的。

当前唯一解决问题的方法，是尽快按国际标准对《国内信用证结算办法》进行修改、完善。

二、最高人民法院《关于审理信用证纠纷案件若干问题的规定》

2005 年 11 月 14 日，最高人民法院发布了《关于审理信用证纠纷案件若干问题的规定》（法释〔2005〕13 号），自 2006 年 1 月 1 日起施行。该司法解释并没有区分国内信用证与国际信用证，所以该司法解释对国内信用证也是适用的。该司法解释是当前我国法院审理国内信用证纠纷案件的主要依据。

（一）主要内容

1. 开证行在做出付款、承兑或者履行信用证项下其他义务的承诺后，只要单据与信用证条款、单据与单据之间在表面上相符，开证行应当在信用证规定的期限内履行付款的义务。当事人以开证申请人与受益人之间的基础交易提出抗辩的，人民法院不予支持。但有下列情形之一的除外，应当认定存在信用证欺诈：

（1）受益人伪造单据或者提交记载内容虚假的单据。

（2）受益人恶意不交付货物或者交付的货物无价值。

（3）受益人和开证申请人或者其他第三方串通提交假单据，而没有真实的基础交易。

（4）其他进行信用证欺诈的情形。

2. 人民法院在审理信用证纠纷案件中涉及单证审查的，应当根据当事人约定适用的相关国际惯例或者其他规定进行；当事人没有约定的，应当按照国际商会《跟单信用证统一惯例》以及国际商会确定的相关标准，认定单据与信用证条款、单据与单据之间是否在表面上相符。

信用证项下单据与信用证条款之间、单据与单据之间在表面上不完全一致，但并不导致相互之间产生歧义的，不应认定为不符点。

3. 开证行有独立审查单据的权利和义务，有权自行做出单据与信用证条款、单据与单据之间是否在表面上相符的决定，并自行决定接受或者拒绝接受单据与信用证条款、单据与单据之间的不符点。

开证行发现信用证项下存在不符点后，可以自行决定是否联系开证申请人接受不符点。开证申请人决定是否接受不符点，并不影响开证行最终决定是否接受不符点。开证行和开证申请人另有约定的除外。

开证行向受益人明确表示接受不符点的，应当承担付款责任。

开证行拒绝接受不符点时，受益人以开证申请人已接受不符点为由要求开证行承担信用证项下付款责任的，人民法院不予支持。

4. 开证申请人、开证行或者其他利害关系人发现有信用证欺诈的情形，并认为将会给其造成难以弥补的损害时，可以向有管辖权的人民法院申请中止支付信用证项下的款项。

5. 人民法院认定存在信用证欺诈的，应当裁定中止支付或者判决终止支付信用证项下款项，但有下列情形之一的除外：

（1）开证行的指定人、授权人已按照开证行的指令善意地进行了付款。

（2）开证行或者其指定人、授权人已对信用证项下票据善意地做出了承兑。

（3）保兑行善意地履行了付款义务。

（4）议付行善意地进行了议付。

6. 人民法院接受中止支付信用证项下款项申请后，必须在四十八小时内做出裁定；裁定中止支付的，应当立即开始执行。

当事人对人民法院做出中止支付信用证项下款项的裁定有异议的，可以在裁定书送达之日起十日内向上一级人民法院申请复议。上一级人民法院应当自收到复议申请之日起十日内做出裁定。复议期间，不停止原裁定的执行。

7. 人民法院在审理信用证欺诈案件过程中，必要时可以将信用证纠纷与基础交易纠纷一并审理。

人民法院通过实体审理，认定构成信用证欺诈并且不存在本规定第十条的情形的，应当判决终止支付信用证项下的款项。

8. 保证人以开证行或者开证申请人接受不符点未征得其同意为由请求免除保证责任的，人民法院不予支持。保证合同另有约定的除外。

开证申请人与开证行对信用证进行修改未征得保证人同意的，保证人只在原保证合同约定的或者法律规定的期间和范围内承担保证责任。保证合同另有约定的除外。

（二）对司法解释的评析——成功之处

1. 明确了信用证欺诈的认定标准。列举的三种典型的欺诈情形既包括单据欺诈也包括交易欺诈。司法解释明确指出了能够申请中止支付的欺诈的条件，即欺诈将会给申请人造成难以弥补的损害。所以，货物质量上的一般瑕疵，数量上的小幅差额或者对信用证非实质性条款的违背均不属信用证欺诈。即使受益人提交部分记载内容虚假的单据，只要没有改变单据的本质，没有造成严重的后果，也不能构成可以获得救济的欺诈。这种严格界定信用证欺诈内涵的制度，对于维持信用证的正常运转和防止滥用欺诈例外有着重大的意义。

2. 确立了信用证欺诈的豁免制度。所谓欺诈的豁免，是指在法定情形下，即使发生了信用证欺诈，法院也不能止付信用证。在信用证实务中，开证行往往通过保兑行、付款行、议付行等中间行来完成信用证交易。当发生信用证欺诈时，信用证欺诈例外的启动将直接冲击独立抽象原则，受该原则保护的有关当事人必然遭受损害，此时必须在保护作为第三人参与进来的银行和保护欺诈申请人之间进行选择，各国的信用证欺诈例外适用机制均为善意第三人留下了保护合法权益的空间。

司法解释借鉴了这一国际惯例，明确规定了欺诈豁免制度的要件：（1）主体要件，享受豁免权的主体是特定的主体，即被开证行指定或授权付款的人、对信用证项下的票据做出了承兑的人、保兑人议付行等；（2）主观要件，即应该是善意的，且不知悉欺诈的发生；（3）客观要件，主体已经给付对价，或者已付款，或者已承兑。

3. 完善了信用证欺诈的民事救济方法。在司法解释颁布前，我国信用证欺诈纠纷的主要救济手段是由法院发布冻结令。司法解释摒弃了冻结令的救济方法，确立了中止或终止支付的救济方法。

中止支付是法院在诉讼前与诉讼中发布的裁定，其本质是一种诉前保全或诉讼保全措施，是程序法上的救济措施，它具有暂时性的特点。终止支付是法院根据相关民法、票据法等实体法，为解决信用证欺诈而采取的实体法上的救济措施。这为法院在不同阶段用不同方法干预信用证机制提供了依据。

4. 设置了完整的、可操作的诉讼程序。设置的信用证欺诈的诉讼程序有如下优点：（1）充分尊重独立抽象原则，规定了法院受理止付申请的严格条件，克服了过去司法实践中只要有申请人提供担保即可受理的弊病。（2）考虑了信用证迅捷、快速的特点，规定法院在接到申请人的申请后，应当在48小时内做出止付与否的裁定。（3）注重对被申请人的救济，设计了完善的异议程序，明文规定了受理异议的法院和合理的异议期间等。(4) 规定了与基础合同纠纷合并审理的程序。只有经过实体审理，才可以在符合条件的情况下判决终止支付信用证项下的款项。

(三) 对司法解释的评析——不足之处

1. 回避了第三人欺诈问题。司法解释在界定欺诈的类型时，只列举了受益人欺诈和受益人与第三人串通欺诈的情形。但受益人以外的第三人欺诈能否适用信用证欺诈制度，则不得而知。司法解释不应回避这个现实的问题，应当明确规定信用证欺诈包括第三方欺诈的情形。因为，欺诈例外原则创设的目的在于保护银行和开证申请人不受信用证欺诈行为的侵害。无论是受益人实施的欺诈还是第三人实施的欺诈都会对银行和开证申请人的利益造成同等的损害。如果仅对前者中的受害人进行救济，而对后者造成的损失置之不理，显然背离了上述目的，也不符合民法的公平原则。而且，此时的欺诈风险由受益人承担也是合理的，因为他有更便利的机会向欺诈实施者寻求救济。

2. 没有明确信用证欺诈救济程序中银行的诉讼地位。在我国的司法实践中，就申请人以基础合同欺诈为由起诉时，开证行、议付行、保兑行等利害关系人的诉讼地位问题存在争议。一种观点认为，银行不是诉讼主体，而只是协助执行的主体，因为信用证的独立抽象原则使基础合同纠纷独立于信用证纠纷。但另一种观点认为，此时银行已远远超出了协助执行主体的地位，而是受害者。从表面来看，信用证付款义务的撤销并没有直接赋予开证行以义务，但实质上使开证行对外索偿的权利被撤消了，但它对于法院的裁定既没有抗辩权，又没有异议权，其合法权益无法得到保障，遭受的损失也没有救济途径，这显然是不合理的。司法解释采纳了后一种观点，第十四条第二款明确规定了基础交易与信用证欺诈纠纷合并审理时，相关银行的第三人的诉讼主体地位。但是，法院没有合并审理时，银行处于怎样的地位，还是很模糊。在我国，开证行应该为被告还是为第三人，其他参与的银行能否成为第三人，这些问题仍有待于法律进一步明晰。

3. 开证行不予兑付的救济方式的缺失。不予兑付 (dishonor) 是当发生欺诈时，即使单证严格相符，根据欺诈例外的原则，银行同样可以行使不予兑付的权利，这是在欺诈情况下的又一救济手段。从法理角度而言，如果开证行忽略了在合理注意下本可发现的欺诈，或根本无视明显欺诈的存在，则它显然未尽到它与申请人之间的委托合同的义务，必须对申请人承担责任。在这种情况下，即使将不予兑付解释为开证行的权利，开证行也不得任意放弃该权利，因为任何人在行使权利的时候都负有不得损害他人合法权益的义务。从这个角度看，当出现信用证欺诈时，不予兑付与其说是开证行的权利，不如说是开证行的法定义务。而司法解释完全没有设计不予兑付的救济方式，对于开证行发现明显的欺诈后能否应申请人请求中止付款也语焉不详，应当补充不予兑付的救济手段，并明确规定银行此时的权利和义务，以便受害人能得到较充分的法律保障。

第四节 国内信用证案例

一、核心企业与下游企业国内信用证服务案例——以汽车制造行业为例①

（一）业务概述

本案例以汽车制造行业为背景，通过国内信用证将汽车生产销售链上的核心企业（汽车生产商）和下游企业（汽车经销商）统一纳入到银行结算网络中，一方面能够为汽车经销商提供延期付款的资金支持，另一方面也能有效降低汽车生产商销售款回笼的结算风险。

（二）业务流程

本案例涉及汽车生产商、汽车经销商、物流仓储商和开证行四个方面：

首先由汽车经销商在银行开立保证金账户和汽车销售款专户，按比例缴存保证金后，开证行为其开立不可撤销延期付款信用证，用以向汽车生产商购买汽车。汽车生产商收到通知行提供的国内信用证正本后委托物流仓储商发车，并向其开户行提交信用证项下单据进行委托收款或申请卖方融资（议付）。信用证到期，开证行从汽车经销商结算账户中扣划相应款项进行付款。

（三）业务特点

1. 汽车生产商销售风险低。由于实物与单据相分离，提单为提车的唯一凭证，汽车经销商只有在确保其保证金专户和汽车销售款结算户的款项足以支付国内信用证项下款项时，方可从银行手中领取相应金额的提单及汽车合格证，因而降低了汽车生产商的销售风险。此外，在汽车销售过程中，物流仓储商的参与也加强了对汽车经销商提车的管理。

另外，对经销商违约处罚机制和成本补偿机制的建立也降低了汽车生产商的销售风险。在经销商不能按时销售的情况下，汽车生产商可采用回购方式向开证行赎回信用证项下未赎提单。为了对调剂销售额外增加的运输费用、仓储费等进行补偿，汽车生产商和经销商在协议中约定，汽车生产商只需补足未赎单据所对应的车款与开证保证金的差额部分即可取得信用证项下代表全部未赎提单物权的提单和汽车合格证等单据。经销商缴纳的开证保证金作为违约金处理，一方面建立了对经销商的违约处罚机制，另一方面也是对调剂销售行为的费用补偿，有利于汽车生产商控制经销商的违约行为。

2. 汽车经销商获得延期付款权。对于汽车经销商来说，通过开立延期付款的国内信用证，汽车经销商取得最长 180 天的延期付款权利。在延期付款期间，经销商可以采取追加保证金的方式分次向开证行付款赎单，即只要有部分流动资金支付信用证项下款项，就可赎得信用证项下相应款项的提单及汽车合格证用以销售。销售回笼资金再用以支付信用证项下未赎提单款项，可有效解决经销商的资金诉求。

---

① 高东. 以核心企业为支撑的国内信用证应用案例. http://www.doc88.com/p-483421885229.html.

二、核心企业与上游企业应用国内信用证服务案例——以大型零售行业为例[①]

(一) 业务概述

本案例以大型零售行业为背景，通过国内信用证将供货销售链上的核心企业（大型零售类超市、家电大卖场以及大型商场等零售类企业）和上游企业（零售商品供应商）统一纳入到银行的结算网络中，由核心企业向供应商开出国内信用证，核心企业以其高等级的信用等级保证信用证的支付，供应商利用信用证开展卖方融资（议付、非议付）等国内贸易融资业务，解决周转资金紧张的问题。

(二) 业务流程

处于整个供应链核心地位的零售企业从其众多供应商中筛选部分信用良好的企业作为供应链管理的参与企业，同时向银行提出开立国内信用证的申请，采用国内信用证方式向筛选出的优质供应商支付货款，对银行签发的国内信用证，供应商可向银行申请办理议付（卖方融资）或委托银行收款。

(三) 案例特点

1. 对作为开证申请人的大型零售类企业来说，采用国内信用证结算能够延长付款时间，节约企业资金成本。国内信用证与银行承兑汇票都有延期付款的功能，但银行承兑汇票的最长有效期不超过 6 个月，而国内信用证从签发之日起到实际支付货款的日期则可以超过 6 个月，能更大限度地推迟企业支付货款的时间。同时和供应商之间约定，采用国内信用证方式来办理货款结算，也可解除供货商无法及时收到货款的担忧，进一步密切供、销双方间的关系。对部分强势零售企业来讲，为降低开证的成本，还可在双方购销合同中约定由供应商来支付开证手续费等相关费用。

2. 对供应商来讲，采用国内信用证办理货款的结算，可确保能及时收到货款。同时在资金不足的情况下，凭借开证企业的良好信誉及强大实力，能享受银行给予其在融资方面的便利。银行可针对供应商与零售商间的交易对供应商进行专项授信，可以凭订单办理融资业务，收到国内信用证后，还可以其持有的国内信用证向银行申请办理议付，从而解决供应商流动资金的不足，及时组织货源扩大生产，使企业获得进一步的发展。

三、山东岱银纺织集团股份有限公司诉中国银行股份有限公司莱芜分行信用证纠纷案[②]

(一) 本案当事人及审判法院

原告：山东岱银纺织集团股份有限公司（以下简称岱银集团）

被告：中国银行股份有限公司莱芜分行（以下简称莱芜中行）

---

① 高东. 以核心企业为支撑的国内信用证应用案例. http://www.doc88.com/p-483421885229.html.

② 最高人民法院关于中国银行股份有限公司莱芜分行与山东岱银纺织集团股份有限公司信用证纠纷一案的请示的复函. http://www.110.com/ziliao/article-495675.html. 2014-08-19.

一审法院：泰安市中级人民法院

二审法院：山东省高级人民法院

（二）案情

2007 年 6 月 4 日，岱银集团（乙方）与山东王子纺织股份有限公司（甲方）（以下简称王子公司）签订工业品买卖合同一份，合同编号 2007 - 06 - 04 - 1，合同标的为棉纱，金额 100 万元，结算方式：国内信用证，交货方式为甲方自提，运输方式及费用负担为：汽运，甲方负担。2007 年 6 月 14 日，王子公司向莱芜中行提交开立信用证申请书，约定并交纳开证保证金 60 万元，莱芜中行向王子公司开立 KZ51S07126 号信用证，载明：开证申请人为王子公司，受益人为岱银集团，开证金额为 100 万元，有效日期为 2007 年 6 月 30 日，通知行为泰安中行。运输方式汽运，合同号码 2007 - 06 - 04 - 1，货物描述为棉纱，计价 100 万元，付款方式为延期付款货物收据签发日后 90 天，可议付，受益人应提交的单据包括增值税发票、货物收据和货运收据。如果单证不符，付款时扣除 450 元，相关费用由受益人承担。本信用证依据中国人民银行《国内信用证结算办法》和申请人的开证申请开立。本信用证为不可撤销、不可转让信用证。我行保证在收到单证相符的单据后，履行付款的责任。

岱银集团向王子公司履行上述合同后，于 2007 年 6 月 25 日向通知行泰安中行提交托收申请及相关单据并提示付款，岱银集团提交的上述单据中没有信用证规定的运输单据。泰安中行审查单据后转交莱芜中行。2007 年 7 月 3 日，莱芜中行向岱银集团发出不符点电，理由"未按信用证要求提交相关单据中的运输单据"。2007 年 7 月 5 日，王子公司出具《同意信用证付款的函》，请求莱芜中行对号码 KZ51S07126 及号码 KZ51S07120 信用证予以付款。2007 年 7 月 6 日，岱银集团派员赴莱芜中行交涉并转告王子公司的函。之后，莱芜中行对 KZ51S07120 信用证进行了付款，对本案 KZ51S07126 信用证没有付款。

另查明，山东省莱芜市莱城区人民法院于 2007 年 11 月 12 日受理了王子公司的破产申请。

（三）本案的争议焦点

1. 莱芜中行以不符点拒付的理由是否成立？

2. 在开证申请人王子公司同意付款的情况下莱芜中行对信用证项下的款项是否应予支付？

3. 是适用《国内信用证结算办法》还是适用《最高人民法院关于审理信用证纠纷案件若干问题的规定》处理本案纠纷，以及《国内信用证结算办法》如何适用？

（四）法院的意见

本案的一审法院泰安市中级人民法院和二审法院山东省高级人民法院均认为，本案系国内信用证纠纷案件，涉案信用证载明"本信用证是依据中国人民银行《国内信用证结算办法》及申请人的开证申请书开立"，因此《国内信用证结算办法》是该信用证进行结算、付款等的基础依据，系双方约定的处理信用证相关业务的条款，应予适用。《最高人民法院关于审理信用证纠纷案件若干问题的规定》第二条规定："人民法院审理信用证纠纷案件时，当事人约定适用相关国际惯例或者其他规定的，从其约定。"该条款表明对信用证纠纷的法律适用，优先适用当事人意思自治。《国内信用证结算办法》是双方对于处理信用证业务的约定条款，双方在信用证结算过程中产生纠纷后首先应适用《国内信用证结算办法》进行解决，只有在《国内信用证结算办法》对相关问题未做出规定的情况下才可适用《最高人民法院关于审理信用证纠纷案件若干问题的规定》。

根据《国内信用证结算办法》第二十八条规定，在信用证项下存在不符点的情况下，开证行应与开证申请人商洽，如果开证申请人同意付款的，开证行应即办理付款。本案中莱芜中行认为涉案信用证项下单据存在不符点，然而开证申请人同意付款，在这种情况下，即使存在不符点，莱芜中行也应当向岱银集团付款。莱芜中行以《最高人民法院关于审理信用证纠纷案件若干问题的规定》主张其有权自行决定是否接受不符点的理由不能成立。

（五）法院的判决结果

1. 中国银行股份有限公司莱芜分行于本判决生效后十日内支付山东岱银纺织集团股份有限公司 K251S07126 信用证项下款项 999999.78 元。

2. 中国银行股份有限公司莱芜分行于本判决生效后十日内支付山东岱银纺织集团股份有限公司逾期付款赔偿金 15000 元（截至 2007 年 12 月 27 日）。

（六）对本案的评析

1. 当事人约定了适用《国内信用证结算办法》，因此该规定优先于《最高人民法院关于审理信用证纠纷案件若干问题的规定》适用。

2. 国内信用证与国际信用证有很大不同，单据在国内信用证中的作用有限，银行不能简单地以单据不符作为拒付理由。

3. 莱芜中行在付款后本可以向王子公司进行追偿，但王子公司现已申请破产，莱芜中行已无法追偿。所以，银行在开立信用证时，除收取 20% 的保证金外，必须要求开立申请人对敞口部分提供担保。

第五节　国内信用证业务的法律风险防范

一、国内信用证项下的货权难以控制，银行应建立可靠的物流运转体系

（一）国内信用证项下的货权难以控制，缺少物权凭证，不能形成一个封闭的单据运转体系

在国际贸易中，国际信用证结算中常常要求凭货运单据付款，包括公路、铁路、内河、空运及海洋运输单据在内的多种货运单据，其各自性质不同，并不能做相同处理。海运提单使用最为广泛，因为其不仅仅是一种收据或契约，还具有物权凭证的作用，可以证明货物所有权的归属，通过持有该海运提单，就可以控制货物的处分。银行在办理信用证结算时，通过控制单据，进而控制货物的所有权，作为银行付款的保障。

但是在国内贸易中，就很难找到适合的货权凭证。除海运提单外，其他运输单据都不能作为物权凭证使用。国内的运输单据仅仅是运输合同的证明，承运人的义

务是将货物交给货运单据上的收货人而不是货运单据的持有人。虽然在通常情况下，承运人要求收货人提货时应持有相应货运单据，但收货人在缺乏货运单据时如果能证实其身份，承运人将货物交给收货人并不违反运输合同规定的义务。所以在某些情况下，国内信用证的受益人（卖方）将货运单据的正本交给银行后，收货人仍可凭货运单据的副本和相关身份证明提取到货物。[①]银行无法通过控制单据进而控制货物的处分权，这样银行的风险就加大了。在国内运输中，海洋运输较少，海运提单的适用性不强，而是较多使用公路铁路运输，时间较短，运输单据脱离货物单独流转的必要性不大。

银行在面对缺少物权凭证的信用证时，无法直接控制货物的所有权，付款后是否能够顺利回款，风险就大大增加了。

（二）银行可以选择可靠的第三方物流、检验、仓储机构，必要时也可以自己构建一个封闭的物流平台，解决货权控制问题

办理国内信用证的结算时，常常涉及物流、检验与仓储在内的多个环节，这些环节一旦作假，对整个结算体系都将产生重要影响，甚至可能出现各方勾结，欺诈银行的情形。银行在面对这些风险时，一个有效途径就是选择权威可靠的第三方物流、检验、仓储机构，由权威机构出具的单据和报告可以有效降低银行的风险，保障银行的权益。

甚至可以更进一步，银行自身可以依靠物流、仓储等机构构建起一个封闭循环的平台，为买卖双方提供一个交易平台，买卖双方只需要交易中的基本要素，诸如价格、品质等，其他包括运输、保险、检验、仓储等多个环节都可以由银行来构建。这种封闭循环，对交易双方来讲，可以使精力有效集中在商品和服务上，进一步简化买卖双方的业务；对于银行来讲，一条龙服务使得银行风险得以控制，信用得到可靠保障，同时也是增加银行收益的一个项目。

二、开立国内信用证必须要有真实的交易背景，防止申请人利用国内信用证骗取银行贷款

国内贸易可以有多种结算方式。即使为了保护资金的安全，也可以通过提存公证、银行居间支付等方式结算，既快捷又安全。所以，国内信用证的结算功能已经退化，而它的融资功能却越来越重要。

在正常的贸易中，卖方利用信用证及相关单据在银行做打包贷款，对卖方来说是一种很好的融资方式。但现实中出现了大量的虚构交易，根本就没有货物的买卖。一些运输公司、仓储公司为买卖双方出具虚假的运输、仓储单据，买方在交纳了20%的保证金后，在银行开具了100%的信用证；卖方则在议付行办理打包贷款，取得银行融资。有时买方和卖方就是一个实际控制人控制下的两家企业，买卖双方均由一个实际控制人控制。

企业在这一过程中存在明显的金融诈骗行为，已构成刑事犯罪。如果企业的资金链能够周转得开，到时正常还本付息，这一犯罪行为可能会被掩盖。一旦企业的资金链断

---

① 王宝山．国内信用证有关法律问题研究．对外经济贸易大学，法律硕士学位论文．

裂，银行的债权就可能受到威胁。

因此，银行开具国内信用证时，买卖双方必须要有真实的交易背景，开证行应该对合同的订立、货物的运输、货款的回笼等全过程进行监督，确保资金及时到位，按期付款，杜绝垫款及套用银行信用进行融资。有的银行明知买卖双方的交易不存在，但为了扩大业务，仍盲目地开证，这样的业务一旦出了问题，后果将十分严重。

三、开立国内信用证时必须收取保证金，并要求开证申请人对敞口部分提供担保

通过以上分析可以看出，国内信用证交易并不能像国际信用证交易那样形成一个完整的物权控制链，银行只要控制了单据就能控制货权，从而能够保证收回开证的资金。所以，对国内信用证必须要有100%的担保。

（一）收取保证金

根据《信用证结算办法》的规定，银行在开证时应当要求开证申请人交纳20%的保证金，一旦开证申请人的付款出现了问题，银行有权没收该保证金。

银行要严格管理开证保证金，不准用保证金清偿开证申请人的其他债务，也不得用于其他担保，做到专款专用。

现实中，有的银行为了扩大业务，擅自将保证金降至开证额的10%，银行的风险在加剧。

（二）对敞口部分要有担保

由于国内贸易中缺少物权凭证，银行不能像在国际信用证业务中通过控制提单来控制风险，所以在国内信用证业务中银行想通过控制物权来控制风险是不现实的。

在开证申请人只交纳20%保证金的情况下，很显然另外80%的资金是没有安全保障的。银行在开立国内信用证时，必须要求开证申请人对另外80%的敞口部分提供担保。这样即使在开证行付款后，丧失了对受益人追索权的情况下，仍可以根据信用证合同追究申请人责任，也可以行使担保权利，追究保证人的责任，或行使抵押权、质押权，以规避风险。

另外，由于市场环境千变万化，开证申请人的经营状况也在变化之中，如果存在敞口的风险，一旦开证申请人的经济状况恶化，敞口部分就存在很大的风险，所以，银行在开立国内信用证时，必须要求申请人对敞口部分提供有效担保，否则不予开立。

银行要严格落实担保措施，确保担保人有能力、有资格，做好抵押物价值评估，使担保合同合法、担保程序有效，并及时跟踪了解担保人的生产经营情况及抵押物的价值变动情况。

四、防范立法上的风险，单据存在不符点时银行要慎重拒付

当前，所谓的立法风险主要来自于《国内信用证结算办法》，特别是第二十八条关于银行能否拒付的规定，让银行无所适从。

《国内信用证结算办法》（以下简称《结算办法》）第二十八条规定："银行处理信

用证时以单单相符、单证相符为原则，在发现不符点时，银行应及时通知开证申请人。开证申请人同意付款的，开证行应立即办理付款。"但《最高人民法院关于审理信用证纠纷若干问题的规定》（以下简称《司法解释》）第七条规定："开证行发现信用证项下存在不符点后，可以自行决定是否联系开证申请人接受不符点。开证申请人决定是否接受不符点，并不影响开证行最终决定是否接受不符点。"《结算办法》与《司法解释》的不同规定将直接影响开证行的权利，即在开证申请人同意付款的情况下，开证行是否有权自行决定是否付款。

根据前述的山东岱银纺织集团股份有限公司诉中国银行股份有限公司莱芜分行一案来看，法院仍倾向于遵循《结算办法》的规定，在开证申请人同意的情况下，银行应当付款。所以，在《结算办法》未做修改之前，银行必须遵从《结算办法》的规定，申请人同意后即付款。前提条件是银行必须获得全额的担保，即使将来申请人无力偿还，银行也能通过担保措施获得清偿。

据了解，中国人民银行正在对《结算办法》进行修改，如果中国人民银行颁布了新的《结算办法》，此问题也就会得到解决。

五、银行应当建立统一的审单中心

办理信用证结算以单据与信用证的表面相符为原则，是一种纯文本单据的处理，审单责任重大且要求较高。银行为规范审单操作，可以建立起统一的审单中心，将审单权利统一起来，这种做法既可以提高审单的效率与专业化，又可以将办理业务人员同审核人员相分离，降低操作风险。

据我们了解的情况，中国建设银行已经建立起了统一的审单中心。

六、发现虚假交易时，必须果断停止国内信用证业务

如果发现买卖双方恶意串通，虚构交易背景，提供假提单、仓单，银行必须立即停止国内信用证业务。因为这已经不是一个单纯的民事问题，已经构成了犯罪，必要时应向公安机关报案。

七、银行可以对国内信用证业务进行创新，嵌入其他业务

国内信用证业务可以与同业代付、保理、产业链贷款等多项业务结合，相互交融。银行可以将这些业务结合在一起来做，发挥各自的优势，更好地为客户提供服务，同时取得较好的收益。

参考文献

［1］朱金玉．对国内征信管理办法的期待［J］．中国外汇，2014（08）．

［2］肖又贤．论我国国内信用证结算法律制度的构建［J］．当代法学，2003（11）．

［3］孙民生．国内信用证——一种全新的支付结算工具［J］．河南金融管理干部

学院学报，1999（02）.

    ［4］罗鹉君．国内贸易中的信用证结算利弊分析［J］．广东金融，1996（06）.

    ［5］向雅萍．我国信用证欺诈的民事救济制度评析［J］．黑龙江对外经贸，2007（11）.

第十五章　银行承兑汇票业务法律风险防范

第一节　银行承兑汇票业务概述

一、银行承兑汇票的概念

银行承兑汇票是指由出票人签发的，委托付款人（即银行）在指定日期无条件支付确定的金额给收款人或持票人的票据，属于商业汇票的一种，其与商业承兑汇票的主要区别是承兑人（付款人）不同，银行承兑汇票由银行承兑，比商业承兑汇票具有更大的优势，其实质是用银行信用替代商业信用，所以其流通性较强，可以及时贴现。在现有的金融市场和监管体系下，银行承兑汇票是一种重要的结算工具。它以银行信用做保障极大地降低了出售一方的风险，而且允许贴现，使其附着了融资功能。

二、银行承兑汇票的优势与作用

近年来银行承兑汇票规模不断膨胀的现象，被外界称为"票据高烧"，出现这一现象的原因可以从银行承兑汇票的性质、宏观经济政策及银行客观经营现状等几个方面进行分析。

（一）银行承兑汇票作为一种融资手段，相较于银行流动资金贷款具有更大的优势

首先，其手续简便、审核时间短，采取银行承兑汇票贴现融资不需要担保，对于中小型企业短期贷款来说是一种可行的融资途径。

其次，采用银行承兑汇票可以降低融资成本，申请银行承兑汇票的企业只需要向银行交纳万分之五的手续费。银行承兑汇票的贴现利率远远低于银行贷款利率，并且采用银行承兑汇票贴现获取的资金可以少缴纳一部分利息，经过测算，与申请同等额度的贷款相比，可减少利息支出30%以上。[①]

这些优势都促使银行承兑汇票的融资功能被放大，出现了短期贷款"票据化"的现象。

（二）在受到资本约束和规模约束的情况下，银行开展传统贷款业务受到限制，不得不转向开展银行承兑汇票这样的中间业务

从宏观经济政策层面分析，当前稳健货币政策使很多企业贷款融资的难度进一步加大，而银行承兑汇票缓解了企业资金紧张的状况，为企业正常的商品流通提供了保证，

---

① 邵敏．运用银行承兑汇票实现企业短期融资．时代金融，2012（8）．

另外流动性过剩带来了银行资金的投放压力，银行承兑汇票同时对金融机构增加存款、扩大信贷规模起到了重要作用，因而广受银企共同青睐。[①]

（三）承兑汇票业务有利于银行信贷结构的优化和企业客户群的培养

从银行经营现状看，银行之间的竞争日趋激烈。存贷比等银行监管指标的压力，令银行不断追逐款的增加，分支机构争取存款的压力过大，导致企业将贷款作为保证金，申请银行承兑汇票，以扩大存贷规模。而且银行开办承兑汇票业务，可以借此优化信贷结构，提高资产质量，加快资金周转速度。通过对资信状况良好、内部会计制度健全的重点客户的基本存款结算户进行票据融资，将稳定一批重点客户群，建立起良好、互利、互动的银企协作关系，可促进企业存款的持续增长。[②]

三、我国银行承兑汇票业务的发展状况

1981 年，为了防止企业间因赊销、预付行为造成相互拖欠而影响资金的正常周转，上海在全国率先推出了银行承兑汇票业务。1999 年 9 月，中国人民银行调整票据业务政策，下发了《关于改进和完善再贴现业务管理的通知》，要求各商业银行重视商业汇票的推广使用，改善再贴现管理，建立区域性票据市场，极大地推动了票据市场和银行承兑汇票业务的发展。

统计数据显示，2013 年，企业累计签发商业汇票 20.3 万亿元，比 2013 年增长 13.3%；期末商业汇票未到期金额 9.0 万亿元，比 2012 年增长 8.3%。从行业结构看，企业签发的银行承兑汇票余额仍集中在制造业、批发和零售业。从企业结构看，由中小型企业签发的银行承兑汇票约占三分之二。票据承兑的持续稳定增长有效加大了对实体经济特别是对小微企业的融资支持。票据融资交易活跃，票据市场利率总体有所上升。

第二节　银行承兑汇票的交易流程

根据《中华人民共和国票据法》第三章的规定，银行承兑汇票的交易流程如图 15 - 1 所示。

一、交易双方签订交易合同

交易双方经过协商，签定商品交易合同，并在合同中注明采用银行承兑汇票进行结算。作为卖方，如果买方的商业信用不佳，或者对买方的信用状况不甚了解或信心不足，使用银行承兑汇票较为稳妥。因为银行承兑汇票由银行承兑，由银行信用作为保证，因而能保证及时地收回货款。

二、出票

银行承兑汇票由付款方签发，付款方为出票人。

---

① 杨学慧. 银行承兑汇票业务风险与防范对策. 金融与经济，2011（7）.
② 申屠忠. 银行承兑汇票业务风险防范. 金融与经济，2002（2）.

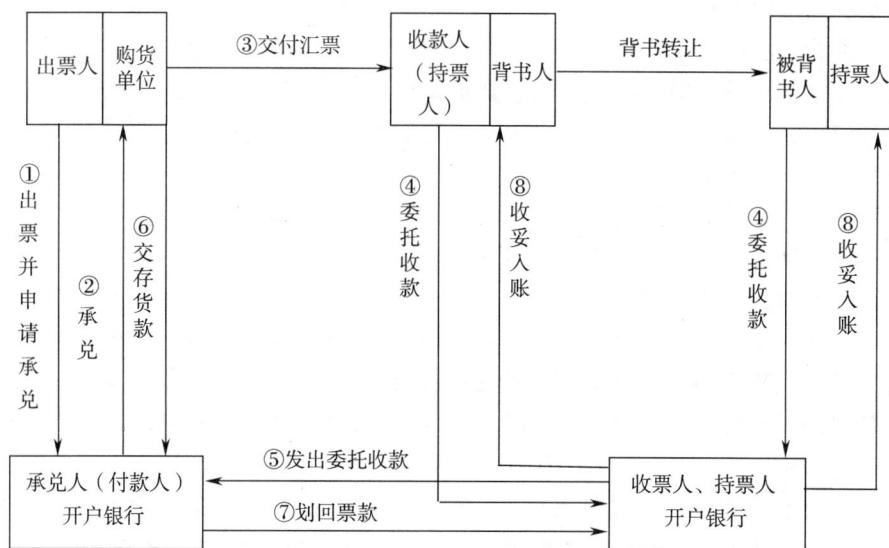

图 15 - 1　银行承兑汇票的交易流程图

（一）银行承兑汇票的出票人应具备的条件

1. 在承兑银行开立存款账户的法人以及其他组织。

2. 与承兑银行具有真实的委托付款关系。

3. 资信状况良好，具有支付汇票金额的可靠资金来源。

（二）出票时汇票必须记载的事项

出票时汇票必须记载下列事项：（1）表明"银行承兑汇票"的字样；（2）无条件支付的委托；（3）确定的金额；（4）付款人名称；（5）收款人名称；（6）出票日期；（7）出票人签章。欠缺记载上述规定事项之一的，银行承兑汇票无效。

三、银行承兑

承兑是指银行承诺在汇票到期日支付汇票金额的票据行为。

银行承兑汇票的出票人或持票人向银行提示承兑时，银行要对出票人的资格、资信、购销合同和汇票记载的内容进行认真审查，必要时可由出票人提供担保。符合规定和承兑条件的，与出票人签订承兑协议，出票人交付保证金。

银行承兑商业汇票，应当在汇票正面记载"承兑"字样和承兑日期并签章，见票后定期付款的汇票，应在承兑时记载付款日期。在实务中，银行承兑汇票的承兑文句（即"承兑"字样）已经印在汇票的正面，如"本汇票已经承兑到期无条件付款"、"本汇票已经承兑，到期日由本行付款"等，无须承兑人另行记载，承兑人只需在承兑人签章处签章并在承兑日期栏填明承兑日期即可。银行做出承兑时，不得附有条件。承兑附有条件的，视为拒绝承兑。

四、背书转让

根据《票据法》第二十七条规定，持票人可以将汇票权利转让给他人或者将一定的汇票权利授予他人行使。银行承兑汇票背书的主要特点是：背书是一种附属票据行为；是一种要式法律行为；是持票人所为的法律行为；背书的主要目的在于转让票据上的权利。在银行承兑汇票持票人背书转让汇票权利时，应当按照法律规定进行有关的记载，并且应该将汇票进行交付。由于银行承兑汇票可以通过背书的方式进行转让，所以汇票的流通性大大的增加了。

背书是银行承兑汇票流通的主要方法，为使用票据的人广泛使用，完全背书是银行承兑汇票常见的正规背书。在银行承兑汇票背面第一个"背书人签章"栏内，由票据正面收款人签章，并填写被背书人单位正确全称，进行背书转让。后手背书转让，依次签章进行。我国银行承兑汇票在背书上都印有格式，如果背书格式不能满足背书人的记载需要，可以加附黏单，黏附于票据凭证上，黏单处需加盖骑缝章。我国《票据法》第三十条规定，汇票以背书转让或者以背书将一定的汇票权利授予他人行使时，必须记载被背书人名称。

背书由背书人签章并记载背书日期，背书未记载日期的，视为在汇票到期日前背书。背书人书写禁止转让的，一般票据仍可背书转让，只是背书人对于禁止后再由背书取得银行承兑汇票的权利人不负责任。完全背书中不得附有条件。银行承兑汇票背书附有条件的，所附条件不具有汇票上的效力。背书上部分转让无效，将银行承兑汇票票面金额分别背书转让给两人或两人以上无效，将票面金额部分转让的也无效。

五、贴现

承兑汇票贴现是指银行承兑汇票的贴现申请人由于资金需要，将未到期的银行承兑汇票转让于银行，银行按票面金额扣除贴现利息后，将余额付给持票人的一种融资行为。贴现是银行的一项资产业务，汇票的支付人对银行负债，银行实际上是与付款人有一种间接贷款关系。

银行在贴现时，对票据真伪要具有辨别能力。随着犯罪分子利用高科技手段制假水平的提高，"克隆"汇票达到了以假乱真的地步，在缺少先进的检测仪器的情况下，仅凭肉眼观察鉴定票据的真实性，存在着很大的风险性。同时要核实出票行填写的出票日期、到期日、出票人全称以及背书转让与签章是否连续等因素。这些因素都可能影响汇票到期承兑结算，造成潜在风险。

六、提示付款

提示付款是指票据的持票人在票据的付款期限内向票据付款人提示票据，要求票据付款人偿付票据金额的行为。

银行承兑汇票的持票人应当自汇票到期日起十日内向付款人提示付款。持票人应当在提示付款期限内通过开户银行委托收款或直接向付款人提示付款。对异地委托收款的，持票人应匡算邮程，提前通过开户银行委托收款。持票人超过提示付款期限提示付款的，持票人的开户银行不予受理。通过委托收款银行或者通过票据交换系统向付款人提示付款的，视同持票人提示付款，其提示付款日期以持票人向开户银行提交票据日为准。银行承兑汇票的持票人超过规定的提示付款期限提示付款的，丧失对其前手的追索权。持票人未按照上述规定期限提示付款的，在做出说明后，仍可以向承兑人请求付款，承兑人或者付款人仍应当继续对持票人承担付款责任。

七、付款

付款是指票据付款人在持票人提示付款时按票据上的记载事项向持票人支付票据金额的行为。付款是支付票据金额的行为，并且只以支付票据上记载的金额为限，如果是给付实物或者其他有价证券，都不构成票据的付款；付款是消灭票据关系的行为，票据一经付款，票据关系得以消灭，票据上的一切债务人均解除其票据责任。

银行承兑汇票的付款期限，最长不得超过 6 个月。定日付款的汇票付款期限自出票日起计算，并在汇票上记载具体的到期日；出票后定期付款的汇票付款期限自出票日起按月计算，并在汇票上记载；见票后定期付款的汇票付款期限，自承兑或绝拒承兑日起按月计算，并在汇票上记载。持票人依照《票据法》规定提示付款的，付款人应当在见票当日足额付款。

承兑银行的出票人于汇票到期日未能足额交存票款的，承兑银行除凭票向持票人无条件支付票款外，对出票人尚未支付的汇票金额按照每天万分之五计收利息。

持票人委托的收款银行的责任，限于按照汇票上记载事项将汇票金额转入持票人账户。付款人委托的付款银行的责任，限于按照汇票上记载事项从付款人账户支付汇票金额。持票人获得付款的，应当在汇票上签收，并将汇票交给付款人。持票人委托银行收款的，受委托的银行将代收的汇票金额转账收入持票人账户，视同签收。付款人依法足额付款后，全体汇票债务人的责任解除。

八、保证

银行承兑汇票的债务可以由保证人承担保证责任。保证人必须由出票债务人以外的其他人担当。保证人对合法取得银行承兑汇票的持票人所享有的银行承兑汇票权利，承担保证责任，但是，被保证人的债务因银行承兑汇票记载事项欠缺而无效的除外。被保证的银行承兑汇票，保证人应当与被保证人对持票人承担连带责任。银行承兑汇票到期后得不到付款的，持票人有权向保证人请求付款，保证人应当足额付款。

保证不得附有条件；附有条件的，所附条件不影响对银行承兑汇票的保证责任。保证人为两人以上的，保证人之间承担连带责任。保证人清偿银行承兑汇票债务后，可以行使持票人对被保证人及其前手的追索权。

九、追索

追索是指票据持票人在依照《票据法》的规定请求付款人承兑或者付款而被拒绝后向他的前手（出票人、背书人、保证人、承兑人以及其他票据债务人）要求偿还票据金额、利息和相关费用的行为。追索权的行使必须在《票据法》规定的期限内，并且只有在获得拒绝证明时才能行使。

持票人行使追索权时，应当提供被拒绝承兑或者被拒绝付款的有关证明。持票人不能出示拒绝证明、退票理由书或者未按照规定期限提供其他合法证明的，丧失对其前手的追索权。但是，承兑人或者付款人仍应当对持票人承担责任。

持票人应当自收到被拒绝付款的有关证明之日起3日内，将被拒绝事由书面通知其前手；其前手应当自收到通知之日起3日内书面通知其再前手。持票人也可以同时向各汇票债务人发出书面通知。未按照前款规定期限通知的，持票人仍可以行使追索权。因延期通知给其前手或者出票人造成损失的，由没有按照规定期限通知的汇票当事人，承担对该损失的赔偿责任，但是所赔偿的金额以汇票金额为限。在规定期限内将通知按照法定地址或者约定的地址邮寄的，视为已经发出通知。持票人可以不按照票据债务人的先后顺序，对其中任何一人、数人或者全体行使追索权。持票人对票据债务人中的一人或者数人已经进行追索的，对其他票据债务人仍可行使追索权，被追索人清偿债务后，与持票人享有同一权利。

行使追索权的追索人获得清偿时或行使再追索权的被追索人获得清偿时，应当交出票据和有关拒绝证明，并出具所收到利息和费用的收据。

第三节　与银行承兑汇票相关的法律、法规、规范性文件和司法解释

一、《中华人民共和国票据法》

《中华人民共和国票据法》第三章对汇票的出票、承兑、背书转让、贴现、付款、保证、追索等事项做出了规定，这些规定均适用于银行承兑汇票。

二、最高人民法院《关于审理票据纠纷案件若干问题的规定》

最高人民法院于2000年11月14日发布《关于审理票据纠纷案件若干问题的规定》（法释〔2000〕32号），对票据案件的受理和管辖、票据保全、举证责任、票据权利及抗辩、失票救济、票据效力、票据背书、票据证据、法律适用等做出了规定。

三、中国银监会办公厅《关于加强银行承兑汇票业务监管的通知》

中国银监会办公厅于2012年10月8日发布《关于加强银行承兑汇票业务监管的通知》（以下简称《通知》）（银监办发〔2012〕286号）。

（一）主要内容

1. 银行业金融机构要高度重视银行承兑汇票业务风险，认真落实有关监管要求。要加强客户授信调查，严格审查票据申请人资格、贸易背景真实性及背书流转过程合理性。要加强票据业务保证金、贴现资金划付和使用、查验和查询查复、重要空白凭证和业务印章等关键环节的管理。要完善业务流程，强化制度执行，切实防范票据业务风险。

2. 银行业金融机构要推动银行承兑汇票业务的审慎发展。要根据自身发展战略、客户结构、风险管理水平和内控能力，合理确定业务规模和发展速度。

3. 银行业金融机构要加强银行承兑汇票业务统一授信管理。要科学核定客户票据

业务授信规模，防止签发超过企业授信限额的票据，防范各种"倒票"违规行为。

4. 银行业金融机构要加强银行承兑汇票业务统一授权管理。原则上支行或一线经营单位仅负责票据承兑和直贴业务，转贴现、买入返售、卖出回购等业务由总行或经授权的分行专门部门负责办理。

5. 银行业金融机构要完善银行承兑汇票监测和查库制度，加强票据集中保管。已贴现票据、质押票据应作为重要会计凭证入库，由总行或经授权的分行专门部门集中保管，支行或一线经营单位不得自行保管。已贴现票据必须完成贴现企业向银行的背书；防止银行合法权利悬空。

6. 银行业金融机构要加强银行承兑汇票业务保证金统一管理。保证金账户原则上应开立在总行或经授权的分行；对于在票据承兑申请人开户行开立保证金账户的，应通过系统控制、定期对账等措施防范保证金挪用风险。

7. 银行业金融机构要加强银行承兑汇票业务交易资金账户统一管理。票据转贴现、买入返售、卖出回购资金应由票据转入行将资金划入票据转出行在中国人民银行开立的存款准备金账户，或票据转出行在本行开立的一般存款账户，不得转入票据转出行在他行开立的账户，防止随意开户和资金体外循环。应明确专门部门负责交易资金账户的监测和管理。

8. 银行业金融机构要加强银行承兑汇票查询查复管理。票据承兑行要按有关部门规定，在电子商业汇票系统进行及时登记，以便他行查询；要完善查询台账制度，如遇法院冻结止付等影响票据权利的事件发生，应在收到法院通知两个工作日内依托中国人民银行大额支付系统或其他适当方式通知票据查询行。票据查询行如已将票据转出，应通过适当方式通知交易对手，确保持票行及时主张合法权利。法律法规另有规定的除外。

（二）对《通知》的评析

银行承兑汇票业务虽然已经经过近几年的快速发展，但业务水平层次不齐，银监会正是在这一背景下发布了该《通知》。

《通知》要求银行业金融机构要加强银行承兑汇票业务统一授信管理。要科学核定客户票据业务授信规模，防止签发超过企业授信限额的票据，防范各种"倒票"违规行为。此外，票据"空转"、挪用保证金等，也将成为打击的重点。银行业金融机构要高度重视银行承兑汇票业务风险，认真落实有关监管要求。要加强客户授信调查，严格审查票据申请人资格、贸易背景真实性及背书流转过程合理性。要加强票据业务保证金、贴现资金划付和使用、查验和查询查复、重要空白凭证和业务印章等关键环节的管理。要完善业务流程，强化制度执行，切实防范票据业务风险。

四、中国银监会办公厅《关于银行承兑汇票业务案件风险提示的通知》

中国银监会办公厅于 2010 年 1 月 21 日发布《关于银行承兑汇票业务案件风险提示的通知》（银监办发〔2011〕206 号），主要内容如下：

1. 加强对承兑申请人和贴现申请人的资信调查，实现风险关口前移。银行业金融机构要坚决按照"了解你的客户"、"了解你客户的业务"的原则，加强客户授信调查工作，严格审核票据申请人资格、贸易背景的真实性及背书流转过程合理性，严防持票人恶意串通套取银行信用。

2. 加强对保证金来源真实性、合规性的审核和管理，不得降低业务标准。办理业务过程中，必须确保承兑保证金比例适当且及时足额到位，不得以贷款或贴现资金缴存保证金，不得挪用或提前支取保证金，不得将保证金账户与其他账户串用；保证金未覆盖部分所要求的抵押、质押或第三方保证必须严格落实。

3. 加强对贴现资金划付和使用情况的管理。银行业金融机构要加强贴现资金使用情况的追踪检查，对与企业经营范围或合同约定不符合的资金流转行为要采取严格的控制措施，严禁贴现资金直接转回出票人账户；杜绝随身携带票据和印章，凭传真和电话指挥划款，事后补办贴现资料和划款凭证的情况，严禁机构异地办理票据业务。

4. 加强票据审验和查询查复环节管理。银行业金融机构要确保票据审验人员的上岗资格和专业能力，严禁以票据查询代替审验，避免出现单人验票情况；规范查询方式和程序，对大额银行承兑汇票必须坚持双人实地查询。

5. 加强重要空白凭证和业务印章管理。银行业金融机构要加强对重要空白凭证和业务印章的管理，严格执行出入库、领用、登记、交接、作废和销毁制度，坚持印、押、证分管原则，禁止出现"一人多岗"、"审贴不分"的情况，尤其要防范内外勾结、伪造和变造票据、"假作废，真盗用"、"大头小尾"等重大风险。

五、中国银监会办公厅《关于进一步防范伪造或变造银行承兑汇票诈骗犯罪风险提示的通知》

中国银监会办公厅于2010年1月21日发布《关于进一步防范伪造或变造银行承兑汇票诈骗犯罪风险提示的通知》（银监办发〔2010〕22号），主要内容如下：

1. 高度重视信贷高增长形势下的票据风险。银行业金融机构要提高警惕，切实增强防范意识。要充分认识到票据贴现和票据质押贷款业务"低信用风险、高操作风险"的特性，针对伪造或变造票据案件的特点，开展全面风险排查，采取切实可行的整改措施，有效防范和消除各类风险隐患。

2. 加强客户资信调查，审慎开展票据业务。要坚持"了解你的客户"、"了解你客户的业务"和"了解你客户的风险"的原则，严格把好客户准入关，认真核查客户的资信状况。尤其是对以票据为质押办理的授信业务，要进行更为严格的审查，不能简化程序，不放过任何风险环节。

3. 严格执行票据查询查复制度。要认真执行《中国人民银行关于完善票据业务制度有关问题的通知》（银发〔2005〕235号）等规定的相关查询查复制度，在进行票据查询时，要把"有无他查"作为必查项。对查复方回复"有他行查询"及审核过程中发现疑点的票据要采用实地查询、传真查询等多种方式进一步核查。对票据金额在一定数量以上的（具体由各行根据自身情况确定），必须前往票据签发行进行实地查询。

4. 完善内控制度，堵塞管理漏洞。银行业金融机构要全面强化票据业务的基础管理工作，在认真查找各个业务办理环节潜在风险的基础上，全面梳理票据贴现、票据质押贷款业务流程，完善相关制度规定。对业务办理的检查监督工作要落实到位，明确票据真伪鉴定的责任人，严格责任追究。

第四节　银行承兑汇票案例

一、河北胜达永强新型建材有限公司与中信银行股份有限公司天津分行、河北宝硕股份有限公司银行承兑汇票协议纠纷案①

（一）本案的当事人

原告（二审被上诉人）：中信银行股份有限公司天津分行

被告（二审上诉人）：河北胜达永强新型建材有限公司

被告（二审被上诉人）：河北宝硕股份有限公司

（二）管辖法院

一审法院：天津市高级人民法院

二审法院：最高人民法院

（三）案情

2005 年 10 月 27 日，中信银行与胜达永强公司、宝硕公司三方签订《保兑仓业务合作协议书》约定：中信银行与胜达永强公司签订编号为（2005）银承字第 HC0418 号《银行承兑汇票承兑协议》。根据承兑协议的约定，中信银行在收取了宝硕公司 30% 计人民币 914.4 万元保证金后，即对 01053183 - 86 号金额为人民币 3048 万元的银行承兑汇票予以承兑，票据期限为 2005 年 10 月 27 日至 2006 年 4 月 27 日，逾期按 6.786% 计收罚息。根据合作协议第三条及第六条第三款之约定，宝硕公司为上述承兑协议提供连带的、不可撤销的、无条件的保证责任。票据到期后，胜达永强公司未按照承兑协议的约定向中信银行支付剩余 70% 的票款计人民币 2133.6 万元，宝硕公司亦未履行合作协议约定的连带保证付款责任，形成本金为人民币 2133.6 万元的逾期贷款。前述逾期贷款中信银行在扣收保证金利息后尚余本金人民币 21252199.69 元。中信银行于 2006 年 6 月 18 日向天津市高级人民法院提起诉讼，请求判令胜达永强公司偿还本金人民币 21252199.69 元，及至实际给付之日止的相应罚息，宝硕公司承担连带保证责任，本案诉讼费、保全费、律师费及其他费用由胜达永强公司和宝硕公司承担。

另外，本案二审期间，宝硕公司所在地法院宣告该公司破产。

（四）法院的意见

天津市高级人民法院认为：涉案之合作协议、承兑协议均系当事人的真实意思表示，且不违反法律的相关规定，依法应认定有效。中信银行依约履行出票放款义务，但票据到期后，胜达永强公司未履行还款义务，宝硕公司也未履行相应的保证责任，属于违约行为，应承担违约责任。胜达永强公司向该院提交的宝硕公司向其出具的《承诺》、《关于以"保兑仓"形式融资的承诺》虽然约定因融资产生的一切法律责任由宝

---

① 河北胜达永强新型建材有限公司与中信银行股份有限公司天津分行、河北宝硕股份有限公司银行承兑汇票协议纠纷案. http://www.110.com/panli/panli_92621html. 2014 - 08 - 11.

硕公司承担，但胜达永强公司与宝硕公司双方当事人之间的约定，不产生对外的效力，胜达永强公司不能以此主张免除其对中信银行的还款责任。综上，该院依照《中华人民共和国民事诉讼法》第一百三十条；《中华人民共和国民法通则》第一百零八条、第一百一十一条；《中华人民共和国担保法》第十八条之规定，缺席判决：一、胜达永强公司于判决生效 10 日内偿还所欠中信银行 01053183－86 号银行承兑汇票项下形成的逾期贷款本金计人民币 21252199.69 元及该款自票据到期日至判决给付之日止的罚息（按合同约定执行），逾期按《中华人民共和国民事诉讼法》第二百三十二条的规定执行。二、宝硕公司对上述给付事项承担连带保证责任。

最高人民法院判决驳回上诉，维持原判。

（五）对本案的评析

中信银行在收取了 30% 的保证金后，对汇票做出承兑，敞口部分存在风险。为了化解风险，中信银行要求胜达永强公司提供担保。在此情况下，宝硕公司作为保证人对汇票的敞口部分提供了担保。但是，在本案二审期间，宝硕公司被法院宣告破产，所以宝硕公司的担保已经没有多大意义。由此可以看出，对保证人资信状况的审查是非常重要的。

银行在做承兑汇票业务时，对敞口部分如果找不到切实有效的担保措施，该笔业务就应放弃。

二、交通银行中山支行诉中国成套设备出口公司武汉分公司经营处、中国人民建设银行海口市分行等银行承兑汇票纠纷再审案[①]

（一）本案的当事人

申诉人（原审被告）：中国成套设备出口公司武汉分公司经营处

申诉人（原审被告）：中国人民建设银行海口市分行

被申诉人（原审原告）：交通银行中山支行

原审第三人：海南万达工贸公司

原审第三人：原中南航空企业集团

（二）管辖法院

原审法院：广东省中山市中级人民法院

再审法院：最高人民法院

（三）原审法院的判决

中山市中级人民法院认定：根据中山市石油化工钢管厂（以下简称钢管厂）的申请，中山交行于 1990 年 2 月 19 日开出了 9 张编号为 0000207—0000215，总面额人民币 8000 万元，承兑期为 9 个月的银行承兑汇票。其中以原中南航空为收款人的银行承兑汇票的面额合计为 3000 万元；以经营处和中国成套设备出口公司武汉分公司业务处（以下简称业务处，与经营处是一套班子，两块牌子）为收款人的银行承兑汇票的面额

---

① 交通银行中山支行诉中国成套设备出口公司武汉分公司经营处、中国人民建设银行海口市分行等银行承兑汇票纠纷再审．http：//china. findlaw. cn/info/case/sjal/364235html. 2014－09－12.

各合计为 2500 万元。原中南航空取得 3 张面额各为 1000 万元的银行承兑汇票后，持其中的一张办理了贴现，其余两张背书转让给万达公司，该公司于 1990 年 7 月 22 日持上述两张银行承兑汇票到海口建行贴现。业务处所持有的 3 张面额合计为 2500 万元的银行承兑汇票已退给中山交行。原判认为：深圳实得利石业有限公司（以下简称深实公司）和原中南航空以帮助银行和企业从外地拆借资金为诱饵，通过签订经济合同骗取银行承兑汇票，已构成欺诈行为。原中南航空将其欺诈得来的号码为 0000201，面额为 1000 万元的汇票到中国银行汉口分行（以下简称汉口中行）贴现，所得票款及其非法占用该款期间的银行利息，应返还给中山交行。海口建行在受原中南航空欺骗后，强迫原中南航空违反规定将 2000 万元的银行承兑汇票背书转让给万达公司，万达公司又将 2000 万元的银行承兑汇票贴现，因而海口建行占有该汇票没有合法依据。海口建行明知汇票是原中南航空欺诈得来的，该汇票是没有合法商品交易为基础的，但仍违反法律及有关规定办理贴现，其贴现行为是违法的，不应受到国家法律的保护。海口建行应将其非法占有的汇票退还给中山交行。经营处是根据其与深实公司所签订的联营协议而成为银行承兑汇票收款人的，由于联营协议无效，经营处依据无效合同所取得的汇票应予返还。另外，经营处在收取了深实公司提供的 2500 万元银行承兑汇票后，没有付出相应对价，且在明知汇票是深实公司通过欺诈手段得来的情况下，仍拒绝将汇票退回给中山交行，属于恶意占有。该院判决：一、确认被告经营处和被告海口建行非法持有原告中山交行签发的银行承兑汇票的行为，为无效的民事行为。二、原告中山交行于 1990 年 2 月 19 日签发以被告经营处为收款人，号码为 0000208、0000214、0000215 的三张银行承兑汇票项下的汇款 2500 万元和以第三人原中南航空为收款人（目前汇票由海口建行所持有），号码为 0000209、0000211 的银行承兑汇票项下的汇款 2000 万元整，均不予承兑。被告经营处和海口建行应于本判决发生法律效力之日起五日内将自己所持有的上述承兑汇票全部退回原告中山交行。三、第三人原中南航空持原告签发的 0000201 号银行承兑汇票，到汉口中行办理贴现所得票款 1000 万元连同非法占用该款期间应付的银行利息（从 1990 年 11 月 19 日起至还清款项之日止，按未付金额的每日万分之五计付），须于本判决发生法律效力之日起十日内返还给原告。

（四）再审法院的判决

经营处和海口建行不服中山市中级人民法院的判决，向最高人民法院申诉。经营处称：其取得 2500 万元的银行承兑汇票是合法取得，善意占有，享有向票据承兑人追索票款的权利，中山交行的起诉不符合客观事实和法律依据。海口建行称：万达公司通过贴现，将 2000 万元银行承兑汇票转让给该行，该行是合法持票人，中山交行应予兑付票款。

最高人民法院认为：票据是要式证券，文义性、无因性是票据的重要特征。中山交行签发承兑的 9 张分别以经营处、业务处、原中南航空为收款人的总面额 8000 万元的银行承兑汇票，形式完备、要素齐全，是有效的汇票。中国人民银行颁发的《银行结算办法》虽然规定签发商业汇票必须以合法的商品交易为基础，但这并不是对汇票效力的规定。票据关系的存在并不以原因关系的成立和有效为前提，票据关系与其原因关系各自相对独立。中山交行以其签发承兑汇票无合法商品交易且属受骗为由主张汇票无效，缺乏法律根据。经营处是中山交行签发的 3 张银行承兑汇票的收款人，其收到该汇票后，为深实公司支付了 1854.823 万元，因此，应认定经营处取得 2500 万元承兑汇票已付出相应对价。经营处是 2500 万元承兑汇票的合法持有人，中山交行应予兑付票款。

综上，中山交行对其签发的形式完备、要素齐全的有效汇票，负有到期无条件兑付的义务。海口建行予以贴现的汇票背书连续；经营处作为 2500 万元银行承兑汇票的收款人已付出了相应对价，均为承兑汇票的合法持有人。原判决认定上述银行承兑汇票的收款人、背书人和被背书人非法持有银行承兑汇票，并判决持有人将所持的银行承兑汇票退回中山交行是错误的，应予撤销。据此，判决如下：一、撤销广东省中山市中级人民法院"中中法经字（1990）第 51 号"民事判决；二、驳回交通银行中山支行的诉讼请求。

（五）本案的争议焦点

1. 交通银行承兑的汇票是否因没有商品交易基础而被认定为无效票据？

2. 银行承兑汇票上约定了不得转让和贴现，该约定是否对签约人之外的票据关系人产生效力？

（六）对本案的评析

1. 最高人民法院审理后查明，交通银行所签发的 9 份银行承兑汇票形式完备、要素齐全，是有效的票据。

2. 签发或贴现商业汇票必须以合法的商品交易为基础，但这并不是对汇票效力的规定。合法的商品交易关系，被称为票据关系的原因关系。但是，票据是无因性的，票据关系的存在并不以原因关系的成立和有效为前提，票据关系与其原因关系各自相互独立。票据只要具备票据法上的条件，票据权利就成立，至于票据行为赖以发生的原因，在所不问。因此，根据《票据法》的相关规定，商业银行对其签发的形式完备、要素齐全的有效的银行承兑汇票负有到期无条件兑付的义务。凡在票据上签名的，不管什么原因，都应按照票据所载的文义负责。票据债务人不得以自己与出票人或持票人的前手之间存在的抗辩事由对抗持票人。

3. 关于承兑人与出票人约定的不得转让和贴现问题，根据合同相对性的原则，交通银行与出票人的约定只涉及双方当事人的权利义务，只能对双方当事人产生约束力，该约定对签约人之外的票据关系人不产生约束效力。

4. 根据《票据法》关于票据善意取得的规定，本案中持有票据的人均支付了对价，均为合法持有人，均有权向承兑人主张票据上的权利。

第五节　银行承兑汇票业务的法律风险防范

随着我国票据业务的迅速发展，承兑、贴现、转贴现规模成倍增加。有效改善了银行自身的资产负债结构，进一步增强了盈利能力，促进了经营流动性、安全性和效益性的统一。

银行承兑汇票作为一种票据业务对加速资金周转和商品流通，促进社会经济健康发展起到了积极的推动作用，受到银企双方的青睐。但是，随着银行承兑汇票的广泛应用，利用银行承兑汇票作案的案件越来越多，使有关各方蒙受了巨大的经济损失，影响了银行汇票业务的健康发展，成为商业银行新的风险表现形式。因此，如何有效防范票据风险，维护金融机构的正常经济秩序，已经成为亟待解决的问题。

一、银行承兑汇票业务存在的主要风险

虽然目前各商业银行都基本建立了票据业务的内部风险管理体系，完善了银行承兑汇票承兑、贴现及转贴现授权管理制度，进一步加强了对银行承兑汇票真伪及贸易背景真实性的审查，但在票据业务实际操作中，仍存在许多风险和问题。

（一）企业在办理承兑汇票业务中存在欺诈行为

由于票据业务的迅速发展，利用票据诈骗资金是当前金融业务中的一个较为突出的风险点，票据诈骗手段越来越隐蔽，方法也越来越多，若银行审查不严或操作不当，就会形成风险。主要表现在：一是伪造变造银行承兑汇票，一方面，利用高科技手段彻底伪造或利用银行承兑汇票具有付款期限较长、金额大和可反复多次转让等特点，先签发真的银行承兑汇票，再根据真的银行承兑汇票伪造内容完全相同的假银行承兑汇票即克隆票；另一方面，在数额较小的真银行承兑汇票上改动出票金额变造票据。二是票据调包，以"做生意"为幌子，用事先伪造好的假票据替换掉真票据。三是伪造商品交易合同、增值税发票，或关联企业之间签订没有真实贸易背景的商品交易合同，骗取银行承兑汇票，进行贴现，套取银行资金。

（二）银行承兑汇票作为融资工具，其操作风险越来越突出

由于银行间竞争日益激烈，各行为争揽业务而满足单个大型企业的资金需求，使某些企业过量办理承兑汇票，造成票据集中到期，导致银行垫付资金。具体表现为：一是银行在签发承兑汇票时放松了对申请人的资格审查，大量签发、承兑无真实贸易背景或不能确认贸易背景的银行承兑汇票，违规办理承兑业务；二是银行为了多办贴现业务，放松了贴现审查条件，疏于贴现资金流向监控，造成贴现资金用于不当用途，使银行信贷资金遭受一定的风险和损失；三是当天承兑、当天贴现，融资目的越来越明显，银行方面承担的风险也越来越大。

（三）商业银行对银行承兑汇票业务的管理存在薄弱环节，加大了银行承兑汇票的经营风险

个别商业银行受利益机制驱动，放松了内控管理，淡化了风险意识，在票据业务经营过程中，为企业滚动签发银行承兑汇票，为无效商品交易合同的企业签发银行承兑汇票，为超商品交易金额的企业签发银行承兑汇票，承兑汇票出票人和贴现申请人为非贸易合同的签订人，为贸易合同不真实或无贸易合同和增值税发票办理贴现，存在较大的风险；此外，由于银行审查制度执行不力，企业又通过贷款方式，利用信贷资金偿还到期的银行承兑汇票，使票据风险转移到信贷风险上。

（四）关联企业利用银行承兑汇票贴现，套取银行资金

经过近几年的检查发现，关联企业之间以虚拟交易合同和增值税发票申请签发和贴现银行承兑汇票较普遍，涉嫌套取银行资金，有的已形成风险。一是出票人签发银行承兑汇票当日或近几日，关联企业作为持票人向银行申请承兑汇票，贴现后，将资金转回

出票人;二是企业集团向下属企业签发银行承兑汇票,下属企业将银行承兑汇票贴现后,将资金转回企业集团;三是同一法人代表的企业之间签发银行承兑汇票,持票人在银行承兑汇票签发后办理贴现,将资金转给出票人。

(五)票据市场的盲目发展和非理性竞争加大了利率风险

票据业务由于其周转速度快,资金融通便利的特点,受到越来越多客户的欢迎,也成为各家商业银行竞争的业务领域,盲目发展和非理性竞争造成票据贴现利率非理性的变动,造成贴现利率低于转贴现利率的情况,甚至出现过个别低于再贴现利率的违规行为。不合理的利率水平不仅加大了商业银行利率风险,也使商业银行利润空间大为缩小。有的银行贴现业务量较大,但由于资金不足,难以筹到足够的低成本资金,为保持与重大客户良好的合作关系,在资金紧张时不惜以高利率拆借资金用于贴现业务,实际上已违背了商业银行的经营原则。

二、银行承兑汇票业务的法律风险防范

(一)针对银行承兑汇票存在的票据诈骗风险,应采取的防范措施

1. 尽快补充修订有关票据法律法规,完善对贴现、再贴现业务中有关银行承兑汇票规定,承认空白背书的法律效力,增加禁止汇票回头背书规定的有关法律法规,对恶意扰乱票据市场的行为制订具体制裁规定,同时制订详尽的有关银行承兑汇票业务的操作规程,加强内控约束。

2. 进一步提高银行承兑汇票的防伪、防诈科技含量,以机器鉴别票据真伪代替肉眼判断,使犯罪分子无可乘之机。配备各个商业银行的印模与票样,减少跨系统银行承兑汇票识别难度。同时要加快电子汇票业务的推广力度,从使用纸质票据逐步过渡到使用电子票据,从而最大程度杜绝"假票"和"克隆票"带来的危害。

3. 做好宣传培训,提高经办人员的业务素质。各金融机构要高度重视票据支付结算工作,通过多种方式,加强对会计人员的业务培训,使之掌握《票据法》、《支付结算办法》及有关业务知识,掌握结算票据的各防伪特征,提高防伪反诈意识,增强识别伪造、变造、复制票据的能力。对企业要做好宣传工作,有条件的可组织企业有关人员进行《票据法》、《支付结算办法》培训,以提高企业经办人员的业务素质。

(二)针对银行承兑汇票存在的承兑风险,应采取的防范措施

1. 银行要进一步建立和完善信贷资金风险控制机制,要将银行承兑汇票业务列入信贷资产负债比例管理和授信管理,从签发汇票的环节上控制承兑风险。严格控制承兑总量,防止过量承兑造成的承兑风险;建立银行承兑汇票信贷承办人负责制和审批制,承办人要认真审查承兑申请人的交易合同是否具有真实的商品交易关系;审查承兑申请人的资信情况,对符合条件可以办理银行承兑汇票的申请人,必须签订银行承兑协议书,明确双方的权利、义务和责任,并且还应该要求承兑申请人提供抵押担保,若该笔银行承兑汇票款项转为逾期,信贷承办人应承担相应的责任。同时建立监测每一个出票企业经营风险的预警系统,对企业的经营活动进行跟踪检查,建立、健全承兑汇票保证金制度,从而最大限度地规避金融风险。

2. 要建立严密、科学、规范的会计内部控制系统。银行承兑汇票属于重要票据,

在整个银行承兑汇票业务流程中，潜藏的内部风险主要有会计签发、信贷审查、临柜复审等环节。因此，银行内部控制管理就应当包括信贷内部控制管理、会计内部控制管理等各个环节。应加强会计部门独立的防范风险、检查监督能力，而会计部门不仅仅是起到银行会计核算作用。还应加强对银行空白承兑汇票的管理，逐步地用计算机签发汇票代替手工签发。同时，要加强会计检查辅导工作，将银行承兑汇票业务作为一项重点业务进行检查，及时堵塞漏洞，防止经济案件的发生。

3. 监管部门应进一步加强票据业务合规性管理，规范票据市场秩序，加大宣传和指导检查力度，强化对不规范办理票据业务的查处力度，对无法证实交易真实性的票据，一律不得办理贴现、再贴现，加强对票据承兑行和贴现行票据真实性情况的现场检查，建立对违规票据行为定期通报及处罚制度，切实维护商业票据的信誉和流通秩序，促进银行承兑汇票业务的健康发展。

（三）针对银行承兑汇票存在的贴现风险，应采取的防范措施

1. 把握票据的真实性。社会上不乏票据诈骗活动，如伪造票据、变造票据、"克隆"票据、"以假换真"调换票据和伪造增值税发票、交易合同、查询答复书等，以此骗取银行资金，因此，必须严格把握所贴现票据的真实性。

2. 把握票据的有效性。银行对所贴现的票据，应当在票据的各要素、各个票据行为尤其是背书的规范性、有效期限等多方面严格把握票据的有效性，避免资金损失和票据纠纷。

3. 把握承兑人的信用状况。用于贴现的商业汇票有两种，一是商业承兑的，一是银行承兑的。不仅要对前者把握承兑人的信用状况，后者也应当认真对待。当前票据市场上流通的绝大部分是银行承兑汇票，这是因为银行的信用比较可靠。但银行信用也是分等级的，有的信用等级较好，有的较差，对不同的银行所承兑的汇票进行贴现时，贴现银行同样应当认真评估，区别对待。具体做法可由该行总行（或委托专业公司）专门对全国各家银行的信用等级进行综合评估，将评估结果提供本行各分支机构在办理票据贴现时掌握，这样可以有效提高票据贴现的安全度和效率。

4. 把握操作的合规性。当前，国内商业银行普遍认为票据贴现业务风险较小，办理简便，成本低，收益快。较之贷款业务而言，银行更乐于以票据贴现方式融资给企业。而且通过银行间及企业的配合，以多次承兑、贴现、多次循环对开银行承兑汇票的方式，派生出数倍、数十倍的金额巨大的存款及票据业务，"创造"出大量的信用，这对于银行完成"业绩"意义重大。因此，票据贴现业务日益为银行所热衷，变通的做法也越来越多，由此带来了巨大的风险。防范票据贴现业务的操作风险是刻不容缓的。完善内控制度，严格按程序审批和办理贴现业务，杜绝"先贴现，再补议"的现象；杜绝自己承兑又自己贴现的行为；要求申请人提供交易合同和增值税发票，确保汇票的真实贸易背景；防止滚动承兑和贴现进行长期融资。

综上所述，银行通过重点加强对承兑和贴现两个过程的主要风险点的控制，将有效防范企业票据风险，在很大程度上避免票据纠纷和资金损失，保障和促进票据业务的长期发展具有重要意义。

参考文献

［1］王卫国，李化常．商业银行中间业务的法律风险及对策研究．中国政法大学出版社，2012（12）．

［2］邵敏．运用银行承兑汇票实现企业短期融资．时代金融，2012（8）．

［3］杨学慧．银行承兑汇票业务风险与防范对策．金融与经济，2011（7）．

［4］申屠忠．银行承兑汇票业务风险防范．金融与经济，2002（2）．

第十六章　银行资产管理计划法律风险防范

第一节　银行资产管理计划概述

一、银行资管计划的基本概念

银行资产管理计划，简称资管计划、资管业务。对于何为资管计划，目前可以找到以下解释：

1. 资产管理计划是指银行作为管理人发起设立，按照与客户约定的方式和投资范围等对客户委托的资金进行投资、运作、管理的特殊目的载体[①]。

2. 资产管理是特定金融机构对客户资产进行的管理活动，通常是指专业的金融机构凭借自身在技术、信息等方面的优势，作为受托投资管理人，以实现委托资产收益的最大化为目的，将委托人所委托的资产进行组合投资[②]。

3. 在欧美地区，"资产管理"是一个被广泛使用的词汇，广义上的资产管理是指投资人委托资产管理者对其资产进行管理和维护，以实现资产保值增值的过程，委托人要承担投资风险，管理人收取适当的佣金[③]。

4.《中国资产管理行业发展报告 2014》将资产管理者所管理资产的类型限定在金融资产，并结合我国实际情况，将资产管理定义为委托人以金融资产的保值增值为目的，委托资产管理者在依法合规的前提下，开展投资管理业务，并向资产管理者支付一定费用的活动，委托人的资金并不进入资产管理者自身的资产负债表[④]。

综合上述解释，本书认为银行资产管理计划是指银行作为管理人发起设立，吸收与投资风险承受能力相适应的投资者的投资，并与投资者约定投资范围和比例，接受投资者的委托以银行管理者的名义管理、运作、处分委托资产，以追求委托资产的保值增值为目的，赚取管理费佣金的业务。

同时，应明确的是，资产管理计划中的委托资产具有独立性。这在多家银行发行的资产管理计划说明书中都有所涉及，再次强调了在资产管理计划中委托资产独立于管理人和托管人的固有财产并单独管理、建账和核算的要求。

[①] 中国工商银行超高净值客户"多享优势"系列产品——理财管理计划 A、B、C 说明书中，中国建设银行"乾元—鑫满溢足"开放式净值型理财管理计划风险揭示书等多家银行的资产管理计划说明书中的解释。

[②] 林烨. 国内商业银行资产管理业务投资运作研究.

[③] 资产管理蓝皮书——中国资产管理行业发展报告 2014.

[④] 资产管理蓝皮书——中国资产管理行业发展报告 2014.

二、银行资产管理计划的产生和发展过程

最早在 18 世纪，瑞士就出现了金融机构资产管理业务的萌芽。工业革命后，经济格局的变化带来金融市场快速发展，瑞士金融机构开始向私人客户和企业客户提供财富、资产管理服务。[①]

第二次世界大战结束之后，美国的金融机构开拓了资产管理业务的新进程，并推动全世界范围的银行资产管理业务的快速发展，全球主要呈现出三个阶段的跨越式发展。第一阶段是二战后至 20 世纪 60 年代，包括美国银行在内的金融机构的理财服务品种比较单一，银行表外业务规模比较小，基本上处于起步初期。第二阶段是 20 世纪的七八十年代，美国经济进入滞涨阶段，银行客户对投资理财需求日益旺盛，并开始产生衍生产品交易，银行金融机构开始提供投资组合的理财产品，逐渐形成多元化的资产投资、运作方式，资产管理业务迅速兴起并成为现代银行的核心业务之一，理财产品开始融合传统存贷业务，向综合化方向发展。第三阶段是 20 世纪 90 年代至今，银行金融机构的资产管理业务开始跳跃式的迅速发展，各种投资工具、衍生产品、场外市场交易规模迅速扩张，理财产品的资金投向、投向组合、利润分配方式等关键要素几经创新。随着 1997 年美国《金融服务业现代化法案》的出台，资产管理业务逐渐为银行业务带来了巨大的好处：提高了银行风险管理能力，提高了银行的综合竞争力，通过多种综合性服务增加了客户的满意度和忠诚度；资产管理业务已经成为商业银行发展高端客户市场的战略性业务。[②]

而我国境内资产管理行业的起步相对国际而言稍晚一些。国务院于 1997 年颁布《证券投资基金管理暂行办法》，是我国资产管理行业的开端。截至 2013 年 6 月末，我国基金管理公司数量在迅速增长后达到 72 家，基金行业所管理的公募基金资产总规模为 30065.37 亿元，基金管理费收入 138.68 亿元左右[③]。2005 年中国工商银行旗下工银瑞信基金管理公司的正式成立，标志着国内商业银行开始涉足资产管理行业。2006 年成立的太平资产管理有限公司，表明保险专业资产管理业务发展起步，2006 年首只资金投向 QDII 理财产品的发售，说明我国资产管理行业开始向国际进军。

我国"大资管"时代来临的标志是中国证监会发布了《证券公司客户资产管理业务管理办法》、《证券公司集合资产管理业务实施细则》以及《证券公司定向资产管理业务实施细则》，证监会进一步放开了对证券公司运作资产管理业务的投资范围、运作模式的管制，使得证券公司的资产管理业务与信托公司的资产管理业务基本上一致。证监会还对基金管理公司的资产管理业务做出规定[④]，允许基金公司设立子公司以进行专项资产管理业务。证监会还发布《期货公司资产管理业务试点办法》，允许期货公司进入资产管理行业的大军。保监会也放宽对保险公司的管制，颁布《关于保险资产管理

---

① 林烨. 国内商业银行资产管理业务投资运作研究. 厦门大学硕士学位论文，2014.
② 此部分内容参考：林烨. 国内商业银行资产管理业务投资运作研究. 厦门大学硕士学位论文，2014.
③ 林烨. 国内商业银行资产管理业务投资运作研究. 厦门大学硕士学位论文，2014.
④ 《基金管理公司特定客户资产管理业务试点办法》、《证券投资基金管理公司子公司管理暂行规定》.

公司有关事项的通知》、《关于保险资产管理公司开展资产管理产品业务试点有关问题的通知》，允许保险公司开展具有资产管理性质的保险业务。这些都是监管制度的持续改革对资产管理业务发展所产生的制度红利。

随着银监会批准首批以大中型银行为主的多家银行获得理财资产管理业务试点资格，银行资管计划业务试点正式启动。2013年10月5日，工商银行发布首只银行资产管理计划，浦发银行紧随其后。现阶段，该项试点已经有扩大到城商行的趋势，部分发达地区的城商行已经开始申报试点方案。银行资管计划即将进入全面试点的阶段。

至此，资产管理行业正式进入全面竞争时代，证券、保险、银行、基金、信托之间的竞争壁垒被打破，在放松管制、加强监管的原则理念下，在减少限制、业务创新、混业经营的大资管时代背景下，资产管理业务的门槛在逐步降低，一个跨行业的资管时代已经来临。UBS旗下私人银行发布的《全球财富报告》预期，到2015年，中国的家庭财富总值将达到35万亿美元，超越日本成为全球第二高的国家[①]。目前包括银行理财、保险资产管理、信托、公募基金、券商资产管理以及PE等管理的资产有26万亿元人民币，接近4万亿美元，考虑到其中规模庞大的通道业务和机构（如社保基金、企业年金）持有资产，以及可能存在的重复统计问题。如银行理财投资信托计划分别在银行理财规模和信托规模中统计，实际规模还会低于上述数据[②]。由此可以看出我国现阶段资产管理业务有着巨大的发展空间和市场潜力。

三、资产管理计划的资金投向

银行资产管理计划募集资金可以投资于货币市场工具，银行间市场和证券交易所流通的债券、资产支持证券等有价证券，非股票型证券投资基金，理财直接融资工具以及银监会认可的其他标准化金融投资工具。

在资金投向上，一方面要求银行的资产管理计划只能投向标准化的金融投资工具，这在投资风险上相对可控，同时存在自由交易的公平市场，存在市场公允价值，可以为资产管理计划资金净值的评估提供便利的条件。另一方面，在资金投向上，银监会同时推出理财直接融资工具，允许银行资产管理计划投资于债权直接融资项目，并且只允许银行资产管理计划投资于债权直接融资项目。通过运用直接融资工具，银行可以像债权投资计划的受托人一样，通过资产管理计划发行债权融资"受益凭证"，向资产管理计划的投资者募集资金，然后投向融资企业。

银行理财直接融资工具，由商业银行作为发起管理人设立，直接以单一企业的债权融资为资金投向，登记托管结算机构统一托管，采用注册登记制度，由合格的投资者也就是银行资产管理计划进行投资、双边报价和转让，并公开信息披露的标准化投资工具。银行理财管理计划是理财直接融资工具唯一的合格投资者，理财直接融资工具的交易不能脱离银行理财管理计划独立进行。单个理财直接融资工具必须与单个企业的债权融资相对应，单家银行管理的所有理财管理计划持有任一理财直接融资工具的份额比例

---

① 冯庆. 新形势下的资管行业的格局与竞合. 观察思考, 2013（3）.
② 冯庆. 新形势下的资管行业的格局与竞合. 观察思考, 2013（3）.

不得超过该工具总份额的80%。债权直接融资工具处于资产端，解决基础资产如何从非标准化变成标准化；而银行资产管理计划则处于资金端，使银行理财风险隔离。

四、资产管理计划的现实作用

资产管理计划的试点工作有着极其重要的现实作用：

第一，资产管理计划有助于实现理财产品的标准化和透明化，真正实现风险可控，回归代客理财的本质属性。而投资者在拥有自由的申购、赎回权的情况下，将最终回归理财产品的风险承担者的角色。将资产与负债——对应，减少期限错配带来的风险。

第二，资产管理计划有助于银行去除通道化，突破刚性兑付。资产管理计划是银行自主发行的代客理财产品，不需要借助其他金融机构的通道业务，有助于监管机构的监管。它的出现将对债券市场带来促进作用——因透明化使得套利的空间越来越小，倒逼着企业去选择成本更低的债券产品，以去通道化[①]。同时打破刚性兑付给银行带来的压力。资产管理计划产品是工具创新，而不是市场创新[②]。

第三，资产管理计划是银行的中间业务。资产管理业务是表外业务，不会造成银行资产负债的变化。资产管理业务的所有收入均计入中间业务收入科目，这点与贷款的息差有本质区别。对于银行而言，可以将收益要求比较高的存款以及回报比较低的贷款通过理财的方式转出表外，有效调整负债结构及优化资产结构[③]。

第四，资产管理业务能将众多闲置资金集合起来，通过传统与创新业务模式的融合，引导投资、专家管理的同时有助于货币市场与资本市场的成熟发展。[④] 先进的国际商业银行除了提供产品咨询、产品选择、投资规划、如何合理避税、资产管理、遗产管理，还能提供个性化服务即按照客户的需求进行深层次的服务[⑤]。资产管理计划使得我国商业银行向财富管理型银行方向转变。

五、资产管理计划与现有的理财产品的区别

一直以来，银行通过发行理财产品来募集资金，然后通过信托、证券、基金公司等通道，实现对外投资，而资金大部分投向非标的债权，这就形成了大量的表外放贷，并构成了体系庞大、数额巨大的影子银行体系。这部分理财产品在监管上存在着质疑，同时在实际操作中也存在着诸多问题。资产管理计划与理财产品都属表外业务，都是代客理财，但二者有以下明显的区别：

（一）通道及其风险

现有理财产品主要是为规避银行在授信额度、存贷比等指标上的限制，通过借道于信托、证券、基金公司等设计的通道业务，可以实现表外放贷的目的，上述公司并不对这部分通道业务真正负责，产品的资金来源、资金投向都是由银行来决定的，上述机构

---

① 杨洋. 银行资管计划产品正式落地. 金融时报，2013－10.
② 杨洋. 银行资管计划产品正式落地. 金融时报，2013－10.
③ 杨军战. 泛资产管理时代的探索与展望——论金融机构资产管理. 金融视线，2013－06.
④ 杨军战. 泛资产管理时代的探索与展望——论金融机构资产管理. 金融视线，2013－06.
⑤ 吴妍. 浅谈商业银行资产管理的优化. 财经视点，2012－11.

甚至对于客户的尽职调查也只是走个过场。这样一来，银行就承担了理财产品的所有风险，一旦发生问题，银行就面临着较大的损失。理财业务只是银行另一种形式下的存款贷款业务。

而资产管理计划不存在上述问题，这是由银行自主发行、自主募集资金、自主选择投资对象的投资方式，风险是可控的。银行真正是代客理财，银行通过自身投资管理能力，赚取的是佣金和管理费，而市场风险是由投资者来承担的，双方的责任划分是清晰的。

（二）隐性担保和刚性兑付

理财产品存在隐性担保和刚性兑付的问题，银行在广大投资者眼中，信誉比较好，投资者把钱放在银行就认为可以保住本金同时还可收取固定利息，而银行利用资产池来实现滚动收益就不能将每一笔理财产品与每一笔投资相对应，投资出现的亏损就没办法对应到具体的理财产品上。这种现实就导致了银行对理财产品的收益存在着隐性担保，使得投资者投入理财产品的资金同银行存款一样享受着无风险的利息收入，这部分资金又有着比银行存款更高的利率水平，进一步导致银行存款的规模下降。而一旦出现亏损就导致银行刚性兑付责任的出现。

资产管理计划是真正的代客理财，只要银行在资产管理过程中尽到"善良管理人"的责任，对于资产的亏损，银行就不承担任何责任，就由投资者自行承担，对于资产的收益，银行也只有佣金管理费收入和约定条件下的超额分成收入。银行对资产管理计划的盈亏是不存在隐性担保的，也就不存在刚性兑付的问题。这样就渐渐融化了银行体系内越滚越大的雪球，也回归了银行代客理财的本质属性。

（三）预期收益率

银行理财产品的合同中通常列明预期收益率，而资产管理计划并没有预期收益率的说明，这也体现了一种理念上的变化。资产管理计划并不预测收益率，也不将收益率作为评价的标准。体现"盈亏由买者自负"的理念。银行理财管理计划采用类基金化管理，定期披露产品净值，投资者在每个开放日均可按照净值进行申购、赎回。

（四）资金投向

在资金投向方面，资产管理计划可以投资于债权直接融资项目，这与原来理财产品相比是一个进步，改变了原有理财产品以资产池为投资方向的弊端。银行可以真正做到每笔项目的盈亏由客户承担，银行只收取手续费。资产管理计划涉及的资产可以出表，变成了中间业务。

第二节 银行资管计划运作模式及其法律关系

一、资管计划的运作模式

在参考了典型的银行资产管理计划的合同说明书后，我们可以看出银行资管计划具有一般共性的运作模式。银行成立资产管理计划，作为独立于银行自身、投资者和其他第三方的独立资产并托管在银行，一般由有投资经验的超高净值客户认购，在固定日期可以赎回，具有较强的流动性。该独立资产在运行过程中由银行作为管理人，投资于由合同事先约定的投资项目，并运用银行管理人的专业理财技能，灵活运用该资产，以达到资产的保值增值，为投资者管理风险与收益，并收取管理费、托管费、服务费，有些银行还约定有超额业绩分成。银行需将资产管理计划在中央国债登记结算有限责任公司的全国银行业理财信息登记系统中登记，披露期限、净值、成立报告、管理报告、到期清算报告等信息。①

具体的操作流程如图 16 - 1 所示。

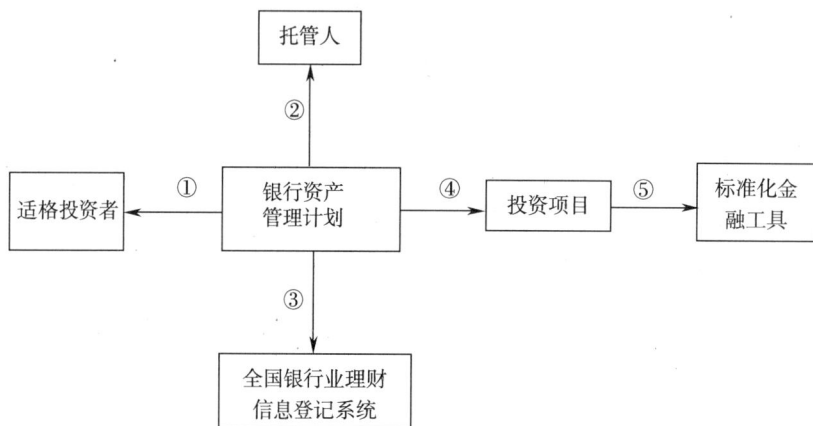

图 16 - 1　资金计划操作流程图

①投资者在规定时间内申购、赎回，与银行签订资产管理计划合同

②银行取得的委托资产托管在托管人处，签订资产托管合同

③资产管理计划在全国银行业理财信息登记系统中登记

④银行运用自身能力选择投资项目，并勤勉谨慎运作委托资产，保证投资项目组合同资产管理计划一一对应

⑤投资项目仅限于标准化金融工具，包括债权直接融资工具

二、资管计划中的法律关系

关于银行资管计划中投资者与银行之间的法律关系，学者有多种主张，有委托代理说、信托关系说、信托型委托理财与委托代理型委托理财相分离说、新型财产管理制度说大致四种主张②。总结起来主要有两种观点值得深入辨析，一种观点认为是委托代理关系，还有一种认为是信托法律关系。

笔者认为，银行资管计划的法律性质是类信托法律关系，更为准确地讲是一种接近自益信托的类信托关系，银行与投资者之间是类信托法律行为。

①　根据中国银监会办公厅"银监发〔2013〕265 号"文件的规定，还需要披露募集期登记、存续期登记、资产/负债信息登记、产品持仓信息登记、交易信息登记和发行机构估值登记等信息。

②　胡伟. 大资管时代金融理财监管的困境与出路〔J〕. 上海金融，2013（06）.

（一）银行资管计划符合信托法律关系的基本构成要件

信托，是指委托人基于对受托人的信任，将其财产权委托给受托人，由受托人按委托人的意愿以自己的名义，为受益人的利益或者特定目的，进行管理或者处分的行为①。在银行资管计划合同中，投资者正是由于信任银行的投资管理能力和良好的声誉，将自己的财产委托给银行。双方在合同中约定该部分资产的具体投资方向，由银行作为管理人，视市场发展情况并结合自身专业能力，做出投资、管理、处分等决策，这样的行为就是银行在行使管理人权利，以自己的名义运作该部分资产。银行投资、管理这部分资产要出于对投资者的利益考虑，为投资者的资产实现保值增值。

（二）信托法律关系可以为银行资产管理计划的运作提供充分的制度依据和保障

信托源起于英国，是为财产的传承而设立的比较特殊的制度安排，但随着现代社会的不断发展，信托制度的内涵与外延也在不断的扩展之中，现阶段的信托制度已经大大超越了财富传承的作用，而向资产的管理功能靠拢，这也正是由于信托的独特制度安排可以为资产管理提供有效的保障。信托制度具有三项比较特殊的制度，可以为资产管理业务所用：信托涵盖的破产隔离、所有权分离、信义义务等制度使其在现代财产管理中具有得天独厚的优势，因此信托模式在各类财产管理中获得了普遍认可。②

信托法律关系可以为受托财产的独立性提供充分的制度支持。受托财产具有独立性，是明确约定于银行资产管理计划合同书中的，这是来源于双方当事人的意思自治，而信托法律关系则由法律强制规定了受托财产与委托人、受托人、托管人的固有财产相分离，受托财产作为一项特殊目的载体而独立存在。尤其是与受托人的固有财产相区别这一点上，可以保证在受托人解散、破产等情况下，受托财产不属于清算财产范围，保证了受托财产的安全，使得受托财产可以一直不受影响地为委托人的利益而存在，以实现设立信托的目的。这也是破产隔离制度的意义所在。同时，对于受托人来讲，这也是一种保护措施。受托人在尽到"善良管理人"的职业标准的情况下，对受托财产的亏损并不承担责任，此种意义上的风险隔离对银行这种相对特殊的金融机构是十分有利的。银行作为受托人在进行受托管理时，受托资产的独立性也保证了自有资本金的纯粹与稳定，该项业务对自有资本金不产生任何影响。

信托法律关系可以为受托人提供更为宽松的管理权限。在信托法律关系中，受托人以自己的名义持有并管理受托财产，受托人享有高度的自主权与独立性，基本不受委托人的干预③。这种制度上的便利条件可以使受托人在最大程度上遵循自身的专业判断，最大限度地发挥银行在管理、运作资产中的专业能力。信托法律关系还可以为委托人即投资者，尤其是人数众多的中小普通投资者提供较为充足的制度保护。

（三）我国目前的信托法规规定是比较狭窄的，能够调整的范围也比较有限

我国的《信托法》、《信托投资公司管理办法》规定只有具有信托资格的经营主体才能经营信托业务，给予信托业专营权利，是基于分业经营、分业管理的理念，但这是

---

① 《信托法》第二条。
② 胡伟. 大资管时代金融理财监管的困境与出路. 现代经济探讨, 2013（6）.
③ 胡伟. 大资管时代金融理财监管的困境与出路. 现代经济探讨, 2013（6）.

不符合当前金融市场现状的。金融业内部混业经营模式不仅仅是一种趋势，而且在多个国家已经被证实是有效促进金融发展的基本原则。若是固守这种狭窄的法律规定，将使得一大批具有"类信托"性质的金融产品处于法律监管之外，不利于金融创新产品的发展。

随着时代的不断发展，信托的功能逐渐增加，其外表也出现了多种多样的变化，但是实质还是不变的，《信托法》、《信托投资公司管理办法》也应当跟随时代的变化，允许类信托的存在，解释这些在金融领域中出现的新变化，规范这些金融创新产品，为交易双方的制度诉求提供支持，为金融行业的发展保驾护航。

三、资管计划中当事人的权利义务

在明确了银行资管计划是类信托的基础上，也就明确了银行作为受托人、投资者作为委托人的法律地位，各当事人在银行资产管理合同中所享有的权利、应承担的义务如下：

（一）投资人（委托人）的权利义务

1. 委托人的权利。委托人有权取得根据委托资产投资管理运作所产生的收益，监督管理人与托管人履行投资管理和托管义务的情况；委托人有权了解受托财产的管理、运作、处分等情况，包括投资范围的比例、盈亏情况，以及受托资产当期收益率，查看、复制与信托财产相关的信托账目，定期取得相关报告；有权在约定的日期自由赎回投资；若受托人违背管理职责，不当处置受托资产，使得受托资产遭受了损失，委托人有权请求法院撤销受托人的不当处分行为，有权请求受托人赔偿损失。

2. 委托人的义务。委托人应当保证委托资产的来源合法正当，委托人具有处分权，不存在权属争议；真实、准确、全面地完成管理人关于投资目的、偏好、风险承受能力等相关情况的调查；遵守合同约定，将委托资产足额、及时交付托管人进行资产托管，由管理人进行投资管理；在管理人尽到"善良管理人"责任时，接受管理人的投资结果，自行承担投资风险；支付管理人的管理费、托管人的托管费以及其他约定费用。

（二）受托人（银行）的权利义务

1. 受托人的权利。银行有权要求委托人提供与其身份、财产与收入状况、证券投资经验、风险认知与承受能力和投资偏好等相关的信息和资料，对委托人的风险承受能力做出认定；有权对委托资产进行独立投资、管理、运作；有权收取合同约定的管理费、超额业绩分成等费用；发现客户委托资产涉嫌洗钱的，履行报告义务。

2. 受托人的义务。银行应当及时准确真实地提供委托资产的收益情况，为客户的查询操作提供便利；以诚实信用、勤勉尽责的原则管理和运用委托资产；办理资管计划的登记备案手续；配备足够的具有专业能力的人员进行投资分析、决策，以专业化的经营方式管理和运作委托资产；确保所管理的委托资产与自身固有资产相分离，对不同的委托资产分别管理、建账、核算；不得为管理人及任何第三人谋取利益，未经委托人同意不得委托第三人运作委托资产；保存委托资产相关管理活动中的全部资料，并妥善保存有关的合同、协议、交易记录及其他相关资料。

（三）托管人的权利义务

1. 托管人的权利。托管人有权对委托人的委托资产进行托管；有权取得合同约定的托管费；有权监督受托人的投资运作行为。

2. 托管人的义务。托管人应当妥善保管托管资产，不得擅自动用或处分托管资产，确保托管资产的完整与独立；设立专门的资产托管部门，具有符合要求的营业场所，配备足够的、合格的熟悉资产托管业务的专职人员，负责委托资产托管事宜；不得为托管人及任何第三人谋取利益，未经委托人同意不得委托第三人托管委托资产，不得从事任何有损委托资产及其他当事人利益的活动；根据管理人的投资指令，及时准确办理清算、交割等交收事宜；为委托人提供托管资产相关情况的查询服务。

第三节　与银行资产管理计划相关的法律、法规及规范性文件

银行资产管理计划目前仍处于试点阶段，中国银监会尚未发布相应的管理办法。与银行资产管理计划相关或类似的法律、法规有：

一、《信托法》、《信托投资公司管理办法》

银行资产管理业务从本质上来讲是一种代客理财服务，与信托业务相类似，《信托法》中关于信托的设立、信托财产的性质、受托人的忠实义务等方面的规定适用于银行资产管理计划。

二、《证券公司客户资产管理业务管理办法》、《证券公司集合资产管理业务实施细则》、《证券公司定向资产管理业务实施细则》

此三项规定均由中国证监会发布，是关于证券公司开展客户资产管理业务的相关规定。证券公司资产管理业务分为三类，其中与银行资产管理计划最为相似的是集合资产管理业务。此三项规定比较详细地规范了证券公司开展资产管理业务的具体操作流程、业务规范等方面。在目前缺少关于银行资产管理计划的相应规定的情况下，此三项规定虽然不能适用于银行资管计划，但是可以在业务中借鉴相关规定。

第四节　银行资产管理计划案例

一、中国建设银行"乾元—鑫满溢足"开放式净值型理财管理计划[①]

（一）参与主体

1. 理财管理计划管理人：中国建设银行股份有限公司

2. 理财管理计划托管人：中国建设银行北京市分行

---

① 中国建设银行"乾元—鑫满溢足"开放式净值型理财管理计划．http：//www.ccb.com/Info/75190895. 2014 - 10 - 12.

（二）理财管理计划要素

理财管理计划要素如表 16 - 1 所示：

表 16 - 1 理财管理计划要素

理财管理计划名称	中国建设银行"乾元—鑫满溢足"开放式净值型理财管理计划
理财管理计划编号	ZH072014001002Y01
全国银行业理财信息登记系统编号	C1010514005482
理财管理计划类型	非保本浮动收益型
目标客户	稳健型、进取型、积极进取型高净值客户以及机构客户（金融机构客户除外）
内部风险评级	☀☀☀（3 盏警示灯）
投资币种	人民币元
理财管理计划规模	规模上限为 50 亿份，规模下限为 3000 万份
理财管理计划期限	1096 天

（三）投资范围

本理财管理计划的投资范围为货币市场工具，银行间市场和证券交易所流通的债券、资产支持证券等有价证券，非股票型证券投资基金，理财直接融资工具以及银监会认可的其他标准化金融投资工具。

1. 货币市场工具类资产。包括现金、银行活期存款、银行定期存款等，投资比例为 5% ~100%。

2. 银行间市场和证券交易所流通的债券、资产支持证券类资产。包括在银行间市场和交易所市场交易国债、中央银行票据、政策性金融债、金融债、次级债、公司债、企业债、超级短期融资券、短期融资券、中期票据、非公开发行非金融企业债务融资工具、资产支持证券等，投资比例为 0 ~95%。

3. 非股票型证券投资基金。投资比例为 0 ~70%。

4. 理财直接融资工具。投资比例为 0 ~70%。

5. 银监会认可的其他标准化金融投资工具。投资比例为 0 ~50%。

在理财管理计划运作过程中，若资产投资范围或比例超出上述区间，理财管理计划管理人将及时进行调整；若资产投资比例连续 10 个工作日超出上述区间，理财管理计划管理人将于发生上述情形的第 10 个工作日进行公告。理财管理计划管理人有权对投资品种或投资比例进行调整，并至少于调整投资品种或投资比例之日前 2 个工作日进行公告。如客户不能接受，可根据实际情况按照本理财管理计划说明书约定的赎回规则赎回其理财管理计划。

（四）理财管理计划规模

1. 本理财管理计划规模上限：50 亿份。

2. 本理财管理计划规模下限：3000 万份。

若募集期届满，本理财管理计划认购总额低于规模下限，则中国建设银行有权利但无义务宣布本计划不成立。

3. 中国建设银行可根据市场和理财管理计划运行情况等调整本理财管理计划规模上、下限，并至少于调整规模上、下限之日前 2 个工作日进行公告。

（五）巨额赎回/暂停赎回

1. 若在同一理财管理计划开放期内（本理财管理计划开放日前 7 个自然日 9 点整至本理财管理计划开放日当日下午 15 点整）某一时点，理财管理计划管理人收到的净赎回申请份额累计超过前一个理财管理计划开放日日终理财管理计划总份额的 15% 时，认定为巨额赎回。

2. 若在同一理财管理计划开放期（本理财管理计划开放日前 7 个自然日 9 点整至本理财管理计划开放日当日下午 15 点整）内某一时点，客户已提交的所有赎回申请累计之和达到巨额赎回，中国建设银行有权拒绝客户新提交的赎回申请。

3. 发生巨额赎回时，若中国建设银行根据本理财管理计划当时运行状况认为，为兑付客户的赎回申请而进行的资产变现可能使所投资的资产价值发生较大波动时，则中国建设银行有权拒绝全部赎回申请或部分赎回申请。

4. 理财管理计划存续期内，在如下情况下，中国建设银行有权拒绝或暂停接受客户的赎回申请：

（1）因不可抗力导致理财计划管理人无法接受客户赎回申请。

（2）发生本理财管理计划说明书约定的暂停理财管理计划资产估值的情况。

（3）理财管理计划存续期内，如基础资产无法及时、足额变现，中国建设银行有权暂停接受客户赎回申请，并可以根据实际情况向已接受赎回申请的客户延迟兑付或分次兑付。

（4）理财管理计划连续两个开放日发生巨额赎回，中国建设银行可暂停接受客户的赎回申请。

（5）法律、法规或中国银监会认定的其他情形。

发生上述情形之一的，中国建设银行有权暂停接受赎回申请。客户在触发上述情形之前已提交的赎回申请，按照时间优先的原则进行处理，中国建设银行不保证客户提交的全部或部分赎回申请成交。

（六）收益分配

1. 理财管理计划管理人将视理财管理计划运作情况选择分红或不分红。

2. 若理财管理计划管理人确定分红，则由理财管理计划管理人拟定收益分配方案，并由理财管理计划托管人复核，在 2 个工作日内进行公告。理财管理计划收益分配方案中应载明截至收益分配基准日以及该日的可供分配利润、理财管理计划收益分配对象、分配时间、分配数额及比例、理财管理计划除息日等内容。

3. 本理财管理计划收益分配方式为现金分红，理财管理计划管理人将现金红利直接扣划至客户指定账户。

4. 收益分配原则

（1）理财管理计划收益分配后理财管理计划份额单位净值不低于 1.00 元。

（2）本理财管理计划每份理财管理计划份额享有同等分配权。

（3）法律法规或监管机构另有规定的从其规定。

（七）理财管理计划的终止

1. 理财管理计划正常到期。

2. 理财管理计划提前终止，中国建设银行提前终止本理财管理计划的情形包括但不限于：

（1）在理财管理计划存续期内，本理财管理计划规模低于3000万份，则中国建设银行有权利但无义务宣布提前终止本理财管理计划。

（2）因市场发生极端重大变动或突发性事件等情形时，中国建设银行有权利但无义务提前终止本理财管理计划；

（3）如遇国家金融政策出现重大调整并影响到本理财管理计划的正常运作时，中国建设银行有权利但无义务提前终止本理财管理计划。

3. 理财管理计划延期。理财管理计划到期前，中国建设银行有权利但无义务根据市场和产品运行情况等，决定是否延长理财管理计划期限。如中国建设银行决定延长理财管理计划期限，须至少于理财管理计划到期日之前20个工作日公告延长后的理财管理计划期限及到期日等信息。

（八）理财管理计划清算

1. 由理财管理计划管理人、理财管理计划托管人组成清算组，制定理财管理计划财产清算分配方案，负责理财管理计划财产的保管、清理、估价、变现和分配。

2. 理财管理计划财产清算的期限为理财管理计划终止后20个工作日。

3. 依据理财管理计划财产清算分配方案，将清算后的全部剩余资产扣除理财管理计划财产清算费用、交纳所欠税款并清偿理财管理计划债务后，按理财管理计划份额持有人持有的理财管理计划份额比例进行分配。

4. 理财管理计划财产清算账册及有关文件由理财管理计划托管人保存5年以上。

（九）信息披露

1. 信息披露方式。中国建设银行通过中国建设银行网站（www.ccb.com）向客户披露本理财管理计划相关信息。

2. 客户同意，对于通过上述网站公布的信息将及时浏览和阅读，并视为客户已获取该信息。如果客户未及时浏览和查询，或由于通讯故障、系统故障以及其他不可抗力等因素的影响使得客户无法及时了解理财管理计划信息，因此而产生的（包括但不限于因未及时获知信息而错过资金使用和再投资的机会等）全部责任和风险，由客户自行承担。

3. 中国建设银行为客户提供本理财管理计划相关账单信息。本理财管理计划存续期间，个人客户可凭本人身份证件和《中国建设银行股份有限公司理财产品客户协议书》在中国建设银行营业网点打印本理财管理计划相关账单信息；机构客户可凭交易账户对应的开户印鉴、有效机构证件和《中国建设银行股份有限公司理财产品客户协议书》在中国建设银行营业网点打印本理财管理计划相关账单信息。

二、中国工商银行超高净值客户"多享优势"系列产品——理财管理计划①

(一) 参与主体

1. 理财管理计划管理人：中国工商银行
2. 理财管理计划托管人：中国工商银行广东省营业部

(二) 理财管理计划要素

理财管理计划要素如表 16 - 2 所示。

表 16 - 2　　工商银行超高净值客户"多享优势"系列产品理财管理计划要素

名称	中国工商银行超高净值客户"多享优势"系列产品——理财管理计划 B 款说明书
	编号：ZHDY02
产品风险评级	PR3（本产品的风险评级仅是工商银行内部测评结果，仅供客户参考）
销售对象	个人超高净值客户
目标客户	经工商银行客户风险承受能力评估为平衡型、成长型、进取型的有投资经验的超高净值客户
投资计划类型	非保本浮动收益型
投资及收益币种	人民币
计划发行规模	75 亿元
产品期限	开放式产品，每月开放一次，存续期 3 年，可公告延期
预计成立日	2013 年 10 月 28 日
投资封闭期	2013 年 10 月 28 日至 2013 年 12 月 9 日
产品到期日	2016 年 10 月 27 日

(三) 投资范围

本期产品主要投资于以下符合监管要求的各类资产：一是债券、存款等高流动性资产，包括但不限于各类债券、存款、货币市场基金、债券基金、质押式回购、利率互换、国债期货等货币市场交易工具；二是理财直接融资工具等标准化债权投资工具；三是权益类资产，包括但不限于股票型证券投资基金、新股申购、可分离债申购、可转换债申购、定向增发、股指期货、融资融券等；四是其他监管机构认定的标准化资产或者资产组合。在市场出现新的金融投资工具后，按照国家相关政策法规，履行相关手续并向客户信息披露后可进行投资。

本产品投资的资产种类和比例如表 16 - 3 所示。

---

① 中国工商银行超高净值客户专属多享优势系列产品——理财管理计划 A 款说明书．http：//www.southmoney.com/yinhang/lccp/622695.html. 2014 - 10 - 21.

表 16 – 3 投资的资产种类和比例

资产类别	资产种类	
高流动性资产	债券、债券基金及国债期货	10% ~90%
	货币市场基金	
	同业存款	
	质押式和买断式债券回购	
债权类资产	理财直接融资工具	0 ~70%
权益类资产	新股及可分离债申购、可转换债申购、定向增发、股指期货、融资融券	0 ~10%
	股票型证券投资基金等	

如遇市场变化导致各类投资品投资比例暂时超出以上范围，工商银行将在 10 个工作日内调整至上述比例范围。

第五节　银行资产管理计划的法律风险防范

一、应当明确银行资产管理计划的法律性质，中国银监会应尽快出台规范性文件

针对银行资产管理计划业务的法律性质，上文已经论述，本节认为银行资产管理计划业务的法律性质是信托法律关系，银行资产管理计划完全符合信托法律关系的构成要件，包括主体要求、客体性质、内容规定。

将银行资产管理计划规定为信托法律关系，还符合信托关系的内涵，对银行资产管理计划的运作发展提供充足的法理支持，从理论基础上保障银行资产管理业务的有序发展。信托独特的制度安排使得其已经大大超越了最初设立时的财富传承的作用，而向资产管理的功能逐渐靠拢。银行资产管理计划以委托财产为中心，信托制度可以保证委托财产的独立性，保证其稳定性不受委托人破产、解散等事件的影响而始终保持独立运作。信托制度还可以在合同约定之上，以法律规定和法学理论的角度界定受托人的信义义务，这点在委托人出于对银行的高度信任而将资产委托给银行进行管理的情况下尤为重要，可以有效保障委托人的财产不受管理人随意滥用与侵害，还可以保护管理人的专业判断与正常商业运作不受委托人的无理纠缠。由上述论述可以得知，信托法律关系是最符合银行资产管理计划的法律定位的，也是最有利于银行资产管理计划的后续发展的。

在明确了银行资产管理计划的法律性质是信托法律关系后，我们就可以基于这一学理认定，具体规范银行、投资者之间的法律行为。在银行资产管理计划试点将近一年之际，试点工作已经开始向城商行扩展，并有大踏步发展的趋势。但是仍然没有具体的法律规范出台，这不得不说是一种遗憾。缺乏具体详细的法律规范将对银行资产管理业务的发展产生很多的阻碍，会使得许多在实践中产生的具体问题没有解决的标准与指导，

使得实践工作中出现困惑。

因此，建议相关监管部门尽快开始银行资产管理业务的法规调研工作，为法律法规的出台与完善准备第一手资料，为实践中的资产管理业务做出指导与规范。具体法规的草拟可以参考《证券公司客户资产管理业务管理办法》、《证券公司集合资产管理业务实施细则》、《信托投资公司管理办法》等法律法规。

总而言之，实践中业务的发展总是离不开法律法规的支持与规范，相关监管机构应尽早出台规范性文件，对具体业务工作进行指引。

二、充分论证商业银行法、信托法的限制性规定，从上位法角度给予支持

如前所述，有关银行资产管理计划业务的法律性质，委托代理说与信托关系说是目前两种主流观点，从理论研究角度，本书更倾向于信托法律关系学说。但是在我国现实情况中却有一些障碍需要解决，下面将重点论述商业银行法与信托法等法律法规中的限制性规定，旨在理顺法律与现实之间的关系，从上位法的角度给予银行资产管理计划以法律支持。

（一）关于《商业银行法》的规定

我国《商业银行法》第四十三条规定："商业银行在中华人民共和国境内不得从事投资和股票业务，不得投资于非自用不动产，商业银行在中华人民共和国境内不得向非银行金融机构和企业投资。国家另有规定的除外。"关于此条文中对商业银行在经营范围上的限制有两点需要说明：

第一，鉴于商业银行在整个金融体系中的重要地位，商业银行的经营范围及限制由法律明确规定，商业银行在吸收存款、发放贷款、办理结算的基本业务之外，还可以开展中间业务，须报经银监会批准。银行代客理财业务，就属于商业银行中间业务的一种，在银行业务中由来已久。而此次开展的银行资产管理计划试点工作，只是对这种中间业务的金融工具创新的尝试，并没有突破原有银行业业务范围的限定，可以在《商业银行法》第三条第十四项中找到法律依据。所以，在银行发展资产管理计划业务时并不存在《商业银行法》的限制障碍。

第二，"国家另有规定的除外。"这种除外条款的表述本身就为银行的综合化经营预留了通道，《商业银行法》新修订的意见建议中也多次提及了相关改革制度的表述。我们可以预见，在不久的将来，商业银行可以在金融业混业经营理念的发展趋势中，享受监管制度放松所产生的制度红利。

（二）关于《信托法》和《信托投资公司管理办法》的规定

我国金融业秉持"分业经营、分业监管"的理念，我国《信托法》第四条规定："受托人采取信托机构形式从事信托活动，其组织和管理由国务院制定具体办法。"《信托投资公司管理办法》第十二条规定："设立信托投资公司，必须经中国人民银行批准，并领取《信托机构法人许可证》。未经中国人民银行批准，任何单位和个人不得经营信托业务，任何经营单位不得在其名称中使用'信托投资'字样，但法律、法规另有规定的除外。"由此可见，我国信托法规定只有具有信托资格的经营主体才能经营信托业务，给予了信托业专营权利。但是需明确的是，银行资产管理计划业务是一种代客

理财业务，其法律实质是非常接近信托法律关系的，但并不是完全意义上的信托业务，只是从法学理论的角度上，将其作为信托法律关系予以分析，可以更加清晰地界定当事人之间的权利义务。从银行的角度来讲，银行并没有经营信托业务，并没有在其资产管理计划的文件中使用"信托投资"的字样。银行资产管理计划的出台只是银行在原有中间业务的基础上做出的工具创新尝试，以改善原有理财产品中的诸多弊端，并不是一种全新的具有突破性的业务模式，还应该属于银行在存贷款业务之外的中间业务范畴，并没有突破银行规定业务的界限。

这是从信托业务与类信托法律关系的角度做出的辨析。而在银行资产管理计划之外，金融行业中仍存在大量的具有"类信托"性质的金融产品，包括证券公司集合资产管理计划及期货公司、保险公司相继出台的资产管理计划等。不难看出，这类金融产品都具有"受人之托，代人理财"的业务实质，而这种业务实质就可以借鉴信托法律关系予以解释和规范，而并不必然需要取得《信托机构法人许可证》。

而反观我国信托法的法律规定，可以看出目前信托法只是规范了信托投资公司开展信托业务，能够调整的范围非常有限。但是"信托"已经绝不仅仅是作为信托公司专营的一种业务名称了。随着时代的发展，信托的内涵与外延都在不断地向外扩展着，信托从最初的财富传承向现阶段的财富管理转型，信托独特的制度安排理念还是没有改变的，使得不少金融创新产品都借鉴这种制度安排，具有了"类信托"的法律性质。若是再固守信托法狭窄的规范范围，将会使得一大批具有"类信托"性质的金融产品处于法律监管之外，已经没有多少实践意义了，并不利于金融创新产品的发展。信托法规也应当追随这种功能上的变化，发挥法律的功效，解释这些在金融领域中出现的新变化，规范这些金融创新产品，为交易双方的制度诉求提供支持，为金融行业的发展保驾护航。

三、关于准入标准

在开始银行资产管理业务前，需要确定银行开办该业务需要满足的资格条件，以及投资者在申请办理该业务时需要满足的投资资格，这就是关于银行资产管理计划业务准入制度的规定。

（一）银行的准入标准

目前我国仅处于试点工作期间，有关银行准入资格的认定是由银监会一一审核批准的，第一批批准试点银行包括工行、建行、交行、平安、民生、光大、中信、浦发、招商、兴业和渤海银行在内的十一家银行，近期试点工作开始向城商行扩展，也是由城商行申报材料，银监会审批通过的。这种逐一审批的方式在试点阶段是可以接受的，但是在后续发展阶段，就会产生准入标准模糊不清的弊端。缺乏标准化的准入制度会导致尚未取得资产管理业务资格的银行在申请时显得无所适从，也可能导致评判标准不一，银行间的公平受到损害。

另一方面，在银行准入标准中都要求银行配备专业的资产管理方面人才以及一些硬件软件方面的设施，其具体标准也需要确定。以法律法规的标准确认银行在资产管理方面的能力，可以使得投资者更放心，也有利于业务发展的稳定。

银行在申请批准开展资产管理计划业务前，需要具备内控制度、专业能力、风险评估体系、良好的信誉以及其他审慎性条件等。在证券公司资产管理业务与银行个人理财业务的规定中有着类似的相关规定可以供我们参考。

根据我国银行资产管理计划的试点情况，可以归纳出银行在开展资产管理计划业务时需要具备的审慎性条件：

第一，在机构设置和制度安排上，银行应设置独立的资产管理部门，具有完善的内部控制制度和合规管理制度，保证客户资产管理业务同银行的其他业务相分离。

第二，在人员要求上，有相当数量的具备开展资产管理相关业务工作经验和知识的从业人员，主要投资负责人不少于五人，从业经历三年以上并每年进行培训。同一高级管理人员不得同时分管资产管理业务和其他业务；同一人不得兼任上述两类业务的部门负责人。

第三，在风险控制上，银行应具有相应的风险管理体系，建立独立完整的账户、核算、报告、审计和档案管理制度。

第四，在银行声誉上，银行信誉良好，近两年内未发生损害客户利益的重大事件。

第五，其他审慎性条件，由中国银监会和相关监管机构规定。

（二）投资者的准入标准

就投资者而言，也同样具有准入标准不清晰的问题，主要是投资者的适当性标准。目前各家银行的投资者准入标准由银行自己掌握，并没有统一的标准。现阶段银行为保证资产管理计划的顺利开展，都显得比较谨慎，将投资者的风险承受能力设定为第三级，只接受高净值客户的投资，将大批中小普通投资者排除在外。这样的选择虽然可以理解，但是可以预见，将来肯定是会逐渐转变的，慢慢开始接纳众多中小投资者的投资需求。同时，随着资产管理计划的逐步推进，获得许可的银行逐渐增加，难免出现银行间白热化的竞争，这时投资者的准入标准肯定会有所下降。

投资者标准主要涉及的是投资者适当性的问题，在法律法规中的规定比较少，这部分内容主要是当事人双方意思自治的范畴，并受到业务的专业性、风险性等限制。由于银行资产管理计划没有相关法律法规出台，我们主要是参考了证券公司资产管理业务的规定以及银行理财产品的相关规定，以期从中发现相似点并能够对银行资产管理计划的法律监管做出借鉴。

《证券公司客户资产管理业务管理办法》第三条规定："证券公司从事客户资产管理业务，应当充分了解客户，对客户进行分类，遵循风险匹配原则，向客户推荐适当的产品或服务，禁止误导客户购买与其风险承受能力不相符合的产品或服务。"《证券公司资产管理业务实施细则》第二十一条规定："客户应当以真实身份参与集合计划，委托资金的来源、用途应当符合法律法规的规定，客户应当在集合资产管理合同中对此做出明确承诺。"《商业银行个人理财业务管理暂行办法》第四条规定："商业银行应按照符合客户利益和风险承受能力的原则，审慎尽责地开展个人理财业务。"《商业银行理财产品销售管理办法》第二十八条规定："商业银行应当在客户首次购买理财产品前在本行网点进行风险承受能力评估。风险承受能力评估依据至少应当包括客户年龄、财务状况、投资经验、投资目的、收益预期、风险偏好、流动性要求、风险认识以及风险损失承受程度等。商业银行对超过65岁（含）的客户进行风险承受能力评估时，应当充分考虑客户年龄、相关投资经验等因素。商业银行完成客户风险承受能力评估后应当将风险承受能力评估结果告知客户，由客户签名确认后留存。"

由上述监管文件参考来看，投资者标准中最主要的就是要求投资者的风险承受能力与资产管理计划的风险等级相适应。投资者需要在签订资产管理合同前，填写风险承受能力测试，使其真实准确地反映自身的风险承受能力，严格遵循风险匹配原则。风险承受能力评估依据至少应当包括客户年龄、财务状况、投资经验、投资目的、收益预期、风险偏好、流动性要求、风险认识以及风险损失承受程度等。目前，我国银行资产管理计划确定的投资者的风险等级为第三级，只有平衡型、成长型、进取型并具有投资经验的超高净值客户才能够投资该项业务。超高净值客户一般是指金融净资产达到600万元人民币及以上的商业银行客户。由此可以看出，现阶段银行发展该项业务还是比较保守、谨慎的。

但是，在后续发展中，银行可以根据资产管理计划的风险程度相应调整客户等级要求，在风险可控的情况下，尽量降低投资者标准，使得更多投资者可以分享业务创新的成果。在这项标准中不需要监管法律法规做出过多规定，只需要明确一些原则性的标准即可，投资者作为"理性经济人"，有能力做出对自己最有利的选择。在对客户进行风险承受能力分析时，应重点关注老年人客户、无投资经验的投资者等特殊群体。

其次，要求投资者对投资资金的合法性做出保证，委托资金的来源、用途等都应该符合法律法规的规定，不存在权属争议，不存在诸如洗钱等违法事件。

四、关于委托资产的独立性

银行资产管理计划中明确约定委托资产的独立性，独立于管理人的固有财产，独立开户、管理、核算。这是从信托业务的风险隔离制度借鉴而来的，在信托业务中，信托公司将委托资金托管于银行，由银行作为托管机构，保障资金的安全。在研究银行资产管理计划说明书时，笔者发现银行资产管理计划中也同样有托管人角色，其作用也是为了保障资金的安全与独立。但是业务开展银行一般就具有资金托管业务资格，所以在合同中一般都是直接将银行本身或某业务部作为托管人，这种做法是否符合法律规定，或者说是否恰当，需要进一步论证。在合同中规定委托资产的独立性，但是仍然将资产托管于自身的做法，从表面上来看似乎不能达到独立性的标准，是否需要将资产单独托管给具有托管资质的第三方银行？这些都是未来银行在发展资产管理计划中需要考虑的问题。

关于托管人资格的问题，笔者认为可以将委托资产托管给具有托管资质的银行内部托管事业部或某分行营业部，也可以托管给第三方银行。

有关这种制度安排的正当性论述如下：

第一，银行各事业部之间是相互独立的，具有相对的独立性。银行资产管理计划业务，是由银行资产管理部作为管理人发起，将委托资产托管至托管部，银行内部结构框架是比较清晰明确的，而并不能单纯认定是自己管理并自己托管，将管理与托管合二为一的情况。事业部之间的独立性可以从表面上满足委托资产的独立性要求。

第二，从实质独立性标准来看，这就需要银行内部完善防火墙制度，利用内控制度、岗位职责要求、不相容职务分离控制等多种手段，切断资产管理部与托管部的内部联系和私下接触，只保留正常业务流程中的正式接触。这种要求是比较难达成的，对制度设计上的要求就比较高，需要严格细化各事业部的职责范围，设计出切实可行的内部控制章程，需要银行管理层、各事业部、事业部内部每一个员工的理解与严格遵守，可能还需要银行管理层的监督与督导，监管部门监管责任也是相对比较重的。

我国《商业银行法》第二十二条中规定：商业银行分支机构不具有法人资格，在总行授权范围内依法开展业务，其民事责任由总行承担。无论是管理人未达到职责标准，造成客户资产损失，还是托管人未能有效监督，造成客户资金的安全受到损害，其民事责任都是由总行承担，而管理人与托管人在一个银行系统内部，导致银行需要承担的民事责任加重，这也可以督促银行规范开展业务，不要存在以损害客户合法利益为前提获得非法利益的侥幸。

五、资产管理计划中资产份额的质押或转让

银行资产管理计划中委托人所持有的一部分份额，是委托人的一项财产权利，是可以在由管理人设定的固定日期当天自由赎回的，除此之外的其他时间内是封闭运行的。基于这种交易制度安排，委托人可以如何利用该项财产权利？委托人是否可以为这项财产权利设定质押，以担保委托人对他人债务的履行？如果可以设定质押，那么质押程序如何实现？为简化资产的流转程序或其他合法目的，委托人是否可以直接将该财产权利转让给第三人？

投资者在银行资产管理计划的开放日内可以自由地申购和赎回其持有的份额，这就是银行资管计划具有开放性的特点所在，其申购赎回制度类似于开放式证券投资基金。那么投资者在银行资产管理计划的封闭期内将自己持有的份额转让给第三人，也就能够顺理成章了。投资者以其持有的份额抵偿债务或作价投资于第三人时，第三人希望仍持有该份额以增加收益；或投资者若赎回该持有份额将构成巨额赎回等特殊情况下，双方约定直接将该持有份额转让于第三方，这是可以顺利实现的，不存在任何法律障碍。在配有登记制度的银行资产管理计划中，应该及时变更登记信息。

投资者可以在该份额上设定质押权作为一种担保方式。在债务人不能向债权人偿还到期债务时，债权人可以将份额赎回或转让并享有处置得来的收入的优先受偿权。允许在银行资产管理计划份额上设立质押，是对资产的一种有效利用方式。由于投资者所持有的资产已经被分割为等额小份，且资产管理计划的资产净值会定期公布，每份份额的价值就比较好计算出来，也就可以确定以近似的数量来设立质押担保，而不需要在投资者的整体资产上设立质押，以满足投资者的流动性需求。

利用登记制度，可以在投资者持有的份额项下记载"质押"事项，可以有效防止投资者转让或再次质押。质押可以采用登记对抗主义，要求投资者在将项下资产份额质押后及时通知银行，并协助银行办理登记变更，投资者与债权人在签订质押合同时质押生效，但是在登记前，不可以对抗善意第三人。

六、信息披露的范围与内容

在天然信息不对称的交易市场中，对交易事项本身认识差距的存在，使金融消费者与金融服务者之间的利益冲突日趋激烈，严重的信息不对称带来的利益失衡使更多的焦点集中于金融服务者义务的履行——尤其是信息披露义务的强化与关注①。在银行资产管理计划中也同样存在着类似的问题。银行资产管理业务的设立、投资运作与终止后的结算工作都是银行以管理人的角色完成的，委托人参与较少，双方在信息获取与传递上存在着天然的不均衡的市场地位，双方实力上的差距加剧了信息分布的不对等性，产生了信息优势和信息劣势。

信息披露制度是有效保护消费者知情权的重要手段之一，在金融市场领域，消费者的知情权就显得更为重要，是投资者实现利益的最基本的制度保障。银行资产管理计划合同中约定了银行需要在规定时间内披露资产净值、收益率等信息，但是这些约定对于调节交易双方之间的信息不平等地位是远远不够的。法律法规中应明确信息披露的范围与必要内容，使得投资者可以获得真实、准确、及时的信息，有利于投资者的正确有效决策。

资管计划中的信息披露制度包含三部分内容：

首先，是银行开展资产管理业务前的披露制度，也就是事前的披露制度。这其中主要要求，银行应当向投资者如实披露其资产管理业务资质、管理能力和以往业绩等情况，并应当充分揭示市场风险、法律风险以及其他投资风险，强化银行的风险揭示义务。银行作为管理人应当充分了解并向投资者披露投资项目主体的诚信合规状况、基础资产的权属情况、有无担保安排及具体情况、投资目标的风险收益特征等相关重大事项。若资产管理计划募集的资金不足预期的最低限额，或者因为其他原因导致资产管理计划的设立、运行产生障碍，资产管理计划不能成立时，银行有义务在募集期结束后进行公告，披露不能成立的具体原因及后续解决措施等。

其次，是银行在开展资产管理计划业务过程中的披露制度，是事中的披露制度。目前阶段试点银行的做法是在每月的固定日期披露资产净值和收益率。同时也应当披露投资项目的范围、实际比例、盈亏情况等信息。

再次，是银行在终止某项资产管理计划时，需要进行清算，并将清算结果披露，以接受投资者的监督。

披露的途径多种多样，其中网络披露是一种较为方便快捷的途径，具有低成本及不受时间、空间限制的优点，在披露制度中占有越来越重要的地位。在专门的网站中发布披露信息，并保留一段时间，使得投资者可以自由浏览。

七、银行作为管理人的尽职标准

在银行资产管理计划中，银行承担着投资者对其专业能力和声誉信用的极大信任，投资者在自身知识技能和信息获取不足的劣势地位下，无法以自身力量对银行是否诚实

---

① 郭丹．金融消费者权利法律保护研究．吉林大学博士学位论文，2009.

地管理运作资产形成有效的制约和监督。因此，投资者的利益就完全处于银行管理者的掌握之中。

银行作为资产管理计划的管理人，接受投资者的委托，以受托人的身份行使管理运作的权利，受托人的尽职标准是判断受托人是否遵循投资者的委托的重要标准，是受托人取得管理收入的主要依据。

受托人的行为仅仅是诚实是不够的，在最敏感的细节上也必须正直，受托人的行为标准一直是维持在高于普通人之上的水平①。受托人作为积极的财产管理者，对委托财产有着极大的自主管理权，为防止受托人滥用其管理权利，对委托财产造成损失，需要设置各种具体的信义义务条款来规范受托人的行为。

我国信托法中明确了受托人在管理信托财产时应当尽到诚实信用谨慎和有效管理的义务②。这是关于受托人信义义务的总体论述，在起草银行资产管理计划的法律法规中也可以借鉴。先从指导思想的角度总体论述受托人信义义务的标准，为受托人的行为订立下总体的原则，也是为日后纠纷的解决提供一个总体的参考标准。然后是从正面列举的角度来具体规范受托人应该遵守的行为标准③。比如增加受托人竞业禁止的相关规定，要求受托人不得以委托资产为自己谋求私利，不得进行自我交易，不得开展与委托资产管理业务相竞争的业务。比如亲自管理的义务，在没有得到委托人同意的情况下，不得私自将委托业务转给第三方进行处理，这是因为委托人与受托人之间关系的建立就是建立在委托人对受托人的信任关系上，那么一旦转委托就将这种信任关系的链条打破了，这就违背了委托人的初衷。再如将委托资产分别管理分别记账，不与其他委托资产相混淆，与受托人固有的财产相分离等要求。这些要求主要是为了保护委托资产的独立性，也是为了保证受托人的谨慎义务的实现。还有业务的留痕、记录的定期报告与保存的制度设置，一方面是为了让银行管理人谨慎地管理委托财产，定期报告与资料保存可以给银行管理人施加一定的外在压力，以增加管理责任行使的透明化；另一方面也是对银行管理人的保护制度，业务运作的留痕与保存可以使得银行管理人在面临纠纷时拿出有利于自身的保护性证据，以证明管理运作的正当性与合理性。

除了以上的正面列举受托人行为的限制条件外，法律法规还可以从反面免除受托人的责任，这方面的内容主要是指由于管理人的知识、经验、技能等主观因素的限制而影响其专业判断，或者因为市场的正常波动，导致对银行资产管理计划的运作与管理产生了一定影响，使得委托资产受到了损失。这类情况的出现主要是由于管理人的自身管理能力以及市场风险的原因，是不能被避免的，在通常情况下也是可以免除管理人责任的。这也可以让投资者将风险与收益相匹配，自觉承担银行资产管理计划中的管理风险与市场风险。银行在与投资者签订资产管理计划合同时也可以以格式条款的方式约定，

---

① Trusts of land and Appointment of Trusts Act 1996s. p. 7，转引自：方慧玲. 论信托制度下受托人信义义务. 北京中南民族大学 2012 年硕士论文.

② 《信托法》第二十五条。

③ 《信托法》、《信托公司管理办法》、《信托公司集合资金信托计划管理办法》、《证券公司集合资产管理计划管理办法》等法律法规中都有规定，在制定银行资产管理计划的相关法律法规中可以予以借鉴。

免除银行的管理责任①。

信义义务在很大程度上可以弥补合同约定上的空白与模糊不清，法律法规在规定了信义义务的基本原理与基本条款后，可以在尊重当事人意思自治的前提下，承认以合同约定的形式做出更严格的信义义务的补充条款，以更为严格的限制受托人的职责。

参考文献

[1] 冯庆. 新形势下的资管行业的格局与竞合. 观察思考，2013（3）.

[2] 吴妍. 浅谈商业银行资产管理的优化. 财经视点，2012－11.

[3] 林烨. 国内商业银行资产管理业务投资运作研究. 厦门大学硕士学位论文，2014.

[4] 张方方，张艳. 我国商业银行混业经营状况分析. 财会月刊，2010：10月期.

[5] 李洁. 构建我国银行混业经营模式的法学思考. 贵州民族学院学报，2005（4）.

[6] 许多奇，萧凯. 我国商业银行混业经营之模式选择与法律建构. 华中科技大学学报，2003（3）.

[7] 冯聪. 中国国有商业银行的混业经营模式选择. 中共中央党校博士学问论文，2011.

[8] 刘小牛. 商业银行混业经营法律监管研究. 厦门大学硕士学位论文，2008.

[9] 张璨. 商业银行混业经营的利弊分析及我国商业银行经营的现状. 中国市场，2010（9）.

[10] 资产管理蓝皮书——中国资产管理行业发展报告 2014.

[11] 杨洋. 银行资管计划产品正式落地. 金融时报，2013－10.

[12] 杨军战. 泛资产管理时代的探索与展望——论金融机构资产管理. 金融视线，2013－6.

[13] 高民尚. 审理证券、期货、国债市场中委托理财案件中的若干法律问题. 人民司法，2006（6）.

[14] 刘少军. 信托业经营的法律定位与公平竞争. 河南省政法管理干部学院学报，2011（1）.

[15] 胡伟. 大资管时代金融理财监管的困境与出路. 现代经济探讨，2013（6）.

[16] 刘东亚. 论英国信托法受托人的信义义务. 河北科技大学学报，2004（6）.

[17] 郭丹. 金融消费者权利法律保护研究. 吉林大学博士学位论文，2009.

[18] Trusts of land and Appointment of Trusts Act 1996s. p. 7，转引自：方慧玲. 论信托制度下受托人信义义务. 北京中南民族大学 2012 年硕士论文.

---

① 例如在建设银行的资产管理计划合同中就明确约定，在资产管理运作过程中，由于计划管理人的知识、经验、判断、决策、技能等主观因素的限制而影响其对信息的占有以及对经济走势、证券价格走势的判断，可能对管理计划的运作及管理造成一定影响，并因此影响客户收益，甚至造成本理财管理计划净值跌破面值。

［19］李萌，李峣．信托受托人信义义务及我国立法现状分析．河北科技大学学报，2013（3）．

［20］方慧玲．论信托制度下受托人信义义务．北京中南民族大学 2012 年硕士论文．

［21］文杰．信托受托人的谨慎投资义务标准研究．财贸研究，2011（2）．

附录 法律、法规、部门规章、
司法解释、国际条约一览表

一、金融创新概论

序号	名称	制订或颁布机构	文号	颁布日期
1	《商业银行金融创新业务指引》	中国银行业监督管理委员会	银监发〔2006〕87 号	2006.12.07
2	《巴塞尔协议Ⅲ》	巴塞尔委员会		2010.12.16
3	《中国银行业实施新监管标准指导意见》	中国银行业监督管理委员会	银监发〔2011〕44 号	2011.04.27
4	《商业银行资本管理办法（试行）》	中国银行业监督管理委员会	中国银行业监督管理委员会令2012 年第 1 号	2012.06.07
5	《商业银行法》	全国人大常委会	主席令第 13 号	2003.12.27

二、保理

序号	名称	制订或颁布机构	文号	颁布日期
1	《国际保理代付公约》	国际统一私法协会		1988.05.28
2	《国际保理通则》	国际保理联合会		2011.01.14
3	《联合国国际贸易中应收账款转让公约》	联合国大会		2001.12.12
4	《中国银行业保理业务规范》	中国银行业协会	中国银行业协会2010 年 4 月 7 日	2010.04.07
5	《中国银行业保理业务自律公约》	中国银行业协会		2009.08.04
6	《商业银行保理业务管理暂行办法》	中国银行业监督管理委员会	中国银行业监督管理委员会令2014 年第 5 号	2014.04.10

三、银行理财

序号	名称	制订或颁布机构	文号	颁布日期
1	《商业银行个人理财业务管理暂行办法》	中国银行业监督管理委员会	中国银行业监督管理委员会令2005 年第 2 号	2005.09.24
2	《商业银行个人理财业务风险管理指引》	中国银行业监督管理委员会	银监发〔2005〕63 号	2005.09.24

序号	名称	制订或颁布机构	文号	颁布日期
3	《关于商业银行开展代客境外理财业务有关问题的通知》	中国银行业监督管理委员会	银监办发〔2006〕164号	2006.06.21
4	《关于商业银行开展个人理财业务风险提示的通知》	中国银行业监督管理委员会	银监办发〔2006〕157号	2006.06.13
5	《关于调整商业银行代客境外理财业务境外投资范围的通知》	中国银行业监督管理委员会	银监办发〔2007〕114号	2007.05.10
6	《关于进一步规范商业银行个人理财业务有关问题的通知》	中国银行业监督管理委员会	银监办发〔2008〕47号	2008.04.03
7	《关于进一步加强商业银行代客境外理财业务风险管理的通知》	中国银行业监督管理委员会	银监办发〔2008〕259号	2008.10.23
8	《关于进一步加强信托公司银信合作理财业务风险管理的通知》	中国银行业监督管理委员会	银监办发〔2008〕297号	2008.12.09
9	《关于进一步规范商业银行个人理财业务投资管理有关问题的通知》	中国银行业监督管理委员会	银监发〔2009〕65号	2009.07.06
10	《关于规范信贷资产转让以及信贷资产理财业务有关事项的通知》	中国银行业监督管理委员会	银监发〔2009〕113号	2009.12.23
11	《关于规范银信理财合作业务有关事项的通知》	中国银行业监督管理委员会	银监发〔2010〕72号	2010.08.05
12	《关于规范商业银行理财业务投资运作有关问题的通知》	中国银行业监督管理委员会	银监发〔2013〕8号	2013.03.05
13	《关于完善银行理财业务组织管理体系有关事项的通知》	中国银行业监督管理委员会	银监发〔2014〕35号	2014.07.10

四、银信合作

序号	名称	制订或颁布机构	文号	颁布日期
1	《关于进一步加强信托公司银信合作理财业务风险管理的通知》	中国银行业监督管理委员会	银监办发〔2008〕297号	2008.12.09
2	《关于进一步规范银信合作有关事项的通知》	中国银行业监督管理委员会	银监发〔2009〕111号	2009.12.14
3	《关于进一步规范银信理财合作业务的通知》	中国银行业监督管理委员会	银监发〔2011〕7号	2011.01.13
4	《商业银行理财产品销售管理办法》	中国银行业监督管理委员会	中国银行业监督委员会会令2011年第5号	2012.01.01

序号	名称	制订或颁布机构	文号	颁布日期
5	《信托公司净资本管理办法》	中国银行业监督管理委员会	中国银行业监督管理委员会会令 2010 年第 5 号	2010.08.24
6	《关于进一步规范商业银行个人理财业务投资管理有关问题的通知》	中国银行业监督管理委员会	银监发〔2009〕65 号	2009.07.06
7	《关于规范信贷资产转让及信贷资产类理财业务有关事项的通知》	中国银行业监督管理委员会	银监发〔2009〕113 号	2009.12.23
8	《关于规范银信理财合作业务有关事项的通知》	中国银行业监督管理委员会	银监发〔2010〕72 号	2010.08.05
9	《关于有效防范企业债担保风险的意见》	中国银行业监督管理委员会	银监发〔2007〕75 号	2007.10.12
10	《中华人民共和国信托法》	全国人大常委会	主席令第 50 号	2001.04.28

五、银证合作

序号	名称	制订或颁布机构	文号	颁布日期
1	《全国银行间债券市场债券买断回购业务管理规定》	中国人民银行	中国人民银行令〔2004〕第 1 号	2004.04.20
2	《关于进一步加强信贷资产证券化业务管理工作的通知》	中国银行业监督管理委员会	银监办发〔2008〕23 号	2008.02.04
3	《中国银行间市场债券回购交易主协议》	中国人民银行	中国人民银行公告〔2012〕第 17 号	2012.12.03
4	《关于规范证券公司与银行合作开展定向资产管理业务有关事项的通知》	中国证券业协会	中证协发〔2013〕124 号	2013.07.19
5	《关于进一步规范证券公司资产管理业务有关事项的补充通知》	中国证券业协会	中证协发〔2014〕33 号	2014.02.12

六、银保合作

序号	名称	制订或颁布机构	文号	颁布日期
1	《关于进一步加强商业银行代理保险业务合规销售与风险管理的通知》	中国银行业监督管理委员会	银监发〔2010〕90 号	2010.11.01
2	《关于保险资金投资有关金融产品的通知》	中国保险业监督管理委员会	保监发〔2012〕91 号	2012.10.12
3	《商业银行投资保险公司股权试点管理办法》	中国银行业监督管理委员会	银监发〔2009〕98 号	2009.11.05

续表

序号	名称	制订或颁布机构	文号	颁布日期
4	《银行并表监管指引》〔试行〕	中国银行业监督管理委员会	银监发〔2008〕5号	2008.02.04
5	《商业银行代理保险业务监管指引》	中国保险业监督管理委员会	保监发〔2011〕10号	2011.03.07
6	《关于保险资金投资有关金融产品的通知》	中国保险业监督管理委员会	保监发〔2012〕91号	2012.10.12
7	《基础设施债权投资计划管理暂行规定》	中国保险业监督管理委员会	保监发〔2012〕92号	2012.10.12
8	《关于保险资产管理公司有关事项的通知》	中国保险业监督管理委员会	保监发〔2012〕90号	2012.10.12
9	《关于进一步规范商业银行代理保险业务销售行为的通知》	中国保险业监督管理委员会、中国银行业监督管理委员会	保监发〔2014〕3号	2014.01.08
10	《商业银行投资保险公司股权试点管理办法》	中国银行业监督管理委员会	银监发〔2009〕98号	2009.11.05

七、银基合作

序号	名称	制订或颁布机构	文号	颁布日期
1	《证券投资基金管理公司子公司管理暂行规定》	中国证券业监督管理委员会	中国证券业监督管理委员会公告〔2012〕32号	2012.10.29
2	《中国银行业监督管理委员会办公厅关于信托公司房地产信托业务风险提示的通知》	中国银行业监督管理委员会	银监办发〔2010〕343号	2010.11.12
3	《信托公司净资本管理办法》	中国银行业监督管理委员会	中国银行业监督管理委员会令2010年第5号	2010.08.24
4	《信托公司净资本计算标准有关事项的通知》	中国银行业监督管理委员会	银监发〔2011〕11号	2011.01.27
5	《基金管理公司特定客户资产管理业务试点办法》	中国证券业监督管理委员会	中国证券业监督管理委员会令第83号	2012.09.26
6	《中华人民共和国证券投资基金法》	全国人大常委会	主席令第71号	2012.12.28
7	《证券投资基金管理公司管理办法》	中国证券业监督管理委员会	中国证券业监督管理委员会令第84号	2012.09.20

序号	名称	制订或颁布机构	文号	颁布日期
8	《证券投资基金托管业务管理办法》	中国证券业监督管理委员会、中国银行业监督管理委员会	中国证券业监督管理委员会、中国银行业监督管理委员会第92号	2013.04.02
9	《非银行金融机构开展证券投资基金托管业务暂行规定》	中国证券监督管理委员会	中国证券监督管理委员会公告〔2013〕15号	2013.03.15
10	《关于加强证券投资基金监管有关问题的通知》	中国证券监督管理委员会	证监基字〔1998〕29号	1998.08.21

八、银租合作

序号	名称	制订或颁布机构	文号	颁布日期
1	《金融租赁公司管理办法》	中国银行业监督管理委员会	中国银行业监督管理委员会令2014年第3号	2014.03.13
2	《关于审理融资租赁合同纠纷案件适用法律问题的解释》	最高人民法院	法释〔2014〕3号	2014.02.24
3	《外商投资租赁业管理办法》	商务部	商务部令2005年第5号	2005.02.03
4	《关于从事融资租赁业务有关问题的通知》	商务部、国家税务总局	商建发〔2004〕560号	2004.10.22
5	《外债登记管理办法》	国家外汇管理局	汇发〔2013〕19号	2013.4.28

九、信贷资产证券化

序号	名称	制订或颁布机构	文号	颁布日期
1	《证券公司资产证券化业务管理规定》	中国证券监督管理委员会	中国证券监督管理委员会公告〔2013〕16号	2013.03.15
2	《信贷资产证券化试点管理办法》	中国人民银行、中国银行业监督管理委员会	中国人民银行、中国银行业监督管理委员会公告〔2005〕第7号	2005.04.20
3	《关于进一步扩大信贷资产证券化试点有关事项的通知》	财政部、中国银行业监督管理委员会、中国人民银行	银发〔2012〕127号	2012.05.17

续表

序号	名称	制订或颁布机构	文号	颁布日期
4	《全国银行间债券市场债券交易流通审核规则》	中国人民银行	中国人民银行公告〔2004〕第19号	2004.12.07
5	《资产支持证券信息披露规则》	中国人民银行	中国人民银行公告〔2005〕第14号	2005.06.13
6	《信贷资产证券化基础资产池信息披露有关事项》	中国人民银行	中国人民银行公告〔2007〕第16号	2007.08.21
7	《中国人民银行、中国银行业监督管理委员会〔2013〕第21号公告》	中国人民银行、中国银行业监督管理委员会	中国人民银行、中国银行业监督管理委员会〔2013〕第21号	2013.12.21

十、供应链金融

序号	名称	制订或颁布机构	文号	颁布日期
1	《中华人民共和国物权法》	全国人民代表大会	主席令第62号	2007.03.16
2	《中华人民共和国担保法》	全国人民代表大会	主席令第50号	1995.06.30
3	《关于适用〈中华人民共和国担保法〉若干问题的解释》	最高人民法院	法释〔2000〕44号	2000.12.08
4	《应收账款质押登记办法》	中国人民银行	中国人民银行令〔2007〕第4号	2007.09.30
5	《动产抵押登记办法》	国家工商行政管理总局	国家工商行政管理总局令第30号	2007.10.12

十一、银行同业代付

序号	名称	制订或颁布机构	文号	颁布日期
1	《关于银行业金融机构同业代付业务会计处理的复函》	财政部会计司	财办会〔2012〕19号	2012.05.25
2	《关于规范同业代付业务管理的通知》	中国银行业监督管理委员会办公厅	银监办发〔2012〕237号	2012.08.20
3	《关于规范商业银行同业业务治理的通知》	中国银行业监督管理委员会办公厅	银监办发〔2014〕140号	2014.05.08
4	《关于规范金融机构同业业务的通知》	中国人民银行、中国银行业监督管理委员会、中国证券监督管理委员会、保监会、外汇局	银发〔2014〕127号	2014.04.24

十二、海外直贷

序号	名称	制订或颁布机构	文号	颁布日期
1	《外债管理暂行办法》	国家发展计划委员会、财政部、国家外汇管理局	财政部令第 28 号	2003.01.08

十三、银行独立保函

序号	名称	制订或颁布机构	文号	颁布日期
1	《中华人民共和国担保法》	全国人民代表大会常务委员会	主席令 8 届第 50 号	1995.06.30
2	《关于适用〈担保法〉若干问题的解释》	最高人民法院	法释〔2000〕44 号	2000.12.08

十四、国内信用证

序号	名称	制订或颁布机构	文号	颁布日期
1	《国内信用证结算办法》	中国人民银行	银发〔1997〕265 号	1997.07.16
2	《关于审理信用证纠纷案件若干问题的规定》	最高人民法院	法释〔2005〕13 号	2005.11.14

十五、银行承兑汇票

序号	名称	制订或颁布机构	文号	颁布日期
1	《中华人民共和国票据法》	全国人民代表大会常务委员会	主席令 8 届第 49 号	1995.05.10
2	《关于审理票据纠纷案件若干问题的规定》	最高人民法院	法释〔2000〕32 号	2000.11.14
3	《关于银行承兑汇票业务案件风险提示的通知》	中国银行业监督管理委员会办公厅	银监办发〔2011〕206 号	2011.06.24
4	《关于加强银行承兑汇票业务监管的通知》	中国银行业监督管理委员会办公厅	银监办发〔2012〕286 号	2012.10.08
5	《关于进一步防范伪造或变造银行承兑汇票诈骗犯罪风险提示的通知》	中国银行业监督管理委员会办公厅	银监办发〔2010〕22 号	2010.02.10

十六、银行资产管理计划

序号	名称	制订或颁布机构	文号	颁布日期
1	《中华人民共和国信托法》	全国人民代表大会常务委员会	主席令 9 届第 50 号	2004.04.28
2	《信托投资公司管理办法》	中国人民银行	中国人民银行行令〔2001〕2 号	2001.01.10

序号	名称	制订或颁布机构	文号	颁布日期
3	《证券公司客户资产管理业务管理办法》	中国证券监督管理委员会	中国证券监督管理委员会会令 87 号	2012.08.01
4	《证券公司集合资产管理业务实施细则》	中国证券监督管理委员会	中国证券监督管理委员会公告〔2008〕26 号	2008.05.31
5	《证券公司定向资产管理业务实施细则》	中国证券监督管理委员	公告〔2012〕30 号	2012.10.18